반드시 승리하리라

평강의 주님께서 친히
때마다 일마다 평강을 주시며
반드시 승리케 하시기를
기도합니다."

김정환

특별히 _____ 님께
이 소중한 책을 드립니다.

김장환 목사와 함께 / 경건생활 365일

반드시 승리하리라

나침반

두 팔과 두 다리 없이 조그마한 발 하나 붙어있는 몸으로 태어난 사람이 있습니다. 그러나 그는 그 몸으로 세계를 다니며 300만 명이 넘는 사람들에게 희망과 승리의 삶을 전하고 있습니다.

가는 곳 마다 사람들이 모여들어 서로를 끌어안고, 감동하게 하는 그는 우리나라에도 자주 오는 닉 부이치치 입니다.

그는 절망하며, 좌절하며, 포기할 수 있는 현실 속에서도 "한계가 없는 삶"(Life Without Limit)을 살고 있습니다.

닉 부이치치가 예수님을 믿고, 그 분 안에서 승리를 발견했기 때문에 가능한 삶입니다.

성경 사무엘상 26장 25절에 **"...반드시 승리를 얻으리라"**는 말씀이 있습니다.

이 말씀은 주님께서 우리에게 주시는 약속의 말씀입니다.

지금 사회가 아무리 어렵다 하더라도, 개인적인 어려움으로 눈앞이 깜깜하다 하더라도 믿음을 포기하지 않으면 하나님은 반드시 큰 일을 이루시고 승리케 하십니다.

그러므로 주님이 언제 어디서나 어떤 상황에서도 늘 우리와 함께 하심을 믿으며 당당하게 삽시다. **반드시 승리 합니다.**

김장환 (목사/극동방송-이사장)

1
월
January

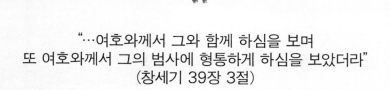

"…여호와께서 그와 함께 하심을 보며
또 여호와께서 그의 범사에 형통하게 하심을 보았더라"
(창세기 39장 3절)

다시 시작할 수 있습니다

읽을 말씀 : 고린도전서 6:12-20

● 고전 6:14 하나님이 주를 다시 살리셨고 또한 그의 권능으로 우리를 다시 살리시리라

　미국의 새들백교회에서 예배를 인도하고 싱어송라이터이기도 한 릭 무초 목사님은 다음과 같은 가사의 노래를 썼습니다.

"만일 하나님이 바다를 지으실 수 있다면,
　하나님이 당신 마음의 풍파도 잔잔케 하실 수 있죠.
　만일 하나님이 산을 움직일 수 있다면,
　하나님이 당신의 심령도 변화시킬 수 있습니다.
　하나님이 당신을 자유롭게 하실 수 있습니다.
　주님은 당신의 인생을 바꿀 능력이 있기 때문이죠."

　이 곡의 제목은 '다시 시작할 수 있습니다'(You can start over)로, 어떤 상황에서도 내가 다시 시작할 수 있는 이유는 나를 지으신 하나님의 사랑 때문이고, 내가 믿는 하나님의 능력 때문입니다.
　그리스도인은 나의 약함을 인정하는 만큼 하나님의 전지전능하심을 더욱 인정해야 합니다. 지나온 인생이 어떠했던 간에 주님은 절대로 나를 포기하지 않으십니다.
　이제 새해가 시작 되었습니다. 주님께서 우리에게 새로운 기회를 주신 것입니다. 이 한해에도 놀랍게 역사하실 주님을 새로운 맘으로 믿으며 이제 다시 힘차게 시작하십시오. 반드시 하는 모든 일이 다 형통합니다.

💙 주님! 늘 함께 하시며 승리케 하실 주님을 의지하며 새해를 시작하게 하소서.
📖 약속의 말씀을 힘입어 한 해를 시작할 용기를 내십시오.

나의 영적 일지

바꿀 수 있는 것

읽을 말씀 : 로마서 11:25-36

●롬 11:29 하나님의 은사와 부르심에는 후회하심이 없느니라

주로 직장인들을 대상으로 강의를 하는 국내의 한 유명 리더십센터의 강사는 강연 때마다 사람들에게 한 가지 질문을 합니다.

"만약 20년만 시간을 되돌릴 수 있다면 무슨 일을 하고 싶으십니까?"

정말 다양한 종류의 대답이 나옵니다.

"하던 일을 더 열심히 하겠다"

"직업을 바꾸겠다"

"정말 하고 싶은 일을 하겠다"

"삶을 여유 있게 살겠다"…등

그런데 그 원인들은 대부분 지나온 인생에 대한 불만족을 나타내는 말들입니다.

사람들의 대답이 다 끝나면 강사가 다시 말을 잇습니다.

"지나온 20년들에 다들 불만이 많으시군요. 하지만 우리는 단 하루도 시간을 되돌릴 수가 없습니다. 그러나 앞으로 20년 뒤에는 지금과는 다른 말로 살아온 인생을 표현할 수 있어야 하지 않을까요?"

바꿀 수 있는 것은 과거가 아니라 미래입니다. 지난 과거가 살고 싶은 인생이 아니었다면 앞으로의 삶은 주님께 보여드리기에 부끄럽지 않은 인생으로 살아야 합니다. 지난 인생을 후회하지 말고 다가온 한 해를 더욱 알차게 살 수 있는 새로운 비전을 품으십시오. 반드시 하는 모든 일이 다 형통합니다.

💙 주님! 주님이 인도하시는 길을 따라가며 참된 행복을 누리게 하소서!
🧩 앞으로의 인생을 설계할 비전 노트를 만드십시오.

나의 영적 일지

낙타의 위기돌파법

읽을 말씀 : 베드로전서 3:8-22

●벧전 3:17 선을 행함으로 고난 받는 것이 하나님의 뜻일진대 악을 행함으로 고난 받는 것보다 나으니라

　낙타는 뜨거운 사막에서 가장 잘 적응하는 동물입니다.

　그런데 이 낙타는 처음부터 태양이 뜨거운 중동이나 아프리카에서 살지 않았습니다. 원래는 푸른 목초지가 많은 아메리카 대륙에서 서식했습니다. 그러나 걸음도 느리고 날카로운 이빨이나 발톱도 없는 낙타는 포식자로부터 살아남기가 쉽지 않았고, 빙하기가 시작될 무렵 아프리카로 건너가 뜨거운 사막에 정착을 했다고 과학자들은 말합니다.

　사막은 덥고 물도 거의 없지만 그 덕분에 위협할만한 동물도 없었습니다. 그렇게 낙타는 뜨거운 태양과 황량한 모래바람을 참아가면서 사막에서 적응했습니다. 이런 낙타에게는 아주 특이한 습성이 하나 생겼는데 태양이 내리쬘 때 오히려 태양을 바라보는 습성입니다.

　태양이 내리쬐면 다른 동물들은 본능적으로 얼굴을 돌려 등을 보이지만 낙타는 사막에서의 생활을 통해 오히려 태양을 마주보는 것이 유익하다는 것을 알고 있습니다. 물론 태양을 마주보면 얼굴은 아주 뜨겁습니다. 그러나 몸통 부위에는 그늘이 생겨서 체온이 덜 오르고 수분도 덜 날아갑니다. 그래서 잠시의 뜨거움을 피하기 위해서는 얼굴을 돌려야하지만 사막에서의 적응을 위해서는 오히려 태양을 마주봐야 합니다.

　우리의 삶도 생활에 적응하는 지혜와 훈련이 필요합니다. 세상을 살면서 믿음으로 승리하기 위해서 오늘도 훈련하십시오. 반드시 하는 모든 일이 다 형통합니다.

♥ 주님! 주님과 함께 고난을 담대히 맞서 이기게 하소서!
✂ 당면한 문제들을 회피하지 말고 정면으로 돌파하십시오.

나의 영적 일지

15가지 소원

읽을 말씀 : 시편 103:1-5

● 시 103:5 좋은 것으로 네 소원을 만족하게 하사 네 청춘을 독수리 같이 새롭게 하시는도다

영국의 헤일리는 2살 때 조로증 진단을 받았습니다.

신체노화가 급격히 진행되기 때문에 의사는 헤일리의 수명을 13살 정도로 예상했습니다. 부모님은 큰 슬픔에 빠졌지만 오히려 헤일리는 얼굴에 미소를 지으며 말했습니다.

"다른 사람들과 마찬가지로 저도 살아갈 거예요. 단지 시간이 조금 빠를 뿐이잖아요?"

그리고 헤일리는 앞으로 남은 시간 동안 정말로 하고 싶은 '버킷 리스트'를 작성했습니다.

'친구들과 해변에서 모닥불 피우기/고양이 키우기/조기졸업 후에 대학 들어가기...'등등 매우 소박하고 일상적인 소원들이 대부분이었지만 조로증인 헤일리에게는 어느 것 하나 쉬운 것이 없었습니다. 그러나 차근차근 헤일리는 이 소원들을 이루어 나갔습니다. 의사가 예상한 수명인 13살 때에는 '나이를 빨리 먹는다는 것'이라는 책을 출간하기도 했습니다. 그리고 예상 수명인 13살을 훌쩍 넘어 16살에는 마지막 버킷 리스트인 대학 입학까지 이루었지만 결국 17살이 되던 해에 세상을 떠났습니다. 그러나 그녀는 정말로 행복한 삶을 살았고, 또 행복한 삶을 사는 것이 무엇인지 사람들에게 깨닫게 해주었습니다.

하나님이 마음에 주신 소원대로 살아가는 것이 진정한 행복입니다. 세상이 말하는 것 말고 하나님이 주시는 사랑과 뜻대로 소원을 만들고 이루십시오. 반드시 하는 모든 일이 다 형통합니다.

♥ 주님! 하나님이 주시는 비전을 품고 살아가게 하소서!
📖 나의 비전이 하나님이 주신 것인지 생각해보고 수정해 보십시오.

나의 영적 일지

사회의 기준, 교회

읽을 말씀 : 사도행전 11:19-30

● 행 11:25,26 바나바가 사울을 찾으러 다소에 가서 만나매 안디옥에 데리고 와서 둘이 교회에 일 년간 모여 있어 큰 무리를 가르쳤고 제자들이 안디옥에서 비로소 그리스도인이라 일컬음을 받게 되었더라

이탈리아 브랜드 페라리는 세계 최고의 스포츠카를 만드는 회사입니다. 시속 300킬로미터가 넘게 달리는 슈퍼카를 만들기 위해서는 아주 정밀한 공정이 필요하기 때문에 공장에는 최신식 설비들이 즐비한데 이런 설비들과 멋진 스포츠카를 구경하러 이곳을 찾는 사람들도 많습니다. 그러나 이곳을 방문하는 사람들은 최신식 기계들 사이로 빼곡하게 자리 잡고 있는 나무와 풀들로 인해 더욱 놀랍니다.

페라리 공장은 건물 사이마다 녹지가 조성되어 있고, 심지어는 고가의 설비들 사이에도 꽃과 풀들이 가득 자리 잡고 있습니다.

이런 모습은 '식물이 죽는 곳에서는 사람도 죽는다'는 페라리 회사의 철학 때문인데, 그래서 만약 식물이 조금이라도 시들거나 죽으면 바로 공장 가동을 멈추고 정화 작업을 들어갑니다.

탄광을 들어가는 광부들도 카나리아를 통해 가스의 유출을 알고 위험을 피했습니다.

공장의 식물, 탄광의 카나리아 같이 사회에서는 교회와 성도들이 양심의 기준이 되어야 하고 자정작용의 중심이 되어야 합니다. 교회가 병들고 아프면 기준이 모호해지고 사회가 무너집니다. 다시금 세상에 본이 되고 기준이 되는 교회와 성도들을 위해 간절히 기도하십시오. 반드시 하는 모든 일이 다 형통합니다.

♥ 주님! 실천으로 다시 세상에서 성경의 권위를 세우는 성도들이 되게 하소서!
🎴 혼란스런 세상에 본이 되는 성도들을 위해 매일 기도하십시오.

나의 영적 일지

복음의 참맛

읽을 말씀 : 시편 119:103-111

●시 119:103 주의 말씀의 맛이 내게 어찌 그리 단지요 내 입에 꿀보다 더 다니이다

    서아프리카의 코트디부아르는 한 때 세계에서 가장 많이 카카오를 생산했던 나라입니다.

    그런데 이곳 카카오 농장의 농부들은 카카오가 코코아나, 초콜릿이 된다는 사실을 전혀 모르고 있습니다. 하루 일당인 만 원으로는 하나에 3천 원 정도 하는 초콜릿을 사서 먹을 여유가 없는데 그런 이유로 판매조차 되지 않고 있습니다.

    '메트로폴리스'라는 단체에서는 불공정거래의 현실을 알리기 위해서 이들에게 초콜릿을 주며 반응을 촬영해 인터넷 사이트에 올렸습니다.

    초콜릿을 맛 본 노동자들은 깜짝 놀랐습니다. 자기들이 종일 수확하는 쓰기만 하던 카카오가 이렇게 달콤하고 부드러운 음식이 된다는 걸 이해하지 못한다는 표정이었습니다. 먼저 초콜릿을 먹은 사람들의 표정을 본 다른 사람들은 더욱 궁금해 하며 초콜릿을 맛보고 싶어 했습니다.

    불공정거래의 현실을 깨닫게 해주는 이야기지만 우리들은 좀 다른 시선으로 바라봐야 합니다. 신앙생활을 통해 제대로 된 기쁨을 맛보고 있는지, 아니면 단지 고된 노고로 종교생활로 끝나고 있는지 생각해 봐야 합니다. 복음을 맛보고 기뻐하는 우리의 모습을 통해 세상 사람들이 하나님과 말씀에 대해서 관심을 가지게 되고 그로인해 전도가 됩니다. 요즘 기쁨으로 신앙생활을 하고 있는지 돌아보십시오. 반드시 하는 모든 일이 다 형통합니다.

🩶 주님! 말씀을 의무가 아닌 순전한 기쁨으로 만나게 하소서!
🖼 주님의 음성인 성경 말씀을 마음의 양식으로 매일 섭취하십시오.

나의 영적 일지

의지할 수 있는 분

읽을 말씀 : 시편 13:1-6

●시 13:5 나는 오직 주의 사랑을 의지하였사오니 나의 마음
은 주의 구원을 기뻐하리이다

암스테르담 대학교와 노스웨스턴 대학교의 연구진들은 '사람의 의지
와 통제력'에 대해 알아보기 위해서 다음과 같은 실험을 했습니다.

먼저 흡연자들을 모아 '커피와 담배'라는 영화를 보여주고 영화가 끝
날 때까지 담배를 피우지 않으면 보상을 해주기로 약속했습니다. 다만
담배를 다른 곳에 두고 피러 가지 않으면 2유로, 담배를 책상 위에 둔
상태로 피우지 않으면 4유로, 담배를 손에 들고 피우지 않으면 6유로,
담배를 입에 물고 피우지 않으면 8유로를 주겠다고 말했습니다. 그리고
자신이 견딜 수 있을 정도의 강도를 스스로 정하라고 했습니다.

사전에 진행된 조사에서 자기 의지력이 강하다고 생각되는 쪽일수록
높은 강도의 유혹을 선택했습니다. 그러나 결과적으로 이들은 대부분
실패했습니다. 스스로 의지가 약하다고 생각해서 낮은 유혹을 선택한
사람들이 중간에 담배를 피운 확률은 10%정도였는데, 의지가 강하다
고 해서 강한 유혹을 선택한 사람들은 35% 정도나 중간에 담배를 피
웠습니다. 이 실험의 결론은 "자기 통제력을 과신하는 사람은 더 많이
실패한다"가 되었습니다.

사람이 자기를 신뢰하는 것은 어리석은 일입니다. 우리가 믿을 수 있
는 분은 오직 하나님이고 의지할 수 있는 분도 오직 하나님입니다. 나의
모든 것을 주님께 맡기고 어느 누구도 주님보다 더 의지하지 마십시오.
반드시 하는 모든 일이 다 형통합니다.

♡ 주님! 삶의 모든 순간들이 주님께 연결되어 있게 하소서!
🎀 주님보다 나를 더 의지하며 살아가고 있지 않은지 돌아보십시오.

나의 영적 일지

연합의 힘

읽을 말씀 : 전도서4:1-12

● 전 4:12 한 사람이면 패하겠거니와 두 사람이면 맞설 수 있나니 세 겹 줄은 쉽게 끊어지지 아니하느니라

출퇴근 시간의 서울은 온통 혼잡합니다.

지하철 환승역은 사람으로 가득차고 버스는 거의 만원이며, 저마다 스마트폰을 들고 이어폰을 꽂고 있어서 옆 사람에게는 관심도 주지 않습니다.

그런데 이렇게 바쁜 출근길에 한 사람이 횡단보도를 건너다 하늘을 쳐다봅니다. 사람들은 아무렇지도 않게 갈 길을 가며 때때로 멍하니 서서 하늘을 바라보는 사람과 부딪치기도 합니다. 잠시 뒤에 한 사람이 또 멈춰 서서 하늘을 바라봅니다. 그러나 상황은 변하지 않습니다. 하지만 한 사람이 더 멈춰 서서 하늘을 바라보자 갑자기 사람들이 제 자리에 멈춰서기 시작했습니다. 그리고 하늘을 바라봅니다.

"뭐야? 뭐가 있어?"

"하늘에 뭐가 있나 본데?"

아무 것도 없는 하늘을 3명이서 바라보자 거리의 모든 사람들이 하늘을 바라보기 시작했습니다.

최근 EBS에서 방영되어 유명해진 이른 바 '3의 법칙'입니다.

인간은 환경의 지배를 받지만, 역으로 3명의 사람만 있다면 상황을 지배하게 됩니다. 이 땅의 그리스도인들이 말씀이 가르치는 사랑으로 연합한다면 과연 어떤 일이 일어날까요? 오늘도 말씀과 성령의 인도하심을 따라 선한 일을 함께 도모하며 지체와 연합하십시오. 반드시 하는 모든 일이 다 형통합니다.

♡ 주님! 같은 믿음으로, 같은 신앙으로 함께 연합하여 선을 이루게 하소서!
🌀 작은 차이는 사랑으로 덮고 먼저 연합하여 합력하십시오.

나의 영적 일지

1월 9일

새로운 모습이라는 선물

읽을 말씀 : 고린도후서 5:11-17

●고후 5:17 그런즉 누구든지 그리스도 안에 있으면 새로운 피조물이라 이전 것은 지나갔으니 보라 새 것이 되었도다

짐 울프라는 군인은 퇴역 후에 인생의 목표를 잃고 방황했습니다.

연금도 모두 탕진하고 매일 술에 취해 살다보니 어느새 모든 재산을 잃고 노숙자 신세가 되었습니다. 그렇게 수십 년간 노숙자 생활을 하고 있었는데 노숙자들의 재활을 돕는 '디게이지(Degage)'라는 선교단체가 짐 울프를 도우러 찾아왔습니다.

그런데 이들은 짐에게 음식이나 돈을 주지 않고 수염과 머리를 정리해 주고, 말끔하게 염색을 시켜주었습니다. 그리고 깔끔한 정장을 입혔습니다. 완전히 변화된 자신의 모습을 본 짐은 눈물을 흘렸습니다.

디게이지는 짐이 얼마나 멋있게 변할 수 있는지 모습을 보여줌으로 더 나은 삶을 꿈꾸게 해주려고 이런 독특한 방식의 이벤트를 기획했다고 말했습니다.

짐의 변화하는 모습을 담은 3분짜리 짧은 영상은 1500만 건의 조회수를 기록하며 많은 사람들에게 노숙인들에게 정말로 필요한 것이 무엇인지에 대해서 생각하게 만들었습니다.

예수님의 은혜를 입어 구원받은 사람들은 모두 새로운 피조물이 됩니다. 하나님은 우리에게 예수님을 통해 부와 명예와, 권력 보다는 죄에서 구원받은 새로운 모습을 허락하셨습니다. 이 은혜와 모습을 깨닫고 있는지, 귀하게 여기고 있는지 오늘 삶을 통해 돌아보십시오. 반드시 하는 모든 일이 다 형통합니다.

🤍 주님! 주님을 알기 전의 옛사람의 모습을 완전히 벗어버리게 하소서!
🕊 하나님의 백성에 합당한 새로운 마음, 새로운 믿음을 가지고 살아가십시오.

나의 영적 일지

마음으로 하는 전도

읽을 말씀 : 야고보서 1:19-27

● 약 1:19 내 사랑하는 형제들아 너희가 알지니 사람마다 듣기는 속히 하고 말하기는 더디 하며 성내기도 더디 하라

　웨스트민스터 신학교의 하비 교수는 간하베라는 이름으로 한국에 선교를 왔습니다.

　간하베 선교사님은 특히 창녀들을 전도하는 일에 관심이 많았는데, 처음에는 그들이 처한 상황에서 일단 벗어나게 도움을 주고 복음을 전하려고 했지만 대부분 실패를 했습니다. 창녀들은 자기가 돌아가야 할 이유를 대며 복음도 받아들이지 않았는데, 이 경험으로 선교사님은 주위 환경이 아니라 속마음을 바꿔야 한다는 것을 깨달았습니다.

　그리고 이제는 창녀촌으로 들어가 거기서 일하는 여자들과 대화를 나누며 먼저 친분을 쌓았습니다. 그리고 그렇게 대화를 하던 몇몇이 복음에 흥미를 보이며 성경공부를 시작하자고 권유를 했고, 그렇게 성경공부를 하다가 예수님을 믿게 되면 누가 시키지도 않았는데 알아서 그곳을 벗어났습니다. 그리고 정상적인 방법으로 일을 하며 자기와 같이 일하던 여자들을 벗어나게 해주려고 후원을 해주며 노력을 했습니다.

　이런 전도 방법으로 선교사님은 한 명씩 확실하게 속사람을 변화시켜 나갔고, 그 결과 주님을 분명하게 영접한 사람들의 8,90%는 다시는 전과 같은 삶으로 돌아가지 않았습니다.

　마음을 감동시키고, 마음을 변화시키는 것이 진정한 전도입니다. 성령님이 내 마음에 하셨던 놀라운 일들이 나의 전도 대상자들에게도 일어나게 해달라고 기도하십시오. 반드시 하는 모든 일이 다 형통합니다.

♥ 주님! 상대방의 말을 듣고 마음을 이해하는 배려의 성품을 주소서!
✎ 상대방에게 필요한 것에 귀를 기울이는 진짜 전도를 하십시오.

나의 영적 일지

사실보다 큰 격려

읽을 말씀 : 잠언 17:1-9

● 잠 17:9 허물을 덮어 주는 자는 사랑을 구하는 자요 그것을 거듭 말하는 자는 친한 벗을 이간하는 자니라

한 어머니가 자녀상담으로 유치원을 방문했습니다.
"애가 너무 산만해서 집중력이 없어요. 3분도 가만있지를 못합니다."
집에 온 어머니는 아들에게 말했습니다.
"선생님이 집중력이 많이 좋아졌다고 칭찬을 하시더구나?"
초등학교 때 선생님은 어머니에게 지능이 낮은 것 같다는 말을 했습니다. 그러나 어머니는 아들에게 조금만 더 노력하면 충분히 잘할 수 있다는 말을 들었다고 전해주었습니다.
중학교 때는 인문계 진학은 힘들 것 같다는 말을 들었지만 아들에게는 충분히 들어갈 성적이 될 수 있을 거라고 격려해주었습니다.
사실 아들은 자기가 머리가 좋지 않다는 걸 알고 있었습니다. 그러나 그런 어머니의 격려와 배려가 너무 감사했고, 또 모른 척 할 수가 없었습니다.
그래서 어머니의 기대에 부응하기 위해 노력했고, 일반계에 진학했고, 경찰대에도 합격했습니다. 그리고 대한민국 최고의 프로파일러이자 범죄심리 연구가 표창원으로 자신의 이름을 알리게 되었습니다.
격려와 사랑을 말에 조금만 더해도 한 사람의 인생이 달라집니다. 작은 격려의 말 한 마디가 누군가의 인생을 바꿀 수 있습니다. 하나님께 받은 사랑을 오늘 나의 말과 행동에 담아 만나는 사람들에게 전달해주십시오. 반드시 하는 모든 일이 다 형통합니다.

💜 주님! 하나님의 사랑이 담긴 말과 손길을 전하며 살게 하소서!
🔲 일상에 당연히 여겨졌던 것들에 감사하고, 주변 사람들을 격려하십시오.

나의 영적 일지

깨달은 것을 전하라

읽을 말씀 : 로마서 10:1-15

●롬 10:15 보내심을 받지 아니하였으면 어찌 전파하리요 기록된 바 아름답도다 좋은 소식을 전하는 자들의 발이여 함과 같으니라

미국의 데일 프라이스 씨는 '코스프레하는 아버지'로 유명한 사람입니다.

고등학생 아들이 학교에 갈 때마다 유행하는 영화, 티브이 프로그램의 주인공 복장을 하고 매일 배웅을 해주기 때문인데, 이 모습을 그저 우스워만하던 아내가 재미로 사진을 찍어 인터넷에 올리면서 순식간에 유명인사가 되었습니다.

처음에는 이런 아빠를 창피해하던 아들도 그런 모습까지 하며 웃음을 주려고 노력하는 아빠의 열정과 의외로 그런 모습을 좋아하는 친구들의 반응 때문에 이제는 아빠를 자랑스러워하고 종종 같이 코스프레를 하기도 합니다.

이 사연은 미국 뿐 아니라 영국에까지 알려져 부자는 방송에도 출연하게 되었는데, 굳이 바쁜 아침에 왜 매일같이 코스프레를 하냐는 질문에 다음과 같이 말했습니다.

"전 20년 전에 한쪽 다리를 잃었습니다. 처음엔 정말 힘들었는데, 웃음의 힘으로 절망을 극복하고 희망을 얻었습니다. 가장 사랑하는 아들에게도 그 웃음을 전해주고 싶었습니다. 매일 같이 새롭게 웃음을 줄 수 있는 방법을 고심하던 중에 찾은 것이 바로 코스프레입니다."

예수님은 자신의 모든 것을 주시며 나를 위해 헌신하셨습니다. 그 사랑을 매일 깨달음으로 가만히 있지 말고 할 수 있는 모든 방법으로 주위에 전하십시오. 반드시 하는 모든 일이 다 형통합니다.

🤍 주님! 말씀에 담긴 주님의 귀한 사랑을 깨달아 알게 하소서!
🎴 내가 느낀 하나님의 사랑이 어떤지 최소 한 명 이상에게 전하십시오.

나의 영적 일지

소신 있는 용기

읽을 말씀 : 레위기 19:1-18

●레 19:15 너희는 재판할 때에 불의를 행하지 말며 가난한 자의 편을 들지 말며 세력 있는 자라고 두둔하지 말고 공의로 사람을 재판할지며

　　유럽의 지휘콩쿨에서는 종종 원곡과 다른 잘못된 악보를 지휘자에게 주곤 합니다.

　　만약 중간에 지휘자가 지휘를 멈추고 악보에 문제가 있다고 이야기하면 심사위원들은 근엄한 목소리로 이렇게 말합니다.

　　"아니오, 그 악보는 잘못되지 않았습니다. 계속 지휘를 하십시오."

　　그러면 권위에 눌려 대부분 그냥 잘못된 악보대로 연주를 합니다. 그러나 몇몇은 권위에 굴하지 않고 잘못을 계속해서 지적합니다.

　　"아닙니다. 이 악보는 분명히 잘못되었습니다. 원곡과 다른 부분이 많이 있습니다."

　　그럼 심사위원들은 그 참가자에게 아주 큰 가산점을 줍니다. 악보가 잘못되었다는 걸 파악할 관찰력과 그 뜻을 굽히지 않는 소신이 있는지 평가하기 위한 테스트이기 때문입니다.

　　위기에 처한 사람을 보고도 지나치는 많은 사람들 때문에 미국에서는 '선한 사마리아인 법'까지 제정되었습니다. 때로는 불이익을 당하더라도 남을 위해 희생하며 헌신해야 할 것은 예수님이 우리에게 명령하신 것이며 그 순간마저도 하나님이 지켜보시기 때문입니다. 선한 양심을 소신 있게 실천하는 그리스도인이 되십시오. 반드시 하는 모든 일이 다 형통합니다.

♥ 주님! 세상의 풍파에 쓸리지 않고 말씀의 푯대를 붙잡게 하소서!
🧩 말씀에 어긋나는 일은 멀리하고, 말씀을 따르는 일은 지키십시오.

나의 영적 일지

도움이 필요한 세계

읽을 말씀 : 마태복음 6:1-15

●마 6:4 네 구제함을 은밀하게 하라 은밀한 중에 보시는 너의
아버지께서 갚으시리라

살만 칸은 미국의 명문인 MIT를 나와 월스트리트의 펀드매니저로 일
을 하고 있었습니다. 그러다 사촌이 공부를 도와 달라고 해서 찍은 강의
를 혹시 도움이 될까 해서 인터넷에 올렸는데 반응이 폭발적인 것을 보
고 인터넷을 통한 무료 교육에 비전이 생겼습니다. 곧 회사를 그만두고
'칸 아카데미' 사이트를 만들어 누구나 무료로 이용할 수 있게 만들었
는데 빌 게이츠는 자녀들이 이 사이트를 보고 공부하는 걸 보고는 후원
을 하기도 했습니다.

이처럼 이제는 인터넷만 있으면 누구나 무료로 양질의 강의를 볼 수
있지만 여전히 아프리카 같은 오지에서는 그것마저 쉽지 않은 일입니다.
그래서 구글은 최근에 이런 지역에 드론을 띄워서 WIFI를 사용할 수 있
게 해주는 기술을 개발하고 있습니다. 이 방식을 통하면 일일이 전산망
을 깔지 않아도 쉽게 인터넷을 사용할 수 있습니다.

그러나 이런 혜택조차도 소외된 지역이 있습니다. 그래서 인도와 파키
스탄, 네팔의 시골에서는 밤마다 다리 밑에 학생들이 모입니다. 마을의
교사들이 낮에는 일하느라 시간이 없고 집에는 어떤 전자기기도 없는
아이들을 위해 다리 불빛 밑에 칠판을 가져다 놓고 연필과 공책을 나눠
주며 공부를 하기 때문입니다.

세계는 여전히 도움이 많이 필요합니다. 그리고 그 일들을 위해 내가,
우리가 무언가 시작해야 합니다. 역사하실 주님을 믿으며 복음을 전하
고자 하는 마음과 목적으로 선행을 시작하십시오. 반드시 하는 모든 일
이 다 형통합니다.

♡ 주님! 주님의 말씀을 따라 이웃을 향해 사랑의 마음을 품게 하소서!
🎌 마음이 가는 지역과 대상들을 위해 정기적으로 후원을 결심하십시오.

나의 영적 일지

용서가 가르친 교훈

읽을 말씀 : 골로새서 3:1-17

● 골 3:13 누가 누구에게 불만이 있거든 서로 용납하여 피차 용서하되 주께서 너희를 용서하신 것 같이 너희도 그리하고

　대학생 시절 형편이 어려워서 신문 배달 아르바이트를 하는 남자가 있었습니다.

　저녁도 제대로 못 챙겨 먹고 새벽 일찍부터 일어나 배가 많이 고팠는데, 우연히 모퉁이 근처에 있는 집 대문 앞에 놓인 우유가 2병 보였습니다. 순간 갈등을 하다 '그래도 한 병쯤 괜찮겠지...'라는 생각으로 훔쳐 마셨습니다. 그리고 다음 날 다시 그 집 앞을 지나가는데 대문 앞에 우유 3병이 놓여있었습니다.

　새로운 한 병 위에는 '아저씨 우유'라고 적힌 쪽지가 붙어 있었습니다. 고맙기도 하고, 창피하기도 한 마음에 어쩔 줄을 몰라 하던 남자는 우유 한 병을 마시고는 다시는 우유를 훔쳐 먹지 않았습니다. 아니, 다시는 남의 물건을 훔치지 않았습니다. 그리고 신문 배달 아르바이트를 그만 두는 날까지 자기 돈으로 신문을 사서 그 집에 배달을 했습니다.

　지금은 꽤나 좋은 직장을 다니며 행복한 가정을 꾸리고 있다고 자기를 소개한 어떤 사람이 인터넷에 익명으로 올린 글입니다.

　사람을 변화시키는 것은 훈계와 책망이 아닌 용서와 사랑입니다. 그래서 예수님은 십자가 위에서 마지막 순간에도 용서의 모습을 보여주셨습니다. 예수님이 나에게 베푸신 용서를 기억하고 아직 용서하지 못한 사람이 있다면 오늘 용서의 마음을 품으십시오. 반드시 하는 모든 일이 다 형통합니다.

💛 주님! 비난과 책망보다 먼저 용서의 마음을 품게 하소서.
🗾 예수님이 나에게 베푸신 용서의 은혜를 잊지 마십시오.

나의 영적 일지

위인들을 키워낸 고난

읽을 말씀 : 잠언 17:1-6

●잠 17:3 도가니는 은을, 풀무는 금을 연단하거니와 여호와는 마음을 연단하시느니라

마틴 루터 킹 목사님은 어린 시절 인종차별을 당해 마음에 큰 상처를 입었습니다. 그리고 자기도 모르게 '흑인은 백인보다 열등하다'라는 생각을 갖고 흑인인 자신은 노력해도 소용없을 것이라는 자괴감에 빠졌습니다. 그러나 부모님은 그런 루터 목사님을 볼 때마다 흑인은 결코 백인보다 열등하지 않으며, 인종에 상관없이 평등한 세상이 찾아오도록 우리가 노력해야 하며 좁은 생각과 무지에 의해서 차별이 생긴 것이기 때문에 반대로 백인들에게 똑같이 갚아줘서도 안된다고 가르쳤습니다.

간디는 어린 시절 부모님의 말씀을 듣지 않고 남을 속이는 일을 종종 했습니다. 돈을 몰래 훔쳐 친구들과 고기를 먹으며 탕진했지만 양심에 걸려 혼날 각오를 하고 아버지에게 모든 사실을 고백했습니다. 그러나 아버지는 혼을 내지 않았고 눈물을 흘리며 안아주었습니다. 그리고 이때의 경험이 훗날 간디의 비폭력 무저항 운동의 정신이 되었습니다.

마리 퀴리는 학생 시절에 어머니와 언니가 전염병으로 세상을 떠나는 충격적인 일을 경험했습니다. 생활도 어려워져 16살 때부터 공부를 하며 일을 해야 했지만 당시 만연했던 여성에 대한 차별까지 극복하며 결국 성공한 과학자가 되었습니다.

타고난 재능과 환경이 아니라, 험한 고난과 인내가 위인을 만듭니다. 지금 받고 있는 고난을 통해 인내를 가르치고 말씀을 깨닫게 하며 비전을 주시는 주님이심을 믿으십시오. 반드시 하는 모든 일이 다 형통합니다.

💜 주님! 주님이 주시는 힘으로 고난도 이겨내게 하소서!
🧩 고난을 통해 성장하게 될 모습을 그려보고 감사히 여기십시오.

나의 영적 일지

끝까지 포기하지 말아라

읽을 말씀 : 히브리서 10:19-39

●히 10:36 너희에게 인내가 필요함은 너희가 하나님의 뜻을
행한 후에 약속하신 것을 받기 위함이라

　　벤 벌츠는 미국 전역을 돌아다니며 달리기 대회와 철인 3종 경기에
참가하고 있는 아마추어 선수입니다. 그러나 그의 한쪽 다리는 의족입
니다. 6살 때 암으로 한쪽 다리를 절단했던 벤은 달리기를 너무 좋아해
서 의족을 달고 계속해서 뛰는 것을 연습했고, 이후 철인 3종 경기까지
소화할 수 있게 되었습니다.
　　그런 그가 최근에 미국의 한 지역에서 열린 미니 철인 3종 경기에 출
전했는데 마지막 마라톤을 하던 도중 의족이 부러졌습니다. 당장 수리
를 할 수 있는 방법이 없어 경기를 포기해야 했지만 그래도 벤은 멈추지
않고 한 발로 달렸습니다.
　　하지만 아무리 의지가 강하고 체력이 좋아도 한 발로 달리는 것은 무
리였고, 벤은 곧 쓰러졌습니다. 그런데 뒤에서 이 모습을 보며 완주에
대한 벤의 의지에 감명을 받았던 매튜 모건이란 군인은 벤을 등에 업고
뛰기 시작했습니다. 결승선에서 이 모습을 본 관객들은 처음에 환자가
발생한 줄 알고 놀랐으나, 곧 사건의 정황을 알고는 눈물을 흘리며 진심
어린 박수로 환호를 보냈습니다.
　　벤은 포기하지 않는 정신을 사람들에게 보여주려고 부러진 의족에도
불구하고 뛰었습니다. 예수님도 우리에게 사랑을 증명하며 보여주기 위
해 십자가의 고통을 참으셨습니다. 그 사랑과 인내를 생각하며 오늘도
인내하고 기뻐하십시오. 반드시 하는 모든 일이 다 형통합니다.

💗 주님! 믿음의 경주를 끝까지 완주할 인내를 허락하소서!
🎨 고난 중에도 기뻐함으로 세상 속에서 믿음을 증명하십시오.

나의 영적 일지

세상의 빛과 소금

읽을 말씀 : 마태복음 25:31-46

●마 25:40 내가 진실로 너희에게 이르노니 너희가 여기 내
형제 중에 지극히 작은 자 하나에게 한 것이 곧 내게 한 것이
니라 하시고

멕시코의 한 도시에서 다리가 불편해 보조기구를 사용해 걷는 노인
이 횡단보도를 기다리고 있었습니다. 그런데 건너는 도중 시장에서 구입
한 사과를 떨어트렸는데, 사과가 여기저기 굴러 떨어졌지만 길을 건너는
사람들이 아무도 없어 도움을 받을 수 없었습니다.

노인은 사과를 주우려고 했으나 보조기구 때문에 행동이 느려 신호가
바뀌기 전에 모두 주울 수가 없다는 생각이 들어 망설였습니다. 그리고
대기하던 운전자들의 짜증 섞인 표정이 느껴지고 있었습니다. 노인은
사과들을 포기한 채 횡단보도를 계속 건넜습니다.

그런데 갑자기 차문이 열리더니 한 운전자가 횡단보도로 나와 사과를
줍기 시작했습니다. 이 모습을 본 다른 운전자들도 순간 무언가를 깨달
았는지 다들 차문을 열고 나와 사과를 줍기 시작했습니다.

이윽고 신호가 바뀔 시간이었지만 이 모습을 보던 교통경찰관이 차량
을 통제해주었습니다. 횡단보도를 건넌 노인은 운전자들이 건네주는 사
과를 받고 세상에서 가장 행복한 미소를 지었고 감사의 인사를 건넸습니
다. 그리고 운전석으로 돌아간 운전자들과 이 모습을 보던 교통경찰
관의 얼굴에는 세상에서 가장 행복한 미소가 번져 있었습니다.

세상의 빛과 소금이 되기 위해서는 많은 돈이나, 특별한 능력이 필요
한 것이 아니라 오늘 만나는 이웃에게 작은 선행을 실천하면 됩니다. 이
웃을 사랑할 수 있는 일을 작은 일이라도 예수님의 이름으로 당장 실천
하십시오. 반드시 하는 모든 일이 다 형통합니다.

🖤 주님! 주님과 같이 작고 연약한 자들에게 먼저 다가가게 하소서!
🗺 남을 위한 선행을 최소 한 가지 이상 베푸십시오.

나의 영적 일지

누군가는 해야 할 일

읽을 말씀 : 잠언 10:13-32

●잠 10:16 의인의 수고는 생명에 이르고 악인의 소득은 죄에 이르느니라

　　미군 해병대의 군목 러셀 블레이즈델 중령은 한국전쟁 때 매일 같이 서울을 돌며 버려진 아이들을 거두어 개인적으로 보살폈습니다. 그러나 전쟁에서 연합군의 전세가 불리하자 급히 병사들을 데리고 후퇴하라는 명령이 떨어졌습니다.

　　그러나 천여 명이나 되는 아이들을 버리고 갈 수 없었던 러셀 중령은 방법을 찾다가 우연히 공군 책임자를 만나 다음날 아침까지 비행기가 있는 곳으로 오면 제주도로 대피를 시켜주겠다는 약속을 받았습니다. 그러나 아이들을 운반할 트럭이 없었습니다.

　　러셀 중령은 포기하지 않고 트럭을 찾으려 서울의 온 마을을 뒤졌습니다. 그리고 기적적으로 10대가 넘는 트럭을 발견했습니다. 그는 트럭을 빌리기 위해서 상부의 허가가 떨어졌다고 부하들을 속인 뒤에 천명이 넘는 아이들을 모두 태워 비행기가 있는 곳으로 보내 제주도로 대피를 시켰습니다. 그러나 결국 진실이 밝혀져 군법에 회부되었습니다. "도대체 왜 군인이 전쟁 중에 명령을 어기면서까지 그런 일을 했냐?"는 재판관의 질문에 러셀 대령은 이렇게 대답했습니다.

　　"누군가는 반드시 해야 할 일을 제가 한 것 뿐입니다."

　　누군가는 해야 할 일이 바로 오늘 내가 할 일입니다. 오늘 주님이 나에게 맡기신 그 일을 외면하지 말고 충성함으로 맡으십시오. 반드시 하는 모든 일이 다 형통합니다.

💙 주님! 어렵고 힘들어도 해야 할 일을 하게 하소서!
🎴 누군가가 하겠지 하며 떠넘긴 것이 있다면, 오늘 당장 직접 실행하십시오.

나의 영적 일지

한 사람의 배려

읽을 말씀 : 로마서 12:1-13

● 롬 12:10 형제를 사랑하여 서로 우애하고 존경하기를 서로 먼저 하며

   어떤 아파트 근처의 세탁소에 큰불이 났습니다.

   옷을 맡긴 사람들은 세탁소를 걱정하기 보다는 보상받을 수 있는지를 더욱 궁금해 했습니다. 그런데 불이 나고 며칠 뒤에 불 타 버린 세탁소 건물 벽에 이런 공고가 붙었습니다.

   '부주의로 세탁소에 불이나 맡겨주신 옷들이 모두 타버리고 말았습니다. 맡겨주신 옷이 확인되지 않기 때문에 정확하게 보상을 해드릴 수는 없지만 얼추 수량과 액수를 말씀해주시면 가능한 만큼 보상을 해드리도록 노력을 하겠습니다.'

   그런데 다음 날 이 글 아래 어떤 주민이 붙여놓은 공고가 덧붙었습니다.

   '전 하나뿐인 양복을 맡겼지만 보상을 포기하겠습니다. 다시 아저씨네 세탁소에 옷을 맡길 수 있었으면 좋겠습니다. 혹시라도 안 좋은 생각하지 마시고 꼭 재기하세요!'

   이 글을 본 마을 주민들은 자기들은 옷 한두 벌을 잃은 것이지만 세탁소 사장님은 전 재산을 잃은 것이라는 생각을 하게 되었습니다. 결국 이 글로 인해 대부분의 사람들은 보상을 받지 않았고, 세탁소 사장님은 다시 힘을 얻어 몇 달 뒤 개업을 했습니다.

   한 사람의 배려와 행동이 사람들의 생각을 바꿉니다. 세상에 휩쓸리지 않고 복음의 말씀으로 사람들에게 일깨우는 그 한 사람으로 오늘을 살아가십시오. 반드시 하는 모든 일이 다 형통합니다.

🤍 주님! 사람의 영혼을 살리는 한 사람이 제가 되게 이끌어주소서!
🎴 상대방에 입장에서 먼저 생각하며 하루를 보내십시오.

나의 영적 일지

정직한 준우승

읽을 말씀 : 시편 11:1-7

●시 11:7 여호와는 의로우사 의로운 일을 좋아하시나니 정직한 자는 그의 얼굴을 뵈오리로다

한 메이저골프대회에서 결승에서 스티브 스콧은 오랜만에 우승의 기회를 잡았습니다.

당시 상대는 골프 황제 타이거 우즈였지만 그는 우승을 위해 엄청난 집중력을 발휘했고, 경기 결과는 박빙으로 연장까지 이어졌습니다. 그리고 연장 마지막 홀에서 서로 동타, 마지막 한 타의 퍼팅으로 모든 것이 결정되는 손에 땀을 쥐는 순간이었습니다.

스콧의 공 앞쪽에 우즈의 공이 놓여 있어 옆으로 살짝 치워놓고 공을 쳤는데, 아깝게도 홀컵을 스쳐 지나갔습니다. 우즈가 퍼팅을 실패하면 한 번의 기회가 더 있기 때문에 어떻게든 우즈의 실패를 바라야 할 상황이었습니다. 그런데 우즈가 퍼팅을 치려던 순간 스콧이 갑자기 우즈에게 다가가 뭐라고 말을 건넸습니다.

그리고 우즈는 공을 치려다 말고 공의 위치를 옮겼습니다. 너무 긴장해 우즈가 공이 원래 있던 자리를 제대로 기억하지 못했던 것입니다. 그냥 두면 우즈는 최소한 더 어려운 코스에서 공을 치고, 어쩌면 룰 위반으로 벌타를 받게 될 상황이었지만 스콧은 우즈에게 떳떳하게 말을 해주었고, 우즈는 퍼팅을 성공해 대회에서 우승을 거머쥐었습니다.

스콧은 양심을 속이고 우승의 기회를 바랄 수도 있었지만, 그보다는 떳떳한 준우승을 택했습니다. 하나님은 제사보다 순종을, 성공보다 정직을 원하십니다. 하나님은 기뻐하시는 정직한 마음을 품고 살아가십시오. 반드시 하는 모든 일이 다 형통합니다.

♥ 주님! 마음의 중심과 정직한 양심을 보시는 주님이심을 알게 하소서!
🎴 모든 일에 우선 정직함으로 하나님 앞에 깨끗한 마음을 가지십시오.

나의 영적 일지

그리스도인의 정체성

읽을 말씀 : 베드로전서 1:13-25

●벧전 1:23 너희가 거듭난 것은 썩어질 씨로 된 것이 아니요 썩지 아니할 씨로 된 것이니 살아 있고 항상 있는 하나님의 말씀으로 되었느니라

동화 미운오리새끼에는 자기가 오리인 줄 아는 백조가 나옵니다.

소설 정글북에는 늑대와 함께 자라 늑대처럼 행동하는 모글리라는 소년이 나옵니다.

그런데 현실에서도 이와 비슷한 상황이 정말로 일어났습니다.

미국에 사는 톨리라는 개는 어려서부터 고양이 틈에 자라 고양이처럼 걷고 고양이처럼 행동합니다. 대형견인 시베리아 허스키와 말라뮤트의 혼종인 톨리는 태어나서는 평범한 강아지처럼 행동했지만 조금 지나고부터 고양이들 사이에서 자라게 됐는데 이때부터 습성이 변했다고 합니다. 고양이처럼 느긋하게 걷고, 어두운 박스를 좋아하고, 심지어 앉을 때도 고양이 같이 발을 오므리고 앉습니다. 보통의 개들처럼 사람들에게 달려들지도 않고 산책을 좋아하지도 않습니다.

단순히 행동뿐 아니라 얼굴 표정까지도 완벽한 고양이인데 톨리의 주인이 찍어서 인터넷에 공개를 한 사진을 본 사람들은 톨리에게 고양이보다 더 고양이 같은 개라는 별칭을 지어주었습니다.

자신의 정체성을 잊고 살 때 다른 사람의 흉내를 내고 살게 되고, 헛된 것을 쫓아 살게 됩니다. 그리스도인이 세상 친구들과만 친하게 지내면 세속적인 그리스도인이 됩니다. 그리스도인의 정체성이 뜻하는 것이 무엇인지를 기억하고 매일 같이 다른 사람들을 일깨우는 삶을 사십시오. 반드시 하는 모든 일이 다 형통합니다.

💛 주님! 어떤 상황에서도 믿음을 당당히 나타내는 성도가 되게 하소서!

🔲 오늘 사회에서, 세상에서 그리스도인의 정체성을 잃지 마십시오.

나의 영적 일지

후회하지 않는 법

읽을 말씀 : 마태복음6:19-34

●마 6:34 그러므로 내일 일을 위하여 염려하지 말라 내일 일은 내일이 염려할 것이요 한 날의 괴로움은 그 날로 족하니라

　　강원도 인제에서 작은 실버홈을 운영하고 있는 한 원장님은 대부분의 시간을 노인들과 직접 생활하며 크고 작은 고충들을 돕고 계십니다.

　　실버홈에 오신 분들은 대부분 새로운 목표나 꿈을 품기보다는 살아온 인생을 정리하고 돌아보며 지내십니다. 그런데 새로 들어온 어떤 노인 한분은 거금을 들여 노트북을 구입하고 워드와 파워포인트를 배우며 독수리 타법으로 이메일을 보내셨습니다.

　　그리고 5년이 지나자 컴퓨터가 아니라 영어를 공부하기 시작했습니다. 언제나 새로운 것에 도전하는 그분의 모습에 감명을 받은 원장님은 도전하는 이유에 대해서 물었습니다.

　　"제가 여기 거의 10년을 있었지만 어르신처럼 끊임없이 도전하는 분은 처음 봅니다. 죄송한 말씀이지만 지금 배운다 해도 써먹을 시간이 많지 않을 수도 있는데 왜 그렇게 열심히 배우고 익히시는지요?"

　　"아이고, 참, 별거 아니야. 내가 젊어서는 이거 할 걸, 저거 할 걸, 미루면서 맨날 후회만 했거든... 지금이라도 1년 뒤, 5년 뒤에 똑같은 말을 하면서 후회하지 않으려고 그러는 거야."

　　도전을 멈추는 순간 성장도 멈춥니다. 내일을 후회하지 않기 위해서는 오늘 시작해야 합니다. 나이는 숫자에 불과 합니다. 오늘 주시는 하나님의 놀라운 은혜와 감동과 비전을 내일로 미루지 말고 실천하십시오. 반드시 하는 모든 일이 다 형통합니다.

🤍 주님! 후회하지 않는 신앙을 위해 오늘 정진하게 하소서!
🎞 내일 후회하지 않기 위해 오늘 최선을 다하십시오.

나의 영적 일지

매일 찾아오시는 주님

읽을 말씀 : 요한계시록3:14-22

●계 3:20 볼지어다 내가 문 밖에 서서 두드리노니 누구든지 내 음성을 듣고 문을 열면 내가 그에게로 들어가 그와 더불어 먹고 그는 나와 더불어 먹으리라

영국의 한 병원에 어떤 지긋한 중년 신사가 찾아왔습니다.

오전에 정원을 손질하다가 날카로운 가시에 손이 찔렸는데 유난히 치료를 재촉했습니다.

"교외의 요양원에 있는 아내와 점심식사를 하기로 약속해서 그럽니다. 1주일 동안 오늘만 기다렸거든요."

신사의 아내는 알츠하이머에 걸려서 5년 전부터 요양원에서 지내고 있다고 했습니다. 의사는 "바쁘게 가시려는걸 보니 아직 남편을 알아보시나보죠?"라고 물었습니다.

"아니요, 사실은 제 얼굴을 전혀 알아보지 못합니다. 벌써 4년 정도 된 것 같습니다."

"선생님을 못 알아보신다고요? 그런데 왜 그렇게까지 서두르시는 거죠?"

"아, 사실은 제가 아내를 너무 보고 싶어서요. 아내는 절 못 알아봐도 제가 아내를 알아보지 않습니까?"

신사의 대답을 들은 의사는 깊은 감동을 받아 최선을 다해 서둘러 상처를 치료해주었고, 신사는 고맙다는 인사와 함께 기쁜 표정을 지으며 아내를 만나러 떠났습니다.

우리가 하나님을 알지 못할 때도 하나님은 우리를 알고 계셨고, 기다리고 계셨고, 또 사랑하고 계셨습니다. 오늘 우리에게 임하는 주님의 사랑의 손길을 체험하고, 아직 그 손길을 알지 못하는 사람들에게도 그 사실을 전해주십시오. 반드시 하는 모든 일이 다 형통합니다.

💙 주님! 날 향한 주님의 시선을 하루도 외면하지 않게 하소서!
🎴 오늘도 주님이 함께하심을 믿고 그 사실을 남에게 전하십시오.

나의 영적 일지

성공의 첫 번째 조건

1월 25일

읽을 말씀 : 잠언 9:1-12

●잠 9:10 여호와를 경외하는 것이 지혜의 근본이요 거룩하신 자를 아는 것이 명철이니라

글로벌비지니스네트워킹 대학의 강정미 교수는 '성공의 6단계'를 다음 과 같이 정의했습니다.

1. Me(나): 나를 아는 것이 성공의 시작이다.
2. Relationship(관계): 다른 사람을 인정하는 것이 관계 시작이다.
3. Goal(목표): 올바른 목표는 올바른 방향을 이끈다.
4. Attitude(태도): 올바른 성공은 올바른 훈련과 태도를 수반한다.
5. Action(행동): 땀과 인내로 행동하지 않으면 성공할 수 없다.
6. Share(나눔): 성공의 열매는 반드시 다른 사람과 나눠야 한다.

참고하면 좋은 말입니다.

그런데 우리 그리스도인들은 1번인 'Me(나)'를 'God(하나님)'으로 바꿔야 합니다.

하나님을 알아야 그분이 창조하신 나를 제대로 알 수 있고, 그래야만 다른 사람과도, 하나님과도 제대로 된 관계를 맺을 수 있습니다. 그러고 나서 올바른 목표를 설정하게 되고, 선한 행동과 태도를 갖게 되고, 나 누고 베푸는 열매를 맺는 삶을 살 수 있게 되기 때문입니다.

하나님을 알지 못하고는 진짜 나를 절대로 알 수 없습니다. 하나님을 먼저 사모하고 더 가까이 가십시오. 세상이 쫓는 성공의 길을 하나님 안에서 재조명 하십시오. 반드시 하는 모든 일이 다 형통합니다.

♥ 주님! 인생의 모든 목표를 하나님으로부터 시작하게 하소서!
🧩 나의 인생의 목표가 하나님으로부터 시작되게 재정립하십시오.

나의 영적 일지

해답이 있는 곳

읽을 말씀 : 요한복음 1:1-18

●요 1:1 태초에 말씀이 계시니라 이 말씀이 하나님과 함께 계
셨으니 이 말씀은 곧 하나님이시니라

　서부영화가 한창 유행하던 시기에 어떤 감독이 사막에서 영화를 찍고
있었습니다. 촬영을 한창 하고 있는데 근처에 머무는 한 인디언이 찾아
와 말했습니다.
　"내일은 비가 올 거야. 그러니 장비를 철수시켜."
　감독은 코웃음을 쳤으나 다음날 정말 비가 내렸습니다. 인디언이 다
시 찾아왔습니다.
　"대기가 안 좋아. 조만간 태풍이 올 거야."
　감독은 혹시 이번에도 맞나 싶어서 장비를 철수시켰습니다. 그런데 거
짓말처럼 며칠간 거센 비바람이 몰아쳤습니다. 감독은 너무 신기해서
그 뒤로 몇 번이나 인디언을 찾아가 돈을 주고 날씨를 알려달라고 했습
니다. 그런데 언젠가부터 인디언이 집을 비우고 나타나지 않았습니다.
촬영 기한이 얼마 안남아 날씨 상황이 절박해진 감독은 인디언 마을을
온통 뒤졌고, 마침내 그 인디언을 만났습니다.
　"얼마나 찾았는줄 아십니까? 내일 날씨가 어떨지 알려주십시오."
　"이제 나도 몰라, 라디오가 고장 났거든."
　세상의 그 어떤 지혜와 지식을 배우고 익혀도 결국 인생의 가장 중요
한 지식과 지혜가 있는 곳은 성경이고 성령님의 인도하심입니다. 자기가
만든 답안지를 가지고 길을 찾는 미련한 사람이 되지 말고 모든 해답을
하나님의 말씀에서 찾으십시오. 반드시 하는 모든 일이 다 형통합니다.

♥ 주님! 모든 지혜와 지식의 근본이 성경에 있음을 깨닫게 하소서!
▨ 어렵고 막힌 문제를 두고 성경을 묵상하며 해답을 찾으십시오.

나의 영적 일지

1월 27일

1등보다 중요한 것

읽을 말씀 : 로마서 8:18-30

●롬 8:28 우리가 알거니와 하나님을 사랑하는 자 곧 그의 뜻 대로 부르심을 입은 자들에게는 모든 것이 합력하여 선을 이루느니라

가을 운동회날이 되었습니다. 초등학교에 다니는 내내 달리기 꼴찌만 했던 아이가 있습니다. 6학년 기국이입니다.

연골무형성증이라는 지체장애 6급의 병이 있는 기국이였기에 초등학교 마지막 운동회도 꼴찌로 장식하겠거니, 안타깝지만 기국이 주변의 사람들은 그렇게 생각하고 있었습니다.

다섯 명이 출발했습니다.

여전히 마지막 주자로 달리는 기국이... 그런데 이게 웬일인가요.

나머지 아이들이 출발한 지 30미터 정도 지난 뒤 갑자기 멈춰서서, 기국이를 기다렸습니다.

아이들은 꼴찌로 달려오던 기국이 손을 잡고 함께 뛰기 시작했습니다. 6년 동안 항상 꼴찌를 도맡던 친구를 위해, 4명의 친구들이 깜짝 선물을 계획한 것입니다.

기국이와 친구들은 결승선까지 다 같이 들어와 공동 1등을 했습니다.

처음 1등을 해 본 기국이는 감격하고 친구들이 고마워서 그만 울음을 터뜨렸습니다. 이를 지켜보던 가족들도 눈물을 멈추지 못했습니다.

아프리카 속담에 "혼자가면 빨리 갈 수 있지만 함께 가면 멀리 갈 수 있다"는 말이 있습니다. 이 세상은 치열한 경쟁구조지만 서로 조금씩만 양보하면 모두가 1등을 할 수 있다는 것을 생각하며 오늘을 사십시오. 반드시 하는 모든 일이 다 형통합니다.

💙 주님! 함께 하는 즐거움을 깨닫게 하소서!
🧩 성적이나 경쟁보다 함께 하는 과정을 더 중요하게 여기십시오.

나의 영적 일지

기도로 시작하십시오.

읽을 말씀 : 마태복음 21:1-22

●마 21:22 너희가 기도할 때에 무엇이든지 믿고 구하는 것은 다 받으리라 하시니라

중국 내륙선교회의 창설자 허드슨 테일러가 젊었을 때 살던 곳은 런던의 한 가난한 마을이었습니다.

그때 허드슨 테일러는 스물 남짓한 청년이었는데 매일 몇 시간 동안 중국 지도를 앞에 두고 기도하였습니다. 당시 중국 내륙 열한 개의 성이 아직 복음을 접해 보지 못했으나 내륙에서의 복음 전파가 금지되어 있기 때문에 아무도 그 곳에 가서 주님을 위해 핍박받으며 복음을 전파하려고 하지 않았습니다.

그때 테일러는 돈도 없고 후원해 줄 선교회도 없었습니다. 단지 몇몇 친구가 매주 한두 차례 그와 함께 그 지도 앞에서 거대한 중국의 선교를 위해 기도할 뿐 이었습니다.

끝이 보이지 않는 원대한 꿈은 결국 작고 나약한 한 청년에서 시작하여 1933년까지 중국에 4,328개의 모교회와 2,325개의 지교회가 설립되었고 1,300여 명의 선교사가 활동하게 되었습니다. 중국에 교회가 세워진 이래, 세례나 침례를 받은 사람이 약 십오만 명이 넘어섰습니다. 이 역사는 젊은 청년이 중국지도를 앞에 두고 한 중보기도에서 시작된 것입니다.

하나님께서는 그가 누구라도 비전을 주십니다. 그 비전을 품에 안고 준비하며 그 날을 기다린다면 하나님의 능력이 그 비전을 생각보다 더 크게 이루어 주십니다. 오늘도 주님이 주신 비전을 준비하며 사십시오. 반드시 하는 모든 일이 다 형통합니다.

♡ 주님! 말씀을 의지하여 기도로 주님의 능력을 구하게 하소서!
🗺 하루의 시작을, 모든 일의 시작을 기도로 하십시오.

나의 영적 일지

스마트한 목표설정

읽을 말씀 : 빌립보서 3:1-16

●빌 3:14 푯대를 향하여 그리스도 예수 안에서 하나님이 위에서 부르신 부름의 상을 위하여 달려가노라

SMART 목표 설정 방법이라는 것이 있습니다.

목표는 Spefic(구체적인), Measurable(측정 가능한), Attainable(달성할 수 있는), Realizable(실현 가능한), Tangible (명확한) 목표를 문서로 작성하여야 한다는 뜻입니다.

어떤 통계조사에 따르면 조사에 응한 사람 중 3%만이 글로 표현된 구체적인 목표를 갖고 있었다고 합니다. 그들은 바랐던 대로 엄청난 부와 명예를 누리고 있었습니다.

10%는 구체적인 목표는 있었지만 글로 써 두지는 않았답니다. 그들은 그래도 비교적 잘 살고 있는 편이었습니다.

전체의 60%는 약간 생각하였으나 경제적 물질에 대해서만 생각했답니다. 그들은 소위 보통 시대 보통 사람으로 그럭저럭 살고 있었습니다.

나머지 27%는 그런 것에 대해 전혀 심각하게 생각하지 않고 무비전이 상팔자다 하였답니다. 그들은 빈민 구호 대상자였습니다.

결국 구체적인 목표를 세우고, 그것을 기록하여 자주 보며 상기하는 것이 대단히 중요하다는 것을 배울 수 있는 연구입니다.

오를 산이 있으면 길은 보이게 되어 있습니다. 주님이 주신 비전을 관념적으로 품고 있지말고 그 실현을 위해 목표를 구체적으로 적으며 생활하십시오. 반드시 하는 모든 일이 다 형통합니다.

♥ 주님! 인생의 모든 목표를 지혜롭게 세우고 실천하게 하소서!
🎴 삶의 다양한 영역에 글로 쓸 수 있는 목표를 세우십시오.

나의 영적 일지

희망의 잠재력

읽을 말씀 : 예레미야 29:1-23

● 렘 29:11 여호와의 말씀이니라 너희를 향한 나의 생각을 내가 아나니 평안이요 재앙이 아니니라 너희에게 미래와 희망을 주는 것이니라

　작가 미우라 아야꼬는 폐렴 3기에다 류마티스까지 겹쳐 온몸에 기부스를 한 상태 가운데도 하나님의 위로를 받자, 자기와 같은 시한부 인생을 사는 다른 사람들을 위로하기 위해 엽서를 써서 보냈습니다.

　수많은 폐렴환자들이 그의 엽서를 받고 큰 위로를 받고 용기를 얻었고, 그리스도께로 인도되었습니다. 남을 위로하는 가운데 그녀의 병은 점점 더 나아져 나중엔 결혼도 하고 수많은 책을 집필하여 세계인을 감동시켰습니다.

　영국의 제인 톰린슨은 1990년 유방암 진단을 받고 완치 판정을 받았으나 10년 뒤 재발해 폐에까지 전이됐습니다.

　그녀는 6개월만 살 수 있다는 진단을 받았습니다. 그런데 그녀는 지금도 살아있습니다. 오히려 그녀는 항암치료를 받으면서 암퇴치 모금운동을 펼쳤고 모금을 위해 철인 3종 경기에 출전, 완주했습니다.

　2006년에는 자전거로 샌프란시스코를 출발해 뉴욕까지 6780㎞를 달렸습니다. 그리하여 27억 원을 모았습니다. 영국 여왕 엘리자베스 2세는 지난 6월16일 그녀에게 대영국 상급 훈사 훈장을 주었습니다.

　인생은 어차피 시한부입니다. 인생은 유한한 것입니다. 그러므로 그리스도인은 살아 있는 동안 천국 갈 준비와 함께 이웃 사랑을 실천해야 합니다. 반드시 하는 모든 일이 다 형통합니다.

🖤 주님! 어떠한 상황에서도 주님을 바라보며 희망을 잃지 않게 하소서!
🎞 주님을 의지하며 최선을 다하는 진정한 희망을 품으십시오.

나의 영적 일지

세 가지 선택

읽을 말씀 : 여호수아 24:1-28

● 수 24:15 너희가 섬길 자를 오늘 택하라 오직 나와 내 집은 여호와를 섬기겠노라 하니

'성공하는 사람들의 7가지 습관'의 스티븐 코비는 '오늘, 내 인생 최고의 날'이라는 책에서 일상을 행복하게 보내기 위해서는 세 가지 선택을 잘해야 한다고 말했습니다.

1. 행동의 선택입니다.

똑같은 행동이라도 능동적인지 수동적인지에 따라서 모든 것이 달라집니다. 같은 일을 하더라도 목표를 갖고 선택을 하는 사람이 훨씬 능률이 좋고 행복지수도 높습니다.

2. 목적의 선택입니다.

똑같이 돈을 벌어도 사람에 따라 그 목적은 천차만별입니다. 이 목적에 따라 같은 성공을 거둔다 하더라도 인생의 최종적인 결과는 크게 달라집니다.

3. 원칙의 선택입니다.

무조건 돈만 벌고 유명해지면 되는지, 아니면 좀 느리고 때로는 손해를 보더라도 정직하고 양심적으로 살 것인지 먼저 원칙을 정해야 합니다. 이 원칙이 없는 삶은 작은 유혹에도 넘어가고 자기 합리화를 통해 점점 비양심적인 일을 저지릅니다.

어제 내가 살면서 내린 나의 선택들은 어떻습니까? 그 세 가지가 주님 안에서 결정된 것입니까? 사랑이 있습니까? 말씀이 있습니까? 오늘도 옳은 선택을 하며 살게 해달라고 주님께 기도하십시오. 반드시 하는 모든 일이 다 형통합니다.

💜 주님! 말씀 안에서 바른 선택을 하도록 저의 삶을 이끌어 주소서!
🔲 내 인생은 바른 선택을 하고 있는지 점검해보십시오.

나의 영적 일지

2
월
February

"이 율법책을 네 입에서 떠나지 말게 하며 주야로 그것을 묵상하여
그 안에 기록된 대로 다 지켜 행하라
그리하면 네 길이 평탄하게 될 것이며 네가 형통하리라"
(여호수아 1장 8절)

인간관계의 5법칙

읽을 말씀 : 베드로후서 1:1-11

●벧후 1:7 경건에 형제 우애를, 형제 우애에 사랑을 더하라

사람과의 관계를 연구하는 네트워킹 회사에서 인맥을 통해 성공한 사람들을 찾아가 인터뷰를 했습니다. 그리고 그 비결들은 총 4가지 법칙으로 요약되었습니다.

1. 다가감의 법칙

사람들은 모두 상대방이 먼저 다가와주기를 바랍니다. 먼저 다가가 마음을 열어야 합니다.

2. 거울의 법칙

내가 웃지 않으면 거울의 내 모습도 절대 웃지 않습니다. 황금률을 지키십시오.

3. 베풂의 법칙

선물을 싫어하는 사람은 한 명도 없습니다. 호감을 선물로 표현하십시오.

4. 인정의 법칙

자기중심적인 사고에서 벗어나 남의 사고방식도 인정하고 존중하는 사람은 누구에게나 환영받고 적을 만들지 않습니다. 남을 인정할 줄 아는 사람이 관계가 좋습니다.

주님은 심령이 가난한 사람들을 찾아가 이야기를 나누셨고, 함께 식사를 하셨습니다. 그리고 주님과의 관계를 통해 많은 죄인들이 자연스럽게 회개를 하고, 구원을 받고, 새사람이 되었습니다. 주님처럼 선한 영향을 미칠 수 있는 관계를 형성하는 삶이 되게 해달라고 기도하십시오. 반드시 하는 모든 일이 다 형통합니다.

💙 주님! 관계에서 성공할 수 있는 지혜를 주소서!

🎴 오늘 맞는 관계에 본문의 4가지 법칙을 적용해보십시오.

나의 영적 일지

겸손이 실력이다

읽을 말씀 : 마태복음 11:20-30

● 마 11:29 나는 마음이 온유하고 겸손하니 나의 멍에를 메고 내게 배우라 그리하면 너희 마음이 쉼을 얻으리니

열기구의 달인 피커드는 자신의 실력을 더더욱 세상에 알리고 싶었습니다. 그는 최고라는 걸 증명하기 위해서 지중해를 횡단하며 세계신기록을 세우겠다고 공언했습니다. 한 방송사는 그의 횡단을 생중계하기 위해서 헬리콥터까지 동원했습니다.

그런데 중간쯤 가는 도중 갑자기 열기구가 항로를 이탈하기 시작했습니다. 버너를 더 가열하고 모래주머니를 버리며 혼신의 힘을 다했지만 열기구는 경로를 이탈해 리비아 쪽으로 가고 있었습니다. 그 때는 리비아 국경근처에만 가도 대공포를 맞을 위험이 있었습니다.

국경이 점점 가까워지던 도중 피커드는 그만 모든 걸 포기한 채 기도하기 시작했습니다. 그리고 기도하던 중에 자신이 그동안 너무 교만했으며, 믿음이 없이 1등을 하고 기네스북에 올라봤자 헛일이라는 깨달음이 왔습니다.

그 깨달음이 오는 순간 거짓말처럼 바람이 잔잔해지고 열기구는 다시 항로로 돌아왔습니다. 이 횡단 이후 피커드는 자신을 '바람의 포로'라고 불렀고, 더 이상 헛된 것에 목표를 삼지 않았습니다. 그러나 그의 열기구 실력은 더욱 성장해 오히려 그때부터 새로운 신기록들을 세우며 진정한 달인으로 인정받게 되었습니다.

모든 것을 주님께 맡기되 주님의 영광을 위해 최선을 다하는 것이 참된 겸손이며 주님의 능력을 체험하는 삶입니다. 나의 부족함을 주님께 맡기며 최선을 다하십시오. 반드시 하는 모든 일이 다 형통합니다.

♡ 주님! 무엇보다도 더욱 겸손한 심령을 구하게 하소서!
▧ 주님께 온전히 맡기지 못한 내 삶의 부분이 있다면 겸손히 내어드리십시오.

나의 영적 일지

지혜로운 사람의 생각

읽을 말씀 : 빌립보서 2:1-11

●빌 2:3 아무 일에든지 다툼이나 허영으로 하지 말고 오직 겸
손한 마음으로 각각 자기보다 남을 낮게 여기고

영국의 수상이었던 디즈레일리에게 한 장교가 몰래 찾아와 훈장과 남작 직위를 내려달라고 부탁했습니다.

그 장교는 명예욕은 있었으나 일처리나 성품이 좋은 편이었습니다. 그러나 단순히 일을 잘한다고 직위를 줄 수는 없었습니다.

디즈레일리는 당장 뾰족한 수가 떠오르지는 않아서 일단 생각을 좀 해보겠다고 말한 뒤에 돌려보냈습니다. 그리고 며칠 뒤에 장교를 불러 말했습니다.

"아무래도 원칙을 어길 수는 없습니다. 대신에 사람들에게 제가 당신에게 훈장과 직위를 내리려고 했으나 거절했다는 소문을 내겠습니다."

이 말을 들은 장교는 굉장히 기분 나빠하며 집무실을 떠났습니다.

그러나 며칠 뒤에 장교가 수상이 내린 훈장과 직위를 오히려 거절했다는 소문이 퍼지면서 많은 사람들이 장교를 존경하기 시작했습니다.

장교는 디즈레일리의 말뜻을 그제야 이해하며 마음을 풀고 퇴임 때까지 디즈레일리의 곁에서 최선을 다해 임무 수행을 했습니다.

지혜로운 사람의 생각은 사람의 영혼을 살리는 말을 이끌어냅니다. 진실과 잘못을 따지는 1차원적 사고에서 벗어나 상대방의 입장을 존중하고 배려하는 사람이 되십시오. 반드시 하는 모든 일이 다 형통합니다.

♥ 주님! 말이 사람의 영혼을 살릴 수도 있는 귀한 도구임을 알게 하소서!
 직설에 배려를 더해 상대방을 살리는 말을 하십시오.

나의 영적 일지

3천원에 담긴 이야기

읽을 말씀 : 잠언 28:18-28

● 잠 28:27 가난한 자를 구제하는 자는 궁핍하지 아니하려니와 못 본 체하는 자에게는 저주가 크리라

한 주부가 아이들의 준비물을 사러 대형마트에 들렀습니다.

주말이라 사람이 많아 대기열이 길었는데 바로 앞에 꽃병을 사려고 계산대에 들고 온 아이가 돈이 모자라 곤경에 빠졌습니다. 아이는 진열대에 붙어있는 가격표를 잘못 봐서 7천 원짜리 꽃병을 가져왔는데, 돈이 4천원 밖에 없어 어쩔 줄 몰라 하고 있었습니다. 기다리는 사람들도 짜증이나 돈을 더 내든가 물건을 갖다 놓으라고 화를 내고 있는데, 아이는 꼼짝도 하지 않고 눈물이 그렁그렁 맺힌 채로 서있었습니다.

'아이의 엄마는 어딜 간 거지?'라는 생각을 하던 주부는 문득 집에 있는 또래의 아이들 생각이 나서 3천원을 대신 내주었습니다. 대형마트 앞에서 아이를 잠깐 만난 주부는 아이의 말을 듣고 깜짝 놀랐습니다. 아이의 어머니는 작년에 돌아가셨고, 아버지는 병으로 누워계시는데 어머니의 산소에만 꽃병이 없어서 얼마 안 되는 용돈을 모아 꽃병을 사러 왔던 것 입니다.

3천원으로 아이에게 엄청난 선행을 베풀게 된 이 주부의 경험은 '3천원의 행복'이라는 제목으로 '한 달이 행복한 책'에 실리면서 많은 사람들에게 알려졌습니다.

오늘 내가 베푸는 작은 선행도 받는 사람에겐 기적과도 같은 도움일 수도 있습니다. 지극히 작은 자에게 한 것이 곧 주님에게 한 것이라는 말씀을 기억하고 최선을 다해 남을 돕는 손을 펴십시오. 반드시 하는 모든 일이 다 형통합니다.

♡ 주님! 나보다 남을 더 생각할 수 있는 깊은 사랑의 마음을 주소서!
🏴 성령님이 주시는 선행의 마음을 거부하지 말고 따르십시오.

나의 영적 일지

천국을 체험하라

읽을 말씀 : 요한복음 3:1-21

● 요 3:3 예수께서 대답하여 이르시되 진실로 진실로 네게 이르노니 사람이 거듭나지 아니하면 하나님의 나라를 볼 수 없느니라

일본의 이시다 유스케는 매일 같이 티브이에서 하는 여행과 오락 프로그램을 보면서 막연히 세계를 돌아다니는 상상을 했습니다.

그러다 문득 자전거만 있어도 세계를 돌 수 있겠다는 생각이 들어 비행기 값만 모은 채 자전거 한 대를 싣고 알래스카로 떠났습니다. 그렇게 그의 자전거 여행은 아메리카 대륙 종단까지 하게 됐고 이후에는 아프리카, 유럽, 유라시아 대륙까지 이어졌습니다. 그는 약 87개국을 방문해 자전거로만 돌아다니며 여러 사람을 만나 소중한 체험들을 합니다. 이 경험으로 베스트셀러 작가가 된 그는 자기와 같은 처지의 사람들에게 이런 말을 남겼습니다.

"티브이에 매일 같이 나오는 명소가 주변 사람들도 쉽게 다녀오는 휴양지라 하더라도 실제로 가서 자기 눈으로 보지 않는다면 그곳은 미지의 세계나 마찬가지입니다. 남의 경험과 이야기를 듣는 것과 실제로 가서 내 눈으로 보는 것은 그야말로 천지차이입니다. 그러므로 가보고 싶은 곳이 있다면 꼭 그곳으로 떠나십시오. 그곳을 가보기 전에는 죽지도 마십시오."

이시다 유스케는 세계에서 최고로 소중한 곳이 어디인지 찾기 위해서 여행을 떠났습니다. 그리스도인에게는 최고로 소중한 곳은 바로 천국이고, 주님은 그 천국이 우리 안에도 있다고 말씀하셨습니다. 주님을 영접하는 삶, 말씀을 실천하는 삶으로 주님이 허락하시는 천국의 삶을 오늘 체험하십시오. 반드시 하는 모든 일이 다 형통합니다.

🖤 주님! 주님의 사랑이 머무는 곳이 바로 천국임을 알게 하소서!
🎴 말씀을 실천하며 주님이 예비하신 천국을 경험하는 삶을 사십시오.

나의 영적 일지

꿈 이후의 꿈

읽을 말씀 : 사도행전 20:17-38

● 행 20:24 내가 달려갈 길과 주 예수께 받은 사명 곧 하나님의 은혜의 복음을 증언하는 일을 마치려 함에는 나의 생명조차 조금도 귀한 것으로 여기지 아니하노라

음악에 굉장히 관심이 많은 중국 시골에 탄둔이라는 소년이 있었습니다. 그러나 당시에는 중국이 개방 전이어서 음악원도 학생 모집이 금지되어 있어서 정식으로 음악을 배울 수 없었습니다. 그는 농장 일을 하며 중국 민속음악을 수집하며 음악을 감으로 익히기 시작했습니다. 그리고 모택동이 죽은 이후에 음악원에서 다시 학생을 받게 되었는데, 탄둔은 지정곡인 모차르트곡 대신 중국의 민속음악을 멋지게 연주해서 특별히 합격했습니다.

음악원에서 처음 접하는 여러 음악들은 탄둔에게는 신세계였습니다. 그는 음악을 더 깊이 있게 공부하기 위해서 무작정 뉴욕으로 갔습니다.

대학의 꿈을 키우며 여러 일을 하던 그는 메트로폴리탄 앞에서 흑인들과 함께 거리 연주를 했는데, 벌이가 괜찮아 충분히 생활이 가능했습니다. 그러나 그는 안주하지 않고 돈을 모아 결국 대학에 들어갔습니다. 그리고 차근차근 목표를 이루어 나가며 나중에는 '와호장룡'의 음악 감독으로 아카데미 음악상과 그래미상을 수상했고, 베이징 올림픽의 음악 감독을 맡았습니다.

10년 뒤 그가 우연히 메트로폴리탄을 들르게 되었는데 전에 거리 연주를 하던 그 흑인은 여전히 거리에서 연주를 하고 있었습니다.

현실에 안주하지 않기 위해선 계속해서 꿈을 꾸어야 합니다. 우리의 본향인 천국으로 가기 전까진 주님이 주신 비전을 위해 계속 꿈꾸십시오. 반드시 하는 모든 일이 다 형통합니다.

♡ 주님! 생의 마지막까지 사명을 감당할 열정과 건강을 허락하소서!
🖾 더 나은 미래를 위한 목표가 있는지 점검하고 없다면 세우십시오.

나의 영적 일지

할머니의 전도법

읽을 말씀 : 로마서 10:1-15

● 롬 10:15 보내심을 받지 아니하였으면 어찌 전파하리요 기록된 바 아름답도다 좋은 소식을 전하는 자들의 발이여 함과 같으니라

일하는 딸을 위해 손주 둘을 하루 종일 봐주는 할머니가 계셨습니다. 아이들 학교 데려다주랴 어린이집 데려다주랴 바쁘게 오가다보니 다른 아이들도 많이 알게 되고, 또 학부모들도 알게 되었습니다. 그러다 이렇게 만나는 사람들을 전도할 수 있겠다는 생각이 들었습니다.

그래서 교회 전도지를 틈만 나면 나눠줬고, 친정어머니의 마음으로 열심히 반찬도 싸주고 필요한 선물도 주었습니다. 엄마가 늦게 와 기다리는 아이들을 보면 지체 없이 유기농 빵집이나 분식집에 데려가 음식을 사 먹였습니다. 시어머니급이었지만 학부모 사이에서 좋은 이미지를 갖게 됐습니다.

그러다 보니 아이들도 교회를 찾아왔고 아이들이 오니 부모들도 교회를 찾아왔습니다. 심지어 다니는 학원 원장님도 교회를 나왔습니다. 그렇게 손주들을 봐주던 60세가 넘은 평범한 할머니였던 하남시에 있는 성안교회 박순자 권사님은 1년 사이 30,40대 100여명을 교회로 인도하는 성공적 전도자가 되어 기독교감리회 중앙연회에서 전도왕 상을 받았는가하면, 그 경험을 바탕으로 '할머니의 전도법'이라는 책까지 내게 되었고 지금은 여러 교회에서 초청받아 간증집회도 하고 있습니다.

전도는 평범한 생활 속에서 마음을 담은 선물을 통해 이루어지기도 합니다. 평범한 생활일지라도 놀랍게 역사하실 주님의 손길을 믿으며 주시는 감동을 따라 사람들을 섬기고 또 복음을 전하십시오. 반드시 하는 모든 일이 다 형통합니다.

🧡 주님! 먼저 제 주변에 있는 사람들에게 복음을 전하게 하소서.
🖼 생활반경에서 자주 만나는 사람들에게 복음을 전하십시오.

나의 영적 일지

어려울수록 힘이 되라

읽을 말씀 : 사도행전 18:18-28

2월 8일

● 행 18:27 아볼로가 아가야로 건너가고자 함으로 형제들이 그를 격려하며 제자들에게 편지를 써 영접하라 하였더니 그가 가매 은혜로 말미암아 믿은 자들에게 많은 유익을 주니

　중국의 온라인 전자 상거래 사이트 알리바바는 '매출 170조'의 초거대 기업입니다.

　이런 중국의 대표기업인 알리바바의 마윈 대표는 처음에는 똑똑한 사원들이 회사를 살린다는 생각을 가지고 있었습니다. 그래서 회원이 거의 없는 초창기에도 무리를 해서라도 엘리트들을 데리고 왔습니다. 그런 덕분인지 은행대출도 거절 받을 정도로 힘들었던 때가 지나고 어느덧 조금씩 성장을 하기 시작했습니다. 그러나 회사가 궤도에 올라서자 유능한 직원들은 다른 회사에 스카우트되어 떠나고, 쌓은 경력 창업을 하며 떠났습니다.

　남아있는 직원들은 마윈 대표가 생각하기에 '별 볼일 없는' 사람들뿐이었습니다. 그렇게 회사가 끝났다고 느꼈을 때 점심시간에 어떤 직원이 어려운 회사 사정을 안다며 자기가 대신 밥을 사겠다고 했습니다. 또 어떤 직원은 게시판에 '알리바바는 좋은 기업입니다'라고 적어놓고 비품을 지원하겠다고 했습니다. 이때의 경험으로 '이익만을 쫓는 엘리트보다 감사할 줄 아는 평범한 직원이 진짜다'라는 신념을 갖게 된 마윈 대표는 이들과 함께 다시 한 번 힘을 내서 지금의 알리바바를 만들었습니다.

　어려울수록 힘이 되는 사람이 진짜 친구인 것처럼 어려운 상황에서도 감사하는 것이 진짜 믿음, 어려울수록 떠나지 않고 돕는 것이 진짜 성도입니다. 어떤 상황에서도 믿음을 잃지 말고 주님의 몸인 교회가 어려울수록 힘이 되어주십시오. 반드시 하는 모든 일이 다 형통합니다.

♡ 주님! 비난보다 격려를, 정죄보다는 기도를 하는 성도가 되게 하소서!
※ 어려울수록 교회를 위해 헌신하고, 교계를 위해 기도하십시오.

나의 영적 일지

2월 9일

땅을 보고 안 될 땐

읽을 말씀 : 마태복음 11:20-30

●마 11:28 수고하고 무거운 짐 진 자들아 다 내게로 오라 내가 너희를 쉬게 하리라

　포스베리 플럽이라는 높이뛰기 선수가 휴식을 즐기러 수영장을 찾았습니다.

　수영장에는 따로 다이빙풀이 있었고, 그곳에서는 다이빙 선수들이 연습을 하고 있었습니다. 수영을 하다 훈련하는 모습을 신기하게 바라보던 플럽은 문득 뒤로 뛰는 다이빙 자세를 보고는 '혹시 높이뛰기에도 적용할 수 있지 않을까?'라는 생각을 했습니다.

　곧 수영을 마치고 바로 트랙을 찾은 그는 시범삼아 하늘을 보며 뛰는 지금까지와는 정반대인 자세로 뛰어봤는데 2미터를 가뿐히 넘었습니다. 당시 세계신기록은 1미터 96센티미터였고, 몇 년간 정체되어 있었습니다. 많은 전문가들이 2미터 정도가 인간의 능력의 한계라고 말하던 시대였습니다.

　플럽의 발견으로 인해 절대 무너지지 않을 것 같았던 2미터의 벽은 순식간에 무너졌습니다. 1976년도 멕시코 올림픽에서 세계신기록을 수립한 플럽의 모습을 보고 많은 선수들이 배면뛰기로 자세를 바꿨고, 지금은 거의 모든 선수들이 배면뛰기를 사용합니다. 그리고 이제는 2미터가 아닌 3미터에 도전하는 시대가 되었습니다.

　땅을 보고 안 될 땐 하늘을 봐야 합니다. 사람의 생각으로 답이 없을 땐 주님을 생각하며, 주님의 뜻을 따라야 합니다. 사람의 생각을 넘어 역사하시는 주님을 오늘도 믿고 따르십시오. 반드시 하는 모든 일이 다 형통합니다.

♡ 주님! 하늘을 향한 기도의 문은 언제나 열려있음을 기억하게 하소서!
🖼 나의 한계라고만 여겨 포기한 것을 놓고 기도하십시오.

나의 영적 일지

가장 중요한 기도

읽을 말씀 : 데살로니가후서 1:3-12

●살후 1:11 우리도 항상 너희를 위하여 기도함은 우리 하나님이 너희를 그 부르심에 합당한 자로 여기시고 모든 선을 기뻐함과 믿음의 역사를 능력으로 이루게 하시고

　신학자이자 영국의 영적대각성 운동을 일으킨 조나단 에드워드는 매일 같이 '가정과 모든 후손이 하나님을 믿고 구원을 받게 해달라'고 기도했습니다.

　이런 기도의 사실을 알고 있던 한 학자는 그의 3대손까지 조사를 했는데 정말로 그의 자손들이 모두 하나님을 믿고 있다는 것을 알게 되었습니다.

　영국의 선교사인 토마스 벡스턴은 아내와 함께 매일 같이 자기 가문에서 하나님을 섬기는 사역자가 많이 나오게 해달라고 기도했습니다. 그리고 3대까지 50명에 가까운 사역자들이 벡스턴 가문에서 배출되었습니다.

　신학자 어거스틴의 어머니는 이단에 빠져 방황하는 아들을 위해 20년이 넘게 기도를 했습니다. 결국 어머니가 세상을 떠나기 한 달 전 그 기도는 응답을 받았고, 그 오랜 기도로 회심한 아들은 신학의 기초를 세우며 많은 사람들에게 믿음을 확증시켰습니다.

　기도는 하나님과의 대화이자 간절한 바람을 구하는 것입니다. 영혼의 구원보다 더 중요한 것은 없기에 무엇보다도 영혼을 위한 기도를 쉬지 말아야 합니다. 나를 비롯한 우리 가정, 그리고 우리 친지, 이웃들... 모든 사람들이 구원받을 수 있도록 매일같이 기도하십시오. 반드시 하는 모든 일이 다 형통합니다.

💜 주님! 영혼을 위한 기도를 특히나 쉬지 않게 하소서!
🏯 다른 사람의 구원을 위해 매일 기도하는 시간을 가지십시오.

　나의 영적 일지

사랑의 실천

읽을 말씀 : 야고보서 1:12-27

●약 1:25 자유롭게 하는 온전한 율법을 들여다보고 있는 자는 듣고 잊어버리는 자가 아니요 실천하는 자니 이 사람은 그 행하는 일에 복을 받으리라

예수님이 승천하신 뒤 알렉산드리아에는 약 10만 명의 그리스도인이 생겼습니다.

이들 10만 명은 1만 5천명의 가난한 사람들의 삶을 책임져서 그리스도인들은 남의 어려움을 돌보는 사람으로 모든 사람들에게 알려졌다고 합니다. 그러나 죽음의 신 하데스에 대한 신앙을 강요했던 프톨레마이오스 국왕 때문에 그리스도인들은 흑사병의 원인으로 지목 받으며 아주 심각한 박해를 당했습니다. 흑사병과 국왕에 의한 핍박을 동시에 받는 어려운 상황이었지만 그래도 그리스도인들은 나라를 떠나지 않고 아픈 사람들을 간호하며 끝까지 맡은 사람들을 위해 헌신했습니다.

나중에 흑사병을 피해 떠났다가 다시 돌아온 알렉산드리아 주민들은 이 사실을 알고 모두 놀라 그리스도인들을 존경했습니다. 그리고 이들의 모습을 보고 이들이 믿는 신인 하나님에 대해 관심을 갖고 믿는 사람들이 매우 많아 졌습니다. 역사학자 터툴리안은 이 모습을 보고 놀라 "저들의 놀라운 사랑을 보라!"라는 말을 남겼습니다.

지금 시대에도 세상 사람들의 입에서 이런 고백이 나오도록 우리가 서로 사랑하며 베풀어야합니다. 우리가 예수님을 구세주와 주님으로 믿지 않고 선한 일을 아무리 많이 한다 해도 구원받을 수 없습니다. 그러나 구원 받은 사람들이 선한 일을 하게 하기 위해 주님이 우리를 구원해 주셨습니다. 주님께 받은 사랑을 오늘 실천하십시오. 반드시 하는 모든 일이 다 형통합니다.

♡ 주님! 하나님을 아는 믿음이 이웃을 향한 사랑으로 나타나게 하소서!
🖼 주님께 받은 사랑을 이웃을 위해 실천하십시오.

나의 영적 일지

100% 예수님

읽을 말씀 : 로마서 15:1-13

● 롬 15:13 소망의 하나님이 모든 기쁨과 평강을 믿음 안에서 너희에게 충만하게 하사 성령의 능력으로 소망이 넘치게 하시기를 원하노라

세계에서 가장 인기 있는 스포츠경기인 유럽 챔피언스리그의 결승전에서 스페인의 바르셀로나 FC와 이탈리아의 유벤투스가 맞붙었습니다.

이날 경기를 보기 위해서 유럽 각국의 대통령과 총리, 그리고 수많은 유명 스타들이 경기장을 찾았습니다. 이날 경기에선 바르셀로나가 3대 1로 유벤투스를 이기고 세계 최고의 클럽 자리에 올랐는데 이날 쐐기골을 넣은 브라질의 신성 네이마르는 경기가 끝나자마자 갑자기 유니폼에서 준비한 머리띠를 꺼내 묶었습니다.

머리띠에는 'JESUS 100%'라고 적혀있었습니다. 브라질은 카톨릭 국가이기 때문에 몇몇 기자들이 네이마르에게 카톨릭이냐고 묻자 그는 이렇게 대답했습니다.

"저는 카톨릭 집안에서 자랐지만 카톨릭은 아닙니다. 성경을 제대로 읽어본다면 카톨릭과 개신교에는 많은 차이가 있다는 것을 알게 됩니다. 저는 그리스도인입니다."

최고의 스타인 지금도 십일조를 잊지 않고, 골을 넣을 때마다 하나님께 감사하는 세레모니를 하는 그는 100% 주님께 영광을 돌린다는 의미로 머리띠를 준비했다고 말했습니다.

나의 삶의 모든 좋은 것이 주님께로부터 왔습니다. 그 사실을 인정하고 감사하는 모습을 주님은 기쁘게 받으십니다. 나의 삶을 통해 주님께 100% 영광을 돌리는 첫발을 오늘 내딛으십시오. 반드시 하는 모든 일이 다 형통합니다.

♡ 주님! 제 인생도 오직 주님으로만 채워지게 하소서!
🔯 내 삶의 제 1순위가 예수님인지 확인해 보십시오.

나의 영적 일지

채워지지 않는 공허함

읽을 말씀 : 잠언 31:10-31

● 잠 31:30 고운 것도 거짓되고 아름다운 것도 헛되나 오직 여호와를 경외하는 여자는 칭찬을 받을 것이라

　세계적인 시인이자 수필가 마리아 릴케에 따르면 천재 조각가로 알려진 로뎅은 평생을 고독하게 살았다고 합니다.

　아무도 알아주지 않는 조각가로 살 때의 로뎅은 무명의 설움 때문에 고독함을 느꼈습니다. 그래서 그는 명성을 얻기 위해 노력했습니다. 사람들이 자기를 알아주고 자기 작품을 인정해주면 공허함이 채워질 것이라고 생각했기 때문입니다.

　그러나 '생각하는 사람'과 같은 유명한 작품으로 명성을 얻고 난 뒤 로뎅은 더욱 고독감을 느꼈습니다. 평론가들은 멋대로 로뎅의 작품을 평가하며 이득을 취하려 했고, 로뎅에게 배우려고 찾아오는 문하생들은 단지 로뎅의 실력을 배우기 위해서 온 것이었습니다.

　로뎅은 정말로 자기 마음을 알아주는 사람을 원했습니다. 그러나 로뎅을 이해해주며, 예술작업을 도와줄 동반자는 단 한 명도 없었습니다. 그는 그토록 큰 성공을 거둔 뒤에도 슬픈 눈을 하며 릴케에게 이런 말을 하곤 했습니다.

　"나의 제자들도 결국은 나보다 유명해지기 위해서 나를 찾아온 것입니다. 그들은 나를 이용하고 넘어서려 하지 나를 존경하고 도와주려고 하지 않습니다."

　마음의 공허함은 하나님의 부재로부터 옵니다. 헛된 정욕으로 공허함을 채우려 노력하지 말고 만유의 주재이신 주님과 동행하는 삶을 사십시오. 반드시 하는 모든 일이 다 형통합니다.

💜 주님! 잘못된 생각에 끌려 죄를 짓지 않게 하소서!
🧩 마음의 공허함을 느끼고 있다면 더욱 주님께로 나아가십시오.

나의 영적 일지

고난을 기뻐하라

읽을 말씀 : 이사야 49:8-26

● 사 49:13 하늘이여 노래하라 땅이여 기뻐하라 산들이여 즐거이 노래하라 여호와께서 그의 백성을 위로하셨은즉 그의 고난 당한 자를 긍휼히 여기실 것임이라

발명왕 에디슨은 "세상에 쓸모없는 핸디캡은 없다"라고 늘 말했습니다. 그 역시도 실패나 실수로부터 생각지도 못한 많은 발명을 했기 때문입니다.

프랑스의 염색공장에서 한 가정부가 식탁보를 세탁하다 실수로 기름을 엎었습니다. 그런데 기름이 묻은 자리가 오히려 새하얗게 변했습니다. 그리고 이 실수로 드라이클리닝이라는 세탁법이 시작되었습니다.

한 병원에서 나프탈렌의 약효를 실험했는데 의사의 실수로 아세트아닐리드라는 약물을 투약했습니다.

그런데 이 약의 해열효과가 대단했고 부작용은 매우 적었습니다. 심지어는 내성도 생기지 않았습니다. 세계에서 가장 많이 팔리는 약 '타이레놀'은 이렇게 발견되었습니다.

3M에는 아예 실패한 프로젝트만을 연구하는 부서가 있습니다.

그리고 핀란드에는 10월 31일을 서로의 실수를 공개하고 축하하는 '실패의 날'로 지정해 지키고 있습니다.

고난을 기뻐하고 문제를 두려워 말아야 할 이유가 여기 있습니다. 주님은 약점을 강점으로, 악한 일도 선한 일로 사용하시는 분이기 때문입니다. 어려운 문제가 찾아올수록 기죽지 말고 더더욱 하나님을 바라보십시오. 반드시 하는 모든 일이 다 형통합니다.

🖤 주님! 실패마저도 주님께 맡김으로 평안한 마음을 허락하소서!
🎴 나의 실패에 낙담하지 말고 다른 사람의 실패도 비난하지 마십시오.

나의 영적 일지

성공자의 하인, 실패자의 주인

읽을 말씀 : 다니엘 6:1-23

●단 6:10 다니엘이 이 조서에 왕의 도장이 찍힌 것을 알고도 자기 집에 돌아가서는 윗방에 올라가 예루살렘으로 향한 창문을 열고 전에 하던 대로 하루 세 번씩 무릎을 꿇고 기도하며 그의 하나님께 감사하였더라

나는 누구일까요?

나는 언제나 당신의 곁을 지키고 있습니다.

나는 당신의 훌륭한 조언자가 될 때도 있고, 가장 무거운 짐이 되기도 합니다. 나는 당신을 성공의 계단으로 인도하기도 합니다. 그러나 반대로 실패의 나락으로 떨어트리기도 합니다.

나는 당신이 맡기는 일을 습관적으로 처리합니다.

당신이 하는 일의 50%는 내가 알아서 처리합니다. 나는 당신에게 꼭 붙어 있습니다. 당신이 하는 일을 유심히 보고 따라합니다.

나는 모든 성공자의 하인입니다.

그리고 실패자의 주인이기도 합니다. 나로 인해 당신은 성공, 또는 실패합니다. 그러나 그것은 나의 의지와는 아무런 상관도 없습니다.

나를 잘 훈련시키십시오.

그렇다면 나는 당신을 평생 충실한 하인으로 섬길 것입니다. 그러나 나를 멋대로 풀어준다면 당신은 평생 후회만 하다 죽을 수도 있습니다.

이제 내가 누구인지 아시겠습니까? 나의 이름은 바로 습관입니다.

성경의 훌륭한 인물들은 모두 좋은 습관을 가지고 있었습니다. 시간을 정해놓고 하는 기도, 이른 아침에 하는 말씀의 묵상, 겸손과 정직, 이런 것들은 나를 주님과 더 가까이 하게 하고, 신앙을 성공하게 하는 좋은 습관들입니다. 오늘도 하루를 좋은 습관으로 인생을 채워가십시오. 반드시 하는 모든 일이 다 형통합니다.

♥ 주님! 거룩한 습관의 중요성을 깨닫게 하소서!

▧ 신앙과 인생을 위한 좋은 습관 한 가지를 오늘 결심하십시오.

나의 영적 일지

가르치고 실천하라

읽을 말씀 : 사도행전 28:16-31

● 행 28:31 하나님의 나라를 전파하며 주 예수 그리스도에 관한 모든 것을 담대하게 거침없이 가르치더라

매라비안의 법칙에 따르면 상대방에게 의사를 전달할 때 영향을 미치는 것은 목소리와 말의 내용(45%)보다 표정과 태도(55%)가 더 큽니다.

이 연구와 비슷한 맥락으로 그렇다면 무언가를 익히고 배울 때 어떤 요소가 얼마나 미치는지에 대한 연구결과도 있는데 다음과 같습니다.

- 읽기만 할 때 10%

- 듣기만 할 때 10%

- 보기만 할 때 30%

- 보면서 들을 때 50%

- 보면서 말할 때 70%

- 말하면서 행동할 때 90%

- 배운 내용을 남한테 가르칠 때 99%

신앙 생활을 통해 변화된 나의 모습이 주님의 말씀을 듣고 있는 나의 모습을 통해 알려줍니다. 변화되지 않고 있다면 말씀을 겉으로만 듣는 것입니다.

배운 말씀을 익히기 위해서 가장 중요한 것은 남에게 전하며 행동하는 것입니다. 깨달은 말씀을 남에게 전하고 직접 실천함으로 주님의 말씀을 내 삶에 기록하십시오. 반드시 하는 모든 일이 다 형통합니다.

♥ 주님! 믿음이 삶과 일치가 되는 신행일치의 삶으로 인도해주소서!
🖼 바르게 알고, 바르게 실천하고, 바르게 가르치십시오.

나의 영적 일지

창의적인 신앙

읽을 말씀 : 역대하 30:1-12

● 대하 30:12 하나님의 손이 또한 유다 사람들을 감동시키사 그들에게 왕과 방백들이 여호와의 말씀대로 전한 명령을 한 마음으로 준행하게 하셨더라

국제적으로 가장 유명한 리더십교육 전문가인 존 어데이 교수는 자신이 만났던 '누구보다도 창의적인 사람들의 습관을 5가지로 분석'했습니다.

1. 고정관념에서 해방되라.

특정 분야에 아는 것이 별로 없을 때 창의적인 생각을 하게 되는 경우가 많습니다.

2. 우연히 생긴 일을 무시하지 마라.

창의력은 우연히 일어난 사건에 의미를 부여하고, 새로운 아이디어를 만들어냅니다.

3. 잠들기 전까지 문제를 붙들어라.

문제를 붙들다 잠을 청하던 도중에 문제를 해결한 많은 사람들이 있습니다.

4. 낯선 것을 친숙하게, 친숙한 것을 낯설게 만들어라.

전혀 어울리지 않을 것 같은 것들이 의외로 어울리는 경우가 많습니다.

5. 떠오르는 아이디어를 저축하라.

종이에 적지 않은 아이디어는 대부분 머릿속에서 사라집니다.

지금 당연하게 이루어지고 있는 주일학교, 제자훈련, 새생명축제, 열린 예배…들도 처음에는 누군가의 창의적인 발상에서 나왔습니다. 나의 신앙, 우리 교회, 지역 주민들을 위한 좋은 생각이 있다면 기도로 준비하며 과감히 시작하십시오. 반드시 하는 모든 일이 다 형통합니다.

💜 주님! 하나님이 주신 좋은 생각들을 과감히 실행하는 결단력을 주소서!
🎴 아주 작은 아이디어라도 그냥 두지 말고 남에게 알리고 실천하십시오.

나의 영적 일지

부족함의 축복

읽을 말씀 : 빌립보서 4:1-20

● 빌 4:12 나는 비천에 처할 줄도 알고 풍부에 처할 줄도 알아 모든 일 곧 배부름과 배고픔과 풍부와 궁핍에도 처할 줄 아는 일체의 비결을 배웠노라

과학자 에드워드 윌슨은 저서 '젊은 과학도에게 보내는 편지'에서 이런 말을 했습니다.

"저는 지금까지 수많은 분야에서 수많은 연구자를 만나봤습니다. 그들은 모두 자기 분야에서 엄청난 성공을 거둔 사람들입니다. 그리고 그들을 만난 뒤에 저는 이상적인 과학자가 되기 위해서는 오히려 너무 똑똑하면 안 된다는 생각을 하게 되었습니다. 자기 연구를 완성하기 위해서 무슨 일을 해야 할지 알 정도는 되어야 하지만 너무 똑똑한 사람들은 한 가지 일에 쉽게 질리기 때문입니다."

사무기기 전문업체 쿄세라의 이나모리 회장도 비슷한 말을 했습니다.

"머리 좋은 사람들은 혁신을 일으키지 못합니다. 머리가 너무 좋아 어떤 일이 얼마나 어렵고 왜 안 되는지 시작도 하기 전에 파악이 되기 때문입니다."

예수님의 복음을 인터넷도, 라디오도 없는 시대에 어떻게 전 세계에 전할 수가 있었을까요? 제자들이 똑똑한 사람이었다면 시작도 하기 전에 포기하고 말았을 것입니다. 그러나 그들은 우직하게 자신이 갈 수 있는 곳으로 전도여행을 떠났고, 순교를 당할 때까지 포기하지 않았습니다. 부족한 나의 상황도 축복이라 여기고 내가 잘났다는 생각은 잠시 내려놓고 주님의 제자답게 우직한 믿음을 품으십시오. 반드시 하는 모든 일이 다 형통합니다.

🤍 주님! 능력의 부족함을 탓하지 않고 먼저 순종하게 하소서!
🖼 나의 약점이라 생각되는 부분들로 인해 주님께 감사하십시오.

나의 영적 일지

2월 19일

젊은 신앙을 가져라

읽을 말씀 : 신명기 34:1-12

● 신 34:7 모세가 죽을 때 나이 백이십 세였으나 그의 눈이 흐리지 아니하였고 기력이 쇠하지 아니하였더라

중국에서 천만부가 팔린 '승풍파랑'이라는 책에는 젊음에 대한 글이 한 토막 나옵니다.

'믿음이 있으면 젊은 것이고,

의혹이 있으면 늙은 것이다.

자신감이 있으면 젊은 것이고,

두려워하면 늙은 것이다.

희망이 있다면 젊은 것이고,

절망한다면 늙은 것이다.

세월은 피부에 주름을 만들지만,

사라진 열정은 영혼에 주름을 만든다.'

중국과 일본에서는 성공이라는 의미로 쓰일 정도로 유명한 '승풍파랑'의 저자는 젊음과 늙음을 나이나 신체조건이 아니라 마음가짐과 정신상태로 나누었습니다.

성경에서 위대한 일을 한 사람들도 나이나 신체 조건에 구애를 받지 않았습니다. 갈렙도, 모세도 나이와 상관없이 언제나 청년이었고 하나님의 일을 너끈히 감당했습니다.

젊은 신앙을 가진 사람은 무엇이든지 할 수 있습니다. 믿음을 통해 할 수 있다는 자신감을 갖고 하나님이 맡겨주신 사역을 충분히 감당하십시오. 반드시 하는 모든 일이 다 형통합니다.

♡ 주님! 나의 상황을 재보지 않고 하나님의 말씀에 귀를 기울이게 하소서!
🗡 피부의 주름보다 영혼의 주름에 더욱 신경쓰십시오.

나의 영적 일지

작은 소자의 친구

읽을 말씀 : 마태복음 25:31-46

2월 20일

●마 25:45 이에 임금이 대답하여 이르시되 내가 진실로 너희에게 이르노니 이 지극히 작은 자 하나에게 하지 아니한 것이 곧 내게 하지 아니한 것이니라 하시리니

워싱턴에 사는 아홉 살 꼬마 숙녀 헤일리 포드는 농부이자 목수입니다. 헤일리는 집에 있는 텃밭에 계획표를 따라 딸기, 당근, 블랙베리, 브로콜리 등의 야채를 심어서 거의 매주 수확을 합니다. 그리고 수확한 과일과 채소들은 모두 친구인 노숙자들에게 나눠줍니다.

헤일리는 또 매일 집을 짓습니다.

작은 창문이 달려 있고, 비바람을 피할 수 있고, 푹신한 바닥에서 잠도 잘 수 있는 이동식 집을 학교가 끝난 뒤 매일 창고에 들어가 직접 못을 박고 톱질을 하며 짓습니다. 그리고 이 집도 친구인 노숙자들을 위해 짓고 있습니다.

4년 전 길에서 배고파하는 노숙자 한 명에게 샌드위치를 건네주며 친구가 된 해리는 그들을 지속적으로 도와줄 수 있는 방법을 생각하다가 정원을 밭으로 만들었고, 창고를 목공소로 만들었습니다.

9살 해리는 착한 마음만으로 세상의 누구도 하지 못한 큰일을 하며 사랑을 실천하고 있습니다.

지극히 작은 자에게 베푼 물 한잔도 주님께서는 기억하신다고 하셨습니다. 우리가 가진 것이 크던 적던 하나님을 사랑한다면 소외된 사람들도 섬기십시오. 반드시 하는 모든 일이 다 형통합니다.

🖤 주님! 먼저 주위의 어려운 사람들에게 사랑을 전하게 하소서!
🧩 지금 나의 도움이 가장 필요한 사람이 누구인지 생각해 보십시오.

나의 영적 일지

잘못을 인정하는 사람

읽을 말씀 : 시편 149:1-9

●시 149:4 여호와께서는 자기 백성을 기뻐하시며 겸손한 자를 구원으로 아름답게 하심이로다

　세계 대전때 독일 나치의 포로수용소에서 가장 많이 피해를 본 것은 유태인입니다. 그러나 유태인 못지않게 러시아인들도 피해를 봤다는 것은 세상에 잘 알려져 있지 않습니다. 세계 대전 동안 500만 명 넘는 사람들이 포로로 잡혔고, 그중 절반 이상이 목숨을 잃었습니다. 그러나 유태인들에 비해 상대적으로 국제사회의 관심도 덜해서 이런 사실도 널리 알려져 있지 않습니다.

　그러나 그로부터 70년이 지난 최근에 독일의 총리는 소련포로수용소를 찾아 과거의 잘못을 인정했고 사죄의 대가로 배상금까지 지급하겠다고 말했습니다.

　독일은 2차 대전 이후 런던 협정을 통해 피해를 입은 국가들에 보상을 지급할 책임이 없습니다. 그러나 자발적으로 피해를 입힌 나라들을 한 나라씩 확대하며 잘못을 인정하고 보상까지 하고 있습니다. 또한 독일 정부 뿐 아니라 기업과 시민들도 모금을 해 강제징용 피해자들을 위한 기금을 모으고 있습니다. 이런 모습 때문에 독일을 유럽연합의 많은 국가들이 경제적, 정치적 리더로 인정을 하고 또 닮아가려고 노력을 하고 있습니다.

　이미 저지른 실수는 되돌릴 수 없습니다. 그 실수를 바로 잡는 길은 잘못을 인정하고 용서를 구하는 것입니다. 잘못을 했을 땐 먼저 인정하고 상대방이 납득할 수준의 용서를 구하십시오. 반드시 하는 모든 일이 다 형통합니다.

　♡ 주님! 남을 비난하기 전에 먼저 스스로를 돌아보게 하소서!
　🖼 자존심을 내세우지 말고 실수에 대해서는 먼저 인정하고 사과하십시오.

나의 영적 일지

잘못된 계시의 결말

읽을 말씀 : 베드로후서 3:8-18

● 벧후 3:16 무식한 자들과 굳세지 못한 자들이 다른 성경과 같이 그것도 억지로 풀다가 스스로 멸망에 이르느니라

　미국 유타 주의 한 평온한 마을에서 부부와 세 자녀가 한 침대에서 숨을 거두는 끔찍한 일이 일어났습니다.

　침대 밑에는 메타돈이라는 독약이 놓여 있어서 경찰은 온 가족이 자살을 한 것으로 보고 수사를 했으나 도저히 자살할만한 이유를 찾을 수가 없었습니다. 주변 이웃들은 가족 모두가 화목했고, 교회도 열심히 다녔다고 증언 했습니다.

　그러다 아내인 크리스티가 댄 레퍼티라는 죄수와 주고받은 편지가 발견되면서 사건의 실마리가 잡혔습니다. 댄 레퍼티는 자기 형의 가족을 모두 살해한 중범죄자로 무기징역을 받고 수감 중이었으며 하나님으로부터 형을 죽이라는 소리를 들었다고 주장하는 정신이상자였습니다.

　크리스티는 뉴스를 보고 단순 호기심에 댄과 편지를 주고받다가 남편과 함께 그의 사상에 빠져들었고, 결국 악으로 가득한 이 세상으로부터 도망쳐야 한다는 잘못된 생각을 갖게 되어 아이들에게 약을 먹이고 온 가족이 자살을 한 것이었습니다.

　하나님의 말씀은 성경에 가장 정확하게 기록되어 있습니다. 나의 감정과 생각과 기준에 의해 하나님의 뜻이라고 오해하면 안 됩니다. 잘못된 신비주의에 빠지지 말고 오직 성경 묵상을 통해 하나님의 음성을 들으십시오. 반드시 하는 모든 일이 다 형통합니다.

💚 주님! 귀한 성경 말씀을 바르게 배우고 깨닫는 축복을 주소서!
🖼 공신력 있는 기관이나 본교회가 아닌 곳에서의 성경공부를 조심하십시오.

`나의 영적 일지`

행복을 막는 습관들

읽을 말씀 : 로마서 12:14-21

● 롬 12:14 너희를 박해하는 자를 축복하라 축복하고 저주하지 말라

코리아 해럴드에 실린 '행복을 막는 10가지 습관'입니다.

01. 지난날의 원한을 품고 사는 것.

02. 꿈을 포기하는 것.

03. 즐거움을 주는 일이 하나도 없는 것.

04. 인간관계를 겉치레로만 맺는 것.

05. 남과 비교하는 것.

06. 새로운 경험보다 물질에만 돈을 투자하는 것.

07. 창의력을 발휘하지 않고 사는 것.

08. 지금의 삶에 안주하는 것.

09. 남에게 베풀지 않는 것.

10. 현재를 즐기지 못하고 걱정하는 것.

위의 10가지 습관중에 나는 과연 몇가지의 잘못된 습관을 갖고 있는지 점검해봅시다.

주님은 우리가 행복하기를 원하고 도와주시는 분입니다. 내가 행복하지 못하다면 주님과의 관계에도 문제가 있을 수 있습니다. 말씀을 따라 살아감으로 행복한 삶을 이루고, 주님과의 관계를 회복하십시오. 반드시 하는 모든 일이 다 형통합니다.

♡ 주님! 인생의 불행을 다른 사람의 잘못으로 돌리지 않게 하소서!

🎴 바른 신앙, 바른 경건생활로 하나님과 관계를 먼저 회복하십시오.

나의 영적 일지

복음에 대한 자신감

읽을 말씀 : 에베소서 6:10-20

● 엡 6:19 또 나를 위하여 구할 것은 내게 말씀을 주사 나로 입을 열어 복음의 비밀을 담대히 알리게 하옵소서 할 것이니

　프레이즈 도허티는 10대 시절, 시골에 놀러 갔다가 할머니로부터 설탕을 쓰지 않고 과일잼을 만드는 비법을 배웠습니다.

　그는 할머니의 비법대로 만든 잼을 기회가 있을 때마다 이웃들에게 팔았는데, 맛이 워낙 좋아 몇 달 뒤 온 동네 사람들이 도허티가 만든 잼을 구입했습니다.

　학교도 자퇴하고 본격적으로 잼 사업에 뛰어들은 도허티는 공장에서 잼을 생산하며 대형마트 입점을 시도했지만 무명이었던 10대 소년이 만든 '수퍼잼'이라는 촌스러운 이름의 물건은 번번이 퇴짜를 맞았습니다. 설상가상으로 주문을 받던 공장에서도 "앞으로는 5만개 이하의 물량은 받지 않겠다"고 통보했습니다.

　도허티는 이 난관을 타개하기 위해 무려 5만장의 공짜쿠폰을 뿌렸습니다. 사람들이 재구매만 한다면 공장도 돌릴 수 있고, 빚도 갚을 수 있고 대형마트 입점도 가능할 법 했습니다.

　실패한다면 다시는 재기할 수 없는 빚더미에 앉게 되겠지만... 그는 자신이 있었고, 선택을 했습니다. 그리고 그의 잼은 초대박을 내서 순식간에 도허티를 백만장자로 만들어주었고, 최근에는 우리나라에 와서 강연을 한 적도 있습니다.

　자신감이 있는 사람은 도전과 모험을 두려워하지 않습니다. 말씀에 대한 믿음으로, 주님이 주신 자신감으로 두려운 세상을 한 걸음씩 이겨나가십시오. 반드시 하는 모든 일이 다 형통합니다.

♥ 주님! 내가 아닌 주님의 말씀에 대한 자신감을 갖게 하소서!
☒ 하나님이 내게 주신 말씀을 100% 신뢰하십시오.

나의 영적 일지

가장 중요한 것은 용기

읽을 말씀 : 여호수아 17:14-18

●수 17:18 그 산지도 네 것이 되리니 비록 삼림이라도 네가 개척하라 그 끝까지 네 것이 되리라 가나안 족속이 비록 철병거를 가졌고 강할지라도 네가 능히 그를 쫓아내리라 하였더라

나이 일흔에 보증을 잘못서서 노숙자가 된 남자가 있었습니다.

남자는 묘지에서 생활을 하며 협심증까지 걸려 걷지도 못할 정도로 건강이 악화되었습니다.

그러던 어느 날 한 밤중에 아무 것도 없는 들판에 누워 잠이 들던 도중 밤하늘의 별을 보고는 문득 중학교 때 품었던 꿈이 생각났습니다. '그래... 나에게도 꿈이 있었지, 좋은 외국 책들을 우리말로 번역하고 싶었지. 그래 이왕 몸도 좋지 않고 얼마 못 산다면 그래도 남은 인생은 꿈을 위해 도전하자'라고 마음을 먹은 남자는 다음 날부터 매일 새벽 4시에 일어나 번역가가 되기 위한 준비를 했습니다.

그렇게 10년이 지나고 남자는 김욱 이라는 자신의 이름으로 책을 낼 정도로 유명한 번역 작가가 되어 있었고, 그동안 200권이 넘는 책을 번역했습니다. 그리고 85세가 되던 해에는 남들의 2배가 넘는 돈을 받으면서 여전히 일이 많아서 다 하지 못할 정도로 왕성한 전성기를 보내고 있습니다.

나이가 들면 노화가 되어 주름이 생기고 뼈가 약해집니다. 그러나 뇌는 여전히 발달합니다. 인생에서 가장 중요한 것 하나는 주님이 주시는 용기입니다. 주님이 주신 뜻을 알고 그 뜻을 실행할 용기가 있다면 인생은 아직 끝난 것이 아닙니다. 힘들수록 주님을 바라보고 주님의 뜻을 찾으십시오. 반드시 하는 모든 일이 다 형통합니다.

♡ 주님! 여호수아와 갈렙처럼 새로운 일에 도전할 용기를 주소서!
🎴 용기가 부족해 시작하지 못했던 일들을 적어보고 그 중 한가지를 실천하십시오.

나의 영적 일지

속 안에 있는 것

읽을 말씀 : 마가복음 7:1-23

2월 26일

●막 7:22,23 간음과 탐욕과 악독과 속임과 음탕과 질투와 비
방과 교만과 우매함이니 이 모든 악한 것이 다 속에서 나와
서 사람을 더럽게 하느니라

독일이 아직 통일이 되기 전의 이야기입니다.

공산주의였던 동독 사람들은 한 밤 중에 베를린 장벽을 통과해 쓰레
기나 선전물을 종종 던졌습니다. 서독의 정부는 이 일을 어떻게 처리할
까 고심했습니다. 쓰레기를 모아서 다시 돌려주자는 안도 있었고, 적법
한 절차를 걸쳐 항의하자는 안도 있었습니다. 어떤 사람들은 받은 것 이
상으로 돌려주자는 주장도 했습니다. 그러나 최종적으로 채택된 것은
이런 안들이 아니었습니다.

서독 사람들은 쓰레기가 투척된 다음 날 식료품과 생필품을 가득 쌓
아 동독의 장벽 앞에 놓았습니다. 그리고 그 물건들 앞에 다음과 같은
글을 적은 팻말을 꽂아놓았습니다.

'사람은 자기 안에 있는 것밖에 주지 못한다.'

작가 펄벅이 중국을 거쳐 한국을 잠깐 들렀을 때, 한국의 농부들이 소
를 끌고 가면서도 지게를 지고 가는 것을 보고 이유를 물었습니다. 농
부가 하루 종일 일한 소를 위한 배려라는 말을 하자 펄벅은 깊은 감명을
받고 이에 대한 글을 남긴 적이 있습니다.

주님도 입에서 나오는 것이 사람을 더럽게 한다고 말씀하셨습니다. 내
안에 주님의 말씀과 사랑이 있는지 확인해 보고, 선한 것을 담고, 선한
것을 주는 사람이 되게 해달라고 기도하십시오. 반드시 하는 모든 일이
다 형통합니다.

♥ 주님! 온전히 주님을 향한 사랑과 믿음이 마음에 자리하게 하소서!

▧ 최근 내 안에서 나온 말들이 어떤 것이었는지 살펴보고 반성하십시오.

나의 영적 일지

9일이 만든 천국

읽을 말씀 : 마가복음 9:1-13

●막 9:1 또 그들에게 이르시되 내가 진실로 너희에게 이르노니 여기 서 있는 사람 중에는 죽기 전에 하나님의 나라가 권능으로 임하는 것을 볼 자들도 있느니라 하시니라

가사일과 남편과의 좋지 않은 관계에 지쳐 심한 우울증에 걸린 한 주부가 있었습니다. "주님, 제 인생에는 아무런 낙이 없어요. 빨리 주님 계신 천국으로 가고 싶어요."라고 말했습니다.

그러자 주님이 "그래, 네 소원을 들어주마! 그런데 그전에 할 일이 있다. 그래도 세상을 떠나기 전에 주변은 잘 정리해야 하지 않겠니? 먼저 3일 동안 집안을 깨끗이 치우고 정리해보렴."라고 말씀을 하셨답니다.

주님의 말씀을 따라 그녀는 3일 동안 열심히 집안을 청소하고 정리하자, 주님은 "그래, 잘했다. 이제 자녀들의 좋은 추억을 위해 3일 간은 자녀들에게 온 사랑을 쏟아보렴."이라고 하셨습니다.

주부는 주님의 말씀을 따라 아이들을 정성껏 양육하고 맛있는 요리를 해주었습니다.

"자, 이제 마지막 요구다. 너의 장례식 때 남편이 좋은 아내라고 생각하도록 3일간 남편에게 최대한의 사랑을 베풀어라."

그렇게 9일이 지나고 주님을 따라 천국으로 가려던 주부는 자기 가정이 변했다는 것을 알게 되었습니다. '여기가 바로 천국이구나'라는 생각이 드는 순간 주부는 꿈에서 깼습니다.

주님의 사랑은 나를 변화시키고, 그 사랑을 깨달은 사람들은 주변 환경까지도 변화시킵니다. 나를 변화시킨 충만한 주님의 사랑을 발 길이 닿는 곳마다 전하는 하루를 사십시오. 반드시 하는 모든 일이 다 형통합니다.

♡ 주님! 깨닫는 것을 넘어 실천하는 사랑을 품게 하소서!

🖼 상대방이 변하기를 기다리기 전에 먼저 사랑으로 실천하며 본을 보이십시오.

나의 영적 일지

대통령을 만든 나무

읽을 말씀 : 스바냐 3:14-20

● 습 3:17 너의 하나님 여호와가 너의 가운데에 계시니 그는 구원을 베푸실 전능자이시라 그가 너로 말미암아 기쁨을 이기지 못하시며 너를 잠잠히 사랑하시며

미국의 한 시골에 아들만 다섯을 둔 부부가 있었습니다.

부부는 아이들을 똑같이 잘 보살폈는데 유독 한 아이는 자존감이 약하고 몸도 약했습니다. 아무리 칭찬을 해줘도 소용이 없었고, 오히려 점점 소심해져갔습니다. 도저히 안 되겠다고 생각한 아이의 아버지는 자녀들을 산으로 데리고 가서 나무를 한 그루씩 심게 했습니다.

그리고 1년이 지난 뒤에 가장 나무를 잘 기른 아이에게 특별한 상을 주겠다고 말했습니다. 그러나 소심한 아들은 다른 자녀들과 다르게 아예 나무를 가꿀 생각조차 안했습니다.

1년이 지나고 다시 산에 올랐는데, 포기한 아이의 나무가 가장 크게 자라 있었습니다.

아버지는 아들에게 소원을 물으며 나무를 이렇게 잘 자라게 하는 걸 보니 훌륭한 식물학자나 과학자가 될 것 같다고 격려를 해주었습니다. 그런데 이 아이는 훌륭한 식물학자가 아니라 미국의 대통령인 루즈벨트가 되었습니다. 루즈벨트는 그때 아버지가 매일 밤마다 자기 나무에 비료와 물을 주었다는 것을 알고는 그 후 아버지를 위해 공부를 시작했다고 합니다.

아버지는 아들을 위해 무엇이든 주실 수 있는 분입니다. 아버지의 그 사랑을 깨닫는 자녀들은 다시 일어설 힘을 얻고, 기쁨으로 충만하게 됩니다. 오늘도 날 사랑하시고 자녀로 삼아주신 주님의 사랑으로 힘을 얻고 기뻐하십시오. 반드시 하는 모든 일이 다 형통합니다.

💜 주님! 사람을 살리는 일보다 더욱 귀한 일은 없음을 알게 하소서!
🖼 사랑이 필요한 사람에게 사랑을, 격려가 필요한 사람에게 격려를 베푸십시오.

나의 영적 일지

웨이터의 법칙

읽을 말씀 : 히브리서 13:1-19

●히 13:2 손님 대접하기를 잊지 말라 이로써 부지중에 천사
들을 대접한 이들이 있었느니라

한 고급레스토랑에서 중요한 비즈니스 미팅을 하고 있는 사업가 두 명
이 있었습니다.

그런데 서빙을 하던 웨이터가 실수로 그 중 한명에게 와인을 쏟았습니
다. 옷을 버린 사업가는 불 같이 화를 내기 시작했습니다.

"지금 미쳤어? 내가 누군지 알아? 여기 지배인 나오라고 해!"

이 사람이 미팅을 하던 사람은 브렌다 반스라는 의류업계의 거물이었
는데, 그녀는 이 모습을 보고 당장 거래를 취소했습니다.

유명 IT기업 위트니스 시스템의 데이브 굴드 대표도 비슷한 일을 겪었
습니다. 그러나 계약 협상자가 "마침 아침에 샤워를 못했는데 잘됐네요.
양복도 사실 싸구려니까 너무 신경 쓰지 마세요"라며 미소로 넘어가는
것을 보고 그 자리에서 계약을 체결했습니다.

미국의 빌 스완스가 정리한 비즈니스 규칙 33가지 중 하나인 '웨이터
의 법칙'입니다. 웨이터의 실수에 대하는 태도를 보고 계약을 정해도 된
다는 것인데, 빌은 다른 건 몰라도 이 법칙만큼은 예외 없이 정확하다고
언급했습니다.

나보다 낮은 사람, 중요하지 않은 상황에서 나오는 모습이 나의 성품
이며 믿음의 현주소입니다. 사회의 어렵고 약한 사람들을 주님을 대하
듯이 섬기는 믿음의 성도가 되십시오. 반드시 하는 모든 일이 다 형통합
니다.

🖤 주님! 사람을 외모와 가진 것으로 판단하지 않게 하소서!
🎴 모든 사람들에게 되도록 친절하고 정중하게 대하십시오.

나의 영적 일지

3

월
March

"여호와께서 그와 함께 하시매 그가 어디로 가든지 형통하였더라…"
(열왕기하 18장 7절)

인간의 가치

읽을 말씀 : 베드로전서 2:1-10

● 벧전 2:9 그러나 너희는 택하신 족속이요 왕 같은 제사장들
이요 거룩한 나라요 그의 소유가 된 백성이니 이는 너희를
어두운 데서 불러 내어 그의 기이한 빛에 들어가게 하신 이
의 아름다운 덕을 선포하게 하려 하심이라

인간을 이루고 있는 성분들을 조합하면 다음과 같다고 합니다.
- 비누 7장 정도의 지방
- 중간 크기 정도의 철못
- 작은 티스푼 7숟갈 정도의 당분
- 닭장 하나 정도의 석회가루
- 성냥 2000개를 만들 수 있는 인
- 약간의 소금과 마그네슘
- 아주 작은 폭발을 일으킬 수 있을 정도의 칼륨
- 강아지 한 마리를 청소할 수 있을 정도의 유황

한 철학자는 이 내용을 가지고 인간의 가치는 아무것도 아니라는 주장을 펼쳤습니다.

맞습니다. 인간을 이루고 있는 물질은 아무 것도 아닙니다. 그러나 그물질 안에 담겨 있는 하나님의 영과 생기가 인간을 특별하고 귀하게 만듭니다. 같은 성분으로 만들어진 사람이라도 어떤 사람은 남에게 오히려 해를 끼치는 일만 하다 가고, 어떤 사람은 귀하게 하나님과 세상을 위해 쓰임 받습니다. 주님의 자녀로써 정체성을 잊지 말고 그 직책에 맞는 목적 있고 의미 있는 삶을 살아가십시오. 반드시 하는 모든 일이 다 형통합니다.

🩵 주님! 하나님이 창조하신 귀한 자녀라는 자부심을 갖고 살게 하소서!
🖼 하나님이 세우신 귀한 존재라는 자부심을 가지고 당당히 오늘을 사십시오.

나의 영적 일지

장미 한 송이의 가치

읽을 말씀 : 디모데후서 4:1-18

● 딤후 4:17 주께서 내 곁에 서서 나에게 힘을 주심은 나로 말미암아 선포된 말씀이 온전히 전파되어 모든 이방인이 듣게 하려 하심이니 내가 사자의 입에서 건짐을 받았느니라

형형색색의 화려한 장미를 가방에 가득 담은 여인이 출근길의 지하철에서 판매를 하고 있었습니다. 한 송이에 1달러밖에 안하는 장미는 정말 너무도 아름다웠습니다.

출근길에 선물용으로라도 한 송이 정도는 살 법 했는데 팍팍한 인생살이 때문인지 여인에게 아무도 관심을 가지지 않았습니다. 그런데 잘 차려입은 한 남성이 오더니 말을 건넸습니다.

"아름다운 장미군요, 한 송이에 얼마죠?"

"1달러요. 140송이를 가지고 왔는데 하나도 못 팔았어요."

남자는 지갑에서 140달러를 꺼내주며 말했습니다.

"제가 전부 사겠습니다. 다만 조건이 있어요. 여기 지하철에 탄 사람들에게 장미를 무료로 한 송이씩 나눠주세요. 저를 위해서요."

돈을 받은 여인은 지하철을 타는 사람들에게 공짜 장미를 한 송이씩 나눠주었습니다. 영문도 모른 채 장미를 받은 사람들은 처음엔 조금 놀랐다가 이내 장미의 아름다움을 보면서 행복한 미소를 지었습니다.

주님의 희생으로 우리에겐 장미와는 비교할 수 없이 값진 선물이 있습니다. 아직 이 사실을 모르는 사람들에게 기도로, 주님의 말씀을 담은 메시지로 전해주는 하루가 되십시오. 반드시 하는 모든 일이 다 형통합니다.

♥ 주님! 귀한 말씀으로 인도받는 오늘 하루를 살게 하소서!
🖼 팍팍한 세상에 말씀과 선행의 향기를 풍기십시오.

나의 영적 일지

3월 3일

고난을 주신 이유

읽을 말씀 : 고린도후서 1:1-10

● 고후 1:5 그리스도의 고난이 우리에게 넘친 것 같이 우리가 받는 위로도 그리스도로 말미암아 넘치는도다

　대기업에 입사해 성공가도를 달리던 아버지가 있었습니다.

　아들도 아버지를 닮아 학교에서 공부도 운동도 1등을 하며 매우 훌륭하게 자랐습니다. 가끔씩 아들이 우울해 하는 것 같았지만 워낙 모범적인 아이였기에 사춘기라 그러려니 하고 넘어갔습니다. 그러다 회사 업무로 해외출장을 떠나기 전 유난히 아들의 얼굴이 힘들어보이자 "남자가 왜 그리 어깨가 처져 있니? 좀 피고 다녀"라고 지나가듯 건넸습니다. 그런데 그날 아버지가 출장을 떠나고 난 뒤 새벽, 아들은 아파트 5층인 자신의 방에서 몸을 던졌습니다. 이 소식을 들은 아버지는 너무나 슬펐습니다.

　"왜 그렇게 힘든 걸 나는 몰랐을까? 무엇이 그토록 아이를 힘들게 만들었을까?"

　이 두 가지 질문이 머릿속을 떠나지 않았고, 그동안 학교 폭력으로 오랜 기간 괴롭힘을 당했다는 사실을 알게 되었습니다.

　아버지는 대기업의 이사 자리를 내려놓고 자기와 같은 아픔을 가진 아들과 아버지가 생기지 않길 바라며 '청소년폭력예방재단'이라는 NGO를 만들었고, 학교 폭력을 해결하기 위해 지금도 일선에서 직접 뛰고 있습니다.

　'아버지의 이름으로'를 쓴 김종기 이사장의 이야기입니다.

　그리스도인들에게 고난은 단순한 고통이 아니라 사명이자 소통의 통로가 됩니다. 나에게 임한 고난에 하나님의 뜻이 무엇인지 깊이 생각해 보십시오. 반드시 하는 모든 일이 다 형통합니다.

♡ 주님! 고난에 지지 않고 다른 사람을 위로하는 삶을 살게 하소서!
🖼 같은 고난을 당하고 있는 사람들과 함께 연합하며 서로 위로하십시오.

`나의 영적 일지`

할리우드 스타를 변화시킨 질문

읽을 말씀 : 요한복음 3:1-21

● 요 3:5 예수께서 대답하시되 진실로 진실로 네게 이르노니 사람이 물과 성령으로 나지 아니하면 하나님의 나라에 들어갈 수 없느니라

홍보대사로 에티오피아를 방문한 할리우드의 유명배우 콜린 퍼스에게 한 커피농장 인부가 영국에서는 커피 한 잔이 얼마 정도 하냐고 물었습니다.

"글쎄요, 아마 삼천 원 정도 할 걸요?"

"허허허, 이걸 가져다가 그 가격에 팔아요? 허허, 참..."

나중에 공정무역회사인 옥스팜의 광고 촬영을 하면서 콜린 퍼스는 그때 농부의 헛웃음의 의미를 알게 됐습니다. 커피농장 인부들은 커피 1kg당 약 90원을 받았습니다. 커피회사들은 이 1kg의 커피로 약 천 잔의 커피를 만들 수 있는데, 회사에 따라 다르지만 매우 높은 마진율이었습니다. 이 사실에 충격을 받은 콜린 퍼스는 무료로 공정무역을 위한 광고를 찍고 계속해서 홍보대사를 하기로 했습니다. 그리고 런던에 공정무역커피를 취급하는 매장을 내기도 했습니다. 이렇게까지 발 벗고 나서는 이유에 대해 그는 말했습니다.

"정당한 노동의 대가를 그들도 받아야 합니다. 가끔 그냥 입 다물고 편하게 있을까 하는 생각도 들지만... 아는 걸 모른 체 할 수는 없으니까요."

니고데모를 변화시킨 것도 '사람이 어떻게 거듭날 수 있습니까?'라는 질문 하나였습니다. 날 변화 시킨 질문은 무엇인지, 올바른 해답을 가지고 있는지 주님의 말씀을 통해 점검하십시오. 반드시 하는 모든 일이 다 형통합니다.

💙 주님! 질문은 달라도 모든 해답은 성경에 있음을 알게 하소서!
🖼 내 인생에서 가장 중요한 질문과, 그에 대한 성경의 해답을 찾아보십시오.

나의 영적 일지

주부가 쓰임받는 사역자로

읽을 말씀 : 느헤미아 6:1-19

●느 6:16 우리의 모든 대적과 주위에 있는 이방 족속들이 이를 듣고 다 두려워하여 크게 낙담하였으니 그들이 우리 하나님께서 이 역사를 이루신 것을 앎이니라

부유한 집안에서 태어났다가 집안이 기울어 일찍 일을 해야 했던 소녀가 있었습니다. 이런 저런 일들을 하면서 많은 사람들을 만나봤지만 정말로 행복한 사람을 만날 수가 없었습니다. 돈이 많아도, 얼굴이 예뻐도, 존경을 받아도 사람들은 행복해하지 않았습니다. 그러다 사랑을 하면 행복하다는 말에 남자를 소개 받아 무작정 결혼을 했습니다.

남편은 좋은 사람이었고 집안도 부유했지만 집안이 무속신앙을 뿌리 깊게 믿고 있었습니다. 시집살이를 하면서 임신을 위해 기도해준 목사님의 권유와, 남몰래 교회에 다니고 있던 시어머니의 교회 다니라는 유언을 통해 하나님에 대해 생각하던 중 겨우 임신해 태어난 아들이, 의사가 사실상 죽었다고 판정했는데 90여 일만에 기적적으로 살아나는 과정에서 하나님을 믿게 되었습니다.

이로인해 한 여인의 삶에 엄청난 변화가 일어났는데, 남편과 모든 집안이 예수님을 영접했고, 집을 개방해 복음을 전하던 평신도의 삶이 찬양사역자로, 그리고 선교사로 바뀌었고, 전업 주부에서 500만원을 가지고 싱크대 사업을 시작한 사업가로, 양쪽 유방암도 치유받고 푸드앤웨이브를 경영하는 송순복 대표는… 지금은 일터사도 운동가 성경적 재정에 대해 많은 간증과 강의를 하고 있고 또 '부의 거룩한 이동'이라는 책까지 써서 귀하게 쓰임 받고 있습니다.

하나님을 믿기만 한다면 하나님은 지금도 살아서, 놀랍게, 우리의 삶에 역사하십니다. 삶을 온전히 하나님께 맡기십시오. 반드시 하는 모든 일이 다 복되고 형통합니다.

🤍 주님! 기적의 말씀이 나의 삶에 이루어지도록 역사하소서.
📖 말씀의 약속을 믿음으로 나의 삶에 품으십시오.

나의 영적 일지

반복의 힘

읽을 말씀 : 시편 43:1-5

● 시 43:5 내 영혼아 네가 어찌하여 낙심하며 어찌하여 내 속에서 불안해 하는가 너는 하나님께 소망을 두라 그가 나타나 도우심으로 말미암아 내 하나님을 여전히 찬송하리로다

잭이라는 소년은 친구의 아버지가 췌장암으로 갑자기 돌아가셨다는 말을 듣게 되었습니다.

평소에 잘 따르던 분이라 잭의 상심도 컸는데, 뒤늦게 암을 발견해 손을 쓰지 못했다는 말을 듣게 되었습니다. 잭은 이 말을 듣고 '첨단의학의 시대에 왜 췌장암은 조기 발견률이 10%밖에 안 될까?'라는 생각을 하고 인터넷 검색을 통해 이유를 찾기 시작했습니다.

그러다 인터넷에서 보던 과학 저널을 통해 아이디어를 떠올린 잭은 실험을 해보고 싶어 관련 장비가 있는 대학의 연구실에 메일을 보내 요청했습니다. 200군데의 대학에 요청 메일을 보냈지만 유일하게 존스홉킨스 대학에서만 승낙 메일이 왔습니다. 7개월 동안 5천 번이 넘는 실패를 경험한 잭에게 승낙을 해준 마이트라 교수는 에디슨의 이야기를 해주면서 격려하며 계속 도전해보라고 말해주었습니다.

그리고 잭은 마침내 자신의 연구를 통해 '100% 확률, 드는 비용 30원, 검사 시간 5분'인 검사 도구를 만들어냈습니다. 기존 검사에 비해 훨씬 높은 확률에, 3만 배 정도 저렴하고, 시간은 200배 절약되는 놀라운 결과였습니다. 평범한 학생인 잭은 이 성과로 인텔이 주최하는 세계과학경진대회인 I.S.E.F.에서 최고상을 받았습니다.

반복되는 실패 속에서도 배울 수 있는 것이 있습니다. 매일 죄에게 지고, 실패한다 하더라도 그 가운데 임하시는 은혜와 격려가 있음을 깨달으십시오. 반드시 하는 모든 일이 다 형통합니다.

♡ 주님! 매일 반복되는 삶을 통해 조금씩 주님께 나아가게 하소서!

📖 실패의 반복이 성공으로 가까이 가고 있음을 알려주니 더 도전하십시오.

나의 영적 일지

가까운 곳에 계시는 하나님

읽을 말씀 : 마태복음 20:1-20

● 마 28:20 내가 너희에게 분부한 모든 것을 가르쳐 지키게
하라 볼지어다 내가 세상 끝날까지 너희와 항상 함께 있으리
라 하시니라

16살의 한 미혼모가 소년원에서 아이를 낳게 되었습니다.

아주 예쁜 딸이었지만 소년원에서는 아이를 기를 수가 없었고, 불우한 환경 탓에 맡아 키워줄 가족이나 친척도 없어 결국 어쩔 수 없이 입양을 시켜야 했습니다. 출소를 하고 나서 딸에게 부끄럽지 않은 어머니가 되기 위해서 마음을 바로 먹고 열심히 살았지만, 자기보다 좋은 환경의 부모를 만나 잘 살고 있을 것이라는 생각에 보고 싶어도 찾지는 않았습니다.

입양된 미혼모의 딸 클라크는 교육도 잘 받고 행복하게 자랐습니다. 그러나 성인이 되면서부터 낳아준 어머니를 찾아야겠다는 생각에 출생기록부의 자료를 근거로 몇 년간 엄마를 찾기 시작했습니다.

그런 노력 끝에 결국 엄마를 찾게 되었는데, 엄마는 바로 클라크가 일하는 회사의 직장 동료였습니다. 자기가 일하는 사무실에서 6분만 가면 엄마를 만날 수 있었고 같이 일한지는 4년이나 되었지만 엄마와 딸, 서로는 그동안 까맣게 모르고 있었습니다.

주님은 저 하늘 위 멀리에서 가만히 계시는 분이 아니라 지금 내 안에 가까이 계십니다. 혹시 그동안 주님을 만났다고 하면서도, 자녀라고 고백하면서도 인생의 행복을 다른 곳에서 찾지는 않았습니까? 주님 안에서 찾으십시오. 주님을 기뻐하며 만족하십시오. 반드시 하는 모든 일이 다 형통합니다.

♥ 주님! 항상 동행하시는 주님을 느끼며 살아가게 하소서!
🖼 주님이 함께 하시는 것만으로도 만족한 삶인지 생각해 보십시오.

나의 영적 일지

행운이 찾아오는 사람

읽을 말씀 : 데살로니가후서 3:6-15

3월 8일

●살후 3:13 형제들아 너희는 선을 행하다가 낙심하지 말라

포르투갈 상인들에 의해 전파되었다가 일본의 놀이가 된 화투에는 각 패마다 1월부터 12월에 상징하는 그림들이 있습니다.

그중 12월의 패인 '비광'에 그려진 그림은 화투의 그림 중 유일하게 실제 인물과 일화가 그려져 있습니다.

서예를 공부하던 오노노 미치카제는 자기만의 글씨체를 만들어내지 못해 비가 오는 어느 날 붓을 꺾고 고향으로 돌아가고 있었습니다. 그런데 우산을 쓰고 강을 건너는 도중에 불어나는 물 때문에 바위에 갇힌 개구리 한 마리가 높은 버들가지를 붙잡으려고 계속해서 뛰는 모습을 보았습니다.

버들가지는 너무 높이 있었기에 오노노는 코웃음을 쳤습니다. 그런데 갑자기 바람이 불면서 버들가지가 엄청나게 휘어졌고, 그 덕분에 개구리는 드디어 버들가지를 잡고 뭍으로 안전하게 탈출할 수 있었습니다.

이 모습을 본 오노노는 '한낱 개구리도 저렇게 노력하는데, 난 벌써 포기한단 말인가?'라는 생각을 하고 다시 공부를 하러 돌아갔습니다. 포기하고 싶을 때마다 그 개구리를 생각한 그는 결국 자신만의 필체를 만들었고 지금까지도 일본의 3대 서예가로 인정을 받는 명인이 되었습니다.

행운이 찾아오는 사람은 끝까지 노력하는 사람입니다. 선을 통해 섭리를 이루시는 하나님을 믿고 옳은 믿음을 가지고 포기하지 마십시오. 반드시 하는 모든 일이 다 형통합니다.

💗 주님! 주님을 위해 포기하기 전에 한 번 더 도전하는 끈기를 갖게 하소서!
🖼 정말 포기하고 싶을 때 한 번 더 도전하는 믿음과 용기를 가지십시오.

나의 영적 일지

끝까지 지켜야할 것

읽을 말씀 : 히브리서 7:14-28

● 히 7:28 율법은 약점을 가진 사람들을 제사장으로 세웠거니
와 율법 후에 하신 맹세의 말씀은 영원히 온전하게 되신 아
들을 세우셨느니라

　　미국 공영 라디오 방송인 NPR은 여러 전문가의 의견을 종합해 앞으
로 20년 내에 로봇에 의해 사라질 직업군과 확률을 뽑았습니다.
　　그중 순위별로 8개만 소개합니다.
　　1. 텔레마케터 – 99%
　　2. 세무사 – 97%
　　3. 기계 작동 시간을 조작하는 기술자들 – 98.%
　　4. 대출 상담사 – 98.4%
　　5. 은행원 – 98.3%
　　6. 운동경기의 심판 – 98.3%
　　7. 택배와 같은 물품운송업 – 98%
　　8. 제품 포장 및 운반 – 98%

　　지금 생각에 '과연 사라질까?'라는 생각이 드는 직업들이지만 이미
이 직업들은 대체 가능한 수단들이 나왔고, 또 실제로 대체되고 있다고
도 합니다.
　　지난 10년간 세상은 몰라볼 정도로 달라졌고 앞으로 10년 역시 엄청
난 변화가 일어날 것입니다. 그러나 세상의 모든 것이 변하더라도 진리
의 말씀을 향한 나의 믿음만큼은 굳건해야 합니다. 말씀의 푯대를 오늘
도 붙잡으십시오. 반드시 하는 모든 일이 다 형통합니다.

♥ 주님! 생의 마지막 날까지 흔들리지 않는 반석 위의 믿음을 주소서!
🖼 사라질 것에 매여서 끝까지 지켜야 할 것을 놓치지 않도록 하십시오.

나의 영적 일지

죽음을 가치 있게 하는 것

읽을 말씀 : 고린도후서 4:1-15

● 고후 4:10 우리가 항상 예수의 죽음을 몸에 짊어짐은 예수의 생명이 또한 우리 몸에 나타나게 하려 함이라

엘리자베스 로스는 어렸을 때 나무에서 사람이 떨어져 죽는 장면을 목격했습니다.

이 끔찍한 경험은 그의 트라우마가 되었다가 나중에는 '죽음'이라는 주제에 대해서 어려서부터 깊이 생각하게 만드는 사건이 되었습니다. 그래서 그녀는 의학을 공부하며 의사가 되었고, 죽음에 다다른 사람, 임사 체험을 한 사람, 죽음의 위기에서 살아난 사람들을 평생 동안 관찰하며 죽음이 무엇인지 연구하고, 생각하고, 그에 대한 글을 썼습니다. 언제나 죽어가는 사람을 찾아와 관찰을 하는 그녀를 사람들은 '죽음의 여의사'라는 꺼림칙한 별명으로 불렀습니다.

그리고 그런 그녀도 어느새 나이가 들어 은퇴를 하고 죽음을 준비하는 시간이 찾아왔습니다. 30년간 죽음을 연구했던 그녀는 자신의 에세이에서 이런 글을 남겼습니다.

"내 연구의 가장 핵심이자 중요한 본질은 죽음이 아니라 삶이다. 삶이 있기에 죽음이 있다. 결국 죽음의 의미와 물음은 '어떻게 살았는가?'로 결정되어 진다."

주님의 말씀대로 실천을 하는 삶이 가장 가치 있는 삶입니다. 살아온 삶, 그리고 살아갈 삶에 의해 죽음이 의미를 가지고, 그 죽음 이후의 삶이 의미를 가진다는 것을 잊지 말고 오늘을 성실히 살아가십시오. 반드시 하는 모든 일이 다 형통합니다.

💜 주님! 죽음에서 승리하신 주님을 통해 평안을 얻게 하소서!
📖 그 어떤 날보다도 오늘 하루가 가장 의미있는 날임을 깨닫고, 가치있게 살아가십시오.

나의 영적 일지

집안의 차이

읽을 말씀 : 야고보서 1:19-27

● 약 1:25 자유롭게 하는 온전한 율법을 들여다보고 있는 자는 듣고 잊어버리는 자가 아니요 실천하는 자니 이 사람은 그 행하는 일에 복을 받으리라

　이상헌 작가는 '잘 되는 집안과 안 되는 집안'의 차이를 몇 년간 분석한 후 50가지의 대조적인 문장으로 나타냈습니다.

　그 중에 10가지만 소개하도록 하겠습니다.

01. 고난이 있을 때 되는 집안은 하나가 되고 안 되는 집안은 콩가루가 된다.

02. 되는 집안은 어른을 공경하고 안 되는 집안은 자식을 모신다.

03. 되는 집안은 말을 가려하고 안 되는 집안은 싫어하는 말을 골라서 한다.

04. 되는 집안은 자신을 바꾸려 하고 안 되는 집안은 상대를 바꾸려 한다.

05. 되는 집안은 가슴을 맞대고 안 되는 집안은 등을 맞댄다.

06. 되는 집안은 행동으로 보여주고 안 되는 집안은 말만 무성하다.

07. 되는 집안은 잘 될 이유를 말하고 안 되는 집안은 안 될 이유만 말한다.

08. 되는 집안은 꿈을 키워주고 안 되는 집안은 욕심만 키운다.

09. 되는 집안은 절망도 희망이고 안 되는 집안은 희망도 절망이다.

10. 되는 집안은 대화를 보물처럼 여기고 안 되는 집안은 티브이를 보물처럼 여긴다.

　위의 공식에 집안을 부부로, 교회로, 사람으로 바꾸어 보십시오. 삶이 바뀔 것입니다. 주님의 말씀이 가르치는 행복의 원리대로 오늘도 살아가십시오. 반드시 하는 모든 일이 다 형통합니다.

🤍 주님! 잘 되는 인생의 비법을 말씀을 통해 깨닫게 하소서!
🎴 잘되는 원리를 인생에, 신앙에, 우리 가정에 적용하십시오.

나의 영적 일지

당근과 달걀과 커피

읽을 말씀 : 잠언 17:1-6

●잠 17:3 도가니는 은을, 풀무는 금을 연단하거니와 여호와
는 마음을 연단하시느니라

심각한 재정문제로 고민하는 딸이 있었습니다.

딸은 유일하게 의지할 수 있는 엄마를 찾아가 자신의 상황을 털어놓
았고, 아무리 노력해도 되는 것이 없기 때문에 사실 인생을 포기하고 싶
다는 말까지 했습니다.

조용히 말을 들어주던 엄마는 갑자기 딸을 주방으로 데려갔습니다.
그리고 냄비 3개를 가져와 무언가를 넣고 끓이기 시작했습니다. 잠시
뒤 물이 끓자 엄마가 딸에게 말했습니다.

"냄비 안에 뭐가 들었는지 한 번 보렴."

딸은 냄비를 보고는 당근과, 커피, 계란이라고 대답했습니다.

"그래, 하지만 끓는 물에 들어간 당근은 물러졌고, 계란은 단단하게
굳었지. 그리고 커피는 이렇게 좋은 향을 낸단다. 사람의 마음도 이와
같지 않을까? 같은 고난을 당해도 어떤 사람은 당근처럼 약해지고, 어
떤 사람은 계란처럼 마음을 굳게 먹지, 그리고 어떤 사람은 그 고난을
이겨내고 커피같이 향기로운 인생을 만들어낸단다."

같은 시간이 주어져도 모두 다른 삶을 사는 것처럼, 같은 역경도 어떤
사람에겐 유익으로 작용합니다. 성경이 말하는 고난의 유익이 무엇인지
묵상하고 주님이 도와주시니 어려움을 이겨내십시오. 반드시 하는 모든
일이 다 형통합니다.

💙 주님! 감당할 시험만 주시는 주님이심을 신뢰하게 하소서!
🖼 고난을 통해 얻은 유익을 떠올려 보고 역경에도 감사하십시오.

`나의 영적 일지`

3월 13일

거듭남의 의미

읽을 말씀 : 베드로전서 1:13-25

●벧전 1:23 너희가 거듭난 것은 썩어질 씨로 된 것이 아니요 썩지 아니할 씨로 된 것이니 살아 있고 항상 있는 하나님의 말씀으로 되었느니라

　　뉴욕의 이발사조합은 자신들이 얼마나 중요한 일을 하고 있는지 사람들에게 알리기 위해서 특이한 이벤트를 연 적이 있습니다.

　　그들은 사람들이 많이 모이는 센트럴파크에서 몇몇 노숙자들을 초청했습니다. 그리고 솜씨 좋은 이발사들이 나와서 노숙자들의 머리를 단정하게 잘라주고, 또 깔끔하게 면도를 해주었습니다. 그리고 미리 준비한 양복을 입히자 완전히 다른 사람이 되었습니다.

　　이발사들은 자랑스럽게 그들의 모습을 사진으로 찍고 "이발이 때로는 인생을 변화 시킵니다"라는 광고까지 했습니다. 그리고 협조를 구해 호텔과 레스토랑에 취직까지 시켜주었습니다.

　　그러나 이발을 하고 좋은 옷을 입고, 직장을 구해 새로운 삶을 살게 된 노숙자들은 다음 날 다시 거리로 가서 노숙을 했고, 출근을 하지 않아 하루 만에 직장에서도 쫓겨났습니다.

　　외모와 환경은 완전히 달라졌지만 가장 중요한 내면이 그대로였기 때문입니다.

　　달걀은 닭으로부터 태어났지만 그 자체로 생명은 아닙니다. 알에서 다시 한 번 깨어나야 비로소 생명이 됩니다. 사람도 마찬가지입니다. 거듭나지 않으면 진짜 살아있는 것이 아직 아닙니다. 예수님을 믿음으로 거듭난 새로운 피조물이 되었음을 확신하십시오. 반드시 하는 모든 일이 다 형통합니다.

💗 주님! 믿음으로, 성령으로 거듭나게 하소서!
🧶 성령으로 거듭난 삶을 살고 있는지 점검하십시오.

나의 영적 일지

날 향한 말씀

읽을 말씀 : 누가복음 6:27-45

● 눅 6:41 어찌하여 형제의 눈 속에 있는 티는 보고 네 눈 속에 있는 들보는 깨닫지 못하느냐

3월 14일

티코미로프는 어린 시절 전쟁을 피해 시베리아로 부모님과 함께 피란을 왔습니다. 그러나 피란길에 몸이 약해진 부모님은 도착을 한 뒤 콜레라로 세상을 떠났습니다. 살 길이 막막했던 그는 조직을 만들었고 사람들의 재산을 강탈하기 시작했습니다. 그러다 한 번은 재산을 지키려던 부부와 실랑이를 버리다 살인을 저질렀습니다. 그는 살인을 하고도 집안에 있는 모든 물건을 훔쳐갔는데, 훔친 물건을 확인하던 도중 성경을 발견했습니다.

유난히 성경에 마음이 끌려 무심코 신약을 펼쳤던 그는 밤새 공관복음을 읽게 됩니다. 그리고 누가복음에 나오는 십자가의 두 강도 이야기가 그의 가슴에 꽂혔습니다. 그 말씀을 자신의 이야기로 받아들인 그는 다른 7명의 조직원들을 설득해 함께 자수했습니다. 그들은 10년의 중노동형을 선고 받았고, 바이칼 호수 근처에 유배되었다가 사면을 받게 되었습니다. 사면을 받은 뒤에는 복음을 전한다는 이유로 다시 감옥에 몇 번이나 들어갔지만 그는 생의 마지막까지 복음을 전했으며, 과거에 자신으로 인해 고통 받은 사람들을 향해 사죄하는 마음을 가지고 평생을 헌신하며 살았습니다.

성경이 말하는 죄인이 나이며, 길 잃은 영혼이 바로 나이지만 예수님은 우리가 예수님을 믿기만 하면 우리의 모든 죄를 다 용서해 주십니다. 성경 말씀을 다른 사람이 아닌 바로 날 향한 하나님의 말씀으로 온전히 받으십시오. 반드시 하는 모든 일이 다 형통합니다.

♥ 주님! 성경의 죄인이 나이며, 성경의 은혜도 날 위한 것임을 알게 하소서!
🎫 오늘 묵상한 말씀을 나의 상황에 대입해 적용하십시오.

나의 영적 일지

그래도 사랑합니다.

읽을 말씀 : 에베소서 4:1-16

● 엡 4:2 모든 겸손과 온유로 하고 오래 참음으로 사랑 가운데 서 서로 용납하고

결혼생활의 위기를 맞은 부부가 있었습니다.

서로 마음의 상처를 주고받느라 이미 깊은 골이 생겼지만 그래도 사랑했기에 결혼생활을 끝내고 싶지는 않았습니다. 그러나 함께 상담도 받아보고 노력을 해봤음에도 골은 메워지지 않았습니다.

남편은 아내가 상냥하고 부드럽지 못해서 불만이었고, 아내는 남편이 좀 더 책임감이 있기를 바라고 있었기에 이혼 말고는 방법이 없다는 생각을 하게 되었습니다.

부부는 마지막으로 한번만 더 상담을 받아보고 그래도 안 되면 이혼을 하기로 했습니다.

부부가 찾아간 상담가는 부부를 보자마자 문제가 무엇이냐고 묻지 않고, 아직도 서로를 사랑하냐고 물었습니다. 부부가 그렇다고 대답하자 상담가가 말했습니다.

"그럼 오늘부터 서로가 마음에 들지 않을 때 이렇게 말하세요. '그럼에도 불구하고 당신을 사랑합니다.', 그리고 서로의 모습이 마음에 들 때는 이렇게 말하세요. '그래서 당신을 사랑합니다.' 문제가 없는 부부는 없지만 사랑이 있으면 어떤 것도 문제가 되지 않습니다."

사랑은 희생과 헌신의 약속입니다. 주님이 나의 있는 모습 그대로를 사랑하시듯이 그 사랑을 본받아 남편을, 아내를 사랑하고, 자녀를 사랑하고, 이웃을 사랑하십시오. 반드시 하는 모든 일이 다 형통합니다.

♥ 주님! 주님의 사랑으로 가족을, 이웃을 사랑하게 하소서!

▨ 예수님이 말씀하신 사랑을 배우자와 가족들에게 실천하십시오.

나의 영적 일지

포기하지 않으시는 하나님

읽을 말씀 : 디모데전서 1:12-20

● 딤전 1:16 그러나 내가 긍휼을 입은 까닭은 예수 그리스도 께서 내게 먼저 일체 오래 참으심을 보이사 후에 주를 믿어 영생 얻는 자들에게 본이 되게 하려 하심이라

영국에 어려서부터 성공가도를 달리는 한 변호사가 있었습니다.

맡는 재판마다 승승장구 하던 그는 런던에서 일어난 중요한 사건의 변호를 맡게 되었습니다. 온 국민의 이목이 쏠린 재판이기에 몇날 며칠 밤을 새가며 재판을 준비했습니다. 그러나 과도한 긴장감과 피로 때문에 정작 재판을 도중에 기절을 하고 말았습니다.

이 사건으로 그는 쌓았던 명성을 모두 잃고 두려움 때문에 다시는 법정에 서지 못했습니다. 정신분열에 공황장애까지 생겨 집에서 그야말로 폐인처럼 지낼 수밖에 없었습니다.

화려했던 과거를 생각하니 지금의 모습을 견딜 수가 없었고, 수차례 자살도 시도했습니다.

그러던 어느 날, 어떤 사람이 전한 복음을 통해 예수님을 믿게 되었고, 희망을 품게 되었습니다. 하지만 다시 예전의 모습으로 돌아오기까지는 10년이나 걸렸습니다. 그는 예수님을 믿고도 다시 불안해했고, 괴로워했고, 때때로 자살도 시도했습니다. 그러나 예수님은 그를 결코 포기하지 않았고, 그는 작가로 다시 새로운 인생을 맞이하게 됐습니다.

찬송가 '샘물과 같은 보혈은'을 지은 윌리엄 카우퍼의 이야기입니다. 태초부터 지금까지 하나님은 절대로 나를 포기하지 않고 계십니다. 나를 구원하기 위해 지불한 예수님의 보혈을 생각하며 주님의 나를 향한 사랑과 인내를 확신하십시오. 반드시 하는 모든 일이 다 형통합니다.

🖤 주님! 언제나 날 향하고 있는 주님의 사랑을 느끼고 깨닫게 하소서!
🗾 하나님이 날 포기하지 않으시는 것처럼 다른 영혼을 포기하지 마십시오.

나의 영적 일지

3월 17일

선물보다 귀한 마음

읽을 말씀 : 누가복음 21:1-9

● 눅 21:2,3 또 어떤 가난한 과부가 두 렙돈 넣는 것을 보시고 이르시되 내가 참으로 너희에게 말하노니 이 가난한 과부가 다른 모든 사람보다 많이 넣었도다

　근대서양화의 대가이자 천재화가로 추앙받는 이중섭 화백의 무명시절, 친한 친구가 수술을 해서 병원에 입원을 한 적이 있었습니다.

　그런데 무슨 일인지 이중섭 화백은 친구가 병원에 있는 것을 알고도 문병을 오지 않았습니다. 친구는 내심 섭섭해 하던 차였는데 퇴원을 하는 날에야 이중섭 화백이 병실을 찾았습니다. 그리고 갑자기 그림 한 폭을 내밀었습니다.

　"자네가 좋아하는 복숭아라네."

　하얀 도화지에는 이중섭 화백 특유의 굵고 힘 있는 화풍으로 탐스런 복숭아가 그려 있었습니다.

　어려운 생활 탓에 친구에게 복숭아 하나 사다 줄 수 없었지만 대신 며칠 동안 정성을 다해 그린 그림인 걸 알았기에 병상에 누운 친구는 말없이 이중섭 화백의 손을 잡으며 눈물을 흘렸습니다.

　두 렙돈 과부의 헌신이 사람 눈에는 아무것도 아니어도, 예수님이 보시기엔 가장 귀한 헌신이었습니다. 물질의 많고 적음보다는 주님을 향한 마음의 크기가 중요합니다.

　주님이 가진 것이 없어서 우리에게 헌신을 바라시는 것이 아닙니다. 우리의 마음을 보시기 위해서 입니다. 이웃을 섬길 때, 하나님을 위해 드리는 것 이상의 마음을 담아 섬기십시오. 반드시 하는 모든 일이 다 형통합니다.

💜 주님! 몸과 마음을 다해 진심으로 주님을 섬기게 하소서!
🖼 하나님께 드리는 물질보다 더욱 귀한 마음을 담으십시오.

나의 영적 일지

목자의 음성

읽을 말씀 : 요한복음 10:7-21

● 요 10:16 또 이 우리에 들지 아니한 다른 양들이 내게 있어 내가 인도하여야 할 터이니 그들도 내 음성을 듣고 한 무리가 되어 한 목자에게 있으리라

　이스라엘 남부 지역을 점령한 군인들이 세금명목으로 마을 사람들이 키우는 양을 압수한 적이 있었습니다.

　모인 양은 천 마리가 넘었는데, 어떤 여인이 사령관에게 양을 돌려달라고 사정했습니다.

　"다른 사람들과는 달리 저에게는 그 양 10마리가 재산의 전부입니다. 제발 돌려주십시오."

　심술 맞은 장교는 천 마리의 양 중에서 여인의 양만을 정확히 골라낸다면 돌려주겠다고 조건을 걸었습니다. 그런데 이 말을 들은 여인의 얼굴에 화색이 돌았습니다.

　"네, 제 양들은 저를 분명히 알아볼 수 있습니다. 저를 데려다 주십시오."

　정말로 여인이 양들을 불러낼 수 있나 궁금해진 장교는 우리로 여인을 데려다 주었습니다. 그러자 여인은 품 안에서 피리를 꺼내 연주하기 시작했고, 이 소리를 들은 몇몇 양들이 고개를 들고 여인 앞으로 나왔는데 정확히 10마리였습니다. 이 모습을 본 장교는 처음의 마음과는 달리 큰 감명을 받았고 약속대로 양들을 여인에게 돌려주었습니다.

　양은 어떤 상황에서도 목자의 음성을 놓치지 않습니다. 그것이 사는 길이기 때문입니다. 오늘 하루를 살면서 들리는 많은 목소리 중에 오직 우리의 목자이신 주님의 음성만 따르십시오. 반드시 하는 모든 일이 다 형통합니다.

💚 주님! 오늘도 저를 인도하시는 주님의 음성에 귀 기울이게 하소서!
🖼 하나님의 부르심을 따라 내 인생의 방향을 정하십시오.

나의 영적 일지

신뢰의 상징

읽을 말씀 : 요한복음 13:21-35

●요 13:35 너희가 서로 사랑하면 이로써 모든 사람이 너희가 내 제자인 줄 알리라

16세기에 로마 교황청은 스위스 용병을 근위대로 고용했습니다.

그런데 당시 카톨릭에 불만을 품은 신성로마제국이 불시에 교황청을 공격했습니다. 2만 명의 병사들이 교황청에 쳐들어왔을 때 스위스 용병 근위대는 189명이었습니다. 그러나 그들은 2만 명을 상대로 도망치지 않았고 끝까지 싸우며 교황이 피신할 시간을 벌었습니다.

이 전투로 스위스 용병은 절대적인 신뢰를 얻었고, 그 신뢰는 시계와 같은 정밀공작기계에 대한 믿음으로까지 이어졌습니다. 지금도 교황청은 스위스 용병들만 근위대로 고용합니다.

주식시장이 처음으로 생긴 네덜란드는 각 나라의 교역물품을 대신 운반해주고 이익을 챙기는 무역업으로 유명했습니다.

한 번은 러시아로 곡물을 운반하는 도중 빙하에 배가 침몰해 선원 전원이 굶어죽었는데 그런 상황에서도 운반하던 곡물에는 조금도 손을 대지 않았습니다. 이 침몰된 배가 발견되면서 네덜란드 상인은 신뢰의 상징이 됐고, 17세기에 가장 강력한 나라로 부상할 수 있었습니다.

사람들의 신뢰는 저절로 얻어지는 것이 아닙니다. 말씀을 따라 살고자 하는 그리스도인들이 한 명씩 늘어날 때에 기독교의 체면과 신뢰는 다시 회복될 것입니다. 그리스도인으로서 세상 사람들에게 신뢰를 줄 수 있는 양심과 성품을 가꾸십시오. 반드시 하는 모든 일이 다 형통합니다.

💟 주님! 어렵고 힘들어도 정직한 양심을 지켜가게 하소서!
🔲 아주 작은 예절과 도덕부터 어기지 말고 지켜나가십시오.

나의 영적 일지

마음이 머무는 곳

읽을 말씀 : 요한일서 3:13-24

●요일 3:17 누가 이 세상의 재물을 가지고 형제의 궁핍함을 보고도 도와 줄 마음을 닫으면 하나님의 사랑이 어찌 그 속에 거하겠느냐

집안이 가난해 중학교를 가지 못하고 상점에서 일을 하던 소년이 있었습니다. 소년이 처음 일을 하게 된 곳은 작은 액세서리 상점이었는데, 그곳에서 작은 보석을 보는 순간 완전히 매료되었습니다.

소년은 청소를 하면서도 틈틈이 보석을 공부했고, 관리하는 법을 익혔습니다. 이런 성실성을 인정받아 몇 년 뒤에는 더 큰 상점으로 스카우트되어 본격적으로 보석에 관련된 일을 시작했고, 24살이 되었을 때에는 자기 이름을 걸고 보석 가게를 열 수 있었습니다.

소년은 보석에 큰 관심이 있었기에 보석을 보는 순간 적당한 디자인과 이미지에 딱 어울리는 이름까지 떠올랐습니다. 그는 보석을 다이아몬드, 사파이어 이런 식으로 부르지 않았습니다. '파라곤', '아프리카의 희망', '미국의 별', '막시밀리안 황제'와 같이 보석에서 연상되는 이미지를 이름에 붙였고, 이런 방식으로 통해 모나코 왕가, 사우디아라비아 왕족, 부동산 황제 도날드 트럼프와 같은 명사들을 단골로 만들었습니다. 14살 때부터 보석에 모든 것을 바쳤던 소년 로렌스 그라프를 사람들은 지금 '다이아몬드의 왕'이라고 부릅니다.

어떤 것에 마음을 사로잡힌 사람은 보는 것이 다르고 생각하는 것이 다릅니다. 사도 바울과 같이 주님의 말씀과 사명으로 나의 마음을 가득 채우는 신령한 경주자가 되십시오. 반드시 하는 모든 일이 다 형통합니다.

💜 주님! 선한생각, 선한행동에 더욱 마음이 가서 생각이 가게 하소서!
🎇 세상이 아닌 하나님의 말씀에 마음을 두십시오.

나의 영적 일지

하나님이 쓰시는 고난

읽을 말씀 : 누가복음 22:39-46

● 눅 22:42 이르시되 아버지여 만일 아버지의 뜻이거든 이 잔을 내게서 옮기시옵소서 그러나 내 원대로 마시옵고 아버지의 원대로 되기를 원하나이다 하시니

미국 국방부에서 근무하던 브라이언 버드웰 중령은 9.11 테러 때 사고를 당해 전신의 60%에 화상을 입는 큰 부상을 당했습니다.

폐가 타들어갈 정도로 큰 부상이었기에 의사는 생존확률을 1% 미만으로 봤습니다. 살아남는다 해도 통증과 치료과정이 너무나 고통스러워 브라이언 중령은 40차례의 수술을 받는 동안 '주님, 차라리 주님께로 가고 싶습니다'라고 마음속으로 울부짖었습니다.

그러나 이 마음을 어떻게 알았는지 문병을 온 한 목사님은 "하나님은 우리가 겪는 고통까지도 낭비하지 않고 선하게 사용하십니다"라는 의미심장한 말을 남겼습니다.

치료가 다 끝난 뒤에도 고통은 여전했기에 중령은 이 말뜻을 이해할 수 없었습니다. 그러나 우연한 기회에 화상을 입은 환자들을 격려하는 일을 시작하게 되었고, 자신의 이야기를 통해 하나님께로 돌아오는 사람들을 보며 죽고 싶을 정도의 끔찍한 고통이었던 그 사고가 하님의 특별한 계획이라는 사실을 인정할 수밖에 없었습니다.

가장 사랑하는 아들을 세상에 보내시고 십자가에 죽게 하신 하나님의 계획은 우리를 살리기 위한 하나님의 처방이었습니다. 나를 사용하실 하나님의 특별한 계획을 믿으며 고난 가운데 순종하신 주님을 본받으십시오. 반드시 하는 모든 일이 다 형통합니다.

💙 주님! 주님이 인도하시는 곳이 결국은 더 좋은 미래임을 알게 하소서!
📖 가시밭길을 걷는다 해도 주님을 믿는 마음으로 발걸음을 옮기십시오.

나의 영적 일지

함께 행동하라

읽을 말씀 : 시편 133:1-3

● 시 133:1 보라 형제가 연합하여 동거함이 어찌 그리 선하고 아름다운고

　미국 미조리 주 시골에는 성도 50여명 남짓의 작은 교회가 있습니다.

　이 교회의 한 여학생이 암에 걸려 치료를 받았는데 다행히 완치의 가능성은 높았지만 치료 때문에 머리를 밀어서 부끄러워 교회를 나가지 못하고 있었습니다. 이상하게 여겨 심방을 했던 목사님은 이 사실을 알고 주일 예배시간에 성도들에게 이런 제안을 했습니다.

　"우리 이 학생을 위해 머리를 함께 밉시다. 우리가 얼마나 사랑하는지 직접 보여줍시다."

　중장년이 대부분인 교인들에게 머리를 미는 일은 쉽지 않았지만 대부분 동참했습니다. 그리고 여학생은 부모님의 설득으로 겨우 교회에 왔는데 교인들이 대부분 삭발을 한 모습을 보고는 너무 감동을 받아 말을 잇지 못했습니다.

　이 사실이 알려져 지역 방송국에서도 취재를 오게 되었는데, 전교인이 삭발을 한 채 예배드리는 모습을 본 리포터는 "저는 교회를 다니지 않지만 언젠가 교회에 나간다면 이런 교회에 나가고 싶습니다"라는 말을 하며 울먹거렸습니다.

　믿는 사람들이 슬퍼하는 사람과 함께 울고, 기뻐하는 사람과 함께 웃고, 고통 받는 사람에게 먼저 다가가 위로할 때 믿지 않는 사람들도 감동하며, 주님께로 많은 영혼들이 돌아옵니다. 마음이 함께한 행동으로 배려와 사랑을 표현하십시오. 반드시 하는 모든 일이 다 형통합니다.

💗 주님! 아는 것을 넘어 실천하는 사랑을 품게 하소서!
🎫 주변의 고통받는 이웃들을 위해 할 수 있는 일을 찾아보십시오.

나의 영적 일지

긍정의 가능성

3월 23일

읽을 말씀 : 민수기 14:1-25

● 민 14:9 다만 여호와를 거역하지는 말라 또 그 땅 백성을 두려워하지 말라 그들은 우리의 먹이라 그들의 보호자는 그들에게서 떠났고 여호와는 우리와 함께 하시느니라 그들을 두려워하지 말라 하나

미국의 17대 대통령인 앤드류 존슨은 초등학교도 나오지 못했습니다.

집이 너무 가난해 10살 때부터 일을 했고 글을 배운 것도 결혼을 한 뒤에 그나마 조금 여유가 생겼을 때였습니다.

그런 그가 정치를 하며 주지사가 되었고, 상원의원이 되었습니다. 그리고 대통령 선거에까지 나가게 되었습니다. 그런데 후보 토론회 중에 상대방 후보가 존슨의 학력을 문제 삼아 비꼬기 시작했습니다.

"초등학교도 못 나와서 어떻게 한 나라를 이끌 수 있겠습니까?"

존슨의 콤플렉스를 건드는 비겁한 질문이었지만 존슨은 침착하게 반문했습니다.

"나라를 이끄는 힘은 학력이 아니라 긍정적인 의지와 국민의 지지입니다. 그리고 우리가 믿고 있는 예수님도 초등학교는 나오지 않으셨습니다."

토론회 이후 존슨의 지지율은 급격히 상승했습니다. 존슨은 항상 긍정의 가능성을 생각했습니다. 버려진 땅 알래스카를 러시아로부터 구입한 것도 앤드류 존슨이었는데, 이 버려진 땅이 나중에는 석유와 천연가스가 잔뜩 매장되어 있는 보물창고가 되었습니다.

주님은 죄악뿐인 세상에서도 가능성을 보셨습니다. 죄인 출신인 우리에게서도 가능성을 보셔서 우리를 부르셨습니다. 주님의 마음으로 나, 가족, 친구, 이웃을 바라 볼 때 부족함보다도 가능성을 바라보십시오. 반드시 하는 모든 일이 다 형통합니다.

♡ 주님! 나를 향한 하나님의 놀라우신 계획이 있음을 믿게 하소서!
🎎 나의 부족함을 주님께 맡기고 순종의 가능성을 더하십시오.

나의 영적 일지

문신을 하지 않는 이유

읽을 말씀 : 디도서 2:1-15

● 딛 2:7,8 범사에 네 자신이 선한 일의 본을 보이며 교훈에 부패하지 아니함과 단정함과 책망할 것이 없는 바른 말을 하게 하라 이는 대적하는 자로 하여금 부끄러워 우리를 악하다 할 것이 없게 하려 함이라

세계최고의 축구리그인 스페인의 프리메가리가의 선수들을 보면 몸에 문신을 한 사람이 매우 많습니다.

상대 선수에게 위압감을 주고, 또 자기만의 개성을 나타내기 위해서인데 최근에는 이런 모습들을 화면으로 보는 많은 학생들도 문신을 하고 싶어 합니다.

그러나 세계 최고의 선수에게 주는 발롱도르를 두 번이나 수상한 호날두는 몸에 아주 작은 문신도 하지 않습니다. 문신을 하면 헌혈을 할 수가 없기 때문입니다. 10대 때 심장병으로 축구를 그만둘 뻔했던 호날두는 다른 사람의 도움으로 이겨낼 수가 있었는데, 그때의 보답으로 슈퍼스타가 된 지금도 꼬박꼬박 헌혈을 하고 심지어는 골수도 기증합니다.

미국 최고의 팝스타인 테일러 스위프트 역시 몸에 문신을 하지 않습니다. 심지어는 클럽의 파티에도 가지 않고 노출이 심한 옷도 거의 입지 않습니다. 자기를 보고 자라는 청소년들에게 나쁜 영향력을 주고 싶지 않다는 것이 그 이유인데 어떤 식으로든 자기를 들어내고 나타내려는 다른 팝스타와는 확연히 다른 그녀의 모습에 지금은 '미국 국민이 가장 사랑하는 여가수'라는 애칭으로 불리고 있습니다.

우리는 매일 만나는 사람들에게 어떤 방식으로든 영향력을 미치고 있습니다. 그리스도의 향기로 선한 영향력을 나타내는 오늘이 되십시오. 반드시 하는 모든 일이 다 형통합니다.

♥ 주님! 연약한 지체를 위해 작은 유익은 포기할 줄 알게 하소서!

🖼 나의 외적인 모습들이 누군가를 시험에 들게 하진 않는지 생각해 보십시오.

나의 영적 일지

3월 25일

공황이 만든 백만장자

읽을 말씀 : 고린도후서 4:1-15

● 고후 4:8 우리가 사방으로 욱여쌈을 당하여도 싸이지 아니하며 답답한 일을 당하여도 낙심하지 아니하며

닉스 놀레도는 경영학과를 졸업하고 취직을 준비하던 필리핀의 평범한 대학생이었습니다.

그러나 경제 불황으로 원하는 직장을 구할 수가 없었고, 패스트푸드점에서 아르바이트를 하며 생계를 유지했습니다. 의사인 아버지 덕분에 집안은 유복했으나 그는 오로지 자신의 힘으로만 성공이든 실패든 이루어야 한다고 생각했습니다.

그러나 도통 취업이 되지 않아 결국 창업을 했습니다. 불황에도 핸드폰을 사용하는 사람이 많다는 점을 착안해 모바일 사업을 시작했고, 모은 돈이 150만 원 정도 밖에 없었기에 아이디어로 승부하는 소프트웨어 산업에 뛰어들 수밖에 없었습니다. 그리고 자기 같이 불황으로 고생하는 사람들도 사용할 수 있게 회사의 서비스는 '가볍고, 심플하고, 저렴하게'라는 3원칙을 통해 제공되었습니다.

어떤 대출이나 투자도 없이 시작한 놀레도의 사업은 불황에도 사람들이 무리 없이 사용할 수 있는 필수적인 서비스가 되었고 취직이 되지 않아 아르바이트를 했던 때로부터 딱 10년이 지나고는 '필리핀에서 가장 자수성가한 백만장자'가 되었습니다.

희망이 있고 의지가 있는 사람은 불황 속에서도 창업을 하고, 아이디어를 찾아냅니다. 감당할 시험만 주시는 주님이심을 믿고 오늘도 희망을 품고 기쁨을 잃지 마십시오. 반드시 하는 모든 일이 다 형통합니다.

♥ 주님! 최악의 상황에서도 최선을 상상할 수 있는 희망을 갖게 하소서!
▩ 막혀있던 길 때문에 올바른 길로 갈 수 있다는 믿음을 가지십시오.

나의 영적 일지

친구가 되어주는 것

읽을 말씀 : 요한복음15:1-17

● 요 15:15 이제부터는 너희를 종이라 하지 아니하리니 종은 주인이 하는 것을 알지 못함이라 너희를 친구라 하였노니 내가 내 아버지께 들은 것을 다 너희에게 알게 하였음이라

여행작가 알렉스 김은 파키스탄을 통해 히말라야를 올라가고 있었습니다.

베이스캠프에 도착해 본격적인 채비를 하던 도중에 셰르파 한 명이 칼을 맨발로 밟아 심각한 부상을 당하는 일이 일어났습니다. 캠프는 산 초입에 있기에 병원에 가려면 3일 정도 걸렸는데 신발이 없어 슬리퍼를 신고 눈 덮힌 산을 내려가려는 셰르파를 본 알렉스는 자신의 비싼 등산화를 벗어주었고, 이 일을 계기로 둘은 친한 친구가 되었습니다.

셰르파의 이름은 유습이었는데 그와 친구가 되면서 알렉스는 많은 이야기를 하게 되었고, 베이스캠프 근처에 있는 수룽고 마을의 열악한 교육환경에 대해서 듣게 됩니다. 그 순간 마음에 어떤 사명감을 느낀 그는 여행을 멈추고 그곳에 정착을 했고 공터에 학교를 세워 교사를 고용하며 아이들을 가르쳤습니다.

그동안 비슷한 시도를 했던 사람들은 많았지만 주민들은 마음을 열지 않았습니다. 그러나 알렉스의 시도에는 모든 주민들이 화답했습니다. 그 이유에 대해 마을 주민인 바오 씨는 "그는 우리를 도우러 온 것이 아니라 친구가 되러 왔기 때문입니다"라고 말했습니다.

남을 돕고 베푸는 것은 중요하지만 그 행위 자체가 목적이 돼서는 안 됩니다. 불쌍한 사람들의 친구가 되어주고 복음을 전하는 것이 구제와 선행의 최종목표임을 잊지 말고 기억하십시오. 반드시 하는 모든 일이 다 형통합니다.

🩷 주님! 눈높이을 맞춰 복음을 전할 수 있는 지혜를 주소서!
🖼 값싼 동정심은 버리고 진정한 친구의 마음으로 다가가십시오.

나의 영적 일지

3월 27일

부활의 소망

읽을 말씀 : 요한복음 11:17-44

● 요 11:25,26 예수께서 이르시되 나는 부활이요 생명이니 나를 믿는 자는 죽어도 살겠고 무릇 살아서 나를 믿는 자는 영원히 죽지 아니하리니 이것을 네가 믿느냐

19세기 초 우리나라에서 갑신정변이 일어나 매우 혼란스러웠을 때 국제적으로 당시 조선은 '위험하고 어두운 황무지'였습니다.

위험을 각오한 선교사들도 조선으로 오기는 꺼려할 정도였는데, 두 명의 미국 선교사가 담대하게 지원을 해 떠났습니다.

언더우드와 아펜젤러라는 두 미국인 선교사는 정확히 1885년도 4월 5일, 부활절에 인천 제물포항을 통해 우리나라에 도착했는데 처음으로 이 땅에 복음이 전해지던 순간이었습니다.

순교를 각오하고 떠나온 두 선교사는 본국으로 보내는 첫 선교보고에 다음과 같은 편지를 보냈습니다.

"우리는 부활절에 이곳에 왔습니다. 죽음을 이겨내고 부활하신 주님께서 이 땅의 결박도 끊어주시고 많은 사람들을 빛과 자유의 세계로 인도해주시기를 저희는 기도하고 있습니다."

부활의 믿음을 죽음에 굴하지 않고 복음에 헌신하게 합니다.

그 믿음을 가진 사람들이 있었기에 지금 우리에게도 복음이 전달될 수 있었고, 죽음을 이기고 부활하신 주님이시기에 어두운 나의 삶에도 살아있는 소망이 생길 수 있었습니다.

날 위해 죽으시고 날 위해 부활하신 주님의 사랑을 생각하며 부활의 믿음으로 새롭게 시작할 힘을 얻으십시오. 반드시 하는 모든 일이 다 형통합니다.

♡ 주님! 부활의 복음을 가슴 깊이 체험하며 살게 하소서!
🖼 공관복음에 나오는 부활의 말씀을 묵상하십시오.

나의 영적 일지

믿음의 씨앗

읽을 말씀 : 마가복음 4:30-41

● 막 4:31,32 하나님의 나라는 겨자씨 한 알과 같으니 땅에 심길 때에는 땅 위의 모든 씨보다 작은 것이로되 심긴 후에는 자라서 모든 풀보다 커지며 큰 가지를 내나니

미국의 펜실베이니아의 한 작은 교회를 다니는 초등학생이 있었습니다. 이 아이는 주일학교 본당이 너무 작아 예배드리기가 불편하다고 생각해 매일 기도를 했고, 하나님께 드리는 편지라는 제목으로 매일 일기도 썼습니다.

그런데 안타깝게도 사고로 9살 때 세상을 떠나고 말았습니다. 부모님은 아이의 유품을 정리하다 '하나님께 쓰는 편지'라는 제목의 일기장을 보게 됐는데, 거기서 아이의 마지막 소원이 무엇인지 알게 되었습니다.

아이의 부모님은 편지를 추려 담임 목사님인 러셀 콘웰에게 전달했고, 목사님은 설교시간에 아이의 편지를 읽어주었습니다.

편지를 읽는 목사님도, 듣는 성도들도 모두 울기 시작했고, 해리의 꿈을 이루어주기 위해서 여기저기 모금운동이 펼쳐졌습니다.

그렇게 들어온 헌금으로 마침내 새로운 주일학교 예배당이 지어졌습니다. 그러고 남은 공간에 노동자들을 위한 야간학교를 운영했는데, 그 학교가 발전되어 초등학교, 중학교, 그리고 대학교가 되었고, 지금의 100년이 넘는 전통을 가진 미국의 대표 명문 중 하나인 템플 대학교로 발전하게 되었습니다.

무엇이든 심는 대로 거두는 것이 주님 나라의 법칙입니다. 내일 풍성한 결실을 맺을 믿음의 씨앗을 오늘 심으십시오. 반드시 하는 모든 일이 다 형통합니다.

♡ 주님! 겨자씨와 같은 믿음을 저에게도 허락해 주소서!
🖼 작은 믿음을 소중히 여기고 기도로 하나님께 올려드리십시오.

나의 영적 일지

한 사람의 힘

3월 29일

읽을 말씀 : 누가복음 15:1-10

● 눅 15:7 내가 너희에게 이르노니 이와 같이 죄인 한 사람이
회개하면 하늘에서는 회개할 것 없는 의인 아흔아홉으로 말
미암아 기뻐하는 것보다 더하리라

파키스탄은 인구의 90%가 무슬림인 이슬람 국가로 여자는 제대로 교육을 받을 기회가 없고, 심지어는 자기 명의의 통장도 가질 수가 없습니다. 그런데 말랄라라는 소녀는 깨어있는 아버지 덕분에 정규교육을 받았고 또 11살 때부터 파키스탄의 여자들도 교육을 받을 권리가 있다고 주장을 하며 사회적인 운동을 벌였습니다.

그런데 파즈룰라라는 테러리스트가 탈레반을 이끌고 파키스탄에 들어왔고, 기존의 규율을 지키지 않는 사람들을 탄압하기 시작했습니다. 말랄라는 여전히 여성의 교육권을 주장하다가 탈레반이 쏜 총을 머리에 맞았으나 기적처럼 목숨을 건졌습니다. 병상에서 일어난 말랄라는 위축되지 않고 계속해서 여성의 교육을 주장했습니다. 이 사건을 취재하러 온 각국의 기자들 앞에서 그녀는 말했습니다.

"파즈룰라 한 사람이 모든 것을 망쳤다면, 한 소녀로 인해 다시 회복될 수도 있지 않겠습니까? 지금 제 이야기를 듣는 여러분 한 사람을 통해 한 사람의 교사가, 한 자루의 펜이 생기게 되고, 그것들이 모여 분명히 세상을 바꾸게 될 것입니다."

말랄라의 바램은 대부분 이루어졌고, 또 19살에 최연소 노벨평화상을 수상하게 됩니다.

한 사람으로 인해 세상이 변하듯, 예수님을 통해 모든 사람이 구원받을 수 있습니다. 유일한 구원의 길이신 예수님을 믿고 또 전하십시오. 반드시 하는 모든 일이 다 형통합니다.

💙 주님! 인류를 구원할 유일한 해결책, 예수님 한 분뿐이심을 알게 하소서!
🖼 세상을 변화시킬 수 있음을 주님안에서 깨닫고, 담대히 복음을 전하십시오.

나의 영적 일지

생명을 살리는 보람

3월 30일

읽을 말씀 : 야고보서 5:7-20

●약 5:20 너희가 알 것은 죄인을 미혹된 길에서 돌아서게 하는 자가 그의 영혼을 사망에서 구원할 것이며 허다한 죄를 덮을 것임이라

미국의 마크 휴즈는 소방관으로 평생을 일하다 퇴직을 했습니다.

때로는 위험도 불사하고 불 속으로 뛰어갔으며 여태껏 많은 생명을 구했기에 휴즈는 자신의 직업에 자부심을 갖고 있었습니다. 그렇게 은퇴를 하고 새로운 인생을 설계하던 도중 문득 그의 SNS계정에 어떤 소녀가 글을 남겼습니다.

"소방관 아저씨, 저를 기억하시나요? 생후 9개월 때 아저씨가 저를 불에서 구해주셨어요. 그 아기는 이제 커서 고등학교를 졸업한답니다. 그래서 이번 졸업식 때 특별히 아저씨를 초청하고 싶어요."

휴즈는 17년 전에 한 화재현장에서 아기가 아직 안에 있다는 말에 무작정 불길 속으로 뛰어 들어가 한 아기를 구한 적이 있었는데 그 아이가 고등학생이 되어 자기를 잊지 않고 초대해준 것입니다.

이 사실은 언론에 알려져 당일 졸업식에는 많은 취재진이 몰려왔는데 그 사람들 앞에서 휴즈는 지금 이 순간이 소방관으로서의 자기 인생을 모두 표현해주는 순간이라며 감격에 겨워 말했습니다.

성도로서 가장 보람 있는 순간은 언제일까요? 저 천국으로 떠나기 전에 성도로서의 나의 삶을 요약하면 어떤 순간으로 기억될까요? 그날에 주님께 부끄럽지 않는 성도의 삶을 위해 날마다 생명을 살리는 진리의 복음을 전하십시오. 반드시 하는 모든 일이 다 형통합니다.

♥ 주님! 주님께 부끄럽지 않은 성도의 모습으로 천국을 향해 가게 하소서!
🔲 성도로써의 최고의 순간이 오기를 꿈꾸십시오.

나의 영적 일지

대통령의 기도문

읽을 말씀 : 시편42:1-11

●시 42:8 낮에는 여호와께서 그의 인자하심을 베푸시고 밤에는 그의 찬송이 내게 있어 생명의 하나님께 기도하리로다

　미국 대통령이 머무는 백악관은 두 번째 대통령인 존 애덤스의 임기 중에 완공되었습니다.

　존은 백악관에 입주하며 독립한 지 얼마 안 된 미국의 상황과 어려운 정치상황을 떠올리며 자기도 모르게 기도를 드렸는데, 그 기도문은 지금도 백악관 식당에 새겨져 있습니다.

　"하나님이 천국의 축복을 이 건물에 내려 주시기를 기도합니다. 오로지 진실하고 지혜로운 사람만이 이곳에서 나라를 위한 일을 할 수 있게 해 주소서"

　6대에 이어져 내려오는 믿음의 집안에서 자랐고, 본인도 독실한 신앙인이었던 존 애덤스는 언제나 '예수님이라면 어떻게 하셨을까?'라고 생각하며 살았고, 세상을 떠나는 순간까지 '오늘은 참으로 위대하고 좋은 날입니다'라는 믿음의 고백을 드렸습니다.

　존의 기도문은 이런 성품과 신앙에 감동을 받은 루즈벨트 대통령이 자신의 임기에 식당에 새기도록 명령한 것입니다.

　일을 올바르게 하기 위해선 뛰어난 실력만큼 기도가 필요하고, 큰일을 하기 위해선 더욱 많은 기도가 필요합니다. 지금 내가 맡은 일을 통해 주님의 영광을 나타내고 진리가 드러나게 해달라고 날마다 기도하십시오. 반드시 하는 모든 일이 다 형통합니다.

💙 주님! 나의 삶이 주님을 향한 믿음의 고백이 되게 하소서!
🖼 지금 하고 있는 일을 통해 하나님께 영광을 돌릴 방법을 찾아보십시오.

나의 영적 일지

4

April 월

"…내 말을 들을지어다
너희는 너희 하나님 여호와를 신뢰하라
그리하면 견고히 서리라
그의 선지자들을 신뢰하라
그리하면 형통하리라…"
(역대하 20장 20절)

화를 제대로 표현하는 법

읽을 말씀 : 잠언 15:1-12

● 잠 15:1 유순한 대답은 분노를 쉽게 하여도 과격한 말은 노를 격동하느니라

   소설가 마크 트웨인은 불같이 화를 내는 성격 때문에 많은 손해를 봤습니다.

   어느 날 화를 다스려야겠다고 생각한 그는 상대방에 대한 비난을 편지에 쓰고 사흘간 곱씹으면서 '문제를 파악하고 대안을 분석한 뒤, 화의 강도가 적당한지 생각하고, 미덕을 베풀 수 있는지'를 생각했습니다. 그리고 며칠 뒤 처음 쓴 편지는 대부분 찢어버렸습니다.

   마크 트웨인의 이런 방법은 문제를 해결하기 위한 수단으로 화를 표현하는데 아주 효율적이어서 '마크 트웨인 테라피'라는 것까지 생겼습니다. 아무리 화가 나더라도 다음의 질문을 통해 먼저 원인을 분석하는 것이 '마크 트웨인 테라피'의 핵심입니다.

  1. 화가 난 이유는 무엇인가?
  2. 그 이유는 제 3자가 보기에도 타당한가?
  3. 상대방에게 바라는 반응은 무엇인가?
  4. 상대방이 그런 반응을 보이려면 내가 무얼 해야 할까?
  5. 상대방을 어떤 존재로 생각하고 있는가?

   화를 내는 것은 쉬운 일이지만, 제대로 화를 내는 것은 어려운 일입니다. 감정에 휘둘려 용서와 사랑을 잊지 말고 언제나 주님의 마음을 품고 여유를 갖고 생각할 시간을 먼저 가지십시오. 반드시 하는 모든 일이 다 형통합니다.

💟 주님! 모세와 같은 온유함과 선한 성품을 품게 하소서!
🧩 아무리 화가 나도 최소 1분은 참고 생각하십시오.

 나의 영적 일지

창조의 원리, 면역력

4월 2일

읽을 말씀 : 창세기 2:4-25

●창 2:7 여호와 하나님이 땅의 흙으로 사람을 지으시고 생기를 그 코에 불어넣으시니 사람이 생령이 되니라

어떤 병이든 고칠 수 있는 약을 만병통치약이라고 부릅니다.

의학이 발달하면서 "언젠가는 모든 병을 고칠 수 있지 않을까"라고 생각하는 사람들이 많은데, 사실 이 만병통치약은 면역력이라는 이름으로 이미 우리 안에 있습니다.

과학자들은 사람의 몸을 연구하면서 면역력을 담당하는 세포들이 매우 다양하다는 것을 알아냈는데, 이 세포들은 제대로 활성화만 되면 암도 물리칠 만큼 강력하고 부작용도 없습니다. 심지어 이 면역력들은 치매나, 혈관질환까지 고칠 수 있는 진짜 '만병통치약'입니다.

이 면역력을 높이고 유지하기 위해서는 다음의 생활습관이 가장 중요하다고 합니다.

1. 숙면하는 것, 호르몬이 나오고 세포가 재생되는 저녁 10시 부터 새벽 6시 사이에는 되도록 잠을 잘 것.
2. 일어나자마자 양치를 해서 밤새 쌓인 입안의 세균을 제거하는 것.
3. 운동이나 온열요법으로 체온을 약간 높게 유지하는 것.
4. 비만이 되지 않게 관리하며 되도록 신선한 음식을 먹는 것.
5. 일주일에 한 번 정도는 숲으로 가서 심호흡을 하고 오는 것.

창조의 원리를 따르는 것이 건강하고 행복한 삶의 비결입니다. 주님이 창조하신 원리를 실천해 건강하고 행복한 삶을 영유하십시오. 반드시 하는 모든 일이 다 형통합니다.

🩷 주님! 창조의 원리를 따르는 삶으로 건강을 회복하게 하소서!
🖼 건강한 생활습관으로 하나님이 주신 몸을 올바로 관리하십시오.

나의 영적 일지

지혜의 근본

읽을 말씀 : 전도서 12:9-14

● 전 12:13 일의 결국을 다 들었으니 하나님을 경외하고 그의 명령들을 지킬지어다 이것이 모든 사람의 본분이니라

50년 전 빌보드차트에서 3주간 1위를 했던 버즈의 '돌고, 돌고, 돌고' 라는 노래의 1절 가사입니다.

"모든 것은 때가 있죠.
날 때가 있으면 죽을 때가 있습니다.
심을 때가 있으면 거둘 때가 있습니다.
죽을 때가 있으면, 살아날 때도 있지요.
웃다가도 울어야 할 때가 있어요.
하늘 아래 모든 것은 변한답니다."

미국의 인기가요 가사지만 사실 이 1절은 전도서 3장의 내용입니다. 이 가수는 살아온 인생을 돌아보자는 의미의 노래를 만들길 원했고, 그렇게 세상의 무상함을 표현한 솔로몬의 고백을 가져다 노랫말로 사용했습니다. 그러나 전도서의 진짜 결론은 주님을 알고 경외하는 것만이 인생의 참된 가치라는 고백입니다.

지금 나의 삶도 주님께로부터 멀어져 있다면 알면서도 실천하지 않는 어리석은 삶을 사는것입니다. 지혜의 근본이신 주님을 만나고 기뻐하는 일에 소중한 시간을 사용하십시오. 반드시 하는 모든 일이 다 형통합니다.

♡ 주님! 세상에 휩쓸리지 않고 언제나 주님을 예배하게 하소서!
▧ 하나님을 찾고 구하는 것이 참된 인생의 목적임을 이해하십시오.

나의 영적 일지

하나님의 관심

4월 4일

읽을 말씀 : 마태복음 18:1-14

●마 18:12 너희 생각에는 어떠하냐 만일 어떤 사람이 양 백 마리가 있는데 그 중의 하나가 길을 잃었으면 그 아흔아홉 마리를 산에 두고 가서 길 잃은 양을 찾지 않겠느냐

　　미국이 남북전쟁을 하고 있었을 때 노예해방을 위해 싸우던 북군이 대패를 한 적이 있습니다.

　　다음 날 사령관이었던 링컨은 사기가 떨어진 병사들을 불러놓고 연설을 했습니다. 그런데 링컨이 말하는 첫 문장을 듣자마자 장병들의 눈에 생기가 보이기 시작했습니다.

　　"저는 우리가 어제 경험한 실패에 대해서는 별로 관심이 없습니다. 그러나 오늘 다시 일어서는 일에 대해서는 아주 큰 관심이 있습니다."

　　링컨의 첫마디를 들은 병사들은 어제의 결과가 끝이 아니며, 아직 수많은 전투가 남아있으며 동시에 수많은 기회도 남아있다는 것을 깨달았습니다.

　　조이스 마이어 목사님은 공포의 영어단어 'Fear'가 'False(잘못된), Evidence(증거), Appearing(나타난), Real(현실)'의 약어라고 말했습니다. '현실이라고 믿는 거짓된 증거'가 공포를 만드는 것입니다. 그러나 주님을 향한 믿음은 말씀이 약속하는 참된 언약을 바라보게 만듭니다.

　　주님은 세상에서 언제나 말씀에 순종하는 우리의 믿음에 관심이 있으십니다. 고난이 찾아와도 영광이 찾아와도 늘 주님만을 따르고 주님께만 순종하십시오. 반드시 하는 모든 일이 다 형통합니다.

💜 주님! 모든 생각과 중심을 오직 주님께로 고정하게 하소서!
🖼 사람이 말하는 거짓이 아니라 말씀이 전하는 진리에 귀를 기울이십시오.

나의 영적 일지

가장 중요한 평안

읽을 말씀 : 요한복음 14:25-31

● 요 14:27 평안을 너희에게 끼치노니 곧 나의 평안을 너희에게 주노라 내가 너희에게 주는 것은 세상이 주는 것과 같지 아니하니라 너희는 마음에 근심하지도 말고 두려워하지도 말라

'마음의 평안'이라는 소설에는 인생에서 원하는 것을 얻게 해주는 현자를 찾아 모험을 떠나는 한 젊은이의 이야기가 나옵니다.

천신만고 끝에 겨우 한 산속에서 소문으로만 전해지는 노인을 찾은 젊은이는 소원을 들어달라고 부탁합니다.

"저는 정말로 죽을 고생을 하고 이곳을 찾았습니다. 정말로 원하는 것을 얻는 방법을 알려주십니까?"

"그래, 원하는 게 무엇인가?"

"첫째는 건강입니다. 둘째는 재물입니다. 셋째는 늙지 않게 외모를 가꾸는 방법이고, 넷째는 재능을 개발하는 일입니다. 다섯째는 권력을 얻는 방법, 여섯째는 명예를 지키는 방법입니다."

"바라는 것이 많군, 자네의 소원은 모든 세상 사람들이 바라는 것이지, 그러나 가장 중요한 게 빠졌네. 내 말을 잘 듣게나, 마음의 평안이 없으면 그 어떤 것도 소용이 없단 말이지."

원하는 모든 것을 다 얻어도 마음의 평안은 생기지 않습니다. 세상에는 사람을 만족시키는 참된 진리가 없기 때문입니다.

마음의 평안이 있던 다니엘은 사자굴 속에서도 걱정과 근심을 하지 않았습니다. 혼잡한 세상 속에서 주님을 신뢰함으로 마음의 평안을 누리십시오. 반드시 하는 모든 일이 다 형통합니다.

💛 주님! 성경의 인물들과 같은 마음의 평안을 저에게도 허락하소서!
🔲 주님이 주시는 평안을 사모하며 구하십시오.

나의 영적 일지

고난의 유익

읽을 말씀 : 시편 51:1-19

● 시 51:17 하나님께서 구하시는 제사는 상한 심령이라 하나 님이여 상하고 통회하는 마음을 주께서 멸시하지 아니하시 리이다

'에밀'로 프랑스에 교육혁명을 일으킨 루소에게 어떤 사람이 찾아와 물었습니다.

"아직 교육을 받지 못한 아이가 둘 있습니다. 한 아이는 부유한 집안 에서 자랐고, 다른 아이는 가난한 집안에서 자랐습니다. 선생님은 둘 중 한 아이만 가르칠 수 있습니다. 그렇다면 어떤 아이를 가르치겠습니까?"

루소는 망설임 없이 부유한 집안의 아이라고 대답했습니다.

질문을 한 사람이 물었습니다.

"왜죠? 가난한 환경의 아이에게 교육이 더 필요하지 않나요?"

"부유한 집안에서 태어난 아이는 배워야 할 것이 많습니다. 적당한 교 육을 받지 못한다면 부유한 환경은 오히려 독이 되기도 합니다. 그러나 가난한 집안에서 태어난 아이는 가난 그 자체로 많은 것을 배우며 성장 할 것입니다."

루소는 이 남자와의 대화를 토대로 비슷한 내용을 실제로 에밀에 적 었습니다.

성경은 가난과 고난이 죄나 저주라고 말씀하고 있지 않습니다. 때로는 가난과 고난이 주님의 축복이 될 수도 있습니다. 돈과 성공에만 집착해 서는 세상을 밝히는 등불이 될 수 없습니다. 고난에도, 가난에도 주님 으로 인해 자족할 수 있는 마음을 위해 간구하십시오. 반드시 하는 모 든 일이 다 형통합니다.

🖤 주님! 가난에 굴복하지 않고 말씀을 귀한 재산으로 여기게 하소서!
🎴 가진 것이 없다 할지라도 주님으로 인해 힘을 내십시오.

나의 영적 일지

성령의 감동

읽을 말씀 : 요한복음 16:1-24

● 요 16:13 그러나 진리의 성령이 오시면 그가 너희를 모든 진리 가운데로 인도하시리니 그가 스스로 말하지 않고 오직 들은 것을 말하며 장래 일을 너희에게 알리시리라

미국의 오레곤 주에 살던 한 가난한 농부가 있었습니다.

하루는 마을회관에서 영화를 상영한다는 소식을 듣고 부부가 함께 보러갔는데 영화가 나오기 전에 한국 전쟁에 대한 광고가 짧게 나왔습니다. 한국전쟁으로 인해 많은 고아들이 생겼고, 고아들을 돌보는 사람들도 많지만 여전히 턱없이 부족하다는 내용이었습니다.

이 광고를 본 농부 부부는 마음에 뭔가 울림이 느껴졌습니다. 영화 내용은 하나도 기억나지 않았고, 집에 와서도 온통 아이들 생각뿐이었습니다. 애써 '우리 같은 가난한 농부가 할 일이 아니잖아?'라는 생각으로 무마하려 해도 너무 강렬한 느낌이었습니다.

결국 부부는 함께 기도를 시작했고 며칠 뒤에 확신을 얻었습니다. 그래서 가진 밭의 절반을 팔아 한국에서 8명의 자녀를 입양했는데, 이 사실이 언론에 알려지며 여기저기서 도움의 손길이 찾아오기 시작했습니다.

농부는 농사를 그만두고 이런 도움을 바탕으로 전적으로 아동복지에 매달리게 되었는데, 이렇게 생긴 것이 세계에서 가장 영향력 있는 아동복지단체 '홀트아동복지회'입니다.

성령님이 주시는 감동이라면 두려움과 의심 없이 곧 순종해야 합니다. 주님께 순종할 때 주님이 일하시고, 사람의 생각을 뛰어넘는 역사가 일어납니다. 기도 중에 응답하시는 주님의 음성에 귀를 기울이십시오. 반드시 하는 모든 일이 다 형통합니다.

♡ 주님! 성령님의 말씀에 민감하게 반응하고 순종하게 하소서!
🧩 하나님이 말씀하시면 불가능이 없다는 믿음을 가지십시오.

나의 영적 일지

사라지고 나서 깨닫는 것

읽을 말씀 : 사도행전 20:17-38

●행 20:24 내가 달려갈 길과 주 예수께 받은 사명 곧 하나님의 은혜의 복음을 증언하는 일을 마치려 함에는 나의 생명조차 조금도 귀한 것으로 여기지 아니하노라

세계에서 가장 유명한 예술품인 레오나르도 다빈치의 모나리자가 도난을 당한 적이 있었습니다.

당시 이 소식을 들은 파리 시민들은 루브르 박물관 앞의 광장으로 달려와 통곡을 했고, 허술하게 관리한 박물관과 시당국을 향해 격렬한 비난을 퍼부었습니다.

그만큼 모나리자라는 예술품이 프랑스 국민들에게는 중요했습니다. 그런데 다행히도 2년 뒤에 경찰의 수사를 통해 다시 모나리자를 찾았습니다.

다시 되찾은 모나리자를 보기 위해서 사람들이 몰려들 것이라고 사람들은 생각했는데 이런 예상과는 달리 오히려 급감했습니다.

그 이유를 찾아보니 모나리자가 도난당했을 당시에 모나리자가 걸려있던 텅 빈 자리를 보기 위해서 관광객이 5배나 많이 찾아왔기 때문이었습니다. 언제나 걸려있던 모나리자보다, 사라진 모나리자가 사람들로 하여금 '조금이라도 더 일찍 와서 볼 걸'이라는 후회를 하게 만든 것입니다.

부모님을 떠나보내고서야 소중함을 깨닫듯이, 지금 우리가 누리고 있는 주님의 사랑과 은혜도 많은 피와 땀으로 이루어진 것입니다. 생의 마지막에 후회함을 남기지 않도록 오늘 최선을 다해 주님을 섬기십시오. 반드시 하는 모든 일이 다 형통합니다.

♥ 주님! 오늘 행하는 주님과의 교제의 소중함을 깨닫게 하소서!
🖼 늘 함께 하는 이들에게 오늘 주님의 사랑을 전하십시오.

나의 영적 일지

대를 이은 금메달

읽을 말씀 : 디모데후서 1:3-18

● 딤후 1:5 이는 네 속에 거짓이 없는 믿음이 있음을 생각함이라 이 믿음은 먼저 네 외조모 로이스와 네 어머니 유니게 속에 있더니 네 속에도 있는 줄을 확신하노라

미국의 카누 선수 빌 헤븐스는 파리 올림픽에 참가할 국가대표로 선발되었습니다.

세계 랭킹 1위에 올림픽에 앞서 열린 대회는 모두 1등을 차지했기 때문에 부상만 안 당하면 금메달은 딴 것이나 다름없었습니다.

그런데 사랑하는 아내가 올림픽 기간이 출산예정일이었습니다. 빌은 고심을 하다가 한 번뿐일지도 모르는 자녀의 탄생을 아내 옆에서 함께하기로 결정했습니다. 그는 많은 비난을 받았지만 대표팀을 사퇴했습니다. 다행히 그가 없이도 미국 대표팀은 금메달을 목에 걸었습니다. 빌은 선택을 후회하지는 않았지만 금메달을 따지 못해 가끔씩 아쉬워하곤 했습니다.

그런데 28년이 지난 뒤 이런 마음을 아들이 달래주었습니다. 헬싱키 올림픽에서 1만 미터 달리기 금메달을 딴 아들 프랭크는 수상 직후 아버지에게 다음과 같은 편지를 보냈습니다.

"28년 전 저의 출생을 함께 해줘서 감사드립니다. 아버지가 받았어야할 금메달을 조금 늦었지만 제가 이제 집으로 가져가겠습니다."

예수님으로부터 열두 제자를 거쳐 이어진 복음의 전파를 향한 하나님의 비전은 나의 세대, 나의 다음 세대에 이어져 완성되어야 합니다. 그리스도의 제자라는 본분을 잊지 말고 제자의 사명을 감당하십시오. 반드시 하는 모든 일이 다 형통합니다.

💙 주님! 대를 이어 전해지는 믿음의 중요성을 알고 전해가게 하소서!
🧩 다음 세대에 복음을 전해야할 책임이 지금 나에게 있음을 기억하십시오.

나의 영적 일지

정직한 청지기

읽을 말씀 : 디도서 1:5-16

● 딛 1:7 감독은 하나님의 청지기로서 책망할 것이 없고 제 고집대로 하지 아니하며 급히 분내지 아니하며 술을 즐기지 아니하며 구타하지 아니하며 더러운 이득을 탐하지 아니하며

미국의 작은 농촌 아딜라우의 주민들은 대부분 농사를 짓습니다.

구성원 전부가 거의 농부이다 보니, 마을에는 잡화점이나 식료품 등을 판매할 상점이 없습니다. 그래서 몇몇 농부들이 이런 불편함을 해소하기 위해서 직접 상점을 만들었는데 아주 독특한 방법으로 운영됩니다.

잡화점을 운영하는 허먼 씨는 이른 아침 가게 문을 활짝 열고 농사를 하러 갑니다. 그러면 물건이 필요한 사람들은 상점에 마음대로 들어가 누가 어떤 물건을 가져갔다고 적어놓고 돈을 상자에 넣고 갑니다. 농사가 끝나고 가게로 들어와 장부를 살펴보면 항상 재고와 딱 맞게 돈이 들어와 있습니다.

고든 케디 목사님은 "세상은 교회와 교인들을 지켜보고 있기에 높은 도덕성을 지키며 정직해야 한다"고 말했습니다. 선한 행실이 구원 그 자체는 아니지만 작은 실수로도 복음의 장벽이 높아질 수 있기 때문입니다.

세상 사람들의 시선 뿐 아니라 주님께서도 늘 우리의 모든 것을 지켜보고 계십니다. 주님께 부끄럽지 않은 깨끗한 양심을 지키며 오늘을 살아가십시오. 반드시 하는 모든 일이 다 형통합니다.

🤍 주님! 하나님이 보시기에 깨끗한 양심을 위해 기도하며 노력하게 하소서!
🎨 작은 유혹에도 악에 굴복하지 않는 하루를 시작하십시오.

`나의 영적 일지`

4월 11일

행운의 크루아상

읽을 말씀 : 시편 37:1-9

●시 37:3 여호와를 의뢰하고 선을 행하라 땅에 머무는 동안 그의 성실을 먹을 거리로 삼을지어다

　오스트리아 빈에 매일 새벽부터 빵을 굽는 한 제빵사가 있었습니다.

　그는 이른 아침 손님들에게 갓 구운 빵을 제공하는 일에 매우 큰 보람을 느꼈기에 매일 새벽마다 일어나서 빵을 굽고 또 연구했습니다.

　그렇게 또 이른 새벽부터 일을 하던 어느 날, 창고에 있는 밀을 가지러 성의 외곽지역을 지나던 요리사의 눈에 지평선 부근에서 일어나는 먼지가 보였습니다.

　뭔지는 잘 모르겠지만 적의 공격일수도 있겠다는 생각에 재빨리 왕을 찾아가 이 사실을 알렸는데, 황급히 방어태세를 갖춰 나가보니 정말로 투르크 군대가 쳐들어오고 있었습니다.

　투르크 군대는 오스트리아 군대가 이미 나온 것을 보고 기습 작전이 발각된 줄 알고는 바로 퇴각을 했고, 아침에 보고를 한 제빵사는 영웅이 되어 빈의 가장 명문가였던 페데스부르크 가문의 문양으로 빵을 만드는 것을 허락 받았습니다. 제빵사는 여기에 그치지 않고 투르크 군대를 물리쳤다는 상징으로 투르크 깃발의 초승달 모양을 따서 빵을 만들었는데 그 빵이 지금 바게트와 더불어 가장 많이 사랑받는 크루아상이 되었습니다.

　자기 일에 보람을 느끼고 매일 성실하게 감당하는 사람들에게도 행운이 찾아옵니다. 정직하고 성실한 삶으로 주님이 베풀어주시는 행운이라는 큰 복을 받으십시오. 반드시 하는 모든 일이 다 형통합니다.

♥ 주님! 작은 일이라 낙심치 말고 성실히 주어진 일을 감당하게 하소서!
🎴 작은 일도 최선을 다하는 선한 청지기가 되십시오.

나의 영적 일지

헬렌 켈러의 고난

읽을 말씀 : 고린도후서 6:1-13

●고후 6:10 근심하는 자 같으나 항상 기뻐하고 가난한 자 같으나 많은 사람을 부요하게 하고 아무 것도 없는 자 같으나 모든 것을 가진 자로다

'빛의 천사'로 불리던 헬렌 켈러의 삶을 자세히 알아보면 그녀의 삶은 단순히 장애라는 역경을 극복한 빛나는 위인의 삶이 아니라는 것을 알게 됩니다.

먼저 그녀는 각국의 대통령을 만날 정도로 유명 인사였고, 수많은 강연을 다니며 후원을 받았습니다. 그러나 후원금을 전부 어머니가 가로채서 심지어 설리반 선생님에게도 월급을 한 푼도 주지 못했습니다. 재산을 탕진해 남긴 유산도 없었기에 헬렌 켈러는 왕성한 활동에도 불구하고 평생 가난하게 살았습니다.

또 헬렌 켈러는 반전 운동과 인권 운동 때문에 언론의 질타를 받은 적이 있었습니다. 사회적인 문제에 너무 나서지 말라는 협박과 함께 경찰의 조사를 받았고, FBI가 미행을 한 적도 있습니다.

그러나 그녀는 포기하지 않았습니다. 일제치하의 한국에까지 와서 장애인과 아이들에게 꿈과 희망을 불어넣어주었고, 다시 재기에 성공해 시각장애인들을 위한 센터도 지어 잃었던 명예와 명성을 다시 회복할 수 있었습니다.

빛 가운데 거하는 성도들은 어떤 상황에서도 희망을 잃지 않습니다. 환란 가운데도 기뻐하는 모습으로 사람들에게 희망을 주십시오. 반드시 하는 모든 일이 다 형통합니다.

💙 주님! 구할 수 없는 상황에서도 구할 수 있는 믿음을 허락하소서!
🔲 고난에 굴복하지 말고 오히려 기뻐하는 믿음을 보여주십시오.

나의 영적 일지

내면의 동기를 유도하라

읽을 말씀 : 사도행전 17:1-15

● 행 17:11 베뢰아에 있는 사람들은 데살로니가에 있는 사람들보다 더 너그러워서 간절한 마음으로 말씀을 받고 이것이 그러한가 하여 날마다 성경을 상고하므로

아프리카와 같은 개발도상국에서 병을 예방하는 가장 중요한 방법은 손 씻기입니다.

손만 잘 씻어도 70% 이상의 병을 막을 수 있고, 전염을 차단할 수 있기 때문에 특히 아이들에게 손 씻기의 중요성을 강조하는데, 여러 요인 때문에 아이들 대부분은 중요성을 알고도 손을 씻지 않습니다.

이 문제의 원인이 아이들에게 있다고 단순히 생각할 수도 있었지만 한 회사는 '어떻게 아이들이 스스로 손을 씻게 할 수 있을까?'라는 주제로 고심했고, '세균 도장'이라는 것을 만들었습니다. 세균을 캐릭터로 그려 '나를 씻어주세요'라는 문구와 함께 아이들 손에 찍어주면 아이들은 집에 가서 손을 씻습니다. 그러면 도장의 세균이 사라지고 아이들은 이 과정을 통해 손 씻기의 중요성을 스스로 알게 됩니다.

또 비누 안에 작은 선물을 넣어주는 아이디어도 있었습니다. 손을 자주 씻어서 비누가 없어져야 안에 있는 선물을 가질 수가 있기에 아이들은 틈만 나면 손을 씻었고, 이런 아이디어들을 통해 병에 걸리는 아이들이 기존에 비해 70%나 감소했습니다.

나의 삶을 통해 사람들의 마음에 예수님의 필요성을 느낄 수 있게 할 수만 있다면 그보다 더 좋은 전도 방법은 없을 것입니다. 모든 말과 행동으로 예수님의 향기를 사람들에게 풍기십시오. 반드시 하는 모든 일이 다 형통합니다.

💙 주님! 단 하루라도 삶으로 복음을 전하는 인생이 되게 하소서!
🗒 정말 그리스도인다운 삶의 모습을 세상 사람들에게 보여주십시오.

나의 영적 일지

성적보다 중요한 아버지

읽을 말씀 : 출애굽기 20:1-17

● 출 20:12 네 부모를 공경하라 그리하면 네 하나님 여호와가 네게 준 땅에서 네 생명이 길리라

간이 안 좋아 건강에 문제가 생긴 아버지가 있었습니다.

간염 증세가 심해 관리를 하며 노력했지만 간경화로 악화되어 이식을 하지 않으면 방법이 없는 상황에 이르렀습니다. 의사는 하루라도 빨리 간이식을 해야 한다고 말했습니다. 검사 결과 아들의 간이 가장 거부반응이 적었지만 부모님은 말을 하지 못했습니다.

아들은 인생에서 가장 중요한 고3 기간을 보내고 있었고, 수술 날짜는 수능을 3개월 앞둔 시점이었습니다. 수술을 받게 되면 사실상 재수를 할 수밖에 없었습니다.

아버지는 끝까지 말을 못했지만 보다 못한 어머니가 망설임 끝에 아들에게 아버지의 상황을 말했습니다. 그런데 그 말을 들은 아들은 단번에 수술을 하겠다고 대답했습니다.

"제가 당연히 해야 할 일이잖아요, 너무 미안해하지 마세요."

수술은 무사히 끝났고, 아버지의 건강은 회복되었습니다. 그리고 1년 뒤에 아들은 원래 성적으로는 갈 수 없었던 서울대에 들어갔습니다. 수술 때문에 대학에 떨어졌다는 생각을 부모님께 들지 않게 하려고 처음 고3때보다 더 열심히 준비하고 공부했기 때문이었습니다.

성적보다도 성공보다도 사랑과 신앙이 중요한 것은 당연합니다. 당연한 사실을 잊지 말고 언제나 신앙과 사랑을 인생의 우선순위로 두십시오. 반드시 하는 모든 일이 다 형통합니다.

🖤 주님! 신앙을 타협하지 않음으로 믿음과 사랑의 본이 되게 하소서!
🧩 성적보다 더 중요한 것이 있음을 기억하고 또 가르치십시오.

나의 영적 일지

영향력의 방향

읽을 말씀 : 시편 5:1-12

● 시 5:8 여호와여 나의 원수들로 말미암아 주의 의로 나를 인도하시고 주의 길을 내 목전에 곧게 하소서

　해리엇 비처는 노예제도의 부당성을 알리기 위해서 매일 소설을 썼습니다. 가사와 육아로 몸이 피곤했지만 사명감을 가지고 아이들과 남편이 잠자리에 들고 나면 타자기 앞에 앉아 소설을 쓰기 시작했습니다.

　그렇게 '톰 아저씨의 오두막'이라는 소설이 완성되고 겨우 한 잡지에 연재가 되었는데 예상외의 큰 반향을 일으켰습니다. 발간된 지 1년 만에 30만권이 팔렸고 해외에까지 소개됐습니다. 거장 톨스토이도 이 책을 읽고 감명을 받아 "인간의 정신이 이룩한 위대한 성취이다"라는 평을 내렸습니다.

　이 책을 통해 사람들은 노예제도의 부당함에 대해서 알게 되었고 이 문제에 관심이 없던 사람들도 노예제도의 실상을 알게 되었습니다. 그렇게 소설을 쓴 비처는 순식간에 유명인사가 되어 많은 돈까지 벌게 되었지만 끝까지 자신의 사명을 잊지 않았습니다. 자신을 향해 찬사가 쏟아질 때면 그녀는 항상 이렇게 대답했습니다.

　"이 이야기는 내가 쓴 것이 아닙니다. 저는 주님의 손에 들리어진 연약한 도구일 뿐입니다. 그러니 이 책으로 인한 모든 영광은 제가 아니라 주님이 받으셔야 합니다."

　같은 문학으로 다양한 영향력이 나타나듯이 우리의 삶의 모습도 다양한 영향력을 주고 있습니다. 주님께 영광을 돌릴만한 오늘이 되도록 삶의 방향을 정하십시오. 반드시 하는 모든 일이 다 형통합니다.

♡ 주님! 하나님이 주신 소중한 재능과 환경들을 옳은 일에 사용하게 하소서!
🧩 나의 삶이 주위 사람들에게 어떤 영향력을 주고 있는지 생각해보십시오.

나의 영적 일지

이해할 수 없는 용서

읽을 말씀 : 누가복음 17:1-10

●눅 17:3 너희는 스스로 조심하라 만일 네 형제가 죄를 범하거든 경고하고 회개하거든 용서하라

　주로 아프리카계 흑인들이 모이는 미국 사우스캐롤라이나주의 임마누엘 감리교회에서는 매주 수요일 저녁 성경공부 시간이 있습니다.

　그런데 한 백인 청년이 어느 날 이 시간에 교회에 찾아왔습니다. 성경을 공부하기 위해서 왔다며 가만히 공부를 하던 그는 끝날 때쯤 갑자기 총을 꺼내 사람들을 쏘기 시작했습니다.

　백인우월주의에 푹 빠져있던 21살의 이 남자는 이날 총 9명을 죽였고, 자신이 저지른 일을 조금도 반성하지 않았습니다. 취재하러 온 카메라를 향해 미소를 보이고, 인터뷰를 할 때도 흑인은 미국을 떠나라는 말만 반복했습니다. 그러면서도 "교인들이 나에게 너무 친절하게 해줘서 잠시 범행을 망설였다"고 말했습니다.

　이 청년의 재판이 벌어지던 날 유족들은 영상을 통해 용서의 메시지를 전했습니다.

　"당신은 내 사랑하는 아들을 죽였습니다. 내 마음은 갈기갈기 찢겼지만 하나님께서 당신에게 자비를 베푸시길 기도합니다.", "다시는 엄마를 안을 수 없지만 당신을 용서합니다."

　유족들은 하나같이 범인을 용서한다는 메시지를 전했고, 사고가 난 바로 다음 주일 모든 사람들은 교회에 모여서 함께 손을 잡고 예배하며 용서의 마음을 나눴습니다.

　주님이 주신 은혜와 평강은 세상이 줄 수 없습니다. 세상이 이해할 수 없는 용서와 평강이 있음을 오늘 이웃에게 보여주십시오. 반드시 하는 모든 일이 다 형통합니다.

🖤 주님! 말씀대로 일흔 번씩 일곱 번이라도 용서할 수 있는 은혜를 허락하소서!
🖼 본문의 나온 용서가 하나님이 나에게 베푸신 용서임을 기억하십시오.

나의 영적 일지

초청에 응하시는 주님

읽을 말씀 : 요한계시록 3:7-22

●계 3:20 볼지어다 내가 문 밖에 서서 두드리노니 누구든지 내 음성을 듣고 문을 열면 내가 그에게로 들어가 그와 더불어 먹고 그는 나와 더불어 먹으리라

　영국 맨체스터의 시청에서 작은 규모의 결혼식이 열리고 있었습니다.

　마흔이 넘은 나이에 사랑에 빠진 캐닝 부부의 뒤늦은 결혼식이었는데, 식이 끝날 때쯤에 갑자기 출입구 쪽이 웅성거렸습니다. 혼인 서약을 마치고 하객들에게 인사를 하던 캐닝 부부가 무슨 일인지 싶어 찾아가 보니 멋지게 차려입은 노인 부부 한 쌍이 식장을 찾아왔습니다.

　그런데 노인 부부를 보자마자 캐닝 부부는 환호를 지르며 서로 부둥켜안았습니다. 결혼식을 방문한 노부부는 엘리자베스 여왕과 남편 필립공이었습니다.

　평소에 왕실에 관심이 많던 남편 존 캐닝은 문득 '평소 좋아하던 여왕님께도 보내볼까?'라는 생각이 들어 청첩장을 편지와 함께 보냈습니다. 물론 편지는 사전 심의에 걸러져 여왕은 편지를 받아보지도 못했습니다. 그런데 일정상 맨체스터 지역을 지나던 여왕은 비서를 통해 그 사실을 알게 됐고, 부부의 결혼을 축하하고 싶다며 직접 찾아왔습니다. 결혼식에 늦게 방문한 것은 혹시라도 방해가 될까봐 걱정스러웠기에 일부러 배려한 것이었습니다.

　주님은 누구보다도 나를 원하시고 찾아오시는 분입니다. 풍성한 은혜를 부어주시는 주님을 매일 나의 삶에 초청하십시오. 반드시 하는 모든 일이 다 형통합니다.

♡ 주님! 거룩한 주님의 임재를 매일 구하며 하루를 시작하게 하소서!
▦ 오늘 내 삶을 인도해달라고 주님을 간절히 초청하십시오.

나의 영적 일지

사랑이 교육이다

읽을 말씀 : 골로새서 3:1-17

● 골 3:12 그러므로 너희는 하나님이 택하사 거룩하고 사랑 받는 자처럼 긍휼과 자비와 겸손과 온유와 오래 참음을 옷 입고

'미국 최고의 가문은 어디인가?'를 연구하던 한 교수가 있었습니다.

그는 조사 중 '에드워드 조나단과 사라 부부'의 가문을 알게 되었는데 메사추세스의 작은 시골의 평범한 그리스도인 부부였습니다. 그러나 이 평범한 부부 밑에서 200여 년 동안 배출된 자녀들의 이력은 다음과 같습니다.

'부통령 1명, 주지사 3명, 대학총장 13명, 법조인 197명, 기업인 75명, 차관급 공무원 82명, 의사 68명, 교수 66명 목사님 116명'

평범한 가문치고는 후손들이 너무 바르게 성장해 이 교수는 혹시 부부의 특별한 교육비법이 있나 싶었지만 그런 것도 없었습니다. 다만 이 부부는 금슬이 아주 좋았다고 합니다.

자녀들 앞에서도 애정표현을 하고 사랑의 말을 고백했는데, 이 좋은 금슬이 자녀들을 통해 이어지고 있었습니다.

교수는 결국 이런 사랑의 결실로 자기들이 태어났다는 것을 깨닫게 한 것과 하나님을 믿는 믿음이 가문대대로 자손들이 자수성가한 비결이라고 결론을 내렸습니다. 그리고 자녀들 앞에서 보여주는 부부의 사랑의 포옹은 한 번 당 약 500만 원 정도의 정신적 유산을 물려주는 것이나 다름없다는 말까지 자신의 논문에 실었습니다.

사랑의 본을 보이는 것이 최고의 교육이자 유산입니다. 주님이 보여주신 사랑의 본을 통해 참 사랑이 무엇인지 사람들에게 알려 주십시오. 반드시 하는 모든 일이 다 형통합니다.

♥ 주님! 가까운 부부와 가족부터 먼저 진심으로 사랑하게 하소서!
🎴 하나님이 허락하신 아름다운 사랑을 사람들 앞에서 자신 있게 표현하십시오.

나의 영적 일지

인생의 복기

읽을 말씀 : 사도행전 9:26-31

● 행 9:27 바나바가 데리고 사도들에게 가서 그가 길에서 어떻게 주를 보았는지와 주께서 그에게 말씀하신 일과 다메섹에서 그가 어떻게 예수의 이름으로 담대히 말하였는지를 전하니라

바둑기사들은 대국이 끝나면 복기라는 것을 합니다.

방금 두었던 판을 그대로 한수씩 주고받으며 그대로 재현하는 것인데, 이미 승패가 갈린 뒤에도 복기를 하며 승부를 분석합니다.

신기한 것은 사람의 기억력은 보통 7개의 순서를 20초 정도 기억하는 것이 일반적인데 바둑 기사들이 두는 수는 평균 400개입니다. 그것도 자기와 상대방이 두는 순서까지 기억하며 그대로 재현해야 하는 것인데 바둑 기사들은 누구나 이 복기를 어려워하지 않습니다.

심지어 어떤 사람은 10년 전에 둔 바둑이나 유명한 기사들의 명승부도 외워서 복기를 하곤 합니다.

언젠가 이 점을 신기하게 여긴 기자가 프로기사들에게 복기가 가능한 이유를 물었는데 그 중 한 명이 이런 대답을 했습니다.

"대국을 할 때 한 수 한 수 모두 의미를 가지고 둔 돌들이기 때문에 가능합니다. 첫 수만 기억하면 나머지 수는 저절로 따라오게 되어 있습니다."

인생의 중요한 순간은 기억하는 것이 아니라 기억되는 것입니다. 매주 아멘으로 화답하며 은혜 받았다고 고백한 말씀들이 나의 삶에 어떤 위치에 놓여있는지 생각해보십시오. 기억이 잘 나지 않는다면 매주 받는 말씀이 내 삶에 의미를 가질 수 있도록 정말로 마음을 다해 주님을 예배하십시오. 반드시 하는 모든 일이 다 형통합니다.

♡ 주님! 말씀으로 변화되는 참된 예배를 드리는 성도가 되게 하소서!
🖼 예배를 통해 듣는 말씀으로 내 삶이 변화되게 해달라고 기도하십시오.

나의 영적 일지

하나님을 위한 재능

읽을 말씀 : 열왕기상 4:20-34

● 왕상 4:29 하나님이 솔로몬에게 지혜와 총명을 심히 많이 주시고 또 넓은 마음을 주시되 바닷가의 모래 같이 하시니

　영국의 조지 1세는 작곡가 헨델의 실력을 몹시 아꼈습니다.

　헨델은 감사의 마음으로 조지 1세의 취임식에 연주할 노래들을 작곡했는데 그렇게 '수상곡 시리즈'가 탄생했습니다. 이 노래를 들은 조지 1세는 너무 기뻐하며 즉위식에서 3번이나 반복해서 연주를 지시했으며, 이후로 헨델은 왕의 전폭적인 지원을 받았습니다. 이 곡은 일반 백성들까지도 모두 좋아하는 인기 있는 곡이 되었습니다.

　그러나 나중에 헨델은 왕이 아닌 하나님을 위한 '메시아'라는 노래를 작곡했습니다. '할렐루야'로 유명한 메시아 시리즈는 지금도 모르는 사람이 없을 정도의 명곡이 되었지만 왕을 위해 만들었던 '수상곡'은 아는 사람이 많지 않습니다.

　작곡가 하이든은 일찍이 자기의 재능을 하나님을 위해서 사용했던 사람이었습니다. 그는 인기가 있을 때나 없을 때나 성가곡을 많이 작곡했으며, 나중에는 존 밀턴의 실낙원을 읽고 영감을 받아 '천지창조'라는 위대한 곡을 작곡했습니다. 천지창조는 하이든의 신앙을 깨달음을 통해서 완성되었고, 또 하나의 불후의 명곡으로 남았습니다.

　주님이 주신 재능을 주님을 위해 사용할 때 가장 아름답습니다. 사람보다 주님을 우선순위에 놓고 가장 값진 일에 시간과 재능을 사용하십시오. 반드시 하는 모든 일이 다 형통합니다.

💜 주님! 하나님이 주신 것을 하나님을 위해 사용하게 이끄소서!
🈷 내가 가진 재능을 하나님을 위해 사용하기 위해 노력하십시오.

나의 영적 일지

4월 21일

하루에 1달러로 사는 법

읽을 말씀 : 누가복음 12:13-34

● 눅 12:29 너희는 무엇을 먹을까 무엇을 마실까 하여 구하지 말며 근심하지도 말라

창업을 준비하는 한 남자가 있었습니다.

비전도 확실했고, 성공할 자신도 있었지만 직장을 그만두고 수입이 없는 상태에서 버틸 자신이 없었습니다. 고민하던 그는 결국 한 가지를 실험해보기로 했습니다.

마트로 가서 냉동된 소시지와 약간의 과일 30달러 치를 사서 하루 1달러 치로 한 달 동안 생활을 해보는 것이 그 실험이었습니다.

한 달이 지나자 충분히 생활이 가능하다는 생각이 들었고 그다지 스트레스도 받지 않았습니다. 하고 싶은 일을 맘껏 하는 것이 자신에게는 가장 중요한 일이라는 것을 이 실험을 통해 깨닫고 용기를 내 창업을 했는데... 첫 번째로 창업한 회사는 3400억 원을 받고 컴팩에 팔렸습니다. 평생 먹고 살 수 있는 돈이었지만 이 남자는 모든 돈을 새로운 사업에 투자를 했고, 2번째 창업한 회사인 페이팔은 무려 1.5조를 받고 이베이에 팔렸습니다. 영화 아이언맨의 실제 모델인 엘론 머스크는 이 돈을 다시 전기차와 항공우주산업에 투자하며 모험을 통해 자기가 그려왔던 비전을 계속해서 완성해 나가고 있습니다.

주님이 나를 책임져주신다는 확신이 있을 때 어떤 상황에서도 걱정 없이 평안을 얻을 수 있습니다. 무엇을 입을지, 먹을지 걱정하지 말고 온전히 주님을 의지하고 비전을 이루어 가십시오. 반드시 하는 모든 일이 다 형통합니다.

♡ 주님! 주님이 제게 주신 비전을 주님을 의지하여 이루게 하소서.
🎴 필요한 모든 것을 아시는 주님을 정말로 신뢰하십시오.

나의 영적 일지

순종의 기도

●시 143:10 주는 나의 하나님이시니 나를 가르쳐 주의 뜻을
행하게 하소서 주의 영은 선하시니 나를 공평한 땅에 인도하
소서

영국 회중교회의 조지 파커 목사님은 기도에 대해서 이렇게 말했습니다.

"저는 기도가 한 개인의 삶과 미래를 바꿀 수 있다고 믿습니다. 그리고 어떤 공동체와 한 나라도 바꿀 수 있다고 믿습니다. 기도를 하는 사람은 얼굴이 벌써 다릅니다. 교회를 다니면서도 기도생활을 하지 않는 사람들은 하나님의 음성을 듣지 못하기 때문에 그 영혼에 어떠한 향기와 기쁨도 없습니다. 그러나 기도를 통해 매일 주님의 음성을 듣는 사람들의 영혼에서는 꽃과 같은 향기가 납니다."

북경에서 열린 한 선교집회에서 예배가 끝나고 한 자매가 강사 목사님을 찾아와 기도를 통해서 하나님의 말씀을 어떻게 듣는지를 물었습니다. 목사님은 이렇게 대답했습니다.

"핸드폰 수신 신호가 약하면 통화가 안 되듯이 순종이 모자랄 때 하나님의 응답이 들리지 않습니다. 말씀하시면 순종하겠다는 100%의 결단이 있을 때 우리의 기도를 통해 주님이 응답하시고 역사하십니다. 하나님은 제안을 통해 설득하는 분이 아니라 가장 정확한 답을 알려주는 분이십니다."

기도는 하나님에 대한 순종의 표시이며 하나님의 음성을 듣는 일입니다. 그러나 또한 하나님의 역사하심을 경험할 수 있는 가장 강력한 노력이기도 합니다. 언제나 어디서나 기도를 멈추지 마십시오. 반드시 하는 모든 일이 다 형통합니다.

💙 주님! 하루에도 자주자주 주님과 대화를 주고받는 삶을 살게 하소서.
🧩 주님께 순종하는 마음을 먼저 품고 기도를 시작하십시오.

나의 영적 일지

가장 확실한 방법

읽을 말씀 : 누가복음 11:1-13

●눅 11:9 내가 또 너희에게 이르노니 구하라 그러면 너희에게 주실 것이요 찾으라 그러면 찾아낼 것이요 문을 두드리라 그러면 너희에게 열릴 것이니

호주 시드니의 해변에서 배를 타고 낚시를 하는 두 남자가 있었습니다. 조용히 낚시를 하던 남자들은 이상한 기운이 느껴져 낚싯대를 놓고 갑판을 둘러봤는데 배 근처에 커다란 고래가 와 있었습니다.

너무 큰 고래라 혹시 배와 충돌하지 않을까 싶어서 가만히 있었는데 고래는 계속 배 주위를 맴돌았습니다. 그리고 가끔 이상한 소리를 내기도 했습니다.

처음에는 고래가 어쩌다 배 근처에 온 것으로 생각한 남자들은 고래의 신음을 듣고 뭔가 이상하다는 생각을 했습니다. 고래가 내는 소리가 마치 도움을 요청하는 것 같았기 때문인데, 잠시 뒤에 고래 입 근처에 낚싯줄과 쓰레기가 엉켜서 입을 막고 있는 걸 보게 되었습니다.

두 남자는 곧 고래의 입에서 쓰레기를 제거했고, 고래는 마치 감사를 표현하듯 잠시 그 자리에 머물러 있다가 유유히 사라졌습니다. 두 남자는 고래가 사람에게 도움을 요청했다는 게 믿기 힘든 일이지만 분명히 도움을 요청한 것 같았다고 말했습니다.

문제를 해결하는 가장 쉬운 일은 능력을 가진 사람에게 도움을 요청하는 일입니다. 그리고 죄와 구원의 문제를 해결할 수 있는 분은 오직 예수님밖에 없습니다. 모든 것을 주님께 맡김으로 쉼과 평안을 얻으십시오. 반드시 하는 모든 일이 다 형통합니다.

♡ 주님! 어떤 어려운 일을 만났을 때 가장 먼저 주님께 맡기게 하소서.
🙏 기도조차 하기 힘들어도 모든 것을 주님께 내어 놓으십시오.

나의 영적 일지

침묵의 훈련

읽을 말씀 : 누가복음 8:4-15

●눅 8:15 좋은 땅에 있다는 것은 착하고 좋은 마음으로 말씀을 듣고 지키어 인내로 결실하는 자니라

　시각장애인 안내견인 오스카는 매일 아침 주인을 데리고 혼잡한 도쿄의 출근길을 인도합니다.

　그런데 어느 날 평소와 같이 주인을 직장으로 무사히 안내한 오스카를 보고 한 사람이 깜짝 놀라 소리쳤습니다.

　"세상에나 개가 온통 피투성이에요!"

　깜짝 놀란 주인이 개를 만져보니 정말 몸이 축축했습니다. 급히 도움을 받아 병원으로 데려간 덕에 다행히 오스카는 건강을 회복할 수 있었습니다.

　상처를 확인한 의사는 출근길에 어떤 나쁜 사람이 오스카의 옆구리를 칼로 몇 번이나 찌른 것 같다고 말했습니다. 그러나 주인이 위험한 경우가 아니면 소리를 내지 않게 훈련을 받았기 때문에 오스카는 그 엄청난 고통을 참고 주인을 회사로 인도한 것입니다.

　건강을 회복한 오스카는 지금도 매일 주인을 위해 복잡한 시내를 돌아다니며 안내를 하고 있습니다.

　다른 사람에게 고통이 되는 말이라면 참을 줄도 알고, 잊을 줄도 알아야 합니다. 호기심과 장난이라는 이유로 잘못된 소문이나 험담을 하지 말고 그도 사랑하시는 주님의 마음을 가지고 사랑으로 때로는 참고 인내하십시오. 반드시 하는 모든 일이 다 형통합니다.

💗 주님! 제 입으로 남을 헐뜯는 험담이나 잘못된 소문을 전하지 않게 하소서.
🖼 호기심 때문에 다른 사람의 약점을 궁금해 하거나 전파하지 마십시오.

나의 영적 일지

문화와 예배

읽을 말씀 : 사도행전 10:1-23

● 행 10:4 또 두 번째 소리가 있으되 하나님께서 깨끗하게 하신 것을 네가 속되다 하지 말라 하더라

'음악의 아버지' 바하는 수난절을 기념하기 위해 '마태 수난곡'을 작곡했습니다.

실제 이 곡이 교회에서 발표되었을 때 예배당에 앉아 있는 사람들은 불편한 표정을 감추지 못했습니다. 어떤 사람들은 중간에 자리를 떠나버렸고, 어린 아이들의 귀를 막는 부모님도 있었습니다.

오페라에서 사용하던 '세속적' 아리아 기법이 들어갔다는 이유로 바하의 '마태 수난곡'은 바하가 살아있는 동안 딱 한 번 밖에 연주되지 못했습니다.

그런데 150년 뒤에 바하의 마태 수난곡에 큰 감명을 받은 사람이 있었습니다. 심지어 그는 무신론자였습니다. 마태 수난곡을 들었던 철학자 니체는 "나는 기독교를 완전히 부정하는 사람이지만 이 노래만큼은 복음으로 들린다"고 고백했습니다.

바하는 자신의 재능을 통해 하나님을 찬양하기 원했고 그 찬양은 오히려 무신론자인 니체에게도 복음으로 다가갔습니다.

시대를 따라 문화는 변합니다. 그러므로 복음을 전하는 방법도 시대의 흐름에 따라 변해야 더 효율적일 수 있습니다. 그러나 복음의 본질은 시대가 아무리 변해도 변치 않는 진리임을 기억하십시오. 그러므로 되도록 편견을 갖지 말고 하나님을 찬양하고 전하는 다양한 문화에 대해 열린 마음으로 대하십시오. 반드시 하는 모든 일이 다 형통합니다.

💛 주님! 편견을 가지고 고집을 부려 남을 어렵게 하지 않게 하소서.
🎴 기독교 안에 들어와 있는 문화들에 더욱 관심을 가지고 지원해 주십시오.

나의 영적 일지

천국이 있는 곳

읽을 말씀 : 마태복음 9:27-38

●마 9:35 예수께서 모든 도시와 마을에 두루 다니사 그들의 회당에서 가르치시며 천국 복음을 전파하시며 모든 병과 모든 약한 것을 고치시니라

존스홉킨스 대학교에서 식물의 형태학을 가르치던 키스 브룩스 교수가 산책을 하고 있었습니다.

길을 가던 도중에 꽃을 좋아하는 한 소녀를 만나 대화를 나누었는데, 어느덧 해가 지고 있었습니다.

교수는 가까운 곳이면 소녀를 데려다주려고 집이 어디냐고 묻자 소녀는 이렇게 대답했습니다.

"집이요? 그거야 당연히 엄마가 있는 곳이죠!"

미국의 건축가 버크민스터는 집에 대한 정의를 이렇게 내렸습니다.

"나무와 벽돌로 만들어진 곳은 집이라고 할 수 없다. 진짜 집은 엄마와 아빠가 있고, 가족 간의 사랑이 깃들어 있는 곳이다."

잠언도 화목한 가정의 중요성에 대해서 말하고 있고 탈무드에도 남자의 집은 아내라는 말이 나옵니다.

돌아갈 집이 없는 사람은 참된 행복과 평안을 누릴 수가 없습니다.

어떤 이에게는 엄마가 있는 곳이 집이고, 어떤 이에게는 아내가 있는 곳이 집이듯이, 그리스도인에게는 예수님이 계신 곳이 천국입니다. 나와 동행하시는 주님을 생각하며 오늘 하루도 기쁘게 감당하십시오. 반드시 하는 모든 일이 다 형통합니다.

♡ 주님! 매순간 주님께서 저와 함께 하심을 감사하게 하소서.
🖼 어디에 있는가보다는 주님과 함께 있는가를 더욱 중요히 여기십시오.

나의 영적 일지

성경을 읽는 방법

읽을 말씀 : 여호수아 1:1-9

● 수 1:8 이 율법책을 네 입에서 떠나지 말게 하며 주야로 그것을 묵상하여 그 안에 기록된 대로 다 지켜 행하라 그리하면 네 길이 평탄하게 될 것이며 네가 형통하리라

아프리카 우간다에서 복음을 위해 헌신하고 계시는 존 물린디 목사님의 '성경을 읽는데 도움을 주는 10가지 방법'입니다.

01 간식이 아니라 주식을 대하듯이 성경을 읽으라.

02. 한 번도 읽지 않은 것처럼 성경을 읽으라.

03. 세속적인 목표가 아니라 하나님을 알기 위한 목표를 가지고 읽으라.

04. 말씀을 내 생각에 집어넣기 위해 읽으라.

05. 말씀의 능력이 내 삶에 임하기를 바라는 마음으로 읽으라.

06. 바른 태도와 마음가짐을 가지고 말씀을 읽으라.

07. 어떤 것보다도 정확하고 우선하는 말씀으로 읽으라.

08. 두렵고 떨리는 마음으로 성경을 읽으라.

09. 머리와 마음을 넘어 영혼으로 들어가도록 말씀을 읽으라.

10. 매일 적당한 장수를 정해놓고 지속적으로 읽으라.

성경은 되도록 자주 또 신중히 지혜롭게 읽어야 합니다. 하나님의 말씀은 내 삶과 영혼의 양식입니다. 승리하는 그리스도인이 되기 위해서는 하나님의 말씀을 내 삶에 최우선으로 삼고, 또 가까이 놓아야 합니다. 말씀으로 시작하고, 말씀으로 마무리하는 삶의 습관을 들이십시오. 반드시 하는 모든 일이 다 형통합니다.

🩶 주님! 하나님의 말씀을 정말 하나님의 말씀으로 대하게 하소서!

🧩 10가지 법칙을 적용해 오늘의 말씀을 다시 묵상하십시오.

나의 영적 일지

감사와 기쁨

읽을 말씀 : 빌립보서 4:1-20

● 빌 4:4 주 안에서 항상 기뻐하라 내가 다시 말하노니 기뻐하라

노르웨이에서 전해져 내려오는 이야기입니다.

사탄이 세상에 내려와 노르웨이에 여러 창고를 지었는데 이 창고에는 '미움, 시기, 질투, 절망, 아픔'과 같은 안 좋은 감정들의 씨앗이 들어 있었습니다. 사탄들은 매일 부지런히 다니며 이 씨앗들을 사람들의 마음에 심었습니다.

씨앗들은 뿌려지기만 하면 사람들의 마음에서 쑥쑥 자라 사탄은 매우 만족했는데, 어느 날 유독 한 마을에서만 이 씨앗들이 효과가 없다는 걸 알게 되었습니다.

모든 악한 영들이 다 몰려들어 아무리 씨앗을 뿌려도 소용이 없었습니다. 화가 난 사탄이 사람들의 마음을 들여다보았는데 거기에는 이미 어떤 씨앗이 심겨져 있었습니다.

사탄의 노력도 소용이 없는 마을의 이름은 '기쁨'이었는데, 거기에 사는 사람들의 마음에는 '감사'라는 씨앗이 심겨져 있었습니다.

감사는 반응이 아닌 태도입니다. 정말로 주님의 은혜를 체험한 사람은 늘 감사할 수 있습니다.

하나님을 향한 감사가 우리 안에 있으면 반드시 기쁨이 넘치고 악을 이길 힘을 얻게 됩니다. 어떤 일에도 감사함으로 하나님이 주시는 참된 기쁨을 누리십시오. 반드시 하는 모든 일이 다 형통합니다.

♡ 주님! 말씀대로 모든 일에 감사와 기쁨이 넘치게 하소서.
🎴 내 안에 있는 불평과 불만을 감사와 기쁨으로 몰아내십시오.

나의 영적 일지

십자가의 5가지 의미

읽을 말씀 : 누가복음 9:18-36

● 눅 9:23 또 무리에게 이르시되 아무든지 나를 따라오려거든 자기를 부인하고 날마다 제 십자가를 지고 나를 따를 것이니라

챈트니 목사님이 말한 "십자가를 진다는 것의 5가지 의미"입니다.

1. 십자가는 모든 그리스도인이 져야 하는 것입니다.
   주님을 따르는 모든 사람들은 예외 없이 이 십자가를 져야 합니다.
2. 십자가는 평생에 걸쳐 지는 것입니다.
   예수님은 매일 십자가를 지라고 말씀하신 것은 십자가가 믿음이 뜨거운 순간이나 놀라운 축복, 혹은 고난을 받을 때만 지는 것이 아님을 뜻합니다.
3. 십자가를 지는 것은 나의 선택입니다.
   십자가는 우리의 자유의지를 통해 스스로 선택해야 합니다.
4. 십자가를 지는 것은 고통입니다.
   예수님은 십자가의 고통을 스스로 감내하셨기에 우리에겐 이 고통이 축복입니다.
5. 십자가는 곧 죽음입니다.
   예수님이 우리를 위해 목숨을 버리셨듯이, 우리도 예수님을 위해 나의 생각, 의지, 자아를 비롯한 모든 것을 내려놓아야 합니다.

예수님이 달리신 십자가의 의미는 내가 누리는 은혜이며 또한 감당해야 할 고난입니다. 주님이 나를 대신해 지신 십자가를 생각하며 그 의미에 대해서 깊이 묵상하십시오. 반드시 하는 모든 일이 다 형통합니다.

♡ 주님! 내게 주어진 십자가를 기쁘게 지고 살아가게 하소서.
🧎 십자가의 5가지 의미를 한 가지씩 깊이 묵상하십시오.

나의 영적 일지

일곱 가지 두려움

읽을 말씀 : 창세기 15:1-21

●창 15:1 이 후에 여호와의 말씀이 환상 중에 아브람에게 임하여 이르시되 아브람아 두려워하지 말라 나는 네 방패요 너의 지극히 큰 상급이니라

'성공학의 아버지'라 불리우는 나폴레옹 힐은 성공에 대해서 연구하다가 한 가지 특이한 점을 발견했습니다.

사람들은 누구나가 성공을 하고 행복한 인생을 살고 싶어 하지만 '어떤 이유'로 인해 변화를 주저하고 결단을 두려워했습니다.

나폴레옹 힐은 그 원인을 두려움이라고 생각했고, 사람들은 '성공과 행복을 방해하는 다음의 7가지 공포'에 빠져있다고 말했습니다.

1. 가난에 대한 두려움
2. 외모와 나이듦에 대한 두려움
3. 사랑하는 사람을 잃는 일에 대한 두려움
4. 다른 사람들의 비난에 대한 두려움
5. 질병에 대한 두려움
6. 자유의 상실에 대한 두려움
7. 죽음에 대한 두려움

두려움과 죄의 문제는 인생의 행복을 방해하지만 사랑은 모든 두려움을 없앱니다. 하나님을 사랑하면 모든 두려움과 모든 문제가 사라집니다. 나를 향한 하나님의 약속을 믿고, 두려움을 이겨낼 용기를 품고 당당히 세상을 향해 발을 내딛으십시오. 반드시 하는 모든 일이 다 형통합니다.

♡ 주님! 주님 안에 있으면 어떤 두려움도 의미가 없음을 알게 하소서.
🎨 7가지의 두려움 중, 가장 큰 두려움을 놓고 주님께 맡기는 기도를 하십시오.

나의 영적 일지

5
May
월

"여호와여 구하옵나니 이제 구원하소서
여호와여 우리가 구하옵나니 이제 형통하게 하소서"
(시편 118편 25절)

사랑하는 마음

읽을 말씀 : 갈라디아서 5:1-15

● 갈 5:14 온 율법은 네 이웃 사랑하기를 네 자신 같이 하라 하신 한 말씀에서 이루어졌나니

어떤 나라의 대통령에게 산모들이 부탁을 했습니다.

"아이를 낳고 기르는 일은 쉬운 일이 아닙니다. 출산에 관련된 복지를 좀 더 신경써주시면 좋겠습니다."

대통령이 실상을 확인해보니 정말 그런 것 같았습니다. 그래서 기존의 1주일이었던 출산휴가를 4달로 늘리고, 조산의 위험을 막기 위해서 예정일로부터 한 달 전부터 휴가를 쓸 수 있게 제도를 바꾸었습니다.

또 산모를 옆에서 보살펴 줄 사람이 없다는 걸 알고는 남편에게도 한 달의 휴가를 주었습니다. 그리고 이와 같은 상황에 처한 사람이라면 군인도 집으로 돌려보냈습니다.

이 대통령은 산모들 뿐 아니라 직장인들, 공무원들을 대상으로도 혜택을 베풀며 보살폈습니다. 이 대통령이 누군지 아시겠습니까?

바로 조선의 성군으로 일컫는 세종대왕을 현대적 이야기로 각색한 것입니다.

세종대왕은 '정치는 백성을 사랑하는 마음'이라고 했습니다.

그리고 복음은 나를 사랑하시는 하나님의 마음을 전해주는 것입니다.

하나님은 나를 사랑하시기 때문에 예수님을 이 세상에 보내어 우리를 구원해주셨습니다. 독생자 예수님을 통해 사랑을 표현하신 하나님의 마음을 잊지 말고 그 마음으로 이웃을 사랑하십시오. 반드시 하는 모든 일이 다 형통합니다.

♥ 주님! 하나님께서 나에게 베푸신 큰 사랑을 깨닫게 하소서!
🗯 내가 겪지 못한 다른 이들의 어려움에 관심을 갖고 도와주십시오.

나의 영적 일지

새신자를 위한 배려

읽을 말씀 : 고린도전서 10:23-33

●고전 10:33 나와 같이 모든 일에 모든 사람을 기쁘게 하여 자신의 유익을 구하지 아니하고 많은 사람의 유익을 구하여 그들로 구원을 받게 하라

빌리 그래함 선교대학원의 톰 레이너 학장은 "새신자를 내 쫓는 7가지 말실수"를 다음과 같이 꼽았습니다.

01. "여기는 제자리인데요."

02. "예배가 이미 시작됐어요."

03. "우리 교회에서는 그렇게 하지 않아요."

04. "우리 교회 성도처럼 보이지는 않으셔서요."

05. "여기 말고 저쪽 자리에 앉으세요."

06. "자리가 모자라서 가족이 다 함께 앉으실 수는 없겠어요."

07. "다른 교회 방문하셨던 적 있으세요?"

실제로 교회를 출석하려고 방문했다가 마음이 변한 사람들의 설문을 토대로 뽑은 문장들입니다. 우리 교회에서는 자주 듣는 말이 아니길 바랍니다. 아니, 아예 들어보지 못한 말이길 바랍니다.

따뜻한 말 한마디로 영혼을 살릴 수 있고, 차가운 말 한마디로 구한 영혼도 잃을 수 있습니다.

한 영혼이 구원 받으면 하늘에서는 잔치가 벌어집니다. 잃어버린 한 마리의 양을 찾기 위해 헤매시는 주님의 마음을 기억하며 조금만 더 배려하고, 조금만 더 사랑하며, 조금만 더 소중히 여기십시오. 반드시 하는 모든 일이 다 형통합니다.

♡ 주님! 잘못된 말 한마디로 귀한 영혼을 잃지 않게 하소서!

🎎 우리 교회를 찾는 새신자를 전심으로 섬기고 축복해주십시오.

나의 영적 일지

한 사람의 회개

읽을 말씀 : 로마서 5:12-21

● 롬 5:19 한 사람이 순종하지 아니함으로 많은 사람이 죄인 된 것 같이 한 사람이 순종하심으로 많은 사람이 의인이 되리라

통일이 되기 전 서독의 총리였던 빌리 브란트는 돌연 폴란드를 방문했습니다. 그는 나치에 희생된 유태인들을 기리는 위령탑을 찾아갔는데, 비오는 날이라 바닥이 젖어있음에도 무릎을 꿇었고 오랜 시간 고개를 숙여 기도했습니다.

히틀러와 나치에 의해서 오랜 시간 핍박을 받았던 유럽의 나라들은 이 사건을 계기로 독일이라는 나라에 조금씩 마음 문을 열고 화해를 받아주었습니다. 이 당시 빌리 브란트의 사죄를 보도한 신문 기자들은 다음과 같은 헤드라인을 달았습니다.

"한 사람이 무릎을 꿇었다. 그리고 독일은 다시 일어설 수 있게 됐다."

중세 영국에서는 고디바라는 여인이 세금을 줄여달라고 남편인 레오드릭 영주에게 부탁했습니다. 알몸으로 마을을 한 바퀴 돌면 청을 들어주겠다고 남편은 조롱했지만 고디바는 정말로 마을을 알몸으로 돌았습니다. 이 소식을 들은 주민들은 고디바가 나오는 시간에 집으로 들어가 커튼을 쳤고, 한 여인으로 인해 주민들은 과중한 세금의 부담을 덜게 되었습니다.

한 사람의 잘못이 미치는 파급효과만큼 한 사람의 용기와 회개가 미치는 파급효과도 큽니다. 세상 사람들에게 잘못을 저지르는 기독교인들은 극히 일부라고 변명하기보다는 잘못을 인정하고 선행과 봉사에 애쓰는 진짜 그리스도인들이 거의 대부분이라는 것을 행동으로 보여주십시오. 반드시 하는 모든 일이 다 형통합니다.

♡ 주님! 변명보다는 행동으로 하나님의 살아계심을 증거하게 하소서!
🕸 나는 아니라고 하기 전에 나부터 회개하십시오.

나의 영적 일지

꿈을 가져야할 이유

읽을 말씀 : 시편 119:43-62

● 시 119:49 주의 종에게 하신 말씀을 기억하소서 주께서 내게 소망을 가지게 하셨나이다

남극으로 떠난 한 탐험대가 있었습니다.

만반의 준비를 하고 갔으나 기상조건이 너무 좋지 않았고, 본부와 통신이 두절된 채 빙하 위를 헤매며 80일 간이나 해가 뜨지 않는 남극의 하루하루를 견뎌왔습니다. 영하 40도의 혹한에 식량마저 떨어진 상황이라 구조도 기대할 수 없었습니다. 결국 탐험대의 대장 스콧과 7명의 대원들은 차가운 시신으로 발견되었고 그들은 다음과 같은 유언을 남겼습니다.

"모든 꿈이 사라졌다. 일기를 쓰는 것도 오늘로 끝날 것이다. 다만 우리는 죽음만은 신사처럼 차분하게 맞이할 것이다."

4년 뒤 남극으로 떠난 또 다른 탐험대가 있었습니다. 이들 역시 4년 전의 탐험대와 같이 어려운 환경에 처했습니다. 그러나 그들은 어떤 상황에서도 꿈을 품으며 상황을 견뎌냈습니다.

매일 밤 내일은 구조될 것이라고 생각했고, 귀환해서 만날 가족을 떠올렸습니다. 서로 축구를 하며 농담을 주고받았습니다. 그렇게 2년을 버틴 뒤 결국 구조대에 발견되었고 대장인 섀클턴과 27명의 대원은 전원 무사 생환했습니다.

꿈을 버리지 않는 사람은 최악의 상황에서도 가능성을 발견합니다. 지금 내가 처한 상황에 상관없이 전지전능하신 주님께 소망을 품고 주님이 주시는 힘으로 이겨 가십시오. 반드시 하는 모든 일이 다 형통합니다.

💗 주님! 헛된 망상을 버리고 주님이 주시는 진정한 희망을 바라보게 하소서!
🧩 오늘 품을 수 있는 최대한의 희망을 품으십시오.

나의 영적 일지

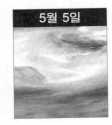

미래의 원동력

읽을 말씀 : 잠언 14:26-35

● 잠 14:26 여호와를 경외하는 자에게는 견고한 의뢰가 있나
니 그 자녀들에게 피난처가 있으리라

　뉴질랜드를 향하던 미국 여객선 잔센호는 폭풍을 만나 3달이나 망망
대해를 표류했습니다.

　무전기도 없는 시대라 유일한 구조방법은 지나가던 배를 만나는 것뿐
이었는데 아무리 둘러봐도 배나 육지는 찾을 수가 없었습니다. 그렇게
승객들이 하나 둘 씩 구조를 포기했고 선장도 포기하려 하는데, 갑자기
갑판에서 아이의 웃음소리가 들렸습니다.

　그 배에 탄 젊은 부부가 데리고 온 갓난아기의 웃음이었습니다. 아이
는 이런 상황을 아는지 모르는지 사람들만 보면 방긋거리며 웃었습니
다. 그 웃음을 본 선장과 다른 사람들은 '나는 상관없지만 이 아이만큼
은 살리고 싶다'라는 생각을 하게 되었습니다.

　사람들은 정신을 차려 곧 닻을 수리하고 배를 고치기 시작했습니다.
선장은 모든 경험을 총동원해 움직이기 시작했고, 바람이 불지 않을 때
는 노를 저어 배를 움직였습니다. 식량도 거의 떨어져 힘들 때가 있었지
만 그럴 때마다 아이의 웃음을 보고 힘을 얻었습니다. 그리고 그로부터
약 한달 뒤에 거짓말처럼 승객 전원은 무사히 샌프란시스코에 도착했습
니다.

　지금 한국 교회가 아무리 힘들고 교육부서가 위기라고 하더라도 미
래인 아이들을 포기해서는 안 됩니다. 지금 우리 교회의 아이들을 한국
교회의 미래를 위해 바르게 양육하십시오. 반드시 하는 모든 일이 다 형
통합니다.

💛 주님! 어린이들과 청소년들이 주님을 믿어 교회가 더 부흥하게 하소서.
🎦 교회 아이들을 사랑으로 대해주고, 바른 믿음을 심어주십시오.

나의 영적 일지

예배에 대한 몰입

읽을 말씀 : 시편5:1-12

● 시 5:7 오직 나는 주의 풍성한 사랑을 힘입어 주의 집에 들어가 주를 경외함으로 성전을 향하여 예배하리이다

세계적인 컨설팅 회사 타워스왓슨은 우리나라 직장인의 85%가 자기 업무에 제대로 집중을 하지 못하고 있다고 발표했습니다.

국내의 한 대기업 경제연구소는 이 문제를 좀 더 연구해 보고서를 발표했는데, 그 보고서에 따르면 '직장인들이 자기 일에 몰입을 하지 못하는 이유는 세 가지'였습니다.

1. 안정성의 위기입니다.

우리나라 직장인의 근속기간은 평균 5년 정도로 선진국의 절반 정도밖에 되지 않고, 창업이나 자영업 역시 2년 안에 망할 확률이 높기 때문에 미래에 대한 걱정이 큰 원인이었습니다.

2. 의미의 위기입니다.

환경도 바뀌고 일의 처리 방법도 바뀌는 시대에 적응하기가 어려워 일을 하고 있는 의미를 모르지만 생계를 위해 억지로 하다 보니 몰입을 하지 못하는 것입니다.

3. 활력의 위기입니다.

과도한 업무와 스트레스로 충분한 휴식을 취하지 못한 상태로 다시 일터에 뛰어들기 때문에 일에 쏟을 수 있는 열정과 에너지가 없기 때문입니다.

위의 내용을 예배로 바꿔서 적용해 보십시오. 하나님께 몰입할 수 없도록 예배의 방해되는 습관들을 조심하십시오. 반드시 하는 모든 일이 다 형통합니다.

♡ 주님! 성령님의 인도하심을 따라 말씀을 중심으로 예배하게 하소서!
▩ 예배의 성공에 목숨을 거는 성도가 되십시오.

나의 영적 일지

충성하는 자의 상급

읽을 말씀 : 마태복음 25:14-30

● 마 25:21 그 주인이 이르되 잘하였도다 착하고 충성된 종아 네가 적은 일에 충성하였으매 내가 많은 것을 네게 맡기리니 네 주인의 즐거움에 참여할지어다 하고

런던 켄터베리 교회에 니콜라이라는 사찰집사님이 있었습니다.

생활이 어려워 학교를 다니지 못했던 니콜라이 집사님은 17살 때부터 교회에서 일을 하며 아무리 사소한 일도 마음과 정성을 다해 처리해 사람들의 존경을 받았습니다.

니콜라이 집사님은 특히 매시간 교회의 종을 치는 일을 열심히 했는데, 교회에 있는 동안은 한 번도 이 일을 어긴 적이 없었습니다. 사람들은 니콜라이 집사님을 신뢰해서 종소리와 시계의 시간이 차이가 나면 종소리에 시계를 맞추곤 했습니다.

니콜라이 집사님은 76세가 될 때까지 교회 일을 하며 종을 쳤습니다. 그의 두 아들은 장성해 옥스퍼드 대학의 교수가 되었고, 아버지를 쉬게 하려 했지만 니콜라이 집사님은 완강히 거절하고 매일 교회에 나가 일을 하고 종을 쳤습니다. 얼마나 교회의 일에 대한 정신이 투철했던지 생의 마지막 순간까지 종을 치려했고, 결국 종을 치러 가는 도중에 임종을 맞았습니다.

작은 일에 평생을 순종했던 니콜라스 집사님의 이야기는 엘리자베스 여왕에게까지 흘러갔고, 여왕은 집사님을 영국 왕실의 무덤에 묻어주었습니다. 또 자신이 살아있는 동안은 이 날을 국경일로 지정했습니다.

순종하는 자의 상급은 맡은 일의 크기가 아니라 일을 대하는 태도에 따라 결정됩니다. 주님이 맡기신 일이라면 최선을 다해 순종하십시오. 반드시 하는 모든 일이 다 형통합니다.

💙 주님! 같은 일을 하더라도 다른 태도를 보이게 하소서!
🔯 하나님이 보시기에 충직한 삶을 살고 있는지 점검하십시오.

나의 영적 일지

부모님을 향한 후회

읽을 말씀 : 신명기 5:1-21

● 신 5:16 너는 네 하나님 여호와께서 명령한 대로 네 부모를 공경하라 그리하면 네 하나님 여호와가 네게 준 땅에서 네 생명이 길고 복을 누리리라

해외의 한 사이트에서 어버이날을 맞아 조사한 부모님이 돌아가신 뒤 자녀들이 가장 후회하는 7가지 일입니다.

1. 부모님에게 상처 주는 말을 알면서도 한 것.
2. 여유가 없다는 핑계로 챙겨드리지 못한 것.
3. 더 자주 안아드리지 못한 것.
4. 고마움과 사랑을 표현하는 진심어린 대화를 하지 못한 것.
5. 부모님과 함께하는 시간을 소홀히 한 것.
6. 부모님과 여행을 떠나지 못한 것.
7. 부모님의 꿈을 도와드리지 못하고 심지어 여쭤보지도 않은 것.

부모님을 향한 작은 아쉬움과 원망도, 부모님이 돌아가신 뒤에는 더 큰 후회와 아픔이 되곤 합니다. 살아계실 때 해드린 조그만한 것이 돌아가신 후 해드릴 어떤 큰 것 보다 더 큰 것입니다.

나를 위해 많은 것을 희생하신 부모님에게 마음으로, 행동으로 한 발짝 더 다가가는 것이 하나님의 말씀을 따라 부모님을 섬기는 일이며, 또한 나를 위한 일입니다. 부모님을 향한 후회가 남지 않도록 늦기 전에 지금부터 최선을 다하십시오. 반드시 하는 모든 일이 다 형통합니다.

🧡 주님! 주님이 허락하신 귀한 부모님의 사랑을 조금이라도 갚게 하소서!
🧩 위 7가지 중에 마음에 걸리는 것이 있다면 그것부터 실천하십시오.

나의 영적 일지

희망을 품기 위해서

읽을 말씀 : 골로새서 1:3-23

●골 1:5 너희를 위하여 하늘에 쌓아 둔 소망으로 말미암음이
니 곧 너희가 전에 복음 진리의 말씀을 들은 것이라

　세계대전 당시 에티오피아에 파견되었던 이탈리아인 펠리체베누치는
영국군에게 붙잡혀 포로가 되었습니다.

　펠리체베누치는 아침마다 창살로 보이는 맑은 하늘에 우뚝 솟은 케냐
의 레나나봉을 보며 포로의 몸일지라도 반드시 오르고 말겠다는 희망을
품었습니다.

　펠리체베누치는 자신의 계획을 다른 포로들에게 말해주며 2명의 동료
를 모았습니다. 그리고 최소한의 음식으로만 버티면서 식량을 모았습니
다. 감옥 열쇠의 복제까지 성공한 그들은 미리 준비한 계획대로 감옥을
탈출했습니다. 그리고 곧장 케냐의 산을 향해 떠났습니다.

　가면서 맹수를 만나 위기에 처하고, 식량도 일찍 떨어져 배를 쫄쫄 굶
었으나 그들은 농담을 던지며 버텼습니다. 포로생활을 과거형으로 말하
기로 정하고 절대로 그때를 그리워하지 않았습니다. 그리고 마침내 꿈
에 그리던 레나나봉 정상에 섰습니다. 목적을 달성한 그들은 다시 수용
소로 돌아가 포로가 되었습니다. 그들의 목표는 탈옥이 아닌 레나나봉
등반이었습니다. 그들은 이때의 경험으로 진정한 자유를 경험했고, 나
중에 풀려난 뒤에는 '정신 나간 포로원정대'라는 책을 썼으며 세계를 돌
아다니며 강연을 했습니다.

　예수님을 만나 변화되어도 결국 우리의 삶은 다시 세상에서 이어집니
다. 그러나 그 체험으로 인해 세상 속에서도 희망을 품고 성도의 본분을
기쁘게 감당할 수 있음을 깨달으십시오. 반드시 하는 모든 일이 다 형통
합니다.

💙 주님! 험한 세상 속에서 성도의 본분을 다할 힘과 지혜를 허락하소서!
🎴 주님을 만난 뒤 나의 삶에 일어난 변화가 무엇인지 떠올려 보십시오.

나의 영적 일지

자신감을 세우는 원리

읽을 말씀 : 창세기 39:1-23

● 창 39:2,3 여호와께서 요셉과 함께 하시므로 그가 형통한 자가 되어 그의 주인 애굽 사람의 집에 있으니 그의 주인이 여호와께서 그와 함께 하심을 보며 또 여호와께서 그의 범사에 형통하게 하심을 보았더라

캘리포니아주립대학교의 심리학 박사이자 자부심 연구소를 운영하고 있는 '자부심 전문가' 나다니엘 브랜든 박사는 비전과 리더십을 위해서는 먼저 '자신감이 있어야 한다'며 6가지 원칙을 소개했습니다.

1. 자신이 무엇을 하고 있는지 인식하며 산다.
2. 자신을 있는 그대로 인정한다.
3. 자신의 선택과 행동에 책임진다.
4. 자신의 의견을 당당히 드러낸다.
5. 목적을 가진 삶을 산다.
6. 정직한 인격을 갖추도록 노력한다.

자신감은 하나님이 나에게 주신 재능을 온전히 발휘하게 하는 토양입니다. 그래서 자신감과 자존감을 인생에 매우 중요하지만 교만의 함정에 빠져서는 안됩니다. 나를 창조하신 하나님을 아는 것과 하나님의 약속인 성경 말씀을 통해서 자존감이 세워지고 자신감이 생겨나야 합니다.

나를 지탱하고 있는 자존감과 자신감의 근거가 무엇인지 생각해보고 하나님의 말씀과 믿음을 기반으로 다시 세우십시오. 반드시 하는 모든 일이 다 형통합니다.

🩷 주님! 내가 그리스도의 귀한 자녀라는 사실을 한시도 잊지 않게 하소서!
🎴 말씀을 묵상하며 주님이 주시는 귀한 자신감을 품고 사십시오.

나의 영적 일지

걱정하는 사람들

읽을 말씀 : 잠언 10:22-32

●잠 10:22 여호와께서 주시는 복은 사람을 부하게 하고 근심을 겸하여 주지 아니하시느니라

뭐든지 걱정부터 하는 줄리라는 꼬마 소녀가 있었습니다.

줄리의 하루는 걱정으로 시작해서 걱정으로 끝났습니다. 학교, 가정, 어디에서든, 누구를 만나든, 모든 상황에서 걱정을 했고 줄리는 이런 성격으로 인해 앓아누웠습니다. 걱정으로 생긴 병이었기에 치료할 수도 없었고 약도 쓸 수 없었습니다.

그렇게 집에서 혼자 누워있던 줄리는 심심해 잡동사니를 모아둔 다락을 뒤지기 시작했습니다. 다락에서 작은 동물들이 달려 있는 나무 모형을 발견하게 됩니다. 줄리는 그날부터 걱정거리를 나무의 동물들에게 말하고 종이에 적어 걸어놓았습니다. 그렇게 나무와 동물들에게 걱정을 털어놓고 나면 이상하게 마음이 편하고 다시 걱정하는 마음이 생기지 않았습니다. 이 작은 사건으로 줄리는 걱정을 하기보다는 문제를 스스로 해결하는 아이가 되었고, 행복하게 인생을 살아가게 되었습니다.

호주와 유럽의 각종 어린이 문학상을 휩쓴 '걱정을 걸어두는 나무'의 이야기입니다.

사람들이 걱정하는 이유는 인생의 의미를 모르고 불확실한 미래를 알지 못하기 때문입니다. 그리스도인들은 우리의 모든 짐을 지시고 죽으셨다가 다시 살아나신 예수님의 십자가 은혜로 모든 문제를 해결한 사람들입니다. 그러므로 걱정의 틈이나 습관이 있으면 주님과 믿음으로 단단히 연결되어 있는지 확인하십시오. 반드시 하는 모든 일이 다 형통합니다.

💜 주님! 습관적인 걱정을 내려놓게 하소서!
🎴 불확실한 미래에 두려워 말고, 구원의 확신에 기뻐하십시오.

나의 영적 일지

런치레이디의 탄생

읽을 말씀 : 잠언 27:1-13

● 잠 27:9 기름과 향이 사람의 마음을 즐겁게 하나니 친구의 충성된 권고가 이와 같이 아름다우니라

　미국의 유명 만화가 자렛 크로자스카가 모교인 초등학교를 찾았습니다. 그런데 몇 십 년 전의 급식 아줌마가 아직도 일하는 것을 보고는 자기도 모르게 "아직도 여기서 일하고 계시네요?"라고 말을 걸었는데 놀랍게도 그 아줌마는 자렛을 기억하고 있었습니다.

　그렇게 오랜 시간 아줌마와의 대화를 이어졌습니다. 그리고 그 아줌마가 가족을 위해 이 일을 한다는 것도, 이 일에 자부심을 가지고 있다는 것도 알게 되었습니다.

　집으로 돌아간 자렛은 이 만남을 통해 학교에 찾아오는 돌연변이 악당들을 퇴치하는 영웅 '런치 레이디'라는 작품의 힌트를 얻었고, 작품이 나오자마자 그 아줌마에게도 보내주었습니다. 그런데 이 한권의 책이 놀라운 반향을 일으켰습니다. 그림책이 인기가 높아지며 전국의 영양사와 급식 아줌마들이 자부심을 갖기 시작했습니다.

　영양사 협회는 '런치레이디의 날'을 제정했으며 급식 아줌마들은 스스로 모여 소외받는 아이들을 찾아다니며 밥을 해주는 봉사를 시작했습니다. 자렛이 그림책을 보내준 급식 아줌마는 유언으로 '런치 레이디'를 자신의 관에 함께 넣어달라고 했을 정도였습니다.

　하나님이 창조하셨기에 소중하지 않은 사람은 한 명도 없습니다. 정말로 모든 사람을 소중히 생각하는 마음으로 오늘 만나는 사람들을 대하십시오. 반드시 하는 모든 일이 다 형통합니다.

💙 주님! 소외된 자들의 친구가 되어주고, 이야기를 들어주게 하소서!
🗺 오늘 만나는 사람들을 하나님의 귀한 자녀로 생각하십시오.

나의 영적 일지

아카데미상 최초의 백인 간증

읽을 말씀 : 사도행전 14:1-18

●행 14:3 두 사도가 오래 있어 주를 힘입어 담대히 말하니 주께서 그들의 손으로 표적과 기사를 행하게 하여 주사 자기 은혜의 말씀을 증언하시니

제 86회 아카데미 시상식의 남우주연상이 발표되던 순간이었습니다. '달라스 바이어스 클럽'에서 열연한 매튜 매커너히가 뽑혔는데, 레오나르도 디카프리오와 크리스찬 베일이라는 쟁쟁한 배우 둘을 제치고 뽑힌 의외의 결과였습니다. 국내에 잘 알려진 '인터스텔라'의 주연을 맡기도 전이었습니다.

차분히 시상대에 올라 선 매커너히는 수상소감을 발표했습니다.

"하나님께 가장 먼저 감사를 드리고 싶습니다. 하나님은 제 삶 속에 많은 기회를 주셨습니다. 그것은 제 힘만으로는 결코 불가능한 일들입니다. 저는 그 사실을 잘 알고 있습니다."

국내의 각종 연예계 시상식에서는 흔히 볼 수 있는 순간이지만 장내가 술렁이기 시작했습니다. 국내와 달리 아카데미에서는 지난 10년간 수상소감에서 하나님을 언급한 배우는 3명뿐이었고, 그 중에 백인은 한 명도 없었습니다.

매커너히는 아카데미 수상 소감에서 하나님을 언급한 최초의 백인 배우였고, CBS와 폭스 뉴스를 비롯한 대중 매체와 유명 인사들은 이 사건을 비중 있게 다루며 소개했습니다.

세상에서 하나님을 나타내는 일은 유행이 아니라 소신이 되어야 합니다. 내가 서 있는 곳이 어디서든지 당당히 하나님을 나타내는 사람이 되십시오. 반드시 하는 모든 일이 다 형통합니다.

💙 주님! 제가 예수님의 제자라는 사실을 어디서도 부끄러워하지 않게 하소서!

🎞 내가 속한 곳에서 자신 있게 그리스도인임을 나타내십시오.

나의 영적 일지

골판지 간증

읽을 말씀 : 고린도후서 5:11-21

● 고후 5:17 그런즉 누구든지 그리스도 안에 있으면 새로운 피조물이라 이전 것은 지나갔으니 보라 새 것이 되었도다

미국 텍사스주에 있는 힐사이드교회의 타미 폴리츠 목사님은 성도들에게 아주 독특한 간증을 제안했습니다.

설교시간이 되자 목사님이 갑자기 큰 골판지를 들고 성도들 앞에 섰습니다. 마치 영화 러브액츄얼리의 한 장면 같았는데, 다만 목사님이 들고 있는 골판지에는 달콤한 사랑 고백이 아니라 '도둑, 그리고 심각하게 망가진 사람'이라고 적혀 있었습니다.

목사님은 골판지를 뒤집었습니다. 그리고 거기에는 '(여전히 망가져있지만) 그래도 하나님 안에 있는 자'라고 적혀 있었습니다. 골판지에 적힌 문장은 하나님을 만나기 전과 후의 목사님을 표현하는 간증이었습니다.

이윽고 몇 십 명의 성도들이 각자의 골판지를 들고 나왔습니다. 그리고 골판지를 뒤집으며 예수님을 통해 자신이 어떻게 변화되었는지를 다른 성도들에게 간증했습니다. '기독교가 약해 보여 싫어했던 사람'은 '연약한 그들 중 한 명'이 되었으며 '하나님을 팔던 도둑'은 '하나님을 위한 기부자'가 되었습니다. '마약 중독자'는 '하나님 중독자'가, '흉악범죄를 저지른 범죄자'는 '성경을 가르치는 교사'가 되었습니다.

하나님을 만나면 인생의 터닝 포인트가 찾아옵니다. 뒤바뀐 내 인생에 어떤 말씀과 간증이 쓰여 있는지 생각해보고 사람들에게 알려주십시오. 반드시 하는 모든 일이 다 형통합니다.

🩶 주님! 믿지 않는 사람들에게 간증이 되는 피조물의 삶을 살게 하소서!
🗡 나만의 골판지 간증을 적어보고 가능하다면 공동체와 공유하십시오.

나의 영적 일지

포기하지 않는 선생님

읽을 말씀 : 전도서 12:9-14

●전 12:11 지혜자들의 말씀들은 찌르는 채찍들 같고 회중의 스승들의 말씀들은 잘 박힌 못 같으니 다 한 목자가 주신 바이니라

국내의 한 고등학교에 조폭 출신 청년이 입학을 했습니다.

전과 13범에 조직의 두목까지 했던 사람이 갑자기 왜 학교에 나오는지는 아무도 알 수가 없었습니다. 그는 교복도 입지 않고 매일 소주를 들고 학교에 왔고 다른 학생들을 위협해 자기를 보면 90도 인사를 하도록 만들었습니다.

선생님도 조폭 학생이 두려워서 수업을 맘대로 할 수가 없어 결국 자체 회의를 통해 퇴학을 시키기로 의견이 모였습니다. 그런데 당시 교장이었던 김한태 선생님은 이렇게 말했습니다.

"그래도 학교는 잘 나오지 않습니까? 지금 퇴학시키면 전과 14,15범이 될 지도 모릅니다."

그리고 직접 찾아가 인사를 나누며 대화를 시도했고, 학교에서 시킬 일이 있으면 항상 대표를 맡겨 아이들을 이끌게 했습니다. 심지어는 '선행을 할 가능성'이 있다는 이유로 표창장까지 액자에 넣어서 주었습니다.

그러자 처음에는 교장선생님에게도 위협을 하고 소리를 지르던 이 조폭 학생 태도가 점점 변했습니다. 그리고 나중에는 아무런 문제도 일으키지 않고 자격증도 여러 개 땄고 전문대학에 진학도 했습니다.

말썽부리고 문제를 일으키는 사람에게 진짜 스승이 필요합니다. 나를 바른 길로 이끌어준 스승님의 은혜를 잊지 말고, 또한 누군가에게는 바른 복음과 바른 행복에 대해서 알려주는 스승의 삶을 사십시오. 반드시 하는 모든 일이 다 형통합니다.

💛 주님! 깊은 인내로 한 영혼이라도 포기하지 않는 끈기를 주소서!
🖼 스승님에게 그리고 교회 목회자들에게 감사한 마음을 표현하십시오.

나의 영적 일지

숨겨진 가치

읽을 말씀 : 고린도후서 3:1-18

● 고후 3:3 너희는 우리로 말미암아 나타난 그리스도의 편지니 이는 먹으로 쓴 것이 아니요 오직 살아 계신 하나님의 영으로 쓴 것이며 또 돌판에 쓴 것이 아니요 오직 육의 마음판에 쓴 것이라

한 미국인이 파리에 관광을 갔다가 한 골동품 가게에서 진주 목걸이를 하나 구입했습니다.

아주 뛰어난 디자인이었지만 너무 낡아 빛이 하나도 나지 않는 초라한 진주였기에 우리 돈으로 5만원이라는 비교적 헐값에 살 수 있었습니다.

집에 돌아온 남자는 목걸이를 보석함에 넣어두었는데 몇 년 뒤 사정이 어려워 다시 팔기로 했습니다. 집에서 가까운 금은방에 가서 물건을 줬는데 주인은 면밀히 목걸이를 살펴보더니 200만원을 줄 테니 목걸이를 팔라고 했습니다. 깜짝 놀란 남자는 영문을 몰라 일단 목걸이를 가지고 집으로 왔습니다. 그리고 다시 다른 금은방에 가서 목걸이를 감정받았는데 그곳의 주인은 500만원을 주겠다고 했습니다.

남자가 도대체 이 낡은 목걸이를 왜들 그렇게 비싸게 부르냐고 묻자 주인이 대답했습니다.

"이 목걸이가 어떤 건지 정말 모르시는 분이군요? 여기 적힌 글씨를 보십시오. '사랑하는 조세핀에게...' 바로 옆에는 나폴레옹의 서명이 있습니다. 그러니 가치를 아는 사람들은 비싸게 부를 수밖에 없지 않겠습니까?"

내 안에 하나님의 싸인인 성령의 충만함이 있다면 세상의 그 무엇과도 비교할 수 없는 귀한 존재로 여김을 받고 귀한 성도로 쓰임을 받습니다. 나의 삶에 하나님의 흔적을 남길 수 있도록 성령의 충만함을 구하십시오. 반드시 하는 모든 일이 다 형통합니다.

💚 주님! 주님의 부르심과 성령님의 인도하심을 따라 살게 하소서!
🧩 세상의 정욕에 빠지지 말고 오로지 성령의 충만함을 구하십시오.

나의 영적 일지

후회 없는 인생

읽을 말씀 : 로마서 11:25-36

●롬 11:29 하나님의 은사와 부르심에는 후회하심이 없느니라

호주의 보니 웨어는 다니던 은행을 그만두고 꿈을 위해 무작정 영국으로 떠났습니다.

하고 싶던 작곡 공부를 하며 생활비를 벌다 보니 닥치는 대로 일을 하게 되었는데 특히 호스피스 일을 자주 했습니다. 성격이 워낙 살가운 탓에 묻지도 않았는데 사람들은 자신의 삶을 속속들이 보니에게 말해주었습니다.

그들의 말을 적어서 잘 정리한 보니는 생의 마지막에 서 있는 사람들이 모두 다섯 가지 후회를 가장 많이 한다는 것을 알게 되었습니다.

1. 나 자신에게 솔직하지 못하고, 남들의 시선을 너무 신경 쓰며 살았던 일.
2. 일을 너무 열심히 하느라 정말 중요한 가정을 소홀히 한 것.
3. 속을 터놓을 용기가 없어 감정을 너무 억눌렀던 것.
4. 보고 싶은 친구에게 연락을 미룬 것, 심지어 죽을 때까지...
5. 변화가 두려워 행복을 위한 선택을 미루다 결국 포기한 것.

그 후 보니의 글은 '내가 원하는 삶을 살았더라면'이라는 제목의 책이 되었습니다.

인생의 마지막에 후회를 하지 않기 위해선 지금 주어진 오늘을 잘 살아야 합니다. 먼 미래의 계획으로가 아닌 오늘의 행복과, 오늘의 신앙을 성공하십시오. 반드시 하는 모든 일이 다 형통합니다.

💜 주님! 하나님을 알고 경외하는 것이 인생의 참다운 가치임을 알게 하소서!
🎴 오늘의 행복을 위해 필요한 일이 무엇인지 잠시 생각해보십시오.

나의 영적 일지

생명을 구해 준 은혜

읽을 말씀 : 고린도후서 6:1-13

● 고후 6:2 이르시되 내가 은혜 베풀 때에 너에게 듣고 구원의 날에 너를 도왔다 하셨으니 보라 지금은 은혜 받을 만한 때요 보라 지금은 구원의 날이로다

스페인 발렌시아에서 한 남자가 철도 근처를 지나다가 아름다운 꽃을 발견했습니다.

꽃을 감상하던 남자에게 갑자기 강아지 한 마리가 달려와 주위를 맴돌았습니다. 그저 귀여운 강아지가 왔겠거니 생각했던 남자는 계속 짖고 뛰는 강아지를 보며 이상한 생각이 들어 강아지 쪽으로 다가갔습니다. 강아지는 철로로 달리기 시작했고, 남자는 뒤따랐습니다.

강아지가 인도한 곳에는 한 소녀가 철로에 발이 끼인 채로 구조를 기다리고 있었습니다. 그리고 그 순간 저 멀리서 기차가 오고 있었습니다. 남자는 있는 힘을 다해 기차 쪽으로 달려가 소리를 지르며 기관사에게 멈추라고 말했고 기적처럼 기차는 소녀의 앞쪽에서 멈추었습니다. 남자는 소녀의 발을 빼주며 키우던 개를 정말 교육을 잘 시켰다고 칭찬해주었습니다. 그런데 소녀의 대답이 의외였습니다.

"저는 오늘 이 강아지를 처음 만났어요. 엄청 배가 고파 보이기에 빵을 나누어 주고 잠깐 놀고 있다가 사고가 난거에요. 그런데 이 강아지가 제 목숨을 구해주었네요."

이 이야기는 발렌시아 지역을 떠들썩하게 만들었던 실화입니다.

하나님의 은혜로 우리는 생명을 얻었고 그 보답은 다른 생명을 살리는 것뿐입니다. 하나님의 은혜에 지금도 감격하고 있다면, 새로운 영혼을 전도하기 위해 오늘도 기도하며 촉각을 곤두세우십시오. 반드시 하는 모든 일이 다 형통합니다.

🖤 주님! 생명을 살리는 복음을 소중히 여기고 또 소중히 전하게 하소서!
🖼 나에게 복음을 전해준 사람이 있다면 오늘 꼭 감사를 표현하십시오.

나의 영적 일지

성도의 자질

읽을 말씀 : 에베소서 5:1-14

●엡 5:3 음행과 온갖 더러운 것과 탐욕은 너희 중에서 그 이름조차도 부르지 말라 이는 성도에게 마땅한 바니라

논어에 보면 공자가 말한 사람의 됨됨이를 알아보는 9가지에 대한 내용이 나옵니다.

1. 먼 곳까지 심부름을 시켜 충성됨을 알아본다.
2. 가까이 두고 부리며 공경의 마음을 알아본다.
3. 번거로운 일을 시켜 재능을 알아본다.
4. 뜻밖의 질문을 던져 지혜를 알아본다.
5. 급한 부탁을 해 신용을 알아본다.
6. 재물을 맡겨 정직함을 알아본다.
7. 위급한 상황을 만나게 해 용기를 알아본다.
8. 술에 취하게 해서 절도를 알아본다.
9. 이성과 함께 있게 함으로 자세를 살펴본다.

공자는 이 9가지의 시험으로 그 사람의 상태를 충분히 살필 수 있다고 말했습니다.

지금 나의 모습은 예수님이, 아니 사람들이라도 믿고 신뢰할 수 있는 상태입니까?

주님이 말씀하신, 우리가 이 세상에 살면서 어떻게 살면 승리 할 수 있는지에 대한 그 비결을 성경에서 찾을 수 있습니다. 내가 살면서 만나는 모든 죄와 유혹의 상황을 주님의 훈련이라고 생각할 때 마귀의 덫에 빠지지 않습니다. 주님을 사랑하는 마음으로 주님의 마음에 합한 성도로 발전하는 하루를 사십시오. 반드시 하는 모든 일이 다 형통합니다.

🩵 주님! 죄의 유혹이 강해질수록 더욱 주님만을 붙잡게 하소서!
🎴 요셉처럼, 다니엘처럼 만나는 시험을 슬기롭게 극복하십시오.

나의 영적 일지

죄에 대한 세 가지 반응

읽을 말씀 : 말라기 2:1-16

●말 2:6 그의 입에는 진리의 법이 있었고 그의 입술에는 불의함이 없었으며 그가 화평함과 정직함으로 나와 동행하며 많은 사람을 돌이켜 죄악에서 떠나게 하였느니라

아라비아 지역은 예로부터 세계최고의 명마를 길러내는 지역입니다.

이 지역에서는 말을 훈련시킬 때 독특한 피리 소리로 주인의 명령을 듣게 만듭니다. 그리고 왕이나 귀족이 타는 말은 그 중에서도 독특한 방법으로 걸러낸 최고의 말들입니다.

먼저 기본적으로 피리 소리를 듣고 따르는 말들을 마구간에 가두고 3일 동안 식량과 물을 주지 않습니다. 3일 정도 지나면 말들을 가만있지 못할 정도로 정신적으로 힘든 상태가 됩니다. 그 상황에서 말들을 오아시스로 데려가면 말들은 고삐를 놓자마자 물가를 향해 달려가는데 이 상황에서 피리를 불어 반응을 살핍니다.

만약 말들이 피리 소리와 상관없이 물가로 달려가면 그 말은 탈락입니다. 피리소리를 듣고 멈추는 말들은 비로소 진짜 명마의 반열에 오릅니다.

그러나 정말로 탁월한 말은 피리소리를 듣고 다시 주인이 있는 곳으로 돌아오는 말입니다. 설령 물과 멀어질지라도 주인의 명령을 따르는 말이 아라비아에서도 진짜 명마입니다.

주님이 주신 양심의 가책을 느끼고도 죄에 다가가는 사람이 있고, 일단 멈추는 사람이 있고, 다시 돌아오는 사람이 있습니다. 우리의 주인이신 주님을 말로만이 아니라 행동으로 따르고 순종하십시오. 반드시 하는 모든 일이 다 형통합니다.

🖤 주님! 주님의 뜻을 따라 거룩한 삶을 살아가게 하소서!
🎇 이길 수 없는 죄의 자리는 무조건 피하십시오.

나의 영적 일지

기도로 극복하라

읽을 말씀 : 로마서 8:18-30

● 롬 8:26 이와 같이 성령도 우리의 연약함을 도우시나니 우리는 마땅히 기도할 바를 알지 못하나 오직 성령이 말할 수 없는 탄식으로 우리를 위하여 친히 간구하시느니라

중세 시대에 유명한 신학자 아벨라르두스가 제자를 구한다는 소문이 퍼졌습니다.

유럽 전역에서 많은 사람들이 찾아왔고, 그중 최종으로 3명이 선발되었습니다. 그러나 아벨라르두스는 그 3명도 많다며 질문을 통해 단 한 명만 뽑겠다고 했습니다. 아벨라르두스는 세 명의 후보자에게 다음과 같은 질문을 던졌습니다.

"길을 가다가 커다란 황금을 보았네, 자네들은 어떻게 할 건가?"

첫 번째 사람은 "당연히 주인에게 돌려주어야 합니다. 제 것이 아니니까요"라고 대답했고, 두 번째 사람은 "저는 너무 연약합니다. 보는 사람이 없다면 제가 줍고 말 것입니다."라고 대답했습니다. 그리고 마지막 사람은 "가장 먼저 갖고 싶은 마음이 생길 것 같습니다. 그러나 그래서 안 된다고 양심이 막을 것 같습니다. 그리고 이 마음을 위해 하나님께 기도하겠습니다."

아벨라르두스는 첫 번째 사람은 일반적인 도덕만 있고, 두 번째 사람은 솔직한 욕심만 있으나 세 번째 사람은 인간의 한계와 하나님의 능력을 알고 있다며 세 번째 사람을 제자로 삼았습니다.

악에게 지지 않고 선을 위해 싸우는 것이 성도의 사명입니다. 하나님께 기도하는 마음으로 죄의 마음을 물리치십시오. 반드시 하는 모든 일이 다 형통합니다.

💟 주님! 겸손과 기도로 주님의 능력을 구하게 하소서!
🖼 나의 연약함이 느껴질 때는 언제나 하나님께 무릎을 꿇으십시오.

나의 영적 일지

영혼의 눈을 뜨게 하는 곳

읽을 말씀 : 마태복음 28:1-20

●마 28:20 내가 너희에게 분부한 모든 것을 가르쳐 지키게 하라 볼지어다 내가 세상 끝날까지 너희와 항상 함께 있으리라 하시니라

　　메소포타미아 시대의 유물을 발굴하던 고고학자가 작업 중 어떤 석판을 발견했습니다.

　　석판에는 고대의 잠언과 명언들이 새겨져 있었는데, 글을 번역하던 고고학자는 다음과 같은 질문을 발견했습니다.

　　"앞을 못 보는 사람이 들어가 눈을 떠서 나오는 곳은 어디인가?"

　　그 답을 알고 싶었으나 해석이 만만치 않았습니다. 그래서 다음 날 근처에서 탐사를 하고 있는 고대어를 잘 아는 친구를 불러 해석을 부탁했습니다.

　　"도대체 이 문제의 답이 뭔가? 그냥 단순한 농담은 아니겠지?"

　　"아, 이건 아주 간단한 단어야, 우리 모두가 알고 있는 것이지. 답은 '아카데미', 즉 지금의 학교라네."

　　유대인들은 나라가 망해도 랍비는 지켜야 한다고 말합니다. 지식과 지혜야말로 사람의 정신과 마음을 지켜주는 진짜 재산이기 때문입니다. 벤자민 프랭클린은 교회가 50개의 가로등보다 더 도움이 된다고 말했습니다. 학교가 지식의 눈을 뜨게 해주는 곳이라면 교회는 영혼의 눈을 뜨게 해주는 곳입니다. 그 사명은 다른 사람이 아닌 말씀을 듣고 따르는 우리, 또 내가 맡아야 합니다.

　　지금의 교회 역시 이런 역할을 감당해야 합니다. 교회에서 빛을 얻고, 세상에서 그 빛을 전하십시오. 반드시 하는 모든 일이 다 형통합니다.

💗 주님! 복음의 밝은 빛을 세상에 전파하는 우리 교회가 되게 하소서!
🙇 세상에 영향력을 미치는 우리 교회와 성도들을 위해 기도하십시오.

나의 영적 일지

진정한 가능성

읽을 말씀 : 갈라디아서 4:8-20

● 갈 4:13 내가 처음에 육체의 약함으로 말미암아 너희에게
복음을 전한 것을 너희가 아는 바라

의사가 꿈인 짐 포펜이라는 학생이 있었습니다. 그러나 성적이 너무
부족했고, 부모님도 아이가 어려서 헛된 꿈을 꾸고 있는 것이라고 생각
하며 포펜이 꿈을 이야기 할 때마다 웃으며 넘겼습니다.

그런데 하루는 늦은 밤에 불 꺼진 포펜의 방에서 이상한 소리가 들렸
습니다. 소리를 들은 아버지는 놀라 방문을 열고 불을 켰는데, 포펜은
나무토막들과 낡은 실로 무언가를 하고 있었습니다.

아버지의 모습을 보고 당황한 포펜은 멋쩍게 말했습니다.

"의사가 되기 위한 훈련 중이었어요. 어두운 곳에서 나무들을 연결하
며 실을 매듭짓다 보면 나중에 사람들을 더 빨리 치료할 수 있을 것 같
아서요."

그날 이후로 아버지는 결코 포펜의 꿈을 허황된 것으로 여기지 않고
격려와 관심으로 지원해 주었습니다.

포펜은 턱걸이로 의대에 진학했으나, 어려서부터 숙련된 그의 손길
은 아무도 따라오지 못했습니다. 포펜은 미국 최고의 외과 의사가 되었
으며, 이내 세계 최고의 뇌수술 전문의가 되었습니다. 그리고 나중에는
"주님께서 제 손을 원하셨습니다"라는 말과 함께 오지를 돌아다니며 의
료 선교를 하는 선교사가 되었습니다.

진짜 가능성은 성품과 믿음에서 나옵니다. 내 연약함을 하나님을 귀
하게 쓰신다는 사실을 잊지 말고 나의 숨겨진 진짜 가능성을 찾으십시
오. 반드시 하는 모든 일이 다 형통합니다.

💚 주님! 하나님이 제 마음에 주신 진짜 비전과 가능성을 찾게 하소서!
🖼 하나님이 주신 비전을 실천하기 위한 작은 행동을 시작하십시오.

나의 영적 일지

하나님을 경험하라

읽을 말씀 : 열왕기하 17:24-41

5월 24일

●왕하 17:36 오직 큰 능력과 편 팔로 너희를 애굽에서 인도하여 내신 여호와만 경외하여 그를 예배하며 그에게 제사를 드릴 것이며

미국의 US Airways의 항공기가 뉴욕의 라과디아 공항에서 막 이륙하고 있었습니다.

무사히 항로로 진입한 순간 갑자기 항공기 엔진이 멈췄습니다. 커다란 새가 공교롭게 양쪽 엔진 모두에 부딪히면서 비행기의 모든 엔진이 고장이 난 것입니다. 다시 공항까지 갈 수 없다고 판단한 기장은 곧바로 관제탑에 뉴욕 허드슨 강에 착륙하겠다고 말했습니다.

당시 이 말은 들은 관제탑은 "허드슨 강이요? 죄송한데, 제가 잘못들은 거 맞죠?"라고 응답했습니다. 이 모든 상황이 이륙 후 단 6분 만에 일어나 급박했지만 기장 설렌버거는 강에 비상착륙하는 일이 모두를 살릴 수 있는 유일한 방법이라는 것을 확신했습니다.

승무원들도 기장의 선택을 지지했고, 곧 자리로 돌아가 승객들의 비상착륙을 대비시켰습니다. 기장과 승무원의 일사불란한 모습을 보고 승객들도 적극 협조했습니다.

결국 비행기는 무사히 강에 착륙했으며 아이와 여자부터 차례차례 전원이 구조되었습니다. 설렌버거 기장은 객실이 비어있는 것을 확인하고 가장 마지막에 나왔습니다.

'허드슨 강의 기적'을 만든 것은 셀렌버그 기장의 2만 시간의 경험이었습니다. 하나님을 체험한 경험은 다른 사람의 영혼을 구하는 경험이 되어야 합니다. 하나님을 경험하고, 그 경험으로 매일 새롭게 변화되기를 기도하십시오. 반드시 하는 모든 일이 다 형통합니다.

♡ 주님! 오늘도 삶 가운데 주님의 손길을 체험하게 하소서!
🎎 매일 나의 삶에 주님의 임재가 임하도록 간절히 기도하십시오.

나의 영적 일지

인생의 훈장

읽을 말씀 : 베드로전서 5:1-11

● 벧전 5:10 모든 은혜의 하나님 곧 그리스도 안에서 너희를 부르사 자기의 영원한 영광에 들어가게 하신 이가 잠깐 고난을 당한 너희를 친히 온전하게 하시며 굳건하게 하시며 강하게 하시며 터를 견고하게 하시리라

젊어서부터 미모로 유명했던 이탈리아의 여배우 안나 마미나가 중년이 넘은 나이에 화보를 찍었습니다.

그녀는 촬영을 시작하기 전에 사진가를 찾아가 부탁을 했습니다.

"사진을 찍고 보정을 할 때 절대 내 주름을 없애지 말아주세요."

"정말이십니까? 여배우들은 어떤 일이 있어도 주름을 없애달라는 것이 보통인데요?"

"평생을 걸려 만든 건데 아깝잖아요? 지금 내 얼굴은 주름이 있는 것이 자연스러워요."

뛰어난 연기로 세계에서 인정받는 배우 최민식 씨도 비슷한 말을 한 적이 있습니다.

"요즘 배우들은 감정을 연기하면서도 표정을 너무 관리하는 사람들이 있습니다. 그러나 저는 감정에만 집중합니다. 슬픈 연기를 할 땐 침을 흘리든 콧물이 떨어지든 신경 쓰지 않습니다. 막상 볼 땐 이상할 것 같지만 이게 정말 자연스럽고 좋은 연기를 만들어줍니다."

사실을 너무 감추려하는 것은 위선을 보여 주는 것이고 이웃에게 공감을 받지 못합니다.

살아가다 보면 세상에서 상처받고 힘든 일이 생기는 것은 당연한 일이며 자연스러운 일입니다. 그 가운데서 주님 때문에 승리하는 모습을 이웃에게 보여 주십시오. 반드시 하는 모든 일이 다 형통합니다.

💜 주님! 진정한 내 모습으로 발전된 삶을 살아가게 하소서.
🎴 인생의 지나온 고난의 흔적을 더욱 자랑스러워하십시오.

나의 영적 일지

생명의 보혈

읽을 말씀 : 고린도전서 1:18-31

●고전 1:18 십자가의 도가 멸망하는 자들에게는 미련한 것이
요 구원을 받는 우리에게는 하나님의 능력이라

　서아시아에 있는 아르메니아에 진도 7의 강력한 지진이 일어난 적이
있습니다.

　엄청난 강진으로 수도인 예레반의 많은 건물이 무너졌고, 무려 5만 명
이 넘는 사람들이 목숨을 잃었습니다. 이제 갓 네살된 딸 가이아니를 홀
로 기르던 수잔나도 아파트 9층에 있다가 이 강진에 피해를 입었습니
다. 아파트 건물은 무너져 내렸으나 천만다행으로 큰 부상은 없었고 그
대로 모녀는 무너진 건물의 틈새에 갇혀있게 되었습니다.

　그러나 사고가 일어난 곳이 너무 광범위해서 수색대는 한참을 기다려
도 오지 않았습니다. 그리고 가이아니는 목이 마르다며 계속해서 힘들
어 했습니다. 좁은 틈에 갇혀 있는 것만 해도 감사한 일이었지만 약하고
어린 딸이 언제까지 버틸 수 있을지는 몰랐습니다.

　결국 수잔나는 딸에게 자신의 피를 먹이기로 했습니다. 틈새 속에 깔
려 있던 부서진 유리창의 조각을 발견한 수잔나는 딸이 목마르다고 할
때마다 자기 살을 베어서 조금씩 피를 먹였습니다. 무려 2주 동안 딸을
위해 자신의 살을 벤 수잔나는 결국에는 무사히 구조되어 다시 딸과 함
께 밝은 빛을 보게 되었습니다.

　어머니의 피가 딸을 살린 것처럼, 예수님의 보혈은 온 인류를 살리기
위한 하나님의 완벽한 응급처치입니다. 구원의 새생명은 주님의 값진 보
혈로 받은 것임을 오늘도 잊지 마십시오. 반드시 하는 모든 일이 다 형
통합니다.

💟 주님! 주님의 귀한 보혈의 은혜를 한시도 잊지 않는 삶이 되게 하소서!
🖼 십자가의 귀한 보혈로 내가 구원받게 되었음을 잊지 마십시오.

나의 영적 일지

과거의 내 모습과의 재회

5월 27일

읽을 말씀 : 로마서 12:1-13

● 롬 12:2 너희는 이 세대를 본받지 말고 오직 마음을 새롭게 함으로 변화를 받아 하나님의 선하시고 기뻐하시고 온전하신 뜻이 무엇인지 분별하도록 하라

미국 플로리다에 사는 아서 부스는 절도 혐의로 체포되어 재판을 받게 되었습니다.

중범죄는 아니라 보석형을 선고받을 수도 있었는데 재판에서 심리를 하던 판사가 갑자기 부스를 향해 부드러운 미소를 지으며 물었습니다.

"저기요, 그런데 혹시 노틸러스 중학교에 다니지 않으셨나요?"

"네, 맞습니다... 세상에!"

남자는 고개를 들어 판사의 얼굴을 확인하고는 깜짝 놀랐습니다. 판사가 자신과 친했던 중학교 동창이었기 때문입니다. 그러나 기쁨의 표정은 잠시였고, 지금 자기가 죄인으로 여기 왔다는 걸 깨달은 그는 얼굴을 가리며 어쩔 줄 몰라 했습니다. 안절부절못하며 급기야는 눈물을 흘렸습니다. 판사는 심리를 내리기 전 피의자이자 오랜 동창에게 조언을 건넸습니다.

"당신은 반에서 가장 친절한 학생이었고, 축구도 잘 해서 인기도 많았죠. 항상 지금은 어떻게 지낼까 궁금했었는데 여기서 보게 돼서 안타깝습니다. 지금 처한 환경이 어렵겠지만 그래도 잘 극복하고 새로운 삶을 살았으면 좋겠습니다."

과거의 내 모습과 마주할 때 더 부끄러운 사람이 돼서는 안 됩니다. 특히 주님을 만나고 난 후는 더욱 그렇습니다. 오늘 조금 더 주님을 닮아가는 말씀을 따라 사는 성도가 되십시오. 반드시 하는 모든 일이 다 형통합니다.

💙 주님! 어제보다 조금 더 나은 신앙으로 성장하는 제가 되게 하소서!
🎴 예수님을 믿기 전의 모습과 지금의 내 모습을 비교해 보십시오.

나의 영적 일지

말씀을 기억하는 방법

읽을 말씀 : 야고보서 1:19-27

5월 28일

● 약 1:25 자유롭게 하는 온전한 율법을 들여다보고 있는 자는 듣고 잊어버리는 자가 아니요 실천하는 자니 이 사람은 그 행하는 일에 복을 받으리라

'최고의 학습방법은 무엇일까?'를 주제로 국내의 한 방송사에서 '공부에 대한 공부'라는 제목의 다큐가 방영된 적이 있습니다.

먼저 학생들을 두 그룹으로 나누어서 한 그룹은 2시간을 공부하고, 다른 그룹은 한 시간 공부, 한 시간 시험을 보게 했습니다. 그리고 다음날 시험을 보게 하자 2시간 공부를 하고 시험을 본 쪽이 평균 10점이 높았습니다. 만약 내일이 시험이라면 오늘은 모의시험을 보기보다는 내용을 집중해서 공부하는 것이 효율이 현명한 선택입니다.

그런데 이들을 대상으로 한 달 뒤에 다시 시험을 봤더니 이번엔 반대로 모의시험을 봤던 쪽이 평균 15점 정도 높았습니다.

단기 기억은 공부해서 집어넣는 쪽이 효율적이지만 평생을 가져가는 장기기억은 집어넣은 것을 꺼내 쓰려는 노력이 더 효율적이기 때문입니다. 남을 가르치는 것이 자기 공부에 도움이 되는 이유도 같은 맥락입니다.

"학습으로 집어넣었다면 시험으로 꺼내려고 노력해라"가 지금까지 밝혀진 최고의 공부법입니다.

주일 예배를 통해 받은 은혜는 월요일 하루가 아니라 새로운 한 주간 유지되어야 합니다. 매주 예배를 통해서 말씀을 배웠다면 나머지 삶을 통해서 그 말씀을 실천해야 합니다. 예배때 들은 말씀을 일상에서 꺼내려고 노력하십시오. 반드시 하는 모든 일이 다 형통합니다.

💛 주님! 예배를 드릴수록 더욱 더 변화되는 저의 삶이 되게 하소서!
📖 매주 주일 예배를 통해 들은 말씀을 한 주간 적용하십시오.

나의 영적 일지

한 가지 원칙

읽을 말씀 : 다니엘 1:1-16

● 단 1:8 다니엘은 뜻을 정하여 왕의 음식과 그가 마시는 포도
주로 자기를 더럽히지 아니하리라 하고 자기를 더럽히지 아
니하도록 환관장에게 구하니

대기업이 운영하는 프랜차이즈 레스토랑에 아르바이트생으로 일하는 청년이 있었습니다.

보통 아르바이트는 용돈 정도 벌려고 하는 경우가 대부분이었지만 이 청년은 달랐습니다. 맡은 일을 어찌나 잘하는지 금세 시급이 올랐고, 아르바이트에서 정직원이 됐고, 마침내 지점장이 되었습니다.

30살에, 정직원도 아닌 아르바이트로 입사를 해서 지점장이 된 이 청년의 이야기는 최근에 매스컴을 통해 알려지면서 화제가 되기도 했습니다.

유명세를 타고 여러 강연을 다니게 되면서 그는 자신의 성공 비결을 사람들에게 말해주었는데 그 원칙은 "30분 일찍, 30분 늦게"가 전부였습니다.

세계 최대의 할인매장인 월마트의 모토는 "고객은 무조건 옳다"였습니다. 불황이 없는 회사로 유명한 미국의 노스웨스트 항공은 "미국에서 최고로 저렴한 항공사", 노드스트롬 백화점은 "고객을 위해선 뭐든지 해도 좋다"입니다.

한 가지 원칙만 있어도 반드시 성공합니다. 믿음도 마찬가지입니다. 다니엘은 '그리 아니하실지라도'의 믿음의 원칙을 가지고 있었고, 아브라함은 '하나님을 향한 전적인 믿음'을 가지고 있었습니다. 생활과 신앙의 성공을 위한 나만의 원칙 한 가지를 세우십시오. 반드시 하는 모든 일이 다 형통합니다.

♡ 주님! 말씀을 기준으로 바른 원칙을 세우며 지키게 하소서!
🎮 내 신앙과 인생에 필요한 한 가지 원칙을 세우십시오.

나의 영적 일지

명품이 되는 자녀교육

읽을 말씀 : 골로새서2:6-19

● 골 2:7 그 안에 뿌리를 박으며 세움을 받아 교훈을 받은 대로 믿음에 굳게 서서 감사함을 넘치게 하라

'세계 명문가의 자녀교육'이라는 책에 나오는 자녀교육 10계명입니다.

01. 가족이 함께 하는 식사 시간을 결코 소홀히 여기지 마십시오.
02. 존경받는 부자로 되려면 애국심부터 가르치십시오.
03. 환경을 따지지 말고 약점을 보완해 주고 뜻이 통하는 친구를 사귀게 하십시오.
04. 돈보다 인간관계가 더 소중한 것임을 알게 하십시오.
05. 좋은 성적보다 질문을 많이 하는 공부 습관을 갖게 하십시오.
06. 서로 가르쳐주고 도와주는 '품앗이 교실'을 운영하게 하십시오.
07. 가업을 통해 사회에 헌신할 수 있는 방법을 만들어 주십시오.
08. 부모와 자녀가 함께 뜻밖의 여행계획을 종종 잡으십시오.
09. 평생 일기를 쓰는 습관을 만들어주십시오.
10. 모든 열정을 바칠 수 있는 목표를 찾게 도와주십시오.

부와 명예만을 쫓으면 정말 중요한 인성을 놓칩니다.
그러나 성품을 먼저 세우면 부와 명예는 따라옵니다. 그러나 여기에 그치지 않고 믿음을 먼저 세워야 다니엘과 다윗과 같은 진짜 성공이 찾아옵니다. 하나님의 마음에 합한 성공을 꿈꾸도록 자녀를 가르치고 또 그런 스스로가 되십시오. 반드시 하는 모든 일이 다 형통합니다.

♡ 주님! 성적보다 성품을, 성공보다 신앙을 위해 기도하게 하소서!
🧑 성적보다 중요한 성품과 신앙의 중요성을 깨닫고 또 자녀에게 가르치십시오.

나의 영적 일지

5대 1의 법칙

읽을 말씀 : 잠언 25:1-13

● 잠 25:11 경우에 합당한 말은 아로새긴 은 쟁반에 금 사과니
라

　존 고트먼 교수는 700쌍의 부부가 나누는 대화를 조사했습니다.
　부부의 대화를 바탕으로 이혼율을 예측하는 것이 그의 연구였는데,
무려 10년간의 연구 끝에 존 고트먼은 이혼율이 '칭찬과 비난의 비율'에
있다고 발표했습니다.
　대화중에 칭찬과 비난이 '5대 1' 이상으로 섞인 부부는 10년 뒤에도
여전히 건강한 가정을 유지하고 있었지만, 이보다 낮은 비율인 부부들
은 대부분 이혼을 하거나 불행한 가정생활을 버티고 있었습니다.
　존 고트먼 교수는 이후 3,000쌍의 부부를 대상으로 비슷한 실험을
진행했는데, 이때는 단 한 시간의 대화로 5년 이내 이혼할지의 여부를
97%의 확률로 맞췄습니다.
　부부가 무의식적으로 대화중에 상대방을 경멸하는 표정을 짓는지가
포인트였는데, 이 연구를 기본으로 최근에는 단 3분의 대화로도 95%
의 확률로 이혼율을 예측할 수 있다고 합니다.
　꼭 하루 종일 나누는 대화가 아니더라 하더라도, 단 한 시간, 아니 단
3분의 시간만으로도 사람과 사람 사이의 관계가 나타나고 나의 성품과
속마음이 드러납니다. 3분의 대화가 때로는 평생의 관계를 변화시킵니
다. 잠깐 얼굴을 마주보는 사람들이라도 진심을 담아 칭찬하고 또한 행
복한 미소를 지어주십시오. 특히 주님과 기도를 통한 대화의 시간을 아
끼지 마십시오. 반드시 하는 모든 일이 다 형통합니다.

💛 주님! 자주 주님과 대화하고 주님의 마음으로 사람들을 대하게 하소서.
🎴 긍정적인 말의 비율을 부정적인 말의 비율의 5배로 높이십시오.

나의 영적 일지

6

June _월

"내가 형통할 때에 말하기를 영원히 흔들리지
아니하리라 하였도다"
(시편 30편 6절)

희망을 전하는 이발사

읽을 말씀 : 시편 71:14-24

●시 71:15 내가 측량할 수 없는 주의 공의와 구원을 내 입으로 종일 전하리이다

호주의 미용사인 나시르 소바니에게 어떤 손님이 찾아왔습니다.

머리가 덥수룩한 손님에게 나시르는 "이발을 아주 오랜만에 하시나봐요?"라고 물었습니다.

"네, 그동안 마약에 빠져 살았거든요. 그런데 드디어 극복했어요. 그래서 자축의 의미로 머리를 멋지게 자르고 싶어요."

함께 온 손님의 어머니는 머리를 단정히 자른 아들의 모습을 보고는 울음을 터트렸습니다.

이 모습을 본 나시르는 과거에 약물 중독에 빠졌던 자신의 삶이 떠올랐습니다. 그리고 단정히 머리를 잘라주는 것이 어떤 사람에게는 희망이 될 수 있다는 생각을 했습니다.

이때부터 나시르는 일주일에 최소 하루는 미용도구를 넣은 가방을 매고 스케이트보드를 타며 길거리를 돌아다니기 시작했습니다.

그리고 노숙자들을 찾아가 원하기만 한다면 언제든지 머리를 잘라주고 있습니다. 나시르는 자신의 일이 사람들에게 희망을 준다고 생각하며 몇 년째 거르지 않고 이 일을 하고 있습니다.

같은 일이라도 대상과 마음이 바뀌면 희망이 되고 사역이 됩니다. 지금하고 있는 일이 하나님께서 주신 사명이라고 믿고, 세상에서 하나님의 일을 하는 거룩한 청지기가 되십시오. 반드시 하는 모든 일이 다 형통합니다.

♡ 주님! 저도 남을 기쁘게 하는 일을 하며 남을 도우며 살게 하소서.
🖼 내가 할 수 있는 일을 통해 다른 사람에게 희망을 전하십시오.

나의 영적 일지

배려를 이끄는 배려

읽을 말씀 : 누가복음 7:36-50

● 눅 7:47 이러므로 내가 네게 말하노니 그의 많은 죄가 사하여졌도다 이는 그의 사랑함이 많음이라 사함을 받은 일이 적은 자는 적게 사랑하느니라

중동에서 비행기를 타고 유럽으로 출장을 가는 한 사업가가 있었습니다. 비행기를 타면서도 중요한 업무를 처리해야 해서 열심히 노트북으로 작업 중이었는데 바로 앞좌석에 갓난아기를 안고 탄 엄마가 보였습니다.

'이거 일 하기는 글렀군…'이라는 생각에 짜증 섞인 표정을 짓고 있었는데 갓난아기 엄마가 갑자기 같은 구역 안에 있는 승객들에게 봉투 하나씩을 건넸습니다.

거기에는 작은 과자와 귀마개, 그리고 작은 메모가 있었습니다.

"저는 마들렌이에요. 이번이 저의 첫 비행이고 저는 곧 한 살이 되요. 제가 무서워 울거나 귀가 아파 소리를 지를 수도 있는데 미리 사과드려요. 사과의 의미로 멋진 부모님이 작은 선물을 준비했어요. 그리고 정말 불편하신 분들을 위한 귀마개도 들어있어요. 즐거운 비행 되세요!"

사업가의 얼굴은 진심어린 미소로 바뀌었습니다. 그는 자신이 받은 과자와 메모, 그리고 생각의 변화를 인스타그램에 올렸고, 이 글을 통해 많은 사람들이 배려에 대해 다시 생각하게 됐다는 답글을 달았습니다.

때로는 작은 배려가 더 큰 도움과 사랑으로 되돌아옵니다. 주님의 삶을 기억하면서 나의 이익과 권리를 주장하기 보다는 조금만 더 상대방 입장에서 생각하는 지혜로운 사람이 되십시오. 반드시 하는 모든 일이 다 형통합니다.

♡ 주님! 상대방을 배려하며 이해하는 삶을 살게 하소서.
▧ 권리보다 한 발 앞서는 배려를 실천하십시오.

나의 영적 일지

하치의 충성

읽을 말씀 : 잠언 25:13-28

●잠 25:13 충성된 사자는 그를 보낸 이에게 마치 추수하는 날에 얼음 냉수 같아서 능히 그 주인의 마음을 시원하게 하느니라

미국의 한 교수가 어느 날 친구에게 강아지를 선물 받았습니다.

개를 좋아하지 않는 교수였지만 그 강아지는 보는 순간 느낌이 달랐습니다. 그래서 아내의 반대에도 불구하고 강아지를 키우기 시작했고, 학교로 가는 시간을 제외하고는 언제나 강아지와 함께 할 정도로 붙어 지냈습니다.

하치라는 이름의 작고 귀여운 강아지는 금세 듬직하게 자랐고, 이때부터 교수의 출근길을 따라 나와 배웅을 하고 퇴근시간에는 칼같이 마중을 나왔습니다. 하지만 안타깝게 몇 년 뒤 교수는 수업 중에 갑자기 쓰러졌고 세상을 떠났습니다.

그렇지만 하치는 매일 같이 주인을 마중 나갔습니다. 다음날, 그 다음날도 하치는 무려 10년 동안 하루도 빠짐없이 역으로 나가 주인을 기다렸습니다.

그렇게 하치는 생의 마지막 날까지 역에서 주인을 기다리다 숨을 거두었고, 이 이야기에 감동받은 사람들은 하치의 충성을 기리기 위해 역 앞에 상을 2개나 세웠고, 나중에는 할리우드에서 영화로도 제작되었습니다.

충성은 언제나 변함없이 해야 할 일을 하는 것입니다. 하나님의 은혜에 감격해 결심한 일이 있다면, 감정에 휩쓸리지 말고 언제나 충성하십시오. 반드시 하는 모든 일이 다 형통합니다.

💜 주님! 맡은 일을 하나님 앞에서 충성스럽게 하게 하소서.
🖼 언제나 맡은 일을 충실하게 감당하는 하나님의 일꾼이 되십시오.

나의 영적 일지

대통령을 만든 정직함

읽을 말씀 : 신명기 13:1-18

● 신 13:18 네가 만일 네 하나님 여호와의 말씀을 듣고 오늘 내가 네게 명하는 그 모든 명령을 지켜 네 하나님 여호와의 목전에서 정직하게 행하면 이같이 되리라

한 시골 교회의 주일학교 예배시간이었습니다.

다섯 살짜리 꼬마 아이가 헌금시간에 돈을 넣는 척하면서 몰래 헌금을 빼냈습니다. 그리고 집에 가면서 아버지가 준 헌금까지 더해서 과자를 사먹었습니다. 이 모습을 본 아버지는 헌금은 잘 했는지 물었습니다. 아이는 열심히 거짓말을 했지만 결국 아버지의 추궁에 진실을 이야기할 수밖에 없었고, 그날 무섭게 혼이 나고 회초리도 많이 맞았습니다.

아이는 그날 이후로 절대로 거짓말을 하지 않았고, '정직'을 인생의 목표로 삼고 살았습니다. 나중에 자라서 땅콩농사를 짓던 이 아이는 주지사가 됐고, 미국의 대통령이 되었습니다.

전 대통령인 닉슨의 거짓말에 신물이 났던 국민들은 정직한 지미 카터를 선택했는데 아이러니하게도 이 정직함 때문에 재임 기간에는 그다지 국민들로부터 인기를 얻지 못했습니다.

그러나 그의 우직한 정책들은 퇴임 이후에 재평가를 받았고, 그 후에는 사랑의 집짓기 운동을 비롯한 각종 평화활동으로 가장 존경받는 대통령이 되었습니다.

카터는 세계 어디를 가던 5일을 봉사하고 주말은 교회를 갔고 아이들을 가르쳤습니다. 사람들에게 정직한 사람은 하나님에게도 정직해야 합니다. 정직한 모습으로 하나님이 기뻐하시는 생활로 예배의 삶을 사십시오. 반드시 하는 모든 일이 다 형통합니다.

💚 주님! 주변 사람들의 칭찬보다는 주님의 칭찬을 기대하며 행동하게 하소서.
🗺 사람들 앞에 정직하고, 하나님 앞에 더 정직하십시오.

나의 영적 일지

생명을 살리는 팔

읽을 말씀 : 잠언 12:22-28

●잠 12:28 공의로운 길에 생명이 있나니 그 길에는 사망이 없느니라

제임스 해리슨은 13살 때 급성폐렴에 걸려 수술을 받았습니다.

증상이 생각보다 심해서 13리터나 되는 피를 수혈 받았는데, 다행히 수술이 무사히 끝나서 건강은 완전히 회복되었습니다.

수술이 끝난 후 다른 사람의 도움으로 엄청난 수혈을 받을 수 있게 되었다는 것을 안 제임스는 자신도 평생 헌혈을 하며 살아갈 것이라는 다짐을 했습니다.

오매불망 헌혈을 할 나이가 되기만을 기다린 제임스는 헌혈이 가능한 나이가 되는 첫날 가장 먼저 병원을 찾아가 헌혈을 했습니다. 그런데 몇 주 뒤에 병원으로부터 연락이 왔습니다. 피의 응고를 막는 희귀한 항체가 제임스에게 있었고, 그렇기 때문에 신생아 용혈병의 치료제가 될 수 있다는 연락이었습니다.

제임스는 지금까지 총 천 번의 혈장헌혈을 했습니다. 그리고 제임스의 피로 생명을 구한 신생아는 240명이 넘습니다. 이런 이유로 호주 국민들은 제임스씨를 '황금팔을 가진 사나이'라고 부릅니다.

내가 생각지도 못한 일들이 누군가를 도울 수 있고 또 살릴 수 있습니다. 생명을 살리는 일보다 가치 있는 일은 없습니다. 생명을 살리는 팔은 황금보다 귀한 가치가 있습니다. 진짜 생명을 살리는 영혼구원에 인생을 바치는 황금의 하루를 보내십시오. 반드시 하는 모든 일이 다 형통합니다.

♥ 주님! 내게 있는 좋은 것으로 일생동안 복음을 전파하는 삶이 되게 하소서.
🦋 다른 사람의 생명을 구할 수 있는 작은 행동을 바로 실천하십시오.

나의 영적 일지

하나님께 드릴 수 있는 것

읽을 말씀 : 히브리서 13:1-19

● 히 13:15 그러므로 우리는 예수로 말미암아 항상 찬송의 제사를 하나님께 드리자 이는 그 이름을 증언하는 입술의 열매니라

페르시아의 키루스왕이 무역으로 융성한 이웃의 소도시를 공격했습니다. 그 도시를 다스리는 영주와 가족들을 붙잡았지만 금세 도우러온 그리스의 군인들 때문에 약탈은 제대로 하지 못했습니다. 키루스왕은 영주를 끌어와 물었습니다.

"내가 당신을 살려준다면 무엇을 내놓겠소?"

"재산의 절반을 드리도록 하겠습니다."

"그렇다면 당신의 아들을 살려준다면?"

"그렇다면 저의 전 재산을 드려도 아깝지 않습니다."

"그래? 그렇다면 아내는? 아내는 당신에게 중요한 사람이 아니오?"

이 말을 들은 영주는 갑자기 자리에서 벌떡 일어나 외쳤습니다.

"폐하! 제 아내를 살려주신다면 전 재산과 더불어 목숨을 바치겠습니다!"

아내와 가족을 목숨처럼 여기는 영주의 모습에 감명을 받은 왕은 아무런 조건 없이 영주를 풀어주었고 자신이 살아있는 동안은 그 도시를 침공하지 않았습니다.

하나님이 아끼는 외아들 예수님을 우리를 위해 주셨듯이, 우리도 가장 귀한 것을 주님께 드려야 합니다. 주님께 드림으로 사랑을 표현하십시오. 반드시 하는 모든 일이 다 형통합니다.

♥ 주님! 제가 목숨을 바쳐서라도 주님을 섬기며 복음을 전파하게 하소서.
🖼 주님께 내어 드릴 수 없는 것이 무엇인지 묵상해 보십시오.

나의 영적 일지

사람에게 꼭 필요한 것

읽을 말씀 : 고린도전서 1:18-31

●고전 1:18 십자가의 도가 멸망하는 자들에게는 미련한 것이
요 구원을 받는 우리에게는 하나님의 능력이라

한 보험회사의 광고 중에 이런 광고가 있습니다.
- 여자에게 늙어서 꼭 필요한 것
1. 돈
2. 딸
3. 건강
4. 친구
- 남자에게 늙어서 꼭 필요한 것
1. 부인
2. 아내
3. 집사람
4. 와이프
그리고 이것들보다 더욱 필요한 것이 보험이라는 광고였습니다.
　그러나 보험보다도, 행복한 노후보다도 더욱 필요한 것이 있습니다.
바로 하나님을 아는 지식과 믿음입니다. 하나님보다 더 의지하고 필요
로 하는 것이 있다면, 그것이 과연 인생에서 내게 어떤 의미를 갖는지
하나님보다 우선 될 만한 것인지 다시금 생각해 보십시오.
　하나님은 우리의 필요를 먼저 아시며 그 필요를 채워 주시며 보호해
주십니다. 오늘도 하나님을 더욱 의지 하십시오. 반드시 하는 모든 일이
다 형통합니다.

💙 주님! 언제나 어디서나 오직 주님만을 의지하고 기도하며 살게 하소서.
🎴 나이가 들수록 더욱 하나님께 가까이 가는 신앙을 간구하십시오.

나의 영적 일지

하나님을 기쁘게 하는 법

읽을 말씀 : 사무엘상 15:10-31

6월 8일

● 삼상 15:22 사무엘이 이르되 여호와께서 번제와 다른 제사를 그의 목소리를 청종하는 것을 좋아하심 같이 좋아하시겠나이까 순종이 제사보다 낫고 듣는 것이 숫양의 기름보다 나으니

공자가 제자들을 모아놓고 이런 질문을 던진 적이 있습니다.
"이 짧은 인생에서 사람을 가장 만족시키는 일이 무엇이겠느냐?"
공자의 수제자인 안현을 비롯한 여러 제자들이 각자 한 가지씩을 말했습니다.
"건강이 최고일 줄 아뢰옵니다."
"아닙니다, 어진 친구가 진짜 재산입니다."
"화목한 가정이 우선입니다."
한참을 듣던 공자는 고개를 저으며 이렇게 말했습니다.
"나의 가르침을 받으면서도 세상 사람들과 같은 생각밖에 못하는구나. 사람을 가장 만족시키는 것은 내가 가르친 사람이 가르친 그대로 행하며 사는 것을 보는 일이다. 먼저 가르칠 수 있는 사람이 되고, 다른 사람이 기꺼이 따르고자 하는 사람이 되어야 한다."
배우는 삶만큼 가르치는 삶도 성도들에게는 중요합니다. 예수님은 이미 우리에게 필요한 모든 것을 가르쳐주셨습니다.
예수님을 믿고 따르는 사람들은 마땅히 행할 일을 알며, 그것을 지키고자 하는 사람입니다. 말씀을 지키고자 노력하는 믿음의 삶으로 하나님을 기쁘게 하십시오. 그리고 그 행실로 하여금 다른 사람들이 따르고 싶어하는 주변 사람들에게 본이 되십시오. 반드시 하는 모든 일이 다 형통합니다.

♡ 주님! 어떤 경우에도 '주님은 이럴 때 어떻게 하셨을까?'를 생각하며 살게 하소서.
▧ 참된 제자의 삶으로 하나님께 기쁨이 되십시오.

나의 영적 일지

진정한 삶의 영향력

읽을 말씀 : 신명기 23:1-8

●신 23:5 네 하나님 여호와께서 너를 사랑하시므로 네 하나님 여호와께서 발람의 말을 듣지 아니하시고 네 하나님 여호와께서 그 저주를 변하여 복이 되게 하셨나니

인도로 선교를 떠난 맥스웰 목사님은 언어로 큰 어려움을 겪고 있었습니다.

같은 인도어라도 지역마다 말이 많이 다르기 때문이었는데 그래서 어떤 지역에 선교를 가면 먼저 그 지역의 언어를 제대로 배우고 나서 선교 활동을 시작했습니다.

그렇게 목사님이 한 지역에 교회를 세우고 다른 지역으로 이동을 했을 때, 그 지역에서 가장 말이 잘 통하는 청년을 찾아가 현지어를 가르쳐 달라고 부탁했습니다. 그러나 청년은 목사님의 이름을 듣고는 단번에 거절했습니다.

목사님은 돈을 더 줄 테니 말을 가르쳐달라고 부탁했지만 그래도 거절했습니다. 혹시 선교사라 거절을 하나 싶어 말을 배우는 동안 절대로 예수님을 전하지 않겠다고 말했는데, 그래도 싫다고 하며 이유를 말했습니다.

"당신과 같이 있다 보면 누구든 그리스도인이 된다고 이미 소문이 여기까지 퍼졌습니다. 나 역시도 그렇게 되지 않으리라는 보장이 없기에 미안하지만 절대로 가르쳐 줄 수 없습니다."

진정한 영향력은 말이 아닌 행동에서 나옵니다. 그래서 진짜 전도는 말이 아닌 성품과 행실로 해야 합니다. 하루의 잠깐이라도 예수님의 향기를 전하는 그리스도인이 되기 위해 노력하십시오. 반드시 하는 모든 일이 다 형통합니다.

♡ 주님! 제 주변의 사람들이 제 행동을 보고 주님을 믿는 삶을 살게 하소서.
🧩 내 삶이 주변 사람들에게 어떤 영향력을 미치고 있는지 생각해보십시오.

나의 영적 일지

인생 최악의 실수

읽을 말씀 : 잠언 1:7-19

6월 10일

● 잠 1:7 여호와를 경외하는 것이 지식의 근본이거늘 미련한 자는 지혜와 훈계를 멸시하느니라

검색엔진 '익사이트'의 조지 벨 회장에게 어느 날 두 명의 프로그래머가 찾아왔습니다. 두 청년은 자신들이 만든 검색엔진을 설명하고 8억 원에 팔겠다고 제안했지만 벨 회장은 고심 끝에 거절했습니다. 벨 회장이 거절한 검색 엔진은 '구글'이었습니다.

일본의 미즈호 증권의 한 고객이 주식 1주를 61만 엔에 팔아달라고 주문을 넣었습니다. 그런데 중개인의 실수로 61만주를 1엔에 팔아버렸습니다. 이 손해로 고객에게 보상한 액수만 3천억이었고, 회사의 신뢰도도 급격히 하락했습니다.

페이스북은 입사를 원했던 2명의 지원자를 자격 미달로 탈락시켰습니다. 그러나 몇 년 뒤에 이들이 개발한 '왓츠앱'이라는 회사를 20조원을 주고 인수했습니다.

2009년에 온라인 가상화폐인 비트코인을 7천 500개나 구입한 제임스 하웰은 몇 년 동안 쓸 일이 없자 컴퓨터에서 삭제를 했습니다. 그런데 이 비트코인이 나중에 급격히 값이 올라 72억 원에 달하는 가치를 지니게 되었습니다.

영국의 일간지 '인디펜던트'에서 꼽은 사상 최악의 실수 중 몇 가지를 나열한 것입니다.

인생에서의 최악의 실수 중 위와 비교할 수 없는 것은 하나님을 믿지 않고 거부하는 것, 그리고 믿은 뒤에 다시 세상으로 가는 것입니다. 하나님을 향한 믿음을 어떤 순간에도 잃지 말고 더 깊이 나가십시오. 반드시 하는 모든 일이 다 형통합니다.

♡ 주님! 주님 안에 있다는 것이 내 삶의 최고의 행운임을 알게 하소서.
▨ 하나님을 떠나는 최악의 실수를 하지 않게 깨어 기도하십시오.

나의 영적 일지

절대적인 신뢰

읽을 말씀 : 시편 9:1-12

● 시 9:10 여호와여 주의 이름을 아는 자는 주를 의지하오리
니 이는 주를 찾는 자들을 버리지 아니하심이니이다

스페인이 쿠바의 독립문제로 미국과 전쟁 중일 때 미국의 매킨리 대통
령이 쿠바의 군부 지도자인 가르시아 장군에게 밀사를 보냈습니다.

이 임무를 맡은 로완 중위는 가르시아 장군을 찾기 위해서 온 쿠바의
밀림을 다 뒤졌습니다. 목숨을 잃을 뻔한 숱한 위기에 처했지만 그는 어
디에 있는지도 모르는 가르시아 장군을 찾으려고 했고, 고생 끝에 결국
찾았습니다.

이 이야기는 또한 4천만부가 넘게 팔린 '가르시아 장군에게 보내는
편지'라는 책으로도 출판되었는데 이 책에는 로완 중위의 임무를 맡는
자세에 대해 다음과 같이 표현되어 있습니다.

"로완 중위는 가르시아 장군이 어디에 있냐고 대통령에게 묻지 않았
습니다. 그러나 자신이 그 편지를 꼭 전해야 한다고 생각했습니다."

묵묵한 충성은 어떤 유능함보다도 가치 있을 때가 있다는 것이 저자
가 이 이야기를 책으로 낸 이유였고, 그런 목적에 부응하는 것처럼 이
책은 아직도 1년에 백만 부가 넘게 팔리며 진정한 충성이 무엇인지 사
람들에게 알려주고 있습니다.

내가 가진 재능이나 재물에 상관없이 예수님을 '따를' 준비가 되어 있
는 사람만이 예수님의 진정한 제자가 될 수 있습니다. 예수님을 따르는
일을 인생의 최우선으로 삼으십시오. 반드시 하는 모든 일이 다 형통합
니다.

💙 주님! 오직 주님만 바라보면서 오직 주님만 묵묵히 따르게 하소서.
📖 말씀을 묵상하며 주님을 따를 준비가 되어 있는지 질문하십시오.

나의 영적 일지

보람을 위한 일

읽을 말씀 : 갈라디아서 6:1-10

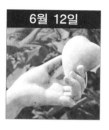

6월 12일

● 갈 6:8 자기의 육체를 위하여 심는 자는 육체로부터 썩어질 것을 거두고 성령을 위하여 심는 자는 성령으로부터 영생을 거두리라

일본 이와쿠니 현의 바다가 오염되어 물고기들이 떼죽음을 당하는 일이 일어났습니다.

어부들이 잡은 물고기가 다 죽어있는 것을 보고 신고를 했는데 주변에 있는 한 공장에서 폐수를 그냥 바다로 흘려보낸 것이 떼죽음의 원인이었습니다.

이 공장을 운영하는 회사는 어부들에게 보상을 해주기로 하고는 바다에서 잡아온 죽은 고기들을 시가의 몇 배의 금액으로 구입하기로 했습니다. 어부들은 오히려 신이 나서 오염된 바다로 나가 고기를 잡았고, 회사에 팔았습니다. 죽은 고기가 돈이 되니 전보다 더 열심히 바다로 나가는 사람도 있었습니다.

그런데 그렇게 한 달이 지나자 점점 바다로 나가는 어부들이 줄었습니다. 생계에 필요한 돈이 충족되자 죽은 고기를 팔아 돈을 버는 일이 점점 무의미하게 여겨졌기 때문입니다. 어부들은 그동안 고기를 잡는 일이 돈이 목적이라기보다는 그 고기를 맛있게 먹는 사람들을 향한 보람이었다는 것을 알게 되었습니다.

그리스도인들은 같은 일을 해도 세상 사람과는 달라야 합니다. 의미 없는 일에 목적을 두고 살게 되면 삶 자체가 무의미해 질 수 있습니다. 필요 이상으로 돈에 집착하지 말고 하나님의 말씀이 말하는 진짜 중요한 일이 무엇인지 찾고 이웃을 섬기는 마음으로 사십시오. 반드시 하는 모든 일이 다 형통합니다.

💚 주님! 이웃을 진정한 사람으로 섬기되 행동으로 나타나게 하소서.
📓 평범한 일도 하나님을 위한 마음을 가지고 할 때 사역이 됨을 기억하십시오.

나의 영적 일지

피로한 신앙의 징후

읽을 말씀 : 열왕기상 19:1-18

●왕상 19:7,8 여호와의 천사가 또 다시 와서 어루만지며 이르되 일어나 먹으라 네가 갈 길을 다 가지 못할까 하노라 하는지라 이에 일어나 먹고 마시고 그 음식물의 힘을 의지하여 사십 주 사십 야를 가서 하나님의 산 호렙에 이르니라

　　교회성장학 전문가인 척 롤리스 박사는 리더의 자리에 피로감을 느껴 실패하는 사람들의 특징을 분석해 '피로한 리더십의 징후'라는 글을 크리스천포스트에 실었습니다.

　　총 13가지이지만 그 중에 대표적인 몇 가지만 소개하겠습니다.

　1. 안일: 모험을 거부하고 그저 현상 유지를 위해서만 살아간다.

　2. 비전: 바로 다음날을 생각할 에너지와 여유도 상실한다.

　3. 경건시간의 감소: Q.T.와 기도 같은 개인적인 훈련이 줄어든다.

　4. 반복되는 강의와 설교: 발전을 위한 노력이 그칠 때 과거의 자료들을 찾게 된다.

　5. 운동시간의 감소: 정신적 피로는 육체적 피로와 연관되어 있다.

　6. 관심의 변화: 개인적인 만족을 위한 취미활동 등으로 에너지의 대상이 바뀐다.

　7. 진실의 회피: 자신의 상태를 솔직하게 말하지 못하고, 거짓으로 사람들을 안심시킨다.

　　척 롤리스 박사는 또한 이런 징후를 통해 문제점이 있다는 것을 알게만 된다면 기도와 노력으로 얼마든지 극복이 가능하다고 덧붙였습니다.

　　이와 같은 원리와 징후는 나의 신앙에도 똑같이 적용할 수 있습니다. 예배에 피로감을 느끼고 있다면 원인을 찾아 신앙을 회복시키십시오. 반드시 하는 모든 일이 다 형통합니다.

　💗 주님! 영적 관리를 지혜롭게 잘해 언제나 힘차게 살게 하소서.
　🏮 몇 가지 징후가 나타나고 있는지 체크해보십시오.

나의 영적 일지

하나님을 위한 건강

읽을 말씀 : 로마서 12:1-13

● 롬 12:1 그러므로 형제들아 내가 하나님의 모든 자비하심으로 너희를 권하노니 너희 몸을 하나님이 기뻐하시는 거룩한 산 제물로 드리라 이는 너희가 드릴 영적 예배니라

'목적이 이끄는 삶'의 저자인 릭 워렌 목사님이 하루는 담임하는 새들백 교회에서 예배를 드리다 성도들을 보고 이런 생각을 했습니다.

'비만인 성도들이 너무 많은 것 같은 것 같다.'

그런데 생각해보니 목사님 스스로도 과체중이었습니다. 이 경험은 곧 "하나님이 주신 성전이 우리 몸이라고 말만 하고 실제로는 우리가 너무 관리를 안 하고 있는 것 아닐까?"라는 질문으로 이어졌고, 이후 목사님은 '신앙, 식습관, 운동, 삶의 목표, 친구'의 영역을 기준으로 삶이 회복되는 40일 다이어트 '다니엘 프로젝트'를 연구하기 시작했습니다.

운동전문가와 인지과학자와 함께 개발된 이 프로젝트는 먼저 새들백 교회에서 시작되었습니다.

1만 명의 성도들은 이 프로젝트로 무려 11만kg을 감량했으며 이 다이어트가 신앙과 인생에 많은 도움이 되었다고 고백했습니다. 그리고 지금은 미국 전역으로 퍼져나가 교회를 다니지 않는 사람들까지도 이 프로그램을 통해 다이어트를 하고 있다고 합니다. 한국에도 이 책이 번역돼 판매되고 있습니다.

하나님을 향한 순종이 그리스도인들에게는 가장 강력한 동기가 되어야 합니다. 건강을 관리하는 것도 하나님이 주신 사명이며, 필요한 순종입니다. 지혜롭게 건강을 잘 관리해 오래토록 사명을 잘 감당할 몸을 가꾸십시오. 반드시 하는 모든 일이 다 형통합니다.

♡ 주님! 영적으로나 육체적으로나 모두 강건하게 살게 하소서.
🎴 주님의 몸된 성전인 우리 몸을 가꾸기 위해 어떤 노력을 해야할 지 묵상하십시오.

나의 영적 일지

환경미화원의 감사

읽을 말씀 : 역대상 16:7-36

●대상 16:34 여호와께 감사하라 그는 선하시며 그의 인자하심이 영원함이로다

시어머니를 모시고 남편과 함께 행복하게 사는 한 주부가 있었습니다. 너무 행복했지만 남편의 월급이 박봉이라 시어머니를 제대로 모실 수 없어서 잠시 청소부 일이라도 해보자는 마음에 한 대학에서 환경미화원 일을 시작했습니다. 그러면서 애를 둘이나 낳고, 아이들도 자라 대학을 보내다보니 일을 그만둘 수가 없어 30년 동안이나 계속해서 힘든 일을 했습니다. 그러나 워낙 성실했기에 힘든 일도 먼저 나서서 하면서도 웃음을 잃지 않았습니다. 그리고 없는 여유를 만들어 천만 원이라는 돈을 모았는데, 그 돈을 일하는 학교에 기부했습니다. 전 재산이나 다름없는 돈을 기부해도 되겠냐는 학교 직원의 말에 그녀는 이렇게 대답했습니다.

"그동안 제게 일할 기회를 주신 학교에 너무 감사해서요. 아들은 리어카를 끄는 제 모습을 전혀 부끄러워하지 않아하며 친구들에게 소개를 했고, 딸도 좋은 신랑 만나서 결혼해 지금 일본에서 사업도 하고 있고요. 좋은 직장을 통해 이렇게 감사한 일들이 많이 생겼다고 생각하기 때문에 비록 적지만 어려운 학생들에게 조금이라도 도움이 되었으면 좋겠어요."

감사란 믿음의 습관이며 기쁨의 찬양입니다. 하나님이 주시는 모든 것에는 감사할 이유가 있습니다. 오늘 일어나는 모든 상황에 대해서 그것이 내게 어려움을 줄지라도 주님께 감사하십시오. 반드시 하는 모든 일이 다 형통합니다.

💗 주님! 상황이나 기분이나 어떠한 것에 상관없이 감사하게 하소서.
🔲 오늘 무엇을 감사하며 나눴는지 묵상해보십시오.

탐욕의 결과

읽을 말씀 : 전도서 7:1-18

●전 7:7 탐욕이 지혜자를 우매하게 하고 뇌물이 사람의 명철을 망하게 하느니라

사업이 완전히 망해서 벼랑 끝에 선 남자가 있었습니다.

정상적인 방법으로는 빚을 갚을 수 없던 그는 최후의 방법으로 사기를 계획했습니다. 먼저 가짜 명함과 주소로 유령 회사를 세우고 전화만 따로 연결해 실제 사무실이 있는 것처럼 꾸몄습니다. 그리고 복잡한 수식을 가지고 '45일 안에 50%의 수익, 90일 안에 100%의 수익'을 무조건 올릴 수 있는 투자 공식을 개발했다고 사람들에게 알렸습니다.

조금만 생각해도 말이 안 된다는 걸 알 수 있지만 경제적인 어려움을 겪던 사람들은 이 남자의 말에 혹했고, 투자자들이 기하급수적으로 늘어나기 시작했습니다. 뒤에 들어오는 투자자의 돈으로 앞선 투자자의 돈을 대주며 남는 돈을 횡령했던 이 남자의 사기 행각은 결국 1년도 안되어 밝혀졌습니다.

그러나 그로인해 8개월 동안 5개의 은행이 파산했고, 2000억 원이 넘는 돈이 증발했습니다. 희대의 사기극을 벌인 찰스 폰지는 이 일로 사기의 대명사가 되었고, 지금도 유령회사를 세워 투자자를 모으는 방식의 사기를 폰지 사기라고 부르고 있습니다.

잘못된 탐욕은 모두를 수렁에 빠트립니다. 단기간에 얻을 수 있는 높은 수익보다 매일 매일의 수고로 얻는 노동의 가치가 훨씬 귀중하다는 것을 깨달으십시오. 필요 이상의 욕심을 내지 말고 오늘 내게 주어진 은혜에 만족하며 주님만을 바라보십시오. 반드시 하는 모든 일이 다 형통합니다.

♡ 주님! 욕심은 패망의 지름길임을 깨달아 노력하며 살게 하소서.
▨ 지나친 욕심을 버리고 자족하는 마음을 구하십시오.

나의 영적 일지

6월 17일

내려올 준비

읽을 말씀 : 베드로전서 5:1-11

● 벧전 5:3 맡은 자들에게 주장하는 자세를 하지 말고 양 무리의 본이 되라

세계 최고의 식당을 평가하는 미슐랭 가이드는 별점으로 식당을 평가합니다. 별 3개가 만점이지만 별 하나만 받아도 이미 엄청난 인정을 받은 것이기 때문에 많은 요리사들이 자신의 식당이 별 하나만이라도 받아서 미슐랭 가이드에 실리기를 원합니다.

그런데 프랑스의 요리사 베르나르 르와조의 식당은 무려 27년간 미슐랭 가이드에서 별 3개를 받았습니다. 르와조는 미식가의 나라인 프랑스에서도 가장 유명한 요리사였고, 그에 대한 자부심도 대단했습니다.

그런데 28년째 되던 해에는 미슐랭 가이드에서 그의 식당에 별점을 한 개만 주었습니다. 이 소식은 프랑스 요리계의 아주 큰 이슈거리였는데, 이 사실을 듣고 큰 충격을 받은 르와조는 몇 달을 방황하다 결국 자살로 생을 마감했습니다.

그가 죽은 날 프랑스의 전 방송국은 그의 생애를 다룬 다큐멘터리를 방영했고, 프랑스 국민들은 여전히 그를 사랑하고 존경했습니다. 그는 27년간이나 미슐랭 3스타를 받은 뛰어난 요리사였지만 정작 자기 자신은 하루아침에 1스타를 받은 실패한 요리사로 생각했습니다.

최고의 자리에 올라선 것만큼 최고의 자리에서 내려오는 것도 중요합니다. 올라갔으면 내려오는 것은 당연합니다. 올라가는 것만큼 내려오는 준비도 철저히 하는 겸손의 사람이 되십시오. 반드시 하는 모든 일이 다 형통합니다.

💙 주님! 모든 것이 주님의 은혜임을 알고 모든 일에 감사하며 살게 하소서.
🔳 정상에서 내려오는 일을 부끄럽게 생각하지 마십시오.

나의 영적 일지

성경적 대화법

읽을 말씀 : 잠언 11:1-11

6월 18일

● 잠 11:9 악인은 입으로 그의 이웃을 망하게 하여도 의인은 그의 지식으로 말미암아 구원을 얻느니라

「크리스처니티투데이」 사이트에 올라온 '성경에서 찾은 10가지 대화법'입니다.

01. 들을 준비를 하고 상대방이 말을 끝난 후 대답한다.

02. 말하기에 앞서 먼저 생각한다.

03. 상대방의 눈높이에서 이해할 수 있게 말한다.

04. 사랑 안에서 부풀리지 않고 진실을 말한다.

05. 의견이 다르다고 말다툼을 벌이지 않는다.

06. 반대 의견도 부드럽고 친절하게 말한다.

07. 잘못을 했으면 인정하고 용서를 빌고 상대의 잘못엔 용서한다고 말한다.

08. 조언이라는 명목으로 잔소리를 하지 않는다.

09. 상대를 책망하거나 비판하기보다는 격려한다.

10. 상대방의 비판이나 책망에 똑같이 대꾸하지 않는다.

같은 말이라도 하는 방법에 따라 사람을 살리기도 하고, 죽이기도 합니다. 지혜로운 대화방법도 성경에 답이 있습니다. 성경이 가르치는 지혜로 말과 혀를 다스리십시오.

위의 10가지 대화법중 몇 가지를 실천하고 있는지 돌아보십시오. 앞으로 대화할 때 가장 많은 실수를 저지르는 부분에서 조심해야 할 것을 적용해 보십시오. 반드시 하는 모든 일이 다 형통합니다.

♡ 주님! 말씀을 통해 대화의 지혜를 깨닫게 하소서!
🔲 대화생활에 문제가 있다면 위의 지침을 따르십시오.

나의 영적 일지

알지 못하기 때문에

읽을 말씀 : 누가복음 6:27-38

●눅 6:35 오직 너희는 원수를 사랑하고 선대하며 아무 것도 바라지 말고 꾸어 주라 그리하면 너희 상이 클 것이요 또 지극히 높으신 이의 아들이 되리니 그는 은혜를 모르는 자와 악한 자에게도 인자하시니라

영국인 게빈 조셉은 엄마의 심부름으로 근처 슈퍼마켓을 다녀오는 중이었습니다.

그런데 10대 2명이 게빈을 갑자기 골목으로 끌고 가 마구잡이로 구타했습니다. 집에 돌아온 게빈은 한쪽 눈이 심하게 부어서 앞이 보이지 않았고 코뼈는 부러졌습니다. 이런 아들을 본 어머니는 바로 경찰에 신고했고, 길거리를 배회하던 두 학생은 잡혀서 수사를 받았는데 이들이 게빈을 때린 이유는 '쳐다보는 게 마음에 들지 않아서'였습니다.

게빈은 말을 더듬고 대인관계에 문제를 보이는 아스퍼거 증후군을 앓고 있는데, 어려서부터 부모님께 교육을 잘 받아 타인에게 해가 되는 행동은 절대로 하지 않습니다. 다만 조금 눈에 띄는 행동을 할 때가 있는데 이 모습이 기분이 나빠 게빈을 구타한 것입니다.

그런데 게빈은 어눌한 말투로 이들을 고소하지 않고 용서하겠다고 말했습니다. 다만 자신과 같은 병을 앓는 사람이 있다는 걸 이해해줬으면 하는 바람에 '아스퍼거 증후군을 설명하는 영상을 보고 감상문'을 제출해 줄 것을 유일한 조건으로 걸었습니다.

알지 못하기 때문에 저지른 일들은 마음을 열고 용서해야 합니다. 십자가에 달리신 예수님도 같은 이유로 우리를, 그리고 나를 용서하셨습니다. 십자가의 사랑을 알지 못하는 사람들에게 용서를 통해 그 사랑을 전하십시오. 반드시 하는 모든 일이 다 형통합니다.

💚 주님! 이웃을 이해하며 어떠함에도 불구하고 사랑하게 하소서.
🧩 성도의 마음으로 믿지 않는 사람들에게 더욱 용서를 베푸십시오.

나의 영적 일지

가장 중요한 시간

읽을 말씀 : 골로새서 4:1-6

● 골 4:5 외인에게 대해서는 지혜로 행하여 세월을 아끼라

　톨스토이는 '시간을 가치 있게 사용하는 10가지 방법'에 대해 이렇게 말했습니다.

　01. 일을 하십시오, 성공이라는 대가를 줄 것입니다.
　02. 생각을 하십시오, 생각은 능력의 근원입니다.
　03. 운동을 하십시오, 그것은 젊음의 비결입니다.
　04. 독서를 하십시오, 지혜의 샘이 거기에 있습니다.
　05. 친절을 베푸십시오, 행복으로 가는 지름길입니다.
　06. 꿈을 꾸십시오, 인생의 뜻을 품게 됩니다.
　07. 사랑을 하십시오, 율법이 완성됩니다.
　08. 배려하십시오, 풍성한 인생으로 가꾸어줍니다.
　09. 웃으십시오, 영혼에 음악이 울려 퍼질 것입니다.
　10. 기도하십시오, 인생의 영원한 투자를 하는 유일한 방법입니다.

　시간은 어떻게든 흘러갑니다. 주님이 다시 오실 날이 가까워지고 있는데, 흘러가는 시간을 좀 더 가치 있는 일에 투자하고, 무엇보다도 가치 있는 일에 투자하십시오.

　성경에는 "시간을 아끼라"는 말씀이 수차례 등장합니다. 순종하는 마음으로 허비하는 시간들을 주님께 드리듯 알차게 쓰도록 하십시오. 반드시 하는 모든 일이 다 형통합니다.

💛 주님! 시간의 중요성을 알게 하시고 더 지혜롭게 사용하게 하소서.
🏃 중요한 일부터 하루 계획을 세우십시오.

나의 영적 일지

리더의 역할

읽을 말씀 : 신명기 28:1-19

●신 28:13 여호와께서 너를 머리가 되고 꼬리가 되지 않게 하
시며 위에만 있고 아래에 있지 않게 하시리니 오직 너는 내
가 오늘 네게 명령하는 네 하나님 여호와의 명령을 듣고 지
켜 행하며

역사상 최대의 군사작전인 노르망디 상륙작전을 승리로 이끌었던 아
이젠하워 장군에게 한 기자가 '리더십'에 대해서 물었습니다.

아이젠하워는 서랍에서 긴 실을 꺼내놓고 기자에게 말했습니다.

"이 실을 당겨보십시오."

기자가 실을 잡고 당기자 실은 줄줄 끌려왔습니다.

"반대로 실을 밀어보십시오."

기자가 열심히 실을 밀었지만 실은 앞으로 나가지 않았습니다. 다만
줄이 밀려 꾸불꾸불해졌습니다.

이 모습을 본 아이젠하워는 그제야 리더십에 대해서 말했습니다.

"리더는 일을 하라고 미는 사람이 아니라 이렇게 하자고 이끄는 사람
입니다. 실로 직접 경험을 해보니 이해가 더 잘 되십니까?"

인터뷰를 한 기자는 어떻게 그토록 위험부담이 큰 규모의 작전을 두
고 모든 군사들이 용감하게 아이젠하워를 따랐는지 알게 되었다고 합니
다.

훌륭한 리더를 둔 사람은 진정한 리더십을 저절로 알게 됩니다. 예수
님이 훌륭한 리더를 따르는 그리스도인들은 세상 사람들을 이끄는 리더
의 삶을 살아야 합니다. 우리를 창조하신 분이 누구인지, 그 분이 얼마
나 사랑하시는지 사람들에게 보여주며 이끄십시오. 반드시 하는 모든
일이 다 형통합니다.

♥ 주님! 지혜로운 리더의 삶을 살게 하소서.
🖼 남을 탓하며 밀지 말고 먼저 실천하며 끌어주십시오.

나의 영적 일지

성공을 부르는 자세

읽을 말씀 : 누가복음 19:11-27

● 눅 19:17 주인이 이르되 잘하였다 착한 종이여 네가 지극히 작은 것에 충성하였으니 열 고을 권세를 차지하라 하고

'리더들이 가진 침묵의 언어'를 쓴 캐럴 킨제이 고먼 박사는 리더십을 가진 사람들은 자세가 다르다고 말합니다.

다음의 7가지 자세는 박사가 말한 '사회적으로 성공한 리더들이 가지는 주요 공통점'입니다.

1. 허리를 편 곧은 자세 – 허리를 편 자세는 당당함의 상징입니다.
2. 손에 쥔 음료 – 이성적인 협상일 때는 차가운 음료를, 감성적인 협상일 때는 따뜻한 음료를 손에 쥐는 것이 좋습니다.
3. 긴장을 풀기 위한 습관 – 긴장될 때는 손에 뭔가를 쥐는 것이 큰 도움이 됩니다.
4. 먼저 청하는 악수 – 악수를 할 경우 협상이 더 공평하게 이루어질 확률이 큽니다.
5. 낮은 목소리톤 – 낮은 톤일수록 사람에게 신뢰감을 줍니다.
6. 가벼운 스킨십 – 가벼운 스킨십을 잘 하는 사람은 연봉이 더 높습니다.
7. 충분한 운동 – 근육이 감정의 절제에 도움이 되기 때문입니다.

리더의 영향력이 자세와 운동으로 만들어지듯이 그리스도인의 영향력은 살아오는 삶으로 만들어집니다. 그리스도인을 나타내는 자세와 언행으로 오늘 하루를 하나님께 영광을 돌리는 삶을 사십시오. 반드시 하는 모든 일이 다 형통합니다.

💙 주님! 제가 주님의 도우심과 준비된 생활로 영향력을 갖게 하소서.
🎭 기본자세부터 바르게 교정하십시오.

나의 영적 일지

잘못된 차별

읽을 말씀 : 잠언 14:19-35

●잠 14:21 이웃을 업신여기는 자는 죄를 범하는 자요 빈곤한
자를 불쌍히 여기는 자는 복이 있는 자니라

아프리카의 한 소녀가 UN의 시 공모전에 낸 작품입니다.
"태어났을 때 제 피부는 검은색이었습니다.
자라서도 그대로 검은색이죠.
해 아래 있어도, 무서울 때도, 아플 때도,
죽어서도 나는 여전히 검은색입니다.
그런데 백인인 당신은,
분홍으로 태어나 자라서는 흰색이 되죠.
해 아래선 빨간색, 겁에 질리면 노란색,
아플 때는 녹색이 되고 죽으면 회색이 되잖아요.
그런데 왜 당신이 나를 유색인종이라고 부르나요?"

이 시는 공모전에서 대상을 탔고 UN이 뽑은 올해 최고의 시로 선정
되었습니다.
때론 차별은 편견과 무지에서 생겨납니다. 너무도 당연히 여겨지는 잘
못된 사회적 편견으로 내 자신에게 잘못된 가치관을 심습니다. 그리고
그 편견으로 인해 다른 이에게 알게 모르게 상처를 줄 수 있습니다.
관심과 배려가 마음의 틈을 만들어야 사랑의 싹이 틀 수 있습니다. 조
금 더 넓은 생각으로 상대방을 이해하려고 노력하십시오. 반드시 하는
모든 일이 다 형통합니다.

♡ 주님! 주님이 모든 이를 창조하셨음을 늘 기억하고 편견을 갖지 않게 하소서.
❀ 차별적인 발언은 재미로라도 삼가십시오.

나의 영적 일지

하나님이 주신 이유

6월 24일

읽을 말씀 : 에스더 4:1-17

● 에 4:14 이 때에 네가 만일 잠잠하여 말이 없으면 유다인은 다른 데로 말미암아 놓임과 구원을 얻으려니와 너와 네 아버지 집은 멸망하리라 네가 왕후의 자리를 얻은 것이 이 때를 위함이 아닌지 누가 알겠느냐 하니

미국 플로리다 대학교의 곤충전문가 다니엘 한 박사가 개미를 연구하고 있었습니다.

박사는 사막의 개미들을 연구하다가 아주 특이한 종류의 개미를 발견했는데, 사막에는 물과 음식을 몸 안에 가득 머금고 아무 일도 하지 않고 매달려 있는 개미들이 있었습니다. 이것은 다른 지역에서는 찾아볼 수 없는 새로운 직업의 개미였습니다. 이 개미들은 놀랍게도 자기 몸으로 비상식량의 역할을 하고 있었습니다.

젊은 개미들은 자기 몸을 부풀려 체중의 거의 100배나 되는 물과 양분을 몸에 머금고는 에너지 소비를 최대한으로 줄이기 위해 천장에 매달려 있다가 동료들이 와서 몸을 건들면 조금씩 물과 식량을 뱉어줍니다. 사막이라는 기후의 특성상 원활한 식량 공급이 어렵기 때문에 이 개미들이 어려울 때 양분을 공급해 다른 개미들의 생존을 책임지는 것입니다.

자기 몸의 100배나 되는 물과 식량을 머금고 있어야 하기 때문에 비교적 젊은 개미들만 할 수 있고 또 다른 개미들에 비해 빨리 죽지만 이 개미들이 있기 때문에 사막에서도 안전하게 생존할 수 있습니다.

하나님이 누군가에 복을 주신 것은 자랑하고 누리라는 것이 아니고 다른 사람과 나누고 선을 이루라는 것입니다. 나에게 하나님이 주신 축복을 세어보고 그것을 누구와 나눌지를 생각해보십시오. 반드시 하는 모든 일이 다 형통합니다.

🤍 주님! 이웃에게 물질과 재능과 좋은 것을 나누는 삶을 살게 하소서.
🎴 가진 것을 나누는 일에 인색하지 마십시오.

나의 영적 일지

기적을 만드는 기도

읽을 말씀 : 마태복음 6:1-18

●마 6:8 그러므로 그들을 본받지 말라 구하기 전에 너희에게 있어야 할 것을 하나님 너희 아버지께서 아시느니라

6.25로 분단이 되기 전 황해도 봉산군에 한 시골교회가 있었습니다.
그 교회에는 뒤늦게 예수님을 믿어 정말 열심히 신앙생활을 하던 노부부가 계셨습니다. 부부가 여름에 밭을 매고 있을 때였는데 동네 주민 한명이 달려와 소리를 질렀습니다.

"할머니~! 할아버지~! 지금 큰일 났어요! 할머니 할아버지네 집에 불이 났어요!"

그런데 부부는 전혀 놀라지 않고, 오히려 갑자기 기도를 하기 시작했습니다.

"하나님, 저희 힘으로 집에 난 불을 뭐 어떻게 하겠습니까? 다만 이제까지 잘 살게 해주셨으니 앞으로도 잘 살게 해주시리라 믿습니다."

그리고 천천히 집으로 걸어가는데 이미 마을 사람들이 불 탄 집을 보려고 잔뜩 모여 있었습니다. 그런데 신기하게 불이 난 지붕의 부분이 엄청난 바람에 날아가 강으로 떨어졌습니다. 불은 더 이상 번지지 않았고, 아주 간단한 보수로 집에서 다시 예전처럼 살 수 있었습니다.

이후에 이 부부는 '기도의 할머니', 또는 '기적의 할아버지'로 마을에서 불렸고 지금도 문헌에 공식적인 기록으로 남아있습니다.

하나님께 드리는 기도는 결코 헛되지 않고, 허투루 땅에 떨어지는 것이 없습니다. 정성을 다한 마음의 기도를 오늘도 하나님께 드리십시오. 반드시 하는 모든 일이 다 형통합니다.

♥ 주님! 모든 것을 때에 맞게 허락하실 주님을 오직 신뢰하게 하소서!
🦋 기도로 매일 나의 모든 필요와 간구를 주님께 아뢰십시오.

나의 영적 일지

그리스도인이란 표식

읽을 말씀 : 로마서 1:8-17

●롬 1:16 내가 복음을 부끄러워하지 아니하노니 이 복음은 모든 믿는 자에게 구원을 주시는 하나님의 능력이 됨이라 먼저는 유대인에게요 그리고 헬라인에게로다

미국의 한 부부가 해안가 고속도로를 주행하다 사고가 났습니다.

차가 완전히 찌그러질 정도로 큰 사고였지만 부부의 건강에는 큰 이상이 없었습니다. 그러나 사고로 오랜 잠에 빠졌던 부부는 며칠 뒤에 눈을 떴는데 깨자마자 간호사를 불러 다급하게 물었습니다.

"우리 애는요? 우리 아기는 어떻게 됐어요?"

그러나 구급차에 실려 온 것은 남편과 아내뿐이었습니다.

경찰은 다시 찌그러진 차가 보관된 곳에 가서 샅샅이 뒤져봤는데 정말로 숨진 아기가 있었습니다. 차가 찌그러져 작은 아기를 찾지 못했던 것입니다.

이 안타까운 계기로 미국에서는 아이와 함께 차를 타는 경우엔 "차에 아기가 타고 있어요!"(Baby in a car!)라는 스티커를 붙이는 캠페인이 시작됐습니다.

그러나 한국에서는 "아이가 있기 때문에 조심해 주세요"라는 뜻으로 여겨지고 있기에 뒷유리창에 스티커를 붙입니다. 하지만 사고가 났을 때 유리는 쉽게 깨지기 때문에 본래는 사고가 나도 남아있을 확률이 큰, 차 본체에 붙여야 합니다.

그리스도인이란 표식은 주일날 교회에서만이 아니라, 평일에 세상에서도 붙이고 다녀야 합니다. 내가 하는 말과 행동이 내가 믿고 섬기는 분을 나타낸다는 사실을 주일에도, 평일에도 기억하십시오. 반드시 하는 모든 일이 다 형통합니다.

🧡 주님! 언제나 어디서나 주님을 믿는 사람답게 살게 하소서.
🖼 언제 어디서나 당당히 그리스도인임을 드러내십시오.

나의 영적 일지

코브라 효과

읽을 말씀 : 마가복음 8:27-38

●막 8:35 누구든지 자기 목숨을 구원하고자 하면 잃을 것이
요 누구든지 나와 복음을 위하여 자기 목숨을 잃으면 구원
하리라

인도에서 코브라에 의한 인명피해가 너무 많이 일어나자 정부에서 보
상금을 걸었습니다.

"코브라를 잡아오면 돈을 드립니다!"

그러자 너도나도 코브라를 잡기 시작했습니다. 그리고 코브라 수가
줄면서 인명피해도 줄었습니다.

그런데 몇 년이 지나도 잡아오는 코브라의 숫자가 줄지 않았습니다.
이상하게 여긴 정부가 조사를 해보니 사람들이 처음에는 코브라를 열
심히 잡다가 쉽게 돈을 벌기 위해서 집집마다 코브라를 키우고 있었습
니다. 결국 정부는 코브라 보상금을 폐지했습니다.

"더 이상 코브라를 잡아와도 돈을 드리지 않습니다!"

그러자 사람들이 그동안 키워왔던 코브라를 전부 내다 버렸습니다.
결과적으로 정책을 펴기 전보다 코브라는 훨씬 늘었고, 인명피해도 증
가했습니다.

근본적인 복음에 근거하지 않은 교회의 모든 행사와 프로그램은 울리
는 꽹과리와 같습니다. 진짜 제자를 만드는 것은 오직 하나님의 말씀이
며 예수님을 향한 믿음뿐입니다. 눈앞의 성과에 연연해 성도들에게 맞
추기보다는 하나님의 말씀대로 바른 복음과 진리를 전하십시오. 반드시
하는 모든 일이 다 형통합니다.

♡ 주님! 세상과 타협 하지 않고 주님이 주신 지혜로 살게 하소서.
🐾 교회의 어떤 행사를 하던 마음의 중심을 잃지 마십시오.

나의 영적 일지

대통령의 코코아

6월 28일

읽을 말씀 : 누가복음 22:14-34

●눅 22:27 앉아서 먹는 자가 크냐 섬기는 자가 크냐 앉아서 먹는 자가 아니냐 그러나 나는 섬기는 자로 너희 중에 있노라

　미국 워싱턴의 유니온 기차역에서 어떤 노인이 새벽부터 사람들에게 코코아를 나눠주고 있었습니다.

　"여기 코코아 한 잔 하시게, 내가 직접 탄 코코아네."

　2차 세계대전에 참전하러 모집된 젊은 군인들이 특히 많았는데, 이 노인은 다리가 불편한지 절뚝절뚝 거리면서도 손수 청년들을 찾아다니며 코코아를 나눠주고 있었습니다. 그런데 코코아를 받은 한 청년이 놀라 물었습니다.

　"저..저기... 혹시 루즈벨트 대통령 아니십니까?"

　그러자 그 노인이 웃으며 말했습니다.

　"허허, 지금까지 아무도 몰랐는데, 자네는 나를 알아보겠는가?"

　"물론입니다. 그런데 대통령님께서 이 시간에 어쩐 일이십니까?"

　"나라를 위해 목숨을 걸고 군대에 가는 청년들을 위해 뭐라도 해주고 싶어 몰래 나왔네, 그나저나 코코아는 맛이 어떤가? 먹을만한가?"

　예수님의 따스한 말 한 마디가 사마리아 여인에게는 구원의 동기가 되었습니다. 내가 평소 있는 곳보다 낮은 곳에 거할 때 치유가 임하고, 회복이 일어날 수 있습니다. 높은 곳에 있을수록 따스한 섬김의 마음을 품어야 합니다. 미처 둘러보지 못한 곳부터 둘러보십시오. 한 번의 작은 선행이 생명을 살리고 영혼을 살립니다. 차 한 잔의 선행이라도 베푸는 하루를 사십시오. 반드시 하는 모든 일이 다 형통합니다.

💛 주님! 주님의 이름으로 베푼 하찮은 친절도 주님이 기억함을 알게 하소서.
🖼 오늘 만나는 사람들과의 인사는 따스한 격려로 시작하십시오.

나의 영적 일지

외제차보다 귀한 성품

읽을 말씀 : 로마서 14:13-23

● 롬 14:18 그리스도를 섬기는 자는 하나님을 기쁘시게 하며 사람에게도 칭찬을 받느니라 그러므로 우리가 화평의 일과 서로 덕을 세우는 일을 힘쓰나니

서울 신월동 한 골목에서 폐지를 줍는 할머니와 손자가 있었습니다.

손자는 할머니가 리어카를 끄는 것이 안쓰러웠는지 7살의 어린 나이에도 혼자 끌어보겠다고 나섰습니다. 할머니는 이 모습을 기특하게 바라보고 있었는데 손자가 갑자기 중심을 잃고 넘어졌습니다. 옆으로 빠진 리어카는 고급 외제차와 부딪치며 옆면에 흠집을 냈습니다.

작은 흠집 하나에 수십만 원의 수리비가 드는 외제차였기에 사람들이 모여 웅성거리기 시작했고 할머니도 손주를 안고 어쩔 줄을 몰라 했습니다. 그런데 이 소식을 듣고 온 차 주인인 한 부부는 오히려 할머니에게 공손히 인사를 하며 사죄를 했습니다.

"주차장에 주차를 해야 했는데 급해서 도로변에 놓다 보니 이런 사고가 난 것 같습니다. 손주는 괜찮은지요?"

그리고 울먹이는 할머니의 손주를 달래기 시작했습니다.

이 모습을 목격한 사람들은 외제차보다 부러운 성품을 지닌 부부라며 인터넷에 글을 올리기 시작했고 그 글을 본 사람들은 성공의 상징인 '외제차'보다 성공한 인생의 상징인 '인성과 성품'에 더 관심을 가졌습니다.

진짜 성공하는 인생은 물질이 아니라 하나님을 믿고 바르게 세운 성품입니다. 세상 사람보다도 더 좋지 않은 성품의 그리스도인이 많고, 그로인해 전도의 걸림돌이 되는데. 나는 어떤지 스스로를 돌아보십시오. 반드시 하는 모든 일이 다 형통합니다.

♡ 주님! 믿지 않는 사람들에게도 성품에 대해 칭찬받게 하소서.
🖼 세상 사람들과 구분될 만큼의 성품을 가꾸십시오.

나의 영적 일지

평안이 만드는 변화

읽을 말씀 : 이사야 33:1-16

●사 33:6 네 시대에 평안함이 있으며 구원과 지혜와 지식이
풍성할 것이니 여호와를 경외함이 네 보배니라

'아날로그 연구소'라는 곳에서 페이스북과 손을 잡고 온라인의 네티
즌들을 대상으로 한 가지 질문을 던졌습니다.

"만약 두려움을 극복할 수 있다면 하고 싶은 일이 무엇입니까?"

매일 다양한 연령대의 수많은 사람들이 엄청난 답변을 보냈습니다.

"만약 두려움을 극복한다면 번지점프를 해보고 싶어요!"

"몇 년째 못하고 있는데... 용기를 내서 고백을 할 거에요."

"확실히 싫다고 거절을 해보고 싶어요."

"회사를 당장 그만두고 어릴 때 꿈이던 작가가 되고 싶어요."

그런데 어느 순간부터 생각하지 않은 반응이 도착하기 시작했습니다.
단순히 글을 썼을 뿐인데 용기가 생겼다면서 두려움을 극복하고 번지점
프를 하고, 고백을 하고, 확실하게 거절을 하고, 진짜 꿈을 찾아 떠난다
며 사람들의 감사의 편지가 도착하기 시작했습니다.

두려움을 인정하면 극복을 할 방법과 힘이 생깁니다. 그러나 주님이
주시는 평안보다 더 확실한 방법은 없습니다. 평안이 생기면 두려움이
사라지고, 두려움이 사라지면 인생이 변화됩니다.

세상이 알지도 못하는 강력한 평안을 이미 주님이 우리에게 주셨음을
믿으십시오. 두려움에 지배되어 살아가는 인생이 아니라 주님이 주신
평안으로 두려움을 뛰어넘는 인생을 사십시오. 반드시 하는 모든 일이
다 형통합니다.

♥ 주님! 주님이 주신 평안으로 세상을 이기게 하소서.
🖼 지금 내가 두려움 때문에 하지 못하는 일들을 적어보십시오.

나의 영적 일지

7

월

July

"여호와 앞에 잠잠하고 참고 기다리라
자기 길이 형통하며 악한 꾀를 이루는 자 때문에 불평하지 말지어다"
(시편 37편 7절)

일생동안 가져야 할 3가지 고민

읽을 말씀 : 미가 7:7-20

●미 7:7 오직 나는 여호와를 우러러보며 나를 구원하시는 하나님을 바라보나니 나의 하나님이 나에게 귀를 기울이시리로다

하고 싶은 것이 너무 많은 중국의 한 청년이 있었습니다.

그런데 한 선배가 이 청년의 복잡한 마음을 알고는 세 가지 질문을 던졌습니다.

첫째, "네가 가지고 있는 것은 무엇인가?"

둘째, "네가 진정으로 원하는 것은 무엇인가?"

셋째, "네가 포기할 수도 있는 것은 무엇인가?"

청년은 이 질문을 가지고 자신의 인생에, 그리고 사업에 적용했습니다. 훗날 많은 위기를 딛고 큰 성공을 거둔 이 청년은 한 기업의 회장이 되었고, 또한 많은 청년들의 멘토를 자처하며 강연을 다녔는데, 그때마다 똑같이 이 질문을 소개하며 '일생동안 가져야 할 고민'이라고 덧붙였습니다.

세계최고의 전자상거래 사이트인 알리바바의 창업자인 마윈의 이야기인데 특히 그는 마지막 질문인 '버려야 할 것'에 대한 사람들의 생각이 너무 부족하다며 특히 강조했습니다.

세상에서 그리스도인으로 살아가기 위해선 포기해야 할 것이 있습니다. 포기할 수도 있는 것 때문에 정작 원하고, 해야 할 것들을 놓칠 수가 있습니다. 세상의 정욕이 아닌 하나님의 영광을 정말로 바라고 있다면 포기해야 할 것, 버려야 할 것을 과감히 정리하십시오. 반드시 하는 모든 일이 다 형통합니다.

♥ 주님! 홀가분한 마음과 생각으로 주님을 섬길 수 있게 하소서.
🖼 주님을 위해 버려야 할 것이 무엇인지 생각해보십시오.

나의 영적 일지

희망의 이유

읽을 말씀 : 고린도후서 1:12-24

●고후 1:20 하나님의 약속은 얼마든지 그리스도 안에서 예가 되니 그런즉 그로 말미암아 우리가 아멘 하여 하나님께 영광을 돌리게 되느니라

이탈리아의 프린스카타의 한 시골에서 한 아이가 우물에 빠지는 사고가 일어났습니다.

저녁이 되어도 아이가 집으로 돌아오지 않자 부모님은 경찰에 신고를 했고, 온 마을을 샅샅이 뒤져 아이가 우물에 있다는 것을 알게 되었습니다. 그런데 어쩐 일인지 살려달라는 소리도 안 들렸고, 불러도 아무런 대답이 없었습니다. 물은 없었지만 꽤 깊은 곳에 떨어진데다가 좁고 습해 혹시나 아이가 잘못된 것은 아닐지 걱정되었습니다.

잠시 뒤에 경찰의 연락을 받은 구조대원이 도착했고 안전장비로 줄을 묶고 우물 바닥으로 내려갔습니다. 아이는 심하게 다쳐있었으나 다행히 숨은 붙어있었고 의식도 멀쩡했습니다. 안심시키며 다가서는 구조대원을 보고 아이는 나지막히 입을 뗐습니다.

"엄마는...? 엄마는 왔어요...?"

아이의 질문을 들은 구조대원은 어떻게 아이가 지금까지 버틸 수 있었는지 이유를 알게 되었습니다. 자신을 너무나 사랑했던 엄마를 향한 마음이 아이를 극한의 환경 속에서도 견딜 수 있게 만든 것입니다.

우리는 나를 끝까지, 목숨을 주기까지 사랑해 주시는 주님의 사랑이 있기에 언제든 희망을 품을 수 있고, 주님을 찬양할 수 있습니다. 무한한 주님의 사랑을 믿는다면 오늘도 희망을 품고 사십시오. 반드시 하는 모든 일이 다 형통합니다.

♡ 주님! 세상이 아무리 혼란스러워도 생명의 근원이신 주님만 의지하게 하소서.
🏵 마지막까지 나를 사랑하시는 주님을 위해 포기하지 마십시오.

나의 영적 일지

지금 시작하라

읽을 말씀 : 누가복음 19:1-8

●눅 19:8 삭개오가 서서 주께 여짜오되 주여 보시옵소서 내 소유의 절반을 가난한 자들에게 주겠사오며 만일 누구의 것을 속여 빼앗은 일이 있으면 네 갑절이나 갚겠나이다

일본의 유명 컨설턴트 혼다 겐은 부자들의 성공 습관에 관심이 많았습니다.

성공한 직장인과 부자들을 만나며 자산관리를 해줬지만 그럼에도 공통된 습관을 찾을 수 없었던 그는 아예 직장까지 그만두고 부자들의 특징을 찾기 시작했습니다.

그는 가장 빠른 길은 부자가 된 사람들에게 직접 물어보는 것이라고 생각해 먼저 국세청을 찾아가 세금을 가장 많이 내는 사람의 명단 1만 명을 추렸습니다. 그리고 납세자 순위를 따라 미리 허락을 받은 뒤에 설문지를 보내고 받은 답장으로 자료를 정리하기 시작했는데 어느 날부터 점점 설문지를 작업하는 시간이 길어진다는 느낌을 받게 되었습니다. 그리고 조사를 해보니 실제로 그랬습니다. 왜냐하면 같은 부자라도 세금을 많이 내는 사람일수록 답장이 빨랐는데 맡은 일을 지금 당장 하는 습관이 들었기 때문입니다. 이 사실을 깨달은 혼다 겐은 '어차피 할 일을 지금 당장 처리하는 사람'이 부자가 될 조건을 갖춘 사람이라고 결론을 내렸습니다.

우리나라의 그리스도인들은 유독 신앙의 결심을 나중으로 미루는 경우가 많습니다. 그러나 신앙의 결심은 무엇보다도 지금 당장 실천해야 하는 중요한 과제입니다. 오늘 주시는 은혜를 따라 새로운 신앙의 습관들을 결심하십시오. 반드시 하는 모든 일이 다 형통합니다.

💛 주님! 주어진 일을 미루는 대신 바로 처리하게 하소서.
🎴 오늘 내게 주어진 일중 미룬 것은 없는지 점검해 보십시오.

나의 영적 일지

실패를 바꾸는 힘

읽을 말씀 : 시편 145:10-21

● 시 145:14 여호와께서는 모든 넘어지는 자들을 붙드시며 비굴한 자들을 일으키시는도다

처세술의 대가 데일 카네기에게 한 남자가 '실패를 극복하는 방법'에 대해 물었습니다.

카네기는 '실패를 극복하는 다섯 가지 방법'을 그에게 말했습니다.

1. 실패는 바람과 같다는 걸 기억하라.

   실패는 영원이 아닌 순간이기 때문에 내가 머물러 있지만 않다면 금방 지나갑니다.

2. 실패를 스승으로 삼아라.

   실패에서 교훈을 얻는 사람은 실패를 통해 성장하며 실패를 통해 성공합니다.

3. 실패를 통해 약점을 파악하라.

   실패는 나의 약점을 알려주는 표지판이 되기도 합니다.

4. 방향이 맞는지 확인하라.

   실패를 통해 걸어온 길이 옳은지 앞으로의 목적지가 맞는지 확인할 수 있습니다.

5. 굴복하지 않으면 극복하게 됨을 기억하라.

   열정을 품고 있는 사람은 몇 번의 실패에도 굴복하지 않습니다.

넘어져도 툭툭 털고 다시 일어나는 자세가 신앙생활에도 필요합니다. 주님이 함께 하시기 때문입니다. 신앙의 실패로 낙망하지 말고 다시 일으켜 세워 주시는 주님을 믿으십시오. 반드시 하는 모든 일이 다 형통합니다.

🖤 주님! 삶의 모든 여정이 훈련이고 승리를 향한 행진임을 알게 하소서.
📷 신앙의 실패를 너무 비관하기보다는 전보다 더 빨리 주님께로 나아오십시오.

`나의 영적 일지`

7월 5일

평판을 바꾸는 방법

읽을 말씀 : 에베소서 4:25-32

●엡 4:29 무릇 더러운 말은 너희 입 밖에도 내지 말고 오직 덕을 세우는 데 소용되는 대로 선한 말을 하여 듣는 자들에게 은혜를 끼치게 하라

　고대 그리스에는 정치인들 중에 '데마고그'라는 역할이 있었습니다.

　사실 여부와는 아무런 상관이 없이 오로지 상대방의 평판을 떨어트리는 헛소문을 퍼트리는 것이 이들이 하는 일의 전부였습니다. 그런데 고대 그리스를 떠나 삼국시대에도, 중세시대에도, 그리고 현대에 들어서도 많은 사람들이 믿는 루머는 끊임없이 생산됐습니다. 대표적인 루머들은 다음과 같습니다.

　"코카콜라에는 코카인이라는 마약이 들어있다.", "오바마는 무슬림이다.", "무한동력기관은 이미 발명되어 있다.", "맥도날드 햄버거는 지렁이로 만든다.", "모기에 물려서 에이즈가 걸릴 수 있다", "김치가 사스(SARS)에 효과가 있다."

　미국의 심리학자 포스트먼은 이런 루머가 생기는 원인을 "R = I × A"라는 공식으로 표현했습니다. 루머(R)는 I(일)의 중요성이 크고 A(신뢰성)이 떨어질수록 영향력이 커진다는 뜻입니다. 최근 국민들을 대상으로 조사된 바에 따르면 한국 교회의 신뢰도는 낯선 사람보다 낮은 정도라고 합니다.

　교회가 사회를 향한 신뢰를 되찾으려면 중요한 일들에 대해서 정직하고 투명한 모습을 보여주어야 합니다. 주님의 영광을 위해 세상 사람들을 향한 그리스도인들의 신뢰를 회복하도록 노력하십시오. 반드시 하는 모든 일이 다 형통합니다.

💜 주님! 남에게도 신뢰받는 삶이 되게 도와주소서!
🧩 작은 절차도 공정하고 투명하게 처리하는 교회를 위해 힘쓰십시오.

나의 영적 일지

말씀을 실천하는 사람

읽을 말씀 : 누가복음 8:1-15

● 눅 8:15 좋은 땅에 있다는 것은 착하고 좋은 마음으로 말씀을 듣고 지키어 인내로 결실하는 자니라

    인도의 바베라는 젊은이가 21살이 되던 해에 간디를 찾아가 제자가 되었습니다.

    간디를 따라다니며 '비폭력무저항 운동'의 정신을 배운 그는 문득 이런 생각을 하게 됩니다.

    '인도의 빈부격차를 해소하기 위해서는 가진 사람이 못 가진 사람에게 베푸는 수밖에 없다!'

    그리고 카스트 제도의 하층민들에게 가장 필요한 건 경작을 할 수 있는 땅이었습니다. 그래서 그는 무작정 인도를 걸어 다니며 마을의 부자들을 찾아갔습니다. 그리고 자기의 의도를 설명하며 땅을 기부해줄 수 있는지 물었습니다. 일면식도 없는 바베의 제안에 응하는 부자들은 당연히 없었습니다. 그러나 바베는 유일한 방법이라 생각해 포기하지 않았습니다.

    그는 13년 동안 이 일을 계속했고 무려 8,000km를 걸었습니다. 그리고 이 긴 여정을 마쳤을 때 그가 증여받은 토지는 8만 제곱킬로미터였는데, 이 크기는 스코틀랜드의 크기만한 엄청난 땅이었습니다. 바베는 긴 여정을 마친 뒤 약속대로 받은 땅을 최하층 국민들에게 모두 나누어주고 자신은 다시 무일푼으로 돌아가 여생을 보냈습니다.

    말씀을 통해 복음을 심어주는 것이 구원의 유일한 방법이고, 말씀에 나오는 대로 이웃을 섬기는 것이 믿지 않는 사람의 마음을 변화시키는 거의 유일한 방법입니다. 오늘 깨달은 말씀을 오늘 실천하는 신앙인이 되십시오. 반드시 하는 모든 일이 다 형통합니다.

🖤 주님! 나만을 위해 사는 삶이 아니라 이웃을 도우며 살게 하소서.
▨ 일주일에 한 구절이라도 말씀을 실천하십시오.

나의 영적 일지

인생의 필요조건

읽을 말씀 : 잠언 4:20-27

●잠 4:23 모든 지킬 만한 것 중에 더욱 네 마음을 지키라 생명의 근원이 이에서 남이니라

미국의 신학자 피터 리브스에게 한 신학생이 물었습니다.

"물질적인 것보다 정신적인 것이 더 중요한 이유가 뭡니까? 증거라도 있습니까? 목회자라 하더라도 돈이 없으면 아무 것도 못하는 세상이 지금 세상입니다."

피터가 대답했습니다.

"물론 돈은 인간에게 꼭 필요합니다. 그러나 전부는 아닙니다. 돈으로 사람은 살 수 있지만 마음까진 살 수 없습니다. 돈으로 집은 살 수 있지만 행복한 가정은 살 수 없습니다. 돈으로 책을 산다고 해도 저절로 지혜가 생기진 않습니다. 돈으로 약은 살 수 있어도 건강을 살 수는 없고 지위는 살 수 있어도 사람들의 존경은 살 수 없죠. 또한 돈으로 종교는 얻을 수 있습니다. 돈이 정말 많다면 종교를 만들 수도 있죠. 그러나 그것으로 구원을 얻을 수 있겠습니까?"

피터의 말을 들은 신학생은 자신의 질문을 몹시 부끄러워하며 강의실을 떠났습니다.

물질은 인생의 충분조건이지 필요조건이 아닙니다. 돈과 성공은 인생의 궁극적인 목표가 절대로 될 수 없습니다. 목표를 향해 가는 삶의 과정에서 누릴수 있을 뿐입니다. 보이지 않는 또는 보이게 큰복을 주신 주님의 영광을 위해 사십시오. 반드시 하는 모든 일이 다 형통합니다.

💙 주님! 세상의 그 어떤 것도 우리에 구원이 될 수 없음을 전하게 하소서.
🧩 하나님의 영광을 위해 투자하는 삶이 되십시오.

나의 영적 일지

신앙의 맛

읽을 말씀 : 예레미야 9:17-26

● 렘 9:24 자랑하는 자는 이것으로 자랑할지니 곧 명철하여 나를 아는 것과 나 여호와는 사랑과 정의와 공의를 땅에 행하는 자인 줄 깨닫는 것이라 나는 이 일을 기뻐하노라 여호와의 말씀이니라

옥스퍼드 대학교의 찰스 스펜서 교수는 '음파 양념'이라는 이론을 만든 사람입니다.

실험 중에 우연히 경쾌한 음악을 들었을 때 사람들이 단 맛을 더 느낀다는 것을 알게 된 교수는 다양한 음악에 따라 맛을 어떻게 다르게 느끼는지를 연구했는데 그 결과는 다음과 같습니다.

  - 피아노 음악과 경쾌한 노래는 단맛을 10% 더 잘 느끼게 한다.
  - 재즈와 같은 금관악기 음악은 쓴맛을 10% 더 잘 느끼게 한다.
  - 시끄러운 소음은 단맛이 더 안 느껴지게 방해를 한다.
  - 고음의 노래는 신맛이 더 잘 느껴지게 한다.
  - 신나는 노래는 짠맛을 더 잘 느껴지게 한다.

그동안은 음식의 맛은 양념에 의해서만 정해진다고 생각되었지만, 최근의 연구들을 보면 음식의 맛은 담기는 접시의 색깔, 들리는 음악, 그리고 과거의 경험까지도 영향을 미친다고 합니다.

열명의 성도에게는 열개의 간증이 있는 것처럼 주님은 우리 삶에 다양하게 역사하십니다.

하나님을 믿는 같은 신앙이지만 우리의 비전과 환경, 하나님을 만났던 경험, 믿음의 동역자들로 인해서 그 맛은 다양하게 표현됩니다. 하나님을 위한 아름다운 나만의 신앙의 맛을 올려드리십시오. 반드시 하는 모든 일이 다 형통합니다.

♥ 주님! 다양한 방법으로 이웃에게 주님의 복음을 전하게 하소서.
▧ 지금껏 지내온 나의 신앙은 어떤 맛에 가까운지 생각해보십시오.

나의 영적 일지

성장을 위한 굴곡

읽을 말씀 : 골로새서3:1-17

●골 3:17 또 무엇을 하든지 말에나 일에나 다 주 예수의 이름
으로 하고 그를 힘입어 하나님 아버지께 감사하라

골프공에는 수많은 울퉁불퉁한 굴곡이 있습니다.

이 굴곡은 '딤플'이라고 하는데, 골프가 생긴 초기에는 이 딤플로 많은 논란이 있었습니다. 맨 처음에 사용되던 골프공은 표면이 매끈한 구의 형태였습니다. 그런데 공을 치는 드라이버나 골프공의 재질만큼이나 골프공의 표면에 생긴 흠이 더 멀리 날아가게 만든다는 것이 실험을 통해 밝혀졌습니다.

초창기의 골프를 치던 사람들은 이 사실을 이해할 수 없었습니다. 아무리 생각해도 표면이 매끈한 공이 더 멀리 날아가야 했지만 실제로 표면에 딤플이 있는 공이 훨씬 비거리가 길었습니다.

그렇게 막연히 의문을 품은 채 딤플이 있는 골프공을 쓰다가 한참이 지나서야 표면에 생긴 딤플이 공기의 저항을 줄여주기 때문에 더 멀리 날아가게 된다는 것이 과학적으로 증명이 되었고, 모든 골프공에는 400개에서 500개 사이의 딤플을 넣는 것이 일반적이 되었습니다.

때로는 이해할 수 없는 고난이 내 삶에 찾아올 때가 있습니다. 그러나 그런 고난에도 분명한 하나님의 뜻이 있고, 큰 복이 있습니다. 지금의 이 고난이 내 인생의 딤플이 되어 내가 더욱 멀리 나아가는 인생이 될 수 있음을 믿으십시오.

고난에도 감사하며 기뻐할 수 있는 전천후 신앙을 위해 기도하십시오. 반드시 하는 모든 일이 다 형통합니다.

♥ 주님! 고통에는 뜻이 있음을 알고 어떤 경우도 감사하게 하소서.
🔲 지나온 인생 가운데 임하셨던 주님의 손길을 떠올려 보십시오.

나의 영적 일지

감정적인 배려

읽을 말씀 : 마태복음 5:13-26

● 마 5:22 나는 너희에게 이르노니 형제에게 노하는 자마다 심판을 받게 되고 형제를 대하여 라가라 하는 자는 공회에 잡혀가게 되고 미련한 놈이라 하는 자는 지옥 불에 들어가게 되리라

미국 콜롬비아대학교 생리학과의 에드워드 스미스 교수는 감정 상태에 따른 신체의 반응을 연구하던 중 아주 재밌는 사실을 발견했습니다.

고백을 거절당할 때 미국도 한국과 같이 '차였다'는 표현을 쓰는데, 교수의 연구 결과에 따르면 실제로 고백을 거절당했을 때 몸이 발로 차이는 것과 같은 반응이 일어났습니다.

아랫배를 발로 차일 때 이동하는 스트레스 물질이 실제로 '차였을 때'와 같은 경로로 이동을 한 것입니다.

델라웨어대학교의 연구팀은 심각한 질투심을 느낄 때 일시적인 '심인성 시각 장애'가 나타날 수도 있다는 것을 밝혀냈습니다. 이 역시도 "질투에 눈이 먼다"는 표현과 마찬가지 증상입니다.

이 사실을 통해 단순히 말과 감정으로도 물리적인 힘을 행사하는 것 이상의 결과를 나타낼 수 있다고 두 연구팀은 발표했습니다.

사람들은 나쁜 말을 하면서도 단지 말이라고 그냥 사실이라고 책임을 회피하지만 친절한 말과 무례한 말에는 단순히 들리는 것 이상의 힘이 있습니다.

하나님도 이 세상을 말씀으로 창조하셨습니다. 내가 하는 말이 다 실제로 이루어진다는 생각으로 사람에게 하는 말과 생각을 조심하십시오. 상대방이 용기를 얻고 격려가 되고 소망을 갖는 말과 행동을 하십시오. 반드시 하는 모든 일이 다 형통합니다.

♡ 주님! 말을 할 때나 생각을 할 때 좋은 감정으로 하게 하소서.
🎴 내가 하는 말의 영향력을 과소평가 하지 마십시오.

나의 영적 일지

되돌릴 수 없는 순간

읽을 말씀 : 마가복음 16:9-20

● 막 16:16 믿고 세례를 받는 사람은 구원을 얻을 것이요 믿지 않는 사람은 정죄를 받으리라

극한직업을 다루는 국내의 한 다큐멘터리에서 소방관을 주제로 취재한 적이 있습니다.

소방관이 되기 위한 훈련, 그리고 필요한 자질 등에 대해서 먼저 소개를 한 뒤 현직 소방관들을 대상으로 소방관을 하며 가장 힘들 때가 언제냐고 묻자 많은 소방관들이 "우리가 너무 늦었을 때"라고 대답했습니다.

모두가 살기 위해 건물에서 빠져 나올 때 누군가를 살리기 위해 건물로 들어가야 하는 것이 소방관의 운명입니다. 그런데도 현장의 위험함보다도 사람을 구하기에 너무 늦은 순간이 소방관들에게는 더욱 견디기 힘든 일이었습니다.

윌리엄 부스는 자신이 전도하는 모습을 본 한 노숙자가 "지옥이 진짜 있다고 믿으면 나라면 그렇게 맥 빠지게 전도하지 않겠소"라고 한 말에 충격을 받았습니다. 그는 정말로 간절한 마음으로 사람들을 섬기기 위해 구세군을 창설했고, 그때의 일을 교훈으로 만나는 모든 영혼들을 간절하게 대했습니다.

인생에서 예수님을 전하는 일은 가장 필요한 순간이며, 내가 할 수 있는 가장 귀한 일입니다. 구원의 때는 하나님 만이 아시기에 우리는 한시도 늦추지 말고 출동하는 소방관 처럼 때를 놓치지 말아야 합니다. 오늘이 마지막일수도 있다는 간절한 마음으로 전도대상자들을 대하고, 소중히 여기십시오. 반드시 하는 모든 일이 다 형통합니다.

💛 주님! 영혼에 대한 안타까운 마음을 주시고 더욱 열심히 복음을 전하게 하소서.
🌀 평소 기도하고 있는 영혼들을 위해 전도를 시작하십시오.

나의 영적 일지

이별의 의미

읽을 말씀 : 요한복음 6:22-59

●요 6:40 내 아버지의 뜻은 아들을 보고 믿는 자마다 영생을 얻는 이것이니 마지막 날에 내가 이를 다시 살리리라 하시니라

크로아티아의 한 예술가와 영화감독은 이별 박물관이라는 것을 만들었습니다.

모든 것을 바쳐가며 4년이나 연애를 했지만 끝까지 서로가 이해할 수 없는 부분이 있어서 결국은 헤어지기로 했는데, 그동안의 추억으로 서로에게 격려하자는 의미에서 자그레브에 작은 박물관을 세웠습니다.

그러나 건물이 워낙 넓어 이들은 '이별'에 관련된 물건들을 기증받기로 했습니다. 그렇게 '이별 박물관'에 대한 소문은 조금씩 퍼져 나왔고, 여러 가지 사연을 담은 물건들이 하나 둘씩 도착했습니다.

"사랑했던 반려견의 목걸이에요.", "평생 사랑하자고 약속하며 나눠가진 열쇠와 자물쇠입니다. 그러나 그녀는 세상을 떠나고 없어요.", "우리 아이가 마지막까지 품에 안고 있던 곰 인형이에요."

하나같이 가슴 아픈 이별의 사연들이었지만 이상하게도 이 박물관을 찾는 사람들은 점점 늘어났고, 심지어 비슷한 박물관도 여기저기에 생겨났습니다. 사람들은 가슴 아픈 이별의 사연을 통해 자신의 아픔을 위로 받고, 이겨낼 힘을 얻고 있었기 때문입니다.

나의 아픔과 슬픔에도 주님의 위로와 깊은 뜻이 있습니다.

그리스도인들의 이별은 또 다른 소망이자 하나님의 약속에 대한 믿음입니다. 곧 다시 만날 그리운 사람들을 생각하며 천국을 소망하며 오늘 하루를 살아가십시오. 반드시 하는 모든 일이 다 형통합니다.

🖤 주님! 제가 언젠가 가야할 본향이 있음을 생각하며 살게 하소서.
🖼 나의 아픔을 다른 이들과 나누고, 나역시 다른들의 아픔에 귀 기울이십시오.

나의 영적 일지

7월 13일

시간의 소중함

읽을 말씀 : 에베소서 5:1-21

●엡 5:16 세월을 아끼라 때가 악하니라

미국의 언론사 헌팅턴 프레스 본사에는 세 개의 동상이 서있습니다. 첫 번째 동상은 지구본을 껴안고 즐거워하는 사람의 모습입니다. 두 번째 동상은 지구본 위에 거만한 표정으로 서있는 모습 입니다. 세 번째 동상은 지구본 밑에 깔린 사람으로 고통스런 모습 입니다. 지구본은 '시간'을 뜻하고 사람은 '인생'을 뜻합니다.

첫 번째 동상은 시간을 잘 활용하며 아껴서 행복한 인생을 사는 사람이고, 두 번째 동상은 시간을 잘 다루고 활용하지만 정말 소중한 것에는 쓸 줄 모르는 지혜가 없는 사람이며, 세 번째 동상은 시간에 밀려 인생을 실패하고 고통을 당하는 사람을 의미하고 있습니다.

'헌팅턴 프레스'가 본사에 이런 동상을 세운 것은 흐르는 귀중한 시간을 허비해서 후회하지 않도록 중요한 정보를 고객들에게 제공하고자 하는 목적 때문입니다.

한 번 지나간 시간은 다시는 돌아오지 않습니다. 어떤 사람은 시간의 가치를 모르고 인생을 보내며, 어떤 사람은 성공에만 목이 메여 인생을 살아갑니다. 그러나 시간을 가장 소중하게 사용하는 것은 주님을 찬양하고 경배하는 삶, 그리고 주님의 사랑을 이웃에게 전하는 것임을 기억하고 날마다 점검하면서 시간을 귀하게 사용하십시오. 반드시 하는 모든 일이 다 형통합니다.

💜 주님! 시간의 귀중함을 알고 아껴 쓰게 하소서.
🗯 소중한 시간을 낭비하게 하는 무의미한 행동들을 끊으십시오.

나의 영적 일지

돈으로 살 수 없는 것

읽을 말씀 : 사도행전 9:36-43

●행 9:39 베드로가 일어나 그들과 함께 가서 이르매 그들이 데리고 다락방에 올라가니 모든 과부가 베드로 곁에 서서 울며 도르가가 그들과 함께 있을 때에 지은 속옷과 겉옷을 다 내보이거늘

소리를 잘 못 들어 일을 못한다고 월급을 절반만 받는 할아버지가 있었습니다.

곧 일흔이 됨에도 혼자 키우는 손자를 위해 일을 해야 했지만 월급의 절반인 60만원으로는 무엇하나 제대로 꾸릴 수가 없었습니다.

그렇게 고된 일을 마치고 집으로 가는 길에 파스를 사러 들른 약국에서 안타까운 마음에 "내가 귀만 조금 잘 들렸어도..."라고 자기도 모르게 말을 뱉었는데, 이 말을 들은 약사 김현경 씨가 자초지종을 물었습니다. 현경 씨는 할아버지의 사연이 너무 안타까워서 보청기를 사라고 백만 원을 드리며 갚지 않아도 된다고 했습니다.

그런데 다음날 할아버지는 100만원에 대한 차용증을 써서 약국을 찾아왔습니다. 그리고 10번에 거쳐서 100만원을 모두 갚고, 올 때마다 과일이며 과자 같은 선물도 들고 왔습니다.

현경 씨의 도움으로 일을 잘할 수 있어 전보다 훨씬 많은 월급을 받게 된 할아버지의 보답이었지만 현경씨는 다시 받은 돈이나 선물보다도 할아버지가 행복하게 사시는 모습이 백만 원으로는 절대 살 수 없는 훨씬 귀한 행복이라고 말했습니다.

말씀을 따라 살면 하나님이 주시는 진정한 큰 복이 무엇인지 알게 됩니다. 우리의 적은 힘으로 누구에게 큰일을 할 수 있습니다. 사랑을 실천함으로 하나님이 베풀어주시는 귀한 행복을 누리십시오. 반드시 하는 모든 일이 다 형통합니다.

🖤 주님! 주변에 어려운 이웃의 사정을 듣고 돕는 사람이 되게 하소서.
🖼 가까운 공동체와 함께 남을 돕는 봉사를 계획해보십시오.

나의 영적 일지

7월 15일

진정한 낭비

읽을 말씀 : 잠언 5:15-23

● 잠 5:23 그는 훈계를 받지 아니함으로 말미암아 죽겠고 심히 미련함으로 말미암아 혼미하게 되느니라

영국과 프랑스 두 정부는 공동사업을 통해 여객기를 개발한 적이 있습니다.

'콩코드'라는 이름의 이 여객기는 소리보다 2배나 빠른 속도로 이동할 수 있었는데 이 비행기를 타면 유럽에서 미국까지 가는 시간을 3시간이나 절약할 수 있었습니다. 당장 10분이 아쉬운 비즈니스의 세계에서 3시간이나 시간을 단축할 수 있는 것은 매우 큰 이익이었고 사업가들을 대상으로 한 시장조사에서도 긍정적인 답변이 나왔습니다.

이런 결과에 고무된 영국과 프랑스 정부는 콩코드가 개발된 지 5년 만에 상업비행을 시작했습니다. 그러나 예상과는 달리 콩코드 사업은 완전히 사람들의 외면을 받았습니다.

속도가 빨라 비행기가 너무 흔들렸고, 연료도 많이 먹어서 항공료도 매우 비쌌습니다. 게다가 100명밖에 태우지 못하고 비행기도 16대 밖에 없어서 원하는 시간에 탑승할 수가 없었습니다. 수익성이 전혀 나지 않는 사업이었지만 영국과 프랑스는 무려 30년 동안이나 이 사업을 계속했습니다. 개발비 10조원이 너무 아까웠기 때문인데 그 때문에 개발비의 몇 배나 되는 금액을 손해보고 결국 사업도 망하게 되었습니다.

잘못인 걸 알았을 때 곧 돌아오는 것이 가장 빠른 방법이듯이 죄인 줄 알았을 때 바로 회개하거나 자백해야 합니다. 매일 잘못한 일에 대해 주님께 자백하며 다시 불의에서 깨끗케 되는 성도가 되십시오. 반드시 하는 모든 일이 다 형통합니다.

♡ 주님! 주님의 보혈이 저의 모든 불의에서 깨끗케 하심을 믿게 하소서.
🌀 주님을 믿고도 반복하는 죄의 모습이 있다면 오늘 끊으십시오.

나의 영적 일지

창조의 섭리를 따르라

읽을 말씀 : 창세기 1:26-31

● 창 1:27 하나님이 자기 형상 곧 하나님의 형상대로 사람을
 창조하시되 남자와 여자를 창조하시고

　인터넷 매거진 '허핑턴 포스트'가 최신연구결과를 종합해 발표한 '이유 없이 기분이 나빠지는 9가지 이유'입니다.
　1. 과일과 야채를 충분히 섭취하지 않아서.
　2. 햇빛을 쐬는 일이 거의 없어서.
　3. 물이 부족해 탈수 증세일 수도 있고.
　4. 너무 오랜 시간 일만 하고 있어서.
　5. SNS에 지나치게 많은 시간을 투자해서.
　6. 자세가 구부정하고 바르지 않아서.
　7. 웃어본지가 오래 되어서.
　8. 수면 시간이 충분하지 않아서.
　9. 산책이나 여행을 한 지가 오래 되어서.

　단순히 기분이 나빠지는 것이 사실은 하나님이 주신 시간과 육체를 제대로 관리하고 있지 못해서일 수도 있습니다. 하나님이 창조하신 자연의 원리를 따라 살면 자연히 건강해지고, 행복해지게 되어 있습니다. 그 원리를 깰 때 생기는 것이 인체와 감정의 불균형인데, 그 사실을 모르는 순간 '이유 없이' 기분이 나빠진다고 느낄 뿐입니다. 몸과 마음, 정신과 영성의 균형을 찾기 위해 주님과 함께 하는 시간을 꾸준히 가지십시오. 반드시 하는 모든 일이 다 형통합니다.

💗 주님! 바쁜 세상살이 이지만 균형 잡힌 삶을 살게 하소서.
🎇 너무 피곤할 땐 일단 충분한 휴식으로 몸과 마음의 안정을 취하십시오.

나의 영적 일지

피크의 흐름

읽을 말씀 : 잠언 3:27-35

● 잠 3:27 네 손이 선을 베풀 힘이 있거든 마땅히 받을 자에게
베풀기를 아끼지 말며

한 학생이 길을 가다가 추위에 떨고 있는 노숙자를 봤습니다.

그러나 돈이 없던 학생은 아침에 엄마가 싸준 따스한 도시락을 주고 가방에서 얇은 담요를 꺼내 노숙자에게 주었습니다.

이때 이 장면을 목격한 한 남자가 있었습니다. 큰 감명을 받은 남자는 집에 돌아와 아내에게 이 얘기를 해주었는데, 아내도 큰 감동을 받았습니다.

학생은 주었고, 노숙자는 받았고, 남편은 목격했고, 아내는 들었습니다. 모두 다른 경험이지만 심리학자들의 실험에 따르면 이들의 몸과 뇌에서는 같은 반응이 일어난다고 합니다.

어떤 방식으로든 간에 선행에 관련된 사람들은 옥시토신이 나와 심장이 튼튼해지고, 세로토닌이 나와 행복감을 느끼고 면역력이 증가됩니다. 그리고 활성산소가 줄어들어 노화를 예방하고 스트레스와 불면증이 사라집니다.

세계적인 심리학자이며, 목사님인 매슬로우는 이런 현상을 '피크의 체험'이라고 이름 붙였으며 피크의 전염은 모든 사람들을 승자로 만드는 가장 이상적인 감정의 상태라고 정의했습니다.

한 번의 선행은 나에게만 영향을 미치는 것이 아니라 다른 사람들을 통해 계속해서 퍼져 나가고, 베푼 노력 이상의 보상이 되어 돌아옵니다. 주님이 주신 은혜로 용기를 내어 오늘 단 한 번의 선행이라도 실천해보십시오. 반드시 하는 모든 일이 다 형통합니다.

💜 주님! 길을 가다 어려운 사람을 만나면 그냥 지나치지 않게 하소서.
🎴 선한 일을 행하고, 또 그 사실을 다른 사람들에게 알려주십시오.

나의 영적 일지

산을 옮긴 이유

읽을 말씀 : 데살로니가전서 5:12-28

● 살전 5:15 삼가 누가 누구에게든지 악으로 악을 갚지 말게 하고 서로 대하든지 모든 사람을 대하든지 항상 선을 따르라

인도의 비하르 주에는 다시랏 만지라는 남자가 살고 있었습니다.

만지의 아내가 하루는 일을 하다가 심각한 부상을 당했는데, 전화조차 놓여있지 않은 시골이라 만지는 아내를 업고 병원으로 뛰기 시작했습니다. 쉬지 않고 달렸으나 병원까지의 거리는 무려 50km이었기에 결국 아내는 중간에 숨을 거두고 말았습니다.

아내의 장례를 치른 만지는 자기 같은 희생자가 또 생기지 않았으면 하는 마음에 마을과 병원 사이를 막고 있는 돌산을 깎기 시작했습니다. 산을 가로지르면 병원까지는 거리는 10km로 몇 배나 가까워졌기 때문인데 경사도 높고 풀 한 포기 없는 돌산이라 너무나 무모한 행동이었습니다.

그러나 만지는 22년 동안 포기하지 않았고 결국 9미터 높이의 돌벽은 8미터 폭을 가진 110미터의 길이 되었습니다. 마을 사람들은 이 길을 통해 훨씬 수월하게 병원을 갈 수 있게 되었고, 만지는 '마운틴맨'으로 사람들에게 불리며 존경을 받았습니다. 그리고 그가 죽었을 때는 비하르 주에서 주관을 해 아주 성대하게 장례식을 치러주었습니다.

만지가 22년 동안 산을 깎은 이유는 다른 사람이 아픔을 겪게 하지 않기 위해서입니다. 이웃을 위한 사랑의 실천은 이런 모습이어야 합니다. 주님을 섬기는 마음으로 다른 사람들을 위해서 작은 결심과 봉사라도 시작하십시오. 반드시 하는 모든 일이 다 형통합니다.

♡ 주님! 이웃의 필요에 민감하고 이웃을 도우는 사람이 되게 하소서.

고난의 극복을 통해 다른 사람들에게 위로와 희망을 주십시오.

나의 영적 일지

착하게 돈 버는 법

읽을 말씀 : 잠언 24:24-34

●잠 24:28 너는 까닭 없이 네 이웃을 쳐서 증인이 되지 말며
네 입술로 속이지 말지니라

　　미국의 유기농 식품 판매점인 '홀마트'에서 바코드 스캐너가 고장이
난 적이 있습니다.

　　때마침 연말 시즌이라 음식을 사러 많은 사람들이 몰렸는데, 수리가
금방 되지 않아 줄이 매우 길어졌고 이내 불평하는 손님들이 점점 많아
지기 시작했습니다. 그러자 갑자기 매니저가 판매대 위에 올라가 크게
외쳤습니다.

　　"고객 여러분 죄송합니다! 고객 여러분의 시간을 낭비하게 할 수 없으
니 지금 들고 있는 식품들은 그냥 들고 가시면 되겠습니다. 혹시나 금액
을 지불하고 싶으신 분들은 입구에 놓인 자선모금함에 넣어주시면 전액
기부하도록 하겠습니다."

　　이 말 한 마디에 짜증난 고객들은 큰 감동을 받았습니다. 이때 손해를
본 금액은 약 400만원이었는데, 이 사건이 입소문을 타고 퍼져서 '홀마
트'에 사람이 몰리기 시작했고 미국 전역에 10개뿐이던 지점은 300개
로 늘어 40억에 가까운 수익을 안겨주었습니다.

　　홀 마트의 존 매키 회장은 '직원들을 착하게 대하면 고객들에게도 친
절히 대한다'는 철학으로 직원들에게 운영의 전권을 주는데, 그 생각대
로 홀마트에는 착한 기적이 일어났습니다.

　　우리의 조그마한 욕심이 주님의 일을 그르치게 할 때가 있습니다. 아
낌없이 생명까지 주신 주님을 기억하면서 남의 편리를 생각하며, 남을
먼저 배려하십시오. 반드시 하는 모든 일이 다 형통합니다.

♡ 주님! 남의 입장에서도 생각하며 베푸는 삶을 살게 하소서.
🎴 손해보고 싶지 않은 마음에 욕심을 부려 손해본 적이 있었는지 되돌아보십시오.

나의 영적 일지

중독에서 벗어나라

읽을 말씀 : 에베소서 5:15-33

●엡 5:18 술 취하지 말라 이는 방탕한 것이니 오직 성령으로
충만함을 받으라

다음은 어떤 일을 할 때 일어나는 현상입니다.
1. 하루에 4시간 정도 이것을 하면 치매에 걸릴 확률이 늘어납니다.
   특히 나이가 어릴수록 더 안 좋은 영향을 미칩니다.
2. 이것을 많이 하면 일반적으로 운동을 덜하게 되는데, 이 과정에서
   우울증이 걸릴 확률이 습관적으로 운동을 하는 사람들에 비해서
   20% 높아집니다.
3. 이 일을 하게 되면 오래 앉아 있어야 하기 때문에 과체중이 되고
   당뇨병에 걸릴 확률이 10% 가량 높아집니다.
4. 평균 수명보다 빨리 죽는 조기 사망 확률이 두 배나 높아지며 이것
   을 많이 할수록 수명은 줄어든다는 연구도 많이 나오고 있습니다.
5. 어린이의 경우 이것을 한 시간 할 때마다 수면장애가 7분씩 생겨
   전체적인 수면시간이 줄어듭니다.

'이것'이 어떤 습관인지 아시겠습니까?
이 습관은 바로 TV 시청입니다. 물론 TV도 좋은 프로그램이 많고,
정보로 사회에 유익이 되기도 합니다. 그러나 세상의 것에 집중하면 할
수록 주님과는 멀어집니다. 그러나 세상의 즐거움에 빠져 주님을 외면
하는 것은 다시 옛사람으로 돌아가는 것입니다. 하나님과의 만남에 영
향을 받지 않을 정도로 매스컴을 적당히 활용하십시오. 반드시 하는 모
든 일이 다 형통합니다.

🤍 주님! 무엇을 하든지 주님의 영광을 위해 균형 잡힌 삶을 살게 하소서.
🎞 TV중독 이외에 스마트폰, 인터넷 중독이 있다면 미디어 금식을 해보십시오.

나의 영적 일지

마지막 메시지

읽을 말씀 : 마태복음 28:1-20

● 마 28:20 내가 너희에게 분부한 모든 것을 가르쳐 지키게 하라 볼지어다 내가 세상 끝날까지 너희와 항상 함께 있으리라 하시니라

일본의 한 시골 고등학교에서 고3 학생들이 마지막 시험을 보고 있었습니다.

그런데 시험을 풀던 학생들이 갑자기 하나 둘씩 미소를 짓기 시작했습니다. 학생들이 웅성거리자 일본어를 가르치는 사와이 선생님이 "마지막 문제를 특히 잘 확인하세요"라고 말했습니다. 선생님이 낸 마지막 문제는 보기에서 각 글자를 찾는 문제였는데, 그 문자를 모두 찾자 "꿈과 희망을 가지고 힘내어라. 잘 가렴, 반드시 다시 만나자"라는 문장이 완성되었습니다.

학교를 졸업하고 사회로 떠나는 학생들에게 응원의 메시지를 시험 문제로 전한 것입니다. 선생님은 매년 "미래는 노력하면 어떻게든 된단다, 힘내자!", "미래를 살아갈 너희들에게 행복이 있기를 바라며..."와 같이 제자들에게 응원의 메시지를 전하고 있었습니다. 그리고 이 메시지를 통해 힘을 얻은 학생들에 의해 소문이 퍼져서 일본의 방송국에서도 취재가 왔고, 진정한 교육과 스승의 모습이 무엇인지에 대해 많은 사람들이 생각하게 만들었습니다.

예수님은 승천하시면서 우리와 끝까지 함께 하시겠다고 말씀하셨습니다. 그 말씀을 믿을 때에 매일 승리하는 삶을 살 수 있습니다. 오늘도 우리와 동행하시는 주님을 통해 힘을 얻고 믿음을 굳건히 지키십시오. 반드시 하는 모든 일이 다 형통합니다.

♥ 주님! 언제나 주님이 함께 하심을 굳건히 믿으며 살아가게 하소서.
▦ 오늘 주시는 하나님의 말씀을 깊이 묵상하십시오.

나의 영적 일지

20%의 인내

7월 22일

읽을 말씀 : 히브리서 3:1-19

● 히 3:14 우리가 시작할 때에 확신한 것을 끝까지 견고히 잡고 있으면 그리스도와 함께 참여한 자가 되리라

최고의 꿀을 생산해 양봉명인으로 임명된 한 양봉업자가 있었습니다. 다른 양봉업자와 비슷한 지역에서 비슷한 방법으로 재배를 해서 겉으로는 별 다를 게 없었지만 맛을 보면 누구나 인정할 수밖에 없었습니다. 이 명인이 한 언론사와 인터뷰를 한 적이 있는데 거기서 그 비법에 대해서 이렇게 말했습니다.

"벌들은 벌통에 80%까지만 꿀을 모읍니다. 그 이후부터는 꿀을 모으지 않습니다. 그래서 업자들은 이때 벌꿀을 채취합니다. 그러나 그 이후 2,3달 동안 벌들은 벌통을 꿀이 아닌 다른 것들로 채우며 20%의 밀랍을 만드는데, 그 밀랍이 채워지면 꿀의 맛이 확연히 달라집니다. 그러나 이 사실을 아는 사람들도 그냥 벌통을 비우고 다시 채취를 하는 것이 이득이기 때문에 실천하지 않습니다. 벌들이 비어있는 20%를 채울 때까지 기다리는 것이 제 비결이라면 비결입니다."

20%를 기다리는 명인의 꿀은 처음엔 적자였지만 이제는 3,4배 더 비싼 가격에도 없어서 못 팔정도로 인기가 좋습니다.

하나님의 응답은 우리에게 가장 좋은 때에 임합니다. 20% 인내하며 기다릴 때에 남들이 얻지 못하는 명품 인생을 살게 됩니다. 하나님을 향한 믿음을 의심하지 말고, 아니라고 생각할 때도, 포기하고 싶을 때도 20% 더 인내하며 기다리십시오. 반드시 하는 모든 일이 다 형통합니다.

💙 주님! 주님을 신뢰하며 기다릴 줄 아는 성숙한 그리스도인이 되게 하소서.
📋 나머지 20%를 얻기 위해 내가 실천해야 할 것들을 적어보십시오.

나의 영적 일지

실천의 중요성

읽을 말씀 : 히브리서 4:1-13

● 히 4:2 그들과 같이 우리도 복음 전함을 받은 자이나 들은 바 그 말씀이 그들에게 유익하지 못한 것은 듣는 자가 믿음과 결부시키지 아니함이라

'성공하는 사람들의 7가지 습관'을 쓴 스티븐 코비는 이후로도 몇 권의 베스트셀러를 냈습니다.

이 책들로만 번 돈이 엄청났고 순식간에 유명인이 된 그는 단 한 시간의 강연만으로도 수억을 버는 인기 강사가 되었습니다. 심지어 그의 책을 강의 교재로 채택하는 대학들도 있었습니다.

그런데 그런 스티븐 코비가 파산을 했다고 '자기계발의 덫'이라는 책에서 밝히고 있는데 파산의 원인을 묻는 사람들에게 코비는 "내가 쓴 책에 나오는 내용은 전부 맞습니다. 그러나 안타깝게도 내가 실천을 하질 못했기 때문입니다"라고 말했다고 합니다.

수많은 사람들의 성공법칙을 조사하고 사람들의 호응을 얻었던 그는 2012년 4월에 일어난 자전거 사고 합병증으로 같은해 7월 16일에, 향년 81세로 숨졌는데, 안타깝게도 실패하는 습관을 가지고 있었던 것 같습니다.

실천하지 못하면 그 어떤 유용한 지식도 무용지물일 뿐입니다.

그리스도인들은 세상에선 얻을 수 없는 가장 귀하고 유용한 성경의 지식들이 있습니다. 그런데 하나님의 말씀을 우리 삶을 통해 사람들에게 보여주지 못한다면 세상 사람들이 이 이야기를 읽는 우리와 같은 시선으로 그리스도인들을 바라볼 것입니다. 예배를 통해 받은 은혜를 삶으로 세상에서 보여주는 참된 그리스도인이 되십시오. 반드시 하는 모든 일이 다 형통합니다.

💗 주님! 말만 잘하는 삶이 아니라 행동으로 뒷받침하는 삶이 되게 하소서.

🧩 힘들어도 말씀을 실천하는 습관을 조금씩 들이십시오.

나의 영적 일지

명품 그리스도인

읽을 말씀 : 시편 101:1-8

●시 101:6 내 눈이 이 땅의 충성된 자를 살펴 나와 함께 살게 하리니 완전한 길에 행하는 자가 나를 따르리로다

뛰어난 품질의 물건을 뜻하는 '명품'은 '이름 명(名)'에 '물건 품(品)'자를 사용합니다.

물건 품은 입을 뜻하는 '입 구(口)'자 3개를 사용하는데 이 단어에는 다음과 같은 뜻이 있습니다.

첫 번째 입은 '물건을 만든 사람의 입'입니다.

물건이 좋다면 먼저 만든 사람이 자부심을 갖고 물건을 칭찬할 것입니다.

두 번째 입은 '물건을 사용해 본 사람의 입'입니다.

물건을 만든 사람이 좋다고 해도 쓰는 사람이 별로라고 하면 그건 정말로 좋은 물건이라고 할 수 없습니다.

세 번째 입은 '물건을 소개해 준 사람의 입'입니다.

물건이 좋든 나쁘든 사용해 본 사람은 반드시 남에게 전달하게 되어 있습니다.

그리고 세 가지 입이 똑같이 좋은 것이라고 입이 모아질 때 비로소 '명품'이 됩니다.

내 입에서 나오는 신앙의 고백과 그 고백을 보는 사람들의 평판, 그리고 그 평판을 통해 전도가 이루어지는 것이 진짜 영향력 있는 신앙입니다. 성령님의 도우심으로 내면이 감화되어 영향력이 강한 참된 그리스도인이 되십시오. 반드시 하는 모든 일이 다 형통합니다.

♡ 주님! 제가 하는 말들과 행동이 다른 사람의 삶을 유익하게 하소서.
📖 내 신앙이 명품이 되기 위해서 필요한 조건을 세우십시오.

나의 영적 일지

사소하지만 중요한 것

읽을 말씀 : 고린도전서 10:1-22

● 고전 10:11,12 그들에게 일어난 이런 일은 본보기가 되고 또한 말세를 만난 우리를 깨우치기 위하여 기록되었느니라 그런즉 선 줄로 생각하는 자는 넘어질까 조심하라

　에베레스트나 히말라야 같은 고산지대를 올라가는 등산가들은 몇 달에 걸쳐 철저하게 준비를 합니다.

　그중 가장 중요하게 생각하는 건 뒷산 정도의 낮은 산부터 조금씩 차례로 높은 산을 순서대로 오르는 건데, 이 다양한 과정을 통해서 등산하다 일어날 수 있는 여러 가지 실수에 대한 경험을 쌓을 수 있기 때문입니다.

　예를 들어 동네의 뒷산을 오르다가 잠깐 발을 헛디뎌도 별 일이 아닙니다. 특별한 장비를 챙기지 않아도 무사히 오르내릴 수 있습니다. 그러나 설산을 오르다 고글이 벗겨지면 눈이 멀기도 하고, 장갑을 떨어트리면 동상에 걸려 손을 잃게 됩니다.

　하나의 매듭도 실수를 해서는 안 되기 때문에 평범한 상황에서의 등반을 완벽히 성공하고 나서 차근차근 난이도를 올려가며 최종적으로 목표한 산에 오를 준비를 합니다.

　신앙도 차근차근 탄탄하게 성장하는 것이 중요합니다. 순간의 유혹을 이겨내기 위해서는 사소한 양심을 지켜야 하고, 일상에서의 신앙인의 모습을 지키는 것이 죄와 심판에서 나를 구원하신 예수님을 전하는 가장 효과적인 일입니다. 생활 속에서의 영성을 실천하며 믿음을 지키십시오. 반드시 하는 모든 일이 다 형통합니다.

♥ 주님! 적은 일부터 충성스럽게 하는 습관을 갖고 승리하게 하소서.
🏔 허황된 목표가 아니라 오늘 당장 주어진 산부터 오르는 겸손함을 갖추십시오.

나의 영적 일지

미래를 만드는 노력

읽을 말씀 : 신명기 12:1-28

● 신 12:7 거기 곧 너희의 하나님 여호와 앞에서 먹고 너희의 하나님 여호와께서 너희의 손으로 수고한 일에 복 주심으로 말미암아 너희와 너희의 가족이 즐거워할지니라

한 남자가 "인생의 첫 번째 목표와 그것을 통해 이루고 싶은 것"에 대한 설문지를 받고 다음과 같이 적었습니다.

"배우로서 최고가 되는 것과, 다양한 역할을 소화하고 존경을 받는 삶을 살고 싶다."

10년 후 배우로 크게 성공한 그는 어느 매체와의 인터뷰에서 이런 말을 했습니다.

"이제는 빛을 보지 못하는 좋은 영화들을 찾아 제작하는 일도 같이 할 것입니다."

그리고 그가 첫 번째로 투자한 영화는 제작비가 없어 무산될 뻔한 '노예 12년'이란 영화인데 그의 손을 통해 세상에서 빛을 보게 되었고 오스카 작품상을 받았습니다.

제작자로서 성공한 이 배우는 건축에 대한 포부도 밝혔습니다.

"저는 건축과 디자인을 좋아합니다. 이 일로 사람들을 돕고 싶어요."

그리고 카트리나로 폐허가 된 뉴올리언즈에 새집을 지어주는 프로젝트를 시행했는데, 브래드 피트가 기획한 이 프로젝트에는 13개의 건축사가 동참해 많은 사람들에게 집을 지어주었습니다.

올바른 목표와 뜨거운 노력이 더 나은 미래를 만듭니다. 주님이 주신 비전을 이루기 위해 주님이 도우실 것이라는 믿음으로 기도하며 준비하여 성취하십시오. 반드시 하는 모든 일이 다 형통합니다.

💛 주님! 나의 삶이 주님께 영광을 돌리고 이웃들에게 큰 유익이 되게 하소서.
📖 먼저 이루어야 할 가까운 미래부터 계획해보십시오.

나의 영적 일지

발자취를 찾아라

읽을 말씀 : 마가복음 1:16-28

● 막 1:17 예수께서 이르시되 나를 따라오라 내가 너희로 사람을 낚는 어부가 되게 하리라 하시니

멕시코에 있는 '타라후마라'라는 원시부족은 오로지 달리기로만 사슴을 사냥합니다.

사슴의 뛰는 속도는 사람의 3배나 되고 체력도 훨씬 좋지만 그래도 이 부족은 달리기로 사슴을 사냥합니다. 사슴이 너무 빨라서 시야에서 사라져도 포기를 하지 않습니다. 그리고 발자국이나 냄새를 통해 사슴이 도망친 방향을 찾아 다시 추격합니다. 그렇게 사슴은 계속 도망가고 타라후마라 부족은 계속 쫓아갑니다. 놓치면 다시 흔적을 찾아 또 추적을 합니다.

그렇게 흔적을 따라 계속 달려가면 결국 발굽이 닳은 사슴이 땅에 쓰러져 있습니다. 이런 방법을 통해 타라후마라 부족은 아무런 도구도 쓰지 않고 오로지 달리기만으로 사슴을 사냥합니다.

신앙에는 비법이나 왕도가 없습니다. 주님이 하신 것처럼 순종으로 꾸준히 나아가는 것이 유일한 방법입니다.

험한 인생을 살다보면 주님이 보이지 않는 것처럼 느낄 수가 있습니다. 그러나 마음의 눈을 열어 잘 찾아보면 여전히 내 삶 속에 임하는 주님의 손길이 있고, 함께 같은 길을 걸어가는 믿음의 동역자들의 발자취가 있습니다. 내 삶에 임하시고 역사하시는 하나님의 발자취를 따라 꾸준히 경건생활을 지속해 나가십시오. 반드시 하는 모든 일이 다 형통합니다.

💗 주님! 보이지 않아도 주님이 함께 하심을 느끼며 살게 하소서.
📖 예수님이 걸어가신 발자취를 따라 멈추지 말고 계속 걸으십시오.

나의 영적 일지

하나님의 생각

읽을 말씀 : 로마서 12:1-13

●롬 12:3 내게 주신 은혜로 말미암아 너희 각 사람에게 말하노니 마땅히 생각할 그 이상의 생각을 품지 말고 오직 하나님께서 각 사람에게 나누어 주신 믿음의 분량대로 지혜롭게 생각하라

어떤 부모님이 인터넷에 "자녀가 연예인이 되고 싶다고 졸라서 고민이 되는데 어떻게 해야 할까요?"라는 사연을 올렸습니다.

이 질문에 다음과 같은 답변이 달렸습니다.

"하지 말라고 해요. 싸인 하느라 힘들어요."

"힘들어하는 친구에게 어떤 말로 위로해줄 수 있을까요?"라는 질문에는 "놀아주까?(놀아줄까?)"라는 답이 달렸습니다.

어른들의 고민을 아이들이 직접 상담해주며 달린 답변들입니다.

"성형수술을 했는데, 만나는 사람들에게 이 사실을 말해야 할까요?"

"말 안 해도 다 알 거 같아요."

"점쟁이가 궁합이 안 좋다고 헤어지래요"라는 질문에 "그 사람 입을 막아버리세요"와 같은 답변이 달린 것을 보면 저절로 웃음이 나오며 순수한 아이들의 동심에 행복해진다고 많은 사람들이 소감을 남겼습니다. 그리고 이 내용을 통해 의외로 아이들과 같이 생각할 때 문제의 답이 쉽게 나온다는 사실도 알수 있었습니다.

인생의 문제를 너무 복잡하게만 생각하지 말고 때로는 믿음의 눈으로 단순하게 바라보십시오. 아이들처럼 생각하면 아이들같이 순수하고 맑은 답이 나옵니다. 마찬가지로 어린아이 같은 마음으로 말씀을 통해 하나님의 성품을 알게 되면 인생의 모든 해답이 보입니다. 하나님의 뜻을 알고 그 성품을 마음에 품으십시오. 반드시 하는 모든 일이 다 형통합니다.

🖤 주님! 주님 안에서 순수한 마음으로 말씀에 따라 살게 하소서.
📖 말씀을 복음으로 믿는 순수한 믿음으로 성경을 읽으십시오.

나의 영적 일지

잠재적 관심사

읽을 말씀 : 시편 62:1-12

●시 62:10 포악을 의지하지 말며 탈취한 것으로 허망하여지지 말며 재물이 늘어도 거기에 마음을 두지 말지어다

한 연구소에서 사람들의 심리를 연구하려고 몰래카메라를 촬영했습니다.

거리에서 두 사람이 각각 "마약과 술이 필요해요", "자녀에게 먹을 것을 주고 학교에 보내야합니다"라고 쓴 피켓을 들고 구걸을 했습니다.

"마약과 술이 필요해요"라는 피켓을 든 사람에게는 많은 남자들이 와서 돈을 주고 심지어 응원까지 했습니다.

그러나 자녀의 음식과 교육을 위해 구걸을 하는 사람에게는 아무도 돈을 주지 않았습니다.

그렇게 수만 명의 사람이 지나가고 실험이 끝날 때쯤 한 여성이 자녀를 위해 구걸을 하는 사람에게 찾아왔는데, 그녀는 자기가 그날 번 일당을 "당신이 더 필요할 것 같다"며 전부 주었고, "당신과 딸을 위해 기도해도 되겠냐?"고 물은 뒤에 기도를 하고 떠났습니다.

이 결과를 분석한 한 전문가는 '마약과 술'이 잠재적인 관심사에 더 호소하기 때문에 더 많은 돈을 얻은 것 같다고 말했습니다.

나의 진정한 관심사는 말이 아닌 행동으로 드러나기 마련입니다.

내가 정말 관심 있는 것이 무엇인지는 주일날 교회에서가 아니라 일상의 반응을 통해 알 수 있습니다. 말로만 경건을 외치는 것이 아니라 경건한 삶으로 증명하는 참된 그리스도인이 되십시오. 반드시 하는 모든 일이 다 형통합니다.

💗 주님! 제 마음에 저를 통해 이루고자하는 주님의 뜻을 가르쳐 주소서.
🪷 나의 관심사가 무엇인지 나의 삶을 통해 살펴보십시오.

나의 영적 일지

40대를 위한 십계명

읽을 말씀 : 출애굽기 1:1-13

● 출 7:7 그들이 바로에게 말할 때에 모세는 팔십 세였고 아론은 팔십삼 세였더라

'40대에 해야 할 일 50가지'에 책에 나오는 내용 중의 10가지입니다.

01. 10대에 하고 싶었던 일을 시작하라.

02. 운동으로 체력을 관리하라.

03. 작은 실수라도 먼저 사과하라.

04. 자기를 위한 자유시간을 잠깐이라도 만들어라.

05. 부하직원에게도 일을 맡겨라.

06. 너무 계산적인 삶을 살지 말아라.

07. 어른의 지혜가 담긴 미소를 지을 줄 알아라.

08. 실패확률이 높은 일에도 도전하라.

09. 순수한 기쁨을 느낄 수 있는 일이나 취미를 발견하라.

10. 살아온 인생을 돌아보며 살아갈 인생을 계획하라.

사람들은 40대에 이미 노후를 준비하고 새로운 도전을 생각하기보다는 안정을 추구하기 시작합니다. 그러나 성경의 위대한 인물들은 거의 40대 이후에 하나님을 만나고 소명을 찾았고 모험을 떠났습니다.

하나님을 만났다면 무언가를 시작하기에 늦은 나이란 없습니다. 주님 안에서는 더욱 나이는 숫자에 불과하다고 믿으십시오. 나이를 장애물로 여기지 말고 언제나 하나님의 소명을 쫓으십시오. 반드시 하는 모든 일이 다 형통합니다.

♥ 주님! 오늘도 나이를 탓하지 말고 비전을 위해 최선을 다하게 하소서.

🏃 지금 하나님이 나에게 주시는 소명을 찾으십시오.

나의 영적 일지

기쁨의 경배

읽을 말씀 : 누가복음 4:1-13

● 눅 4:8 예수께서 대답하여 이르시되 기록된 바 주 너의 하나님께 경배하고 다만 그를 섬기라 하였느니라

미국의 시카고대학교는 세계에서 가장 많은 노벨상 수상자를 배출한 명문입니다.

이 학교가 배출한 90여명의 노벨상 수상자는 하버드와 스탠포드, 버클리 대학의 노벨상 수상자를 합친 것보다도 많습니다. 그래서 미국에는 "노벨상을 타려면 시카고 대학을 가라"는 말이 있을 정도입니다.

시카고 대학에서 이처럼 많은 노벨상 수상자가 나오는 이유 중의 하나는 철학을 비롯한 세계적인 고전 100권을 읽고 시험을 통과해야 졸업을 시키는 '시카고 플랜'입니다.

또 시카고 대학은 직접 수상자들을 찾아다니면서 노벨상을 받을 만한 성과를 낼 수 있었던 비결을 물었는데, 가장 많은 대답은 다음과 같았습니다.

"정말로 좋아하는 일을 하세요."(Do what you love.)

노벨상을 생각하지 않고 좋아하는 일을 하는 것, 최신과학과 상관없는 과거의 고전을 읽는 것이 시카고 대학의 노벨상 수상자들의 비결이었습니다.

신앙은 인생사와 동떨어진 비현실적인 이야기가 아니라 실제적이고 효과적인 지침입니다.

우리도 성경에 기록된 하나님의 말씀을 통해 영광스러운 삶을 살 수 있습니다. 하나님의 말씀은 내 삶의 기쁨이자 매뉴얼입니다. 그 말씀이 우리의 삶을 지배하게 하십시오. 반드시 하는 모든 일이 다 형통합니다.

💙 주님! 저의 은사가 무엇인지를 찾아 즐겁게 주님을 섬기게 하소서.
🎴 말씀을 실천하고 하나님을 경배하는 일을 기쁨으로 하십시오.

나의 영적 일지

8
August
월

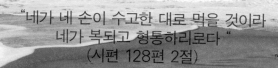

"네가 네 손이 수고한 대로 먹을 것이라
네가 복되고 형통하리로다 "
(시편 128편 2절)

카뮈와 슈바이처

읽을 말씀 : 잠언 15:25-33

●잠 15:28 의인의 마음은 대답할 말을 깊이 생각하여도 악인의 입은 악을 쏟느니라

카뮈가 '이방인'으로 노벨문학상을 받았을 때 상금으로 파리 근처에 있는 루르마렝에 아름다운 별장과 고급 승용차를 구입했습니다.

그리고 카뮈와 같은 년도에 노벨평화상을 받은 슈바이처는 아프리카 랑바레네에 병원을 지었습니다.

그러나 3년 뒤에 카뮈는 자신이 '아늑한 묘지 같은 호텔'이라고 이름 붙인 별장에 쉬러 가다가 교통사고가 나서 죽고 말았습니다. 그러나 슈바이처는 3년 뒤에도 아프리카 랑바레네에서 환자들을 치료하며 복음을 전하고 있었습니다.

카뮈와 슈바이처는 각자의 분야에서 노벨상이라는 놀라운 업적을 쌓았습니다. 그러나 비극적 휴머니즘을 문학으로 표현했던 카뮈와 그리스도의 사랑을 의학과 선교로 표현하면서 살았던 슈바이처는 돈도 인생도 각자가 믿는 바를 위해 사용하면서 살았습니다.

그리고 카뮈의 별장은 지금 다른 사람의 소유가 되었지만 슈바이처의 병원은 지금도 남아서 많은 사람들의 영혼과 육체의 생명을 살리고 있습니다.

만약 큰 상금이 생겼다면 어디에 사용하겠습니까?

믿음을 따라 돈을 사용하고, 믿음을 따라 인생을 살아갑니다. 나의 돈과 시간을 어떤 일에 가장 많이 사용하고 있는지, 그 일이 주님을 위해서인지 돌아보십시오. 반드시 하는 모든 일이 다 형통합니다.

🖤 주님! 주님이 주신 좋은 것들을 주님을 위해 사용하게 하소서.
🖼 주님이 주신 것들을 주님을 위해 사용하고 있는지 생각해보십시오.

나의 영적 일지

20대를 위한 명언

읽을 말씀 : 잠언 3:1-20

● 잠 3:3 인자와 진리가 네게서 떠나지 말게 하고 그것을 네 목에 매며 네 마음판에 새기라

'빙글'이라는 사이트에서 조사한 한국의 20대가 뽑은 '어려울 때 힘이 되었던 명언'입니다.

1. 그렇게 살지를 말던가, 하고 나서 후회를 하지 말던가.
2. 인생은 곱셈이다. 어떤 찬스가 와도 네가 준비가 안 된 '0'이면 결국 '0'이 된다.
3. 네가 태어났을 때 너는 울고 모두가 웃었다. 네가 죽을 때는 모두가 울고 너는 웃는 삶이 되게 살아라.
4. 시시한 현실 따위는 보이지 않게 꿈에 눈이 멀어라.
5. 너는 모든 사람을 사랑할 수 없다, 마찬가지로 모든 사람도 너를 사랑할 순 없다.
6. 네 안에 빛이 있다면 드러내지 않아도 저절로 빛나게 마련이다.
7. 죽고 싶은 게 아니라 그렇게 살기 싫은 거겠지.
8. 상상할 수 없는 꿈을 이루려면 상상할 수 없는 노력을 해야 한다.

당신에게 위로가 되고 희망이 되는 명언은 무엇입니까?

세월이 흐를수록 다른 인생이 보이고 다른 명언이 힘이 됩니다. 그러나 하나님의 말씀은 나이와 시대가 상관없는 만고불변의 진리입니다. 평생을 함께 하며 나에게 힘이 되었던 하나님의 말씀을 평생 가슴에 새기십시오. 반드시 하는 모든 일이 다 형통합니다.

♥ 주님! 매순간 주님이 저에게 주신 말씀을 되새기며 살게 하소서.
▨ 어려울 때 힘이 되는 말씀은 무엇입니까? 묵상해보십시오.

나의 영적 일지

성령의 열매를 맺는 법

읽을 말씀 : 요한복음 15:1-17

●요 15:5 나는 포도나무요 너희는 가지라 그가 내 안에, 내가 그 안에 거하면 사람이 열매를 많이 맺나니 나를 떠나서는 너희가 아무 것도 할 수 없음이라

미국 시라큐스대학교의 한 식물학 교수가 어느 날 이런 생각을 했습니다.

'한 나무에서 여러 가지 열매가 열리게 할 수는 없을까?'

그는 포기하지 않고 그 주제를 갖고 열심히 연구를 했습니다. 그러나 아무리 연구를 해도 2,3가지 이상의 열매가 열리게는 할 수 없었습니다. 그러나 최근에 그가 진행한 프로젝트를 통해서는 무려 40여 가지의 열매가 맺히는 나무가 탄생했습니다.

이 나무에는 가지마다 포도, 사과, 자두, 복숭아 등등 각기 다른 열매와 꽃이 맺힙니다.

유전자 공학으로도 힘든 이 일을 반 덴 에이큰 교수는 최신의 '유전자 공학'이 아닌 구닥다리 취급을 받던 '접붙임'을 사용해 성공했는데, 접붙이기만 완벽하게 하면 2,3가지가 아닌 40가지가 넘는 다양한 열매를 가진 나무를 만들 수가 있었습니다.

세상의 그 어떤 것이 아닌 하나님께 접붙였을 때 영육이 살아나고, 성령의 열매가 나의 삶에 맺힙니다. 나의 삶을 하나님께 붙어있는 삶으로 변화시키십시오. 내가 하나님 안에 거하고, 내 안에 하나님이 거하는 삶으로 만드십시오. 나의 노력이 아닌 오직 하나님만 의지함으로 영혼의 충만한 기쁨의 열매를 경험하십시오. 반드시 하는 모든 일이 다 형통합니다.

💚 주님! 아무리 세월이 지났어도 하나님의 방법만이 새 방법임을 알게 하소서.
🎴 하나님께 잘 붙어있는 믿음, 신앙, 인생을 가꾸십시오.

나의 영적 일지

우는 자와 함께 울라

읽을 말씀 : 로마서 12:14-21

●롬 12:15 즐거워하는 자들과 함께 즐거워하고 우는 자들과 함께 울라

교복을 입은 한 학생이 모르는 사람에게 찾아가 갑자기 말을 건넵니다.

"제가 수험생인데 너무 힘들어요. 혹시 잠시 안아주실 수 있나요?"

어떻게 할 것 같습니까?

한 번도 본 적이 없는 이 학생을 안아줄 수 있겠습니까?

'스낵 비디오'라는 곳에서는 실제로 같은 내용으로 실험을 했습니다. 전혀 모르는 사람의 슬픔에 사람들이 공감을 해줄지에 대해 답을 구하기 위해서였습니다.

그런데 대부분의 사람들은 이름도 사는 곳도 모르는 학생을 따뜻하게 안아주었습니다.

어떤 사람은 함께 울어주기도 하고, 어떤 사람들은 힘들 때 연락하라며 전화번호를 주기도 했습니다.

물론 모든 사람들이 학생을 안아주고 친절을 베풀었던 것은 아니지만 그래도 매우 많은 사람들이 학생의 슬픔에 공감을 해주었습니다.

하나님은 우리가 서로 위로하고 힘이 되어주기를 바라십니다. 그래서 우는 자들과 함께 울고 웃는 자들과 함께 웃는 것도 그리스도인의 중요한 사명입니다. 시기와 질투의 마음을 내려놓고 온전히 상대방의 감정에 공감하며 기뻐하고 슬퍼하십시오. 반드시 하는 모든 일이 다 형통합니다.

🖤 주님! 그리스도의 사랑으로 이웃의 기쁨과 슬픔을 함께 하게 하소서.
🧩 머리보다 가슴으로 먼저 이웃들에게 다가가십시오.

나의 영적 일지

8월 5일

하나님이 주신 가정

읽을 말씀 : 디도서 1:5-16

● 딛 1:11 그들의 입을 막을 것이라 이런 자들이 더러운 이득을 취하려고 마땅하지 아니한 것을 가르쳐 가정들을 온통 무너뜨리는도다

　미국 CBS방송국 앵커인 마리아 슈라이버가 쿠바의 피델 카스트로와의 단독 면담이 확정되었습니다.

　그동안 수차례 인터뷰 요청을 했지만 그 어떤 유명한 사람과도 승낙을 해주지 않고 핑계를 대며 거절했기 때문에 이것은 방송국뿐 아니라 앵커인 마리아의 경력에도 매우 중요한 일이었습니다. 그러나 카스트로가 인터뷰 날짜를 월요일로 잡자 오히려 마리아가 약속이 있다며 일정을 취소했습니다. 취소한 이유는 "딸의 유치원 입학식에 가야 하기 때문에"였습니다.

　방송국 담당자를 비롯해 모든 관계자들은 그녀에게 기회를 잡으라고 했지만 그녀의 뜻은 확고했습니다. 그녀에게는 가정이 가장 소중한 가치였기 때문입니다. 그녀는 평소에도 오후 4시만 되면 핸드폰을 끄고 육아와 가사에만 전념했습니다. 그러나 카스트로는 이런 그녀의 결정을 존중한다며 일정을 한가한 토요일로 미루어주었고, 다시 한 번 인터뷰 기회를 단독으로 주었습니다.

　가정은 무엇 때문에 포기할 수 있는 가치가 아니라 지키며 가꾸어야 할 하나님이 주신 소중한 공동체입니다. 이 땅에서 가정 만큼이나 귀중하게 여겨야 할 공동체가 없습니다. 일과 나의 목표가 가정보다 우선시 되지 않도록 하십시오. 가정의 모습과 상황에 상관없이 가정을 주신 것 자체를 주님께 감사하며 주님을 섬기십시오. 반드시 하는 모든 일이 다 형통합니다.

🖤 주님! 저에게 선물로 주신 가정을 주님의 은혜로 잘 가꾸게 하소서.
🥋 가정은 포기가 아니라 지켜야 할 가치임을 기억하십시오.

나의 영적 일지

생기를 불어넣는 하나님

읽을 말씀 : 에스겔 37:1-14

● 겔 37:4,5 또 내게 이르시되 너는 이 모든 뼈에게 대언하여 이르기를 너희 마른 뼈들아 여호와의 말씀을 들을지어다 주 여호와께서 이 뼈들에게 이같이 말씀하시기를 내가 생기를 너희에게 들어가게 하리니 너희가 살아나리라

구약의 모세의 이야기에서 영감을 얻은 미켈란젤로가 모세를 조각할 때의 이야기입니다.

모세의 삶에 너무 감명을 받은 미켈란젤로는 무려 30년간 이 작품에 공을 들였는데 작품을 완성하고 나서 너무 만족한 나머지 무릎을 탁 치며 "자, 이제 말을 해!"라고 외쳤습니다.

그러나 아무리 완벽하다 한들 조각이 말을 할 수는 없었습니다. 그러나 조각이 말을 못한다고 화가 난 미켈란젤로는 정으로 모세의 발을 찍었습니다.

미켈란젤로가 조각한 모세상은 '피에타', '다비드'와 함께 미켈란젤로의 3대 걸작품으로 뽑히고 수많은 관광객들을 불러 모으는 훌륭한 작품이지만 생명을 불어넣을 수는 없었기에 미켈란젤로를 만족시키지 못했습니다.

그래서 미켈란젤로는 자신의 걸작품에도 만족을 할 수 없었고 지금도 산 피에트로 빈콜리에 있는 이 조각상의 발등에는 작은 상처가 남아있습니다.

죽은 뼈를 살리고 생기를 불어넣으실 수 있는 분은 오직 하나님 뿐 입니다. 하나님을 향한 믿음 없이는 나의 영혼 뿐 아니라 내가 이룬 모든 것들이 의미가 없음을 기억하십시오. 더욱 하나님을 구하며 의지하십시오. 반드시 하는 모든 일이 다 형통합니다.

💙 주님! 제가 아무리 잘해도 주님이 함께 하지 않으시면 모두가 헛됨을 알게 하소서.
🖼 무겁고 어려운 일일수록 주님께로 가지고 나아오십시오.

나의 영적 일지

가장 값진 것은...

읽을 말씀 : 요한복음 1:1-18

●요 1:3 만물이 그로 말미암아 지은 바 되었으니 지은 것이 하나도 그가 없이는 된 것이 없느니라

양광모 시인의 '무료'라는 시입니다.

따뜻한 햇볕 무료
시원한 바람 무료
아침의 일출 무료
저녁의 노을 무료

붉은 장미 무료
흰눈 무료
어머니 사랑 무료
아이들 웃음 무료

무얼 더 바래
욕심 없는 삶 무료

하나님은 세상을 창조하시면서 모든 값진 것들을 이미 거저 베풀어주셨습니다. 그러나 무엇보다도 귀한 예수님을 통한 구원 역시 무료임을 잊지 말고 그 은혜에 감사하며 이웃에게 전하십시오. 반드시 하는 모든 일이 다 형통합니다.

🤍 주님! 주님을 믿기만 하면 받는 구원의 은혜를 찬송하며 전하게 하소서.
🈷 하나님이 베풀어주신 모든 귀한 은혜를 만끽하는 하루가 되십시오.

나의 영적 일지

8가지 진미

읽을 말씀 : 시편 16:1-11

● 시 16:11 주께서 생명의 길을 내게 보이시리니 주의 앞에는 충만한 기쁨이 있고 주의 오른쪽에는 영원한 즐거움이 있나이다

조선시대 최고의 실학자 정약용은 '중용'에서 인생에서 느낄 수 있는 8가지 진미를 다음과 같이 꼽았습니다.
1. 재료를 제대로 느낄 수 있는 음식의 맛.
2. 삶의 의미를 찾을 수 있는 직업의 맛.
3. 진정으로 즐길 줄 아는 풍류의 맛.
4. 기쁨을 위해 만나는 관계의 맛.
5. 남을 위해 하는 행복을 느끼는 봉사의 맛.
6. 무언가를 배우며 성장하는 학습의 맛.
7. 정신과 육체가 균형을 이루는 건강의 맛.
8. 자신의 존재를 제대로 이해하는 인간의 맛.

정약용은 특히 이중 가장 중요한 8번째를 '인간미'라고 불렀습니다.
8번째 '인간미'를 제외한 나머지 7가지 역시 인생에서 중요한 부분입니다. 그 나머지 7가지 맛을 찾기에 바빠 정작 중요한 8번째 '인간미'를 놓치지 않도록 하십시오.
세상의 잘못된 가치를 쫓다보면 정작 정말로 중요한 가치가 무엇인지 완전히 잊게 됩니다. 우리의 존재를 이해하는 것이 사람답게 사는 데에 가장 중요한 일이고, 하나님을 알지 못하고는 이 일을 완성할 수 없습니다. 하나님을 알고 인생의 참된 맛을 찾으십시오. 반드시 하는 모든 일이 다 형통합니다.

💜 주님! 인간미가 넘치는 멋진 그리스도인이 되게 하소서.
🧩 인생의 여러 맛 중의 인간미를 가장 중요하게 여기십시오.

나의 영적 일지

세상을 움직이는 비결

읽을 말씀 : 신명기 10:12-22

●신 10:12 이스라엘아 네 하나님 여호와께서 네게 요구하시는 것이 무엇이냐 곧 네 하나님 여호와를 경외하여 그의 모든 도를 행하고 그를 사랑하며 마음을 다하고 뜻을 다하여 네 하나님 여호와를 섬기고

영국의 콜브로크 데일 지역에서 철교가 세워지는 공사 중일 때 한 음악가가 담당자를 찾아와 자신이 바이올린으로 다리를 무너트릴 수 있다고 했습니다.

철로 된 다리를 소리로 무너트린다는 소리에 현장은 순식간에 웃음바다가 됐습니다. 화가 난 음악가는 다음 날 정말로 바이올린을 들고 왔고, 소리를 내며 철교에 맞는 진동을 찾기 시작했습니다.

잠시 뒤 음악가가 연주하는 바이올린 소리에 조금씩이지만 다리가 흔들리기 시작했습니다. 연주가 길어지고 열정적이 될수록 다리가 흔들리는 폭도 커졌습니다.

결국 불안해진 책임자와 인부들은 제발 연주를 멈춰달라고 무릎을 꿇고 빌었습니다.

국내에서 가장 큰 전자상가 중의 한 곳이 지진이 난 것처럼 건물이 흔들리던 사고가 몇 년 전에 있었습니다. 워낙에 큰 건물이라 부실공사 논란이 있었지만 수차례의 정밀 검사 결과 원인은 헬스장에서 하던 에어로빅 때문이라고 결론이 났습니다. 수십 명의 사람들이 동시에 만들어낸 진동이 건물과 주파수가 맞아 10층이 넘는 큰 건물이 흔들리게 된 것입니다.

내가 아무리 작고 연약하더라도 하나님과의 주파수만 맞는다면 세상에 큰 파동을 일으킬 수 있습니다. 말씀으로 하나님을 알고, 기도로 하나님께 구하며 매일 나의 신호를 하나님께 맞추고 시작하십시오. 반드시 하는 모든 일이 다 형통합니다.

🖤 주님! 주님이 함께 하시면 이 세상은 우리의 밥이 된다는 믿음을 갖게 하소서.
🎴 매일 아침 기도와 묵상으로 나의 주파수를 하나님께 맞추십시오.

나의 영적 일지

나라를 위한 기도

읽을 말씀 : 디모데전서 2:1-15

● 딤전 2:2,3 임금들과 높은 지위에 있는 모든 사람을 위하여 하라 이는 우리가 모든 경건과 단정함으로 고요하고 평안한 생활을 하려 함이라 이것이 우리 구주 하나님 앞에 선하고 받으실 만한 것이니

'시카고 뉴스'의 전설적인 칼럼니스트인 해리스가 잡지에 실었던 '대통령을 위한 기도'라는 글입니다.

"주님! 우리의 대통령에게 신념이 아닌 주님의 계율을 지킬 수 있는 용기를 주십시오!"

해리스가 이 글을 쓰고 난 뒤 약 50년이 지난 지금, 최근에 미국에서는 정치와 종교의 분리를 위해 각 주정부 청사에 있는 '십계명 비석'을 철거하라는 법원의 판결이 나왔습니다.

그러나 앨러배마 주에서는 이 판결을 거부했습니다. 대법원장인 로이 무어가 십계명은 미국 헌법의 기본이며 정치와 분리되어야 할 정신이 아니라며 공식적으로 무효화 소송을 걸었기 때문입니다. 결국 판결은 뒤집어지지 않았고, 로이 무어 법관은 지시를 이행하지 않았다는 이유로 정직 처분을 받고 십계명 비석도 철거되었습니다.

그러나 자신의 안위를 걱정하지 않고 용기 있게 믿음을 따라 행동한 로이 법관의 모습은 모든 그리스도인들이 본 받아야 할 모습이며 또한 나라와 위정자들을 위해 어떻게 기도해야 하는지를 가르쳐주는 교훈입니다.

세상의 방식과 하나님의 방식은 다르다는 것은 인정해야 합니다. 그러나 세상의 흐름이 하나님의 흐름으로부터 멀어지지 않도록 나라와 민족, 그리고 위정자들을 위해서 계속해서 기도하며 관심을 가지십시오. 반드시 하는 모든 일이 다 형통합니다.

💙 주님! 위정자들에게 지혜를 주셔서 바른 정치를 하게 하소서.
🧎 세상의 방식대로 주요한 결정과 선택을 하지 않도록 기도하십시오.

나의 영적 일지

진정한 성공의 원리

읽을 말씀 : 잠언 12:22-28

●잠 12:28 공의로운 길에 생명이 있나니 그 길에는 사망이 없느니라

기독교 서적임에도 일반분야의 베스트셀러가 된 '배우는 사람의 7가지 법칙'의 저자 브루스 윌킨슨은 '5가지 성공의 원리'에 대해서 다음과 같이 말했습니다.

1. 책임감이 있어야 한다.
   작은 일에 충성되고 정직한 사람이 큰일에도 충성하고 정직합니다.
2. 불타는 열정이 있어야 한다.
   열정은 성공이라는 목표로 이끌어 주는 동력입니다.
3. 하나님께서 주신 능력이 무엇인지 알아야 한다.
   내가 가진 능력이 무엇인지 알아야 열정의 방향을 정할 수 있습니다.
4. 목표를 위해서 자신의 이득을 포기할 줄 알아야 한다.
   진정한 성공은 복음을 전파시켜 세상을 더 나은 곳으로 변화시키는 것이기 때문입니다.
5. 성경에서 찾은 믿음의 원리를 인생에 적용하며 살아야 한다.
   세상과는 다른 성공의 프레임을 가져야 하는데, 성경 안에 그 해답이 있습니다.

그리스도인이 바라는 성공은 세상 사람들이 바라는 성공과는 달라야 합니다. 내 뜻이 아닌 하나님의 뜻을 세상에 이루는 것이 진정한 성공임을 깨달으십시오. 반드시 하는 모든 일이 다 형통합니다.

♥ 주님! 성경에서 말씀하는 생활의 원리로 성실하게 살아가게 하소서.
▥ 내가 바라는 성공은 무엇인지 생각해보십시오.

나의 영적 일지

포기하지 않는 것이 승리다

읽을 말씀 : 욥기 23:1-17

● 욥 23:10 그러나 내가 가는 길을 그가 아시나니 그가 나를 단련하신 후에는 내가 순금 같이 되어 나오리라

　영국에 말을 더듬고 집중력이 약해 공부를 못하는 한 소년이 있었습니다.

　소년은 사춘기가 되어 자신의 약점을 극복하지 못하면 꿈을 이루지 못한다는 것을 깨닫고 책을 소리 내어 읽으면서 집중력을 길렀고 말을 더듬는 습관도 극복했습니다.

　그리고는 꿈에 그리던 군인이 되기 위해서 육군사관학교에 지원을 했습니다. 2번이나 떨어졌지만 그는 포기하지 않았고 3번째 당당히 합격자 명단이 이름을 올렸습니다.

　무사히 학교를 졸업하고 장교가 된 그는 중요한 전쟁터에 투입되었지만 작전의 실패로 포로가 되었습니다. 그러나 감옥에서 다시 탈출해 본국으로 돌아왔고, 이 과정을 통해 실패자가 아니라 전쟁 영웅 대접을 받았습니다.

　그리고 정치인이 되어 수상의 자리에까지 오르게 되었고, 히틀러에 맞서 불리했던 전쟁을 승리하고 "절대로 포기하지 말라"는 명연설을 남긴 윈스턴 처칠로 역사에 이름을 남겼습니다.

　"싸우다 지면 다시 일어설 수 있지만 스스로 무릎을 꿇으면 망할 수밖에 없다"고 처칠은 말했습니다.

　악과 싸워 질지라도 포기하지 말고 다시 일어서십시오. 주님이 이미 승리하셨다는 사실을 믿으십시오. 반드시 하는 모든 일이 다 형통합니다.

♥ 주님! 세상 끝날까지 함께 하시는 주님을 의지해 이기게 하소서.
힘든 이유로 포기한 일이 있다면 다시 도전하십시오.

나의 영적 일지

하나님께서 주관하시는 생각

읽을 말씀 : 시편 57:1-11

● 시 57:7 하나님이여 내 마음이 확정되었고 내 마음이 확정되었사오니 내가 노래하고 내가 찬송하리이다

미국 새들백교회의 릭 워렌 목사님은 '잘못된 인생의 습관으로 죄를 짓는 사람들'을 위한 설교에서 '3가지 선택'을 강조했습니다.

첫째, "진리로 나의 마음을 키우겠다"는 선택
　　　몸을 키우는 데는 음식이 필요하고, 마음을 키우는 데는 하나님의 말씀이 필요합니다. 하나님의 말씀이 부족할 때 나의 마음은 진리에 편에 서지 못하고 자꾸 넘어지게 됩니다.

둘째, "부정적인 생각으로부터 나의 마음을 지키겠다"는 선택
　　　육신의 일을 따르는 사람은 육신의 일을 하듯이, 부정적인 것과 죄를 생각하는 사람은 그 일을 따라가게 되어있습니다.

셋째, "나의 마음의 초점을 옳은 일에 맞추겠다"는 선택
　　　예수님을 기억하고, 주님이 하신 일을 기억할 때 우리 삶에서 선택해야 할 옳은 방향이 무엇인지 조금의 변명도 없이 분명히 깨달을 수 있습니다.

죄에 넘어질 때 우리는 나를 먼저 돌아봐야 합니다. 사탄의 유혹에 시선을 빼앗겨 하나님을 바라보지 못한 것은 결국 나 자신입니다.

성경에 나오는 모든 약속을 나에게 적용할 때, 사탄의 유혹에 넘어지는 죄라는 잘못된 선택을 하지 않고 나의 생각과 믿음을 지킬 수 있습니다. 나의 생각을 하나님이 주관하시도록 온전히 드리기를 선택하십시오. 반드시 하는 모든 일이 다 형통합니다.

♥ 주님! 순간순간을 주님이 주시는 지혜로 잘 선택해 승리하게 하소서.
🎴 중요한 선택의 순간에는 먼저 주님의 뜻을 구하십시오.

나의 영적 일지

모든 사람을 사랑할 이유

8월 14일

읽을 말씀 : 마태복음 5:21-48

● 마 5:44,45 나는 너희에게 이르노니 너희 원수를 사랑하며 너희를 박해하는 자를 위하여 기도하라 이같이 한즉 하늘에 계신 너희 아버지의 아들이 되리니 이는 하나님이 그 해를 악인과 선인에게 비추시며…

한 남성이 거리에서 다음과 같은 글이 적힌 피켓을 들고 서 있었습니다.

"저는 무슬림입니다. 사람들은 저를 테러리스트로 취급합니다. 그러나 세상에 그런 사람들만 존재하지는 않는다고 저는 믿습니다. 당신은 믿어주시겠습니까? 그렇다면 저를 안아주십시오."

무슬림의 테러 때문에 사회적 분위기가 좋지 않은 미국이었음에도 이 글을 본 많은 사람들이 이 무슬림을 안아주었습니다.

이 이벤트는 이슬람 과격단체들의 테러로 안 좋아지는 무슬림의 이미지를 바꿔보자는 취지로 한 단체에서 기획한 것입니다. 물론 대부분의 그리스도인들은 이런 취지에 동의하지 않고 또 인정할 수도 없을 것입니다.

그러나 그럼에도 길에서 이런 사람들을 발견한다면 우리는 안아주며 복음을 전해야합니다. 그것이 예수님이 우리들에게 베푸신 사랑의 방법이며, 또한 주님을 아직 모르는 사람들을 변화시킬 수 있는 방법이기 때문입니다.

그리스도인은 모든 사람들을 사랑하고 포용해야 합니다. 그들 역시 하나님이 창조하셨고, 나를 통해 하나님의 사랑을 알게 함으로 잘못된 길에서 돌아올 용기와 격려를 줄 수 있는 유일한 방법이기 때문입니다. 될 수 있는 한 모든 사람들을 사랑해야 함을 깨닫고 또 할 수 있는 한 모든 사람들을 사랑하십시오. 반드시 하는 모든 일이 다 형통합니다.

💙 주님! 편견과 오만을 가지고 사람들을 대하지 않게 하소서.
🖼 될 수 있는 한 주위의 모든 사람들을 사랑하고 존중하십시오.

나의 영적 일지

똑부 신앙

읽을 말씀 : 디모데전서 4:6-16

● 딤전 4:7 망령되고 허탄한 신화를 버리고 경건에 이르도록 네 자신을 연단하라

경영학에서는 상사와 부하의 관계를 나타낼 때 일반적으로 각 사람을 능력과 성향에 따라 '똑부, 똑게, 멍부, 멍게'로 나눕니다.
- 똑부: 똑똑하고 부지런함.
- 똑게: 똑똑하지만 게으름.
- 멍부: 멍청하지만 부지런함.
- 멍게: 멍청하고 게으름.

각 타입에 따라 상사와 부하직원과의 성향도 다르고 성과도 다른데, 신기한 것은 일반적으로 가장 안 좋을 것 같은 '멍청하고 게으른 것'보다 '멍청하고 부지런함'이 회사나 조직에 더 안 좋은 영향을 미친다는 것입니다. 심지어 "멍부가 회사를 망친다"는 말이 있을 정도라 많은 회사에서는 '멍게'보다도 '멍부'를 찾고 가려내는 일에 많은 연구와 투자를 하고 있습니다.

목표가 바르지 못하면 아무리 달려도 목적지로부터는 오히려 점점 멀어집니다.

바른 목표가 있고 다음에 열정이 있어야 하듯이 말씀을 바로 아는 것과 실천하는 것이 중요합니다. 헛되고 잘못된 목표를 갖고 부지런히 달리는 인생만큼 어리석은 인생도 없습니다. 말씀을 오해하는 어리석은 자가 되지 말고 똑똑하게 믿고 부지런히 실천하는 하나님의 일꾼이 되십시오. 반드시 하는 모든 일이 다 형통합니다.

♥ 주님! 게으르지 말고 열심을 품고 주님을 섬기게 하소서.
🖼 말씀을 바르게 알고 주님의 마음을 깨닫는 지혜를 구하십시오.

나의 영적 일지

건강하지 않은 교회의 특징

읽을 말씀 : 마태복음 16:13-28

● 마 16:18 또 내가 네게 이르노니 너는 베드로라 내가 이 반석 위에 내 교회를 세우리니 음부의 권세가 이기지 못하리라

미국 대학개혁교회의 케빈 드영 목사가 주장하는 '건강하지 않은 교회의 9가지 특징'입니다.

1. 누구나 알고 있는 문제를 공론화 시키지 않는다.
2. 교회의 리더들이 너무 자주 바뀌거나, 아예 바뀌지 않는다.
3. 의사 결정 과정이 매끄럽지 않다.
4. 목회자들이 의무감에 사로잡혀 억지로 사역을 한다.
5. 성도들이 기독교의 근본교리에 관한 설교를 지루해한다.
6. 목회자 부부 사이가 좋지 않다.
7. 설교가 특정 흐름이 없이 중구난방이다.
8. 파송한 선교사가 없고, 후원도 하지 않는다.
9. 교회재정에 대해서 성도들이 전혀 알지 못한다.

세상에 완벽한 교회는 없습니다. 그러나 말씀을 따라 사랑하고 서로 섬기는 건강한 교회로 발전해 나가야 합니다.

교회란 한 두 사람이 아닌 하나님의 말씀대로 살기를 바라는 모든 성도들이 모여서 이루는 곳입니다. 하나님의 말씀대로 사역하고 사랑할 수 있는 교회가 되도록 노력하고 또 기도하십시오.

나부터가 교회를 의무감에 다니고 있지 않은지, 기독교 근본 교리에 대해 무시하지 않은지 살펴보고 돌아보는 노력을 하십시오. 반드시 하는 모든 일이 다 형통합니다.

🤍 주님! 우리교회가 주님의 영광을 위해 건강한 교회가 되게 하소서.
🎴 건강한 교회를 위해 해야 할 일은 하고 삼가야 할 일을 삼가십시오.

나의 영적 일지

쓰레기 더미에서 찾은 꿈

읽을 말씀 : 시편 119:105-127

●시 119:105 주의 말씀은 내 발에 등이요 내 길에 빛이니이다

가난한 아프리카의 나라 케냐에서도 가장 가난한 빈민촌이 있는 나이로비에서 매일 쓰레기를 뒤지며 사는 아이 중 한 명의 이야기입니다.

학교나 공부는 꿈도 꿀 수 없어 매일 쓰레기를 뒤지며 먹을 것과 고철을 줍던 아이는 가족을 부양하기 위해서 범죄 조직에도 들어갔습니다. 마약 밀매를 하며 자신도 마약 중독에 빠져 죽을 뻔한 위기도 맞았지만 그러던 중 쓰레기통에서 한 권의 책을 발견했고, 그 책을 통해 꿈을 갖게 되었습니다.

아이는 청년이 되어 자신의 꿈을 이루기 위해 영국으로 떠났습니다. 그러나 영국은 나이로비 빈민 출신이라는 이유로 비자를 발급해주지 않았습니다. 그러나 청년은 포기하지 않고 6년간의 소송으로 결국 비자를 발급받았고, 맨체스터 대학교에 들어가 국제개발학 석사과정까지 마치며 자신의 꿈을 이루었습니다.

아이에게 맨체스터 대학교라는 명문을 졸업하고자 하는 꿈을 심어준 것은 매일 같이 쓰레기더미를 뒤지다 우연히 발견한 '맨체스터대학교 입학 안내 책자'였습니다.

쓰레기더미에서 찾은 한 권의 책이 평생의 꿈이 되었듯이, 어두운 인생을 밝힐 수 있는 것은 성경입니다. 어떤 상황에도 말씀을 붙잡고 빛을 찾으십시오, 그 안에 있는 진리의 빛을 놓치지 마십시오. 반드시 하는 모든 일이 다 형통합니다.

💜 주님! 말씀이 내 발의 등이요, 내 길에 빛임을 늘 고백하게 하소서.
🖼 성경을 인생의 나침반이자 매뉴얼로 여기십시오.

나의 영적 일지

진짜 아빠 되기

읽을 말씀 : 에베소서 6:1-9

● 엡 6:4 또 아비들아 너희 자녀를 노엽게 하지 말고 오직 주의 교훈과 훈계로 양육하라

'커뮤니케이션 전문가'인 김범준 씨는 자녀와의 소통으로 어려움을 겪는 '한국의 평범한 40대 가장'이었습니다.

아이들이 자라며 아내의 육아 부담을 덜어주기 위해 아이들과 함께 있는 시간을 조금씩 늘렸지만 사람들의 소통을 도와주는 일을 하고 있음에도 정작 자녀들과는 무슨 대화를, 어떻게 해야 할 지 도통 감을 잡지 못했습니다.

그렇게 시간이 점점 흘러가고 아이들은 점점 아빠를 기피하기 시작했습니다. 이러다 사춘기가 오면 진짜 말 한 마디 못하는 서먹한 관계가 될 까봐 김 씨는 아빠와 자녀와의 관계를 회복할 수 있는 방법을 연구하고 또 적용했습니다. 그리고 확실히 효과를 볼 수 있는 다음의 3가지 방법을 찾았고 이로 인해 자녀와의 관계를 매우 친밀하게 회복시킬 수 있었습니다.

1. TV나 스마트폰 보지 않고 눈을 보며 하루 10분 대화하기.
2. 자녀가 관심이 없어도 적극적으로 대화와 스킨십을 시도하기.
3. 단답형이 아니라 서술형의 질문을, 결과가 아니라 과정을 위한 질문을, 내가 하고 싶은 말이 아니라 자녀의 생활과 관련된 질문을 중심으로 하기.

자녀와 소통하는 아버지의 존재만으로도 가정에 화목이 찾아오고 많은 사회적인 문제가 사라집니다. 자녀와의 진정한 소통을 위해 조금 더 노력하고 또 신앙의 본을 보이십시오. 반드시 하는 모든 일이 다 형통합니다.

🖤 주님! 성령님의 도우심으로 가족들과 소통부터 잘 하게 하소서.
🔲 나의 자녀의 미래를 위해 조금 힘들어도 위의 지침을 실천해보십시오.

나의 영적 일지

인생의 참된 목적

읽을 말씀 : 시편 62:1-8

● 시 62:7 나의 구원과 영광이 하나님께 있음이여 내 힘의 반석과 피난처도 하나님께 있도다

성인 5천명을 대상으로 질문을 했습니다.
결과 상위 5개의 순위는 다음과 같았습니다.
"당신 인생의 목적을 나타내는 단어는 무엇입니까?"

1. 가족
2. 사랑
3. 나
4. 엄마
5. 꿈

믿음은 9위, 친구는 15위, 돈은 16위, 실패는 26위였습니다. 그러나 많은 사람들이 가장 관심을 가지고 있고 또 원하고 있다고 생각하는 '성공'이란 단어는 아예 없었습니다.

평소에는 성공이 가장 인생의 중요한 요소로 생각되지만 조금만 깊게 생각해보면 정말로 중요한 것은 관계와 사랑이라는 걸 이 결과로 우리는 알 수 있습니다.

진짜 성공은 내가 원하는 것을 얻고 원하는 대로 살아가는 삶입니다. 사회적 분위기와 물질만능주의에 빠져 무작정 맹목적으로 성공을 추구하고 있지는 않은지, 혹은 물질적인 것만을 성공의 척도로 생각하고 있지 않은지 생각해보십시오. 반드시 하는 모든 일이 다 형통합니다.

💟 주님! 가장 소중한 것이 무엇인지를 생각하며 살게 하소서.
🎴 주님이 함께 하지 않는 모든 것은 결국 헛됨을 기억하며 생활하십시오.

나의 영적 일지

능력의 하나님을 믿으라

읽을 말씀 : 신명기 28:1-19

●신 28:1 네가 네 하나님 여호와의 말씀을 삼가 듣고 내가 오늘 네게 명령하는 그의 모든 명령을 지켜 행하면 네 하나님 여호와께서 너를 세계 모든 민족 위에 뛰어나게 하실 것이라

프랑스의 나폴레옹이 유럽 원정을 위해 러시아로 떠났을 때의 일입니다. 러시아의 추위는 생각보다 강했고, 길도 매우 험했습니다. 계획보다 원정이 지체되어 식량이 부족해지고 있었습니다.

어느 날 저녁 나폴레옹의 참모가 막사로 찾아왔습니다.

"보급을 받을 수 없는 상황인데 후퇴를 하는 게 좋지 않을까요?"

이 말을 들은 나폴레옹이 말했습니다.

"상관없다. 우리 식량이 떨어져도 적군에게 식량이 있을 텐데 무슨 상관이냐? 우리는 어차피 승리한다."

나폴레옹은 자신에게 필요한 걸 가지고 있는 것이 누구인지는 알았지만 실패했습니다. 그의 자신감은 인간적인 근거였기 때문입니다.

그러나 애굽에서 평생 노예 생활을 하며 아무런 재물이 없던 이스라엘 백성들이 광야에서 성막을 지을 수 있었던 것은 애굽 백성들이 주었던 패물 때문이었습니다. 하나님은 이 모든 것을 이미 알고 계셨기에 광야에서 성막을 지으라고 명령하셨습니다.

능력도, 재물도 내가 가지고 있지 않다 하더라도 하나님은 모든 것을 이루실 능력이 있는 분이십니다.

하나님을 의지하고 가까이 하는 사람만이 풍성한 삶을 살 수 있습니다. 필요를 하나님께 간구하십시오. 반드시 하는 모든 일이 다 형통합니다.

💗 주님! 모든 필요를 채우시는 주님과 동행하게 하소서.
📖 나는 할 수 없지만 하나님은 할 수 있으심을 늘 잊지 마십시오.

나의 영적 일지

작은 틈을 조심하라

읽을 말씀 : 고린도후서 13:1-13

●고후 13:7 우리가 하나님께서 너희로 악을 조금도 행하지 않게 하시기를 구하노니 이는 우리가 옳은 자임을 나타내고자 함이 아니라 오직 우리는 버림 받은 자 같을지라도 너희는 선을 행하게 하고자 함이라

식량을 뺏기 위해 말을 타고 공격하는 유목민의 침입을 막기 위해서 쌓은 중국의 만리장성은 길이가 7,000km가 넘는 지구상에서 가장 긴 장벽입니다.

높이가 9미터, 폭이 5미터에 방어를 하는 군사들까지 있기에 일반적인 방법으로는 만리장성을 도저히 뚫을 수가 없습니다. 그러나 이 만리장성이 완성된 뒤에도 유목민들은 숱하게 중국을 쳐들어왔고 약탈을 해 갔습니다.

만리장성에는 여러 개의 관문이 있는데 이 문지기에게 뇌물을 주면 문을 열어주었기 때문에 장벽을 뚫지 않고 당당히 관문을 지나 쉽게 약탈이 가능했습니다.

또 최근에는 현지인들이 만리장성의 벽돌을 빼서 기념품으로 팔고 있습니다. 처음 몇 사람이 한 두 개쯤이야 하면서 빼다 판 것인데 생각보다 장사가 잘 되어 너무 많은 사람들이 벽돌을 빼다 팔고 있고, 이로 인해 장벽이 무너질지도 모르는 심각한 문제에 처해 있습니다.

인생도, 신앙도 작은 틈을 조심해야 합니다. '나 하나쯤', '나 한번쯤'이라는 생각을 버리고 '나부터', '이번부터'의 신앙과 인생으로 바꾸십시오. 그리고 주님이 지켜주지 않으면 우리의 지킴의 수고가 헛되다는 사실을 명심하고 모든 일에 주님을 의지 하십시오. 반드시 하는 모든 일이 다 형통합니다.

♥ 주님! 인간이 아무리 노력해도 주님이 함께하지 않으면 헛됨을 깨닫게 하소서.

▨ 정직과 선을 행하는 일에는 조금의 타협도 하지 마십시오.

나의 영적 일지

세 가지 사람

읽을 말씀 : 이사야 40:12-31

● 사 40:31 오직 여호와를 앙망하는 자는 새 힘을 얻으리니 독수리가 날개치며 올라감 같을 것이요 달음박질하여도 곤비하지 아니하겠고 걸어가도 피곤하지 아니하리로다

미국 콜롬버스대학교의 총장 니콜라스 머레이는 졸업생들을 위한 축사에서 세상에는 세 가지 사람이 있다고 말했습니다.

첫째, 더 나은 세상을 위해 노력하는 사람들입니다.

이 사람들은 자신의 일을 묵묵히 하면서도 작은 행동, 작은 아이디어로 세상이 조금이라도 더 나아지기를 바라는 생각과 열정을 가진 사람들입니다.

둘째, 세상을 더 안 좋게 만드는 사람들입니다.

몇 사람의 독재자와 사기꾼으로 얼마나 많은 사람들이 피해를 볼 수 있는지는 지난 세계대전과 금융위기를 통해 알 수 있습니다. 이런 사람들은 대부분 자신의 이득에만 눈이 멀어 무슨 일이든지 서슴지 않는 사람들입니다.

셋째, 무슨 일이 일어나도 신경 쓰지 않는 사람들입니다.

주어진 환경에서 쓸려가는 인생을 살면서 무슨 일이 일어나도 관심도 의지도 없는 사람들입니다.

나는 어떤 사람입니까?

교회뿐 아니라 세상에도 관심을 갖고, 믿음을 따라, 그리고 주님의 영광을 위해 더 나은 세상을 만드십시오. 내가 가진 열정과 생각을 더 나은 세상을 위해 쏟아부으십시오. 자신의 이득만을 위해 사는 인생이 아니라, 주변에 관심을 갖고 더 나은 세상을 위해 살아가는 인생이 되십시오. 반드시 하는 모든 일이 다 형통합니다.

♥ 주님! 제가 하는 모든 일이 주님의 은혜로 아름다운 세상이 되게 하소서.
🏃 나의 삶을 위해, 세상을 위해 작은 시도라도 계속 실천하십시오.

나의 영적 일지

보이는 게 다가 아니다

읽을 말씀 : 야고보서 1:19-27

●약 1:27 하나님 아버지 앞에서 정결하고 더러움이 없는 경건
은 곧 고아와 과부를 그 환난중에 돌보고 또 자기를 지켜 세
속에 물들지 아니하는 그것이니라

프랑스와 이탈리아를 연결하고 있는 몽블랑 터널은 12km로 오스트
리아의 알베르크 터널이 생기기전까지는 세상에서 가장 긴 터널이었습
니다.

프랑스와 이탈리아도 이 몽블랑 터널을 매우 자랑스럽게 여기며 양국
의 기술력과 문화가 아니면 도저히 만들 수 없는 터널이라고 공공연히
언급했습니다.

그런데 이 터널을 지나가던 냉동차가 갑자기 폭발해 화재가 발생했습
니다. 불길은 터널로 옮아 붙어 순식간에 번졌는데, 무려 이틀 동안 불
이 꺼지지 않았고 긴 터널에 갇힌 사람들은 40명이나 죽었습니다.

50여 년간 사고가 나지 않아서 몰랐는데 사실 이 터널에는 화재에 대
한 어떤 대비도 없었고 비상통로도 없었습니다.

그렇게 수십 년간 프랑스와 이탈리아의 자랑이었던 몽블랑 터널은 단
한 번의 화재로 수치의 대명사가 되었고, 더 이상 프랑스와 이탈리아 사
람들은 몽블랑 터널을 자랑스러워하지 않았습니다.

보여주기에만 급급한 성과주의는 작은 사고로도 무너집니다. 외형적
인 모습보다는 내실에 더욱 신경 쓰고 준비하기 위해 주님께 지혜를 구
하고 꼼꼼히 생각하는 겸손이 필요 합니다.내실이 있어 칭찬받는 나와
한국 교회가 되게 해달라고 기도하십시오. 반드시 하는 모든 일이 다 형
통합니다.

💜 주님! 남에게 보여주기 위한 삶이 아니라 주님의 영광을 위해 살게 하소서.
🖼 겉모습보다 속모습으로 영향력을 미치는 성도가 되십시오.

나의 영적 일지

성공의 7가지 요소

읽을 말씀 : 창세기 39:10-23

●창 39:23 간수장은 그의 손에 맡긴 것을 무엇이든지 살펴보지 아니하였으니 이는 여호와께서 요셉과 함께 하심이라 여호와께서 그를 범사에 형통하게 하셨더라

　성공을 나타내는 영어단어 'SUCCESS'는 라틴어 'SUC CEDERE TUS'라는 문장이 어원입니다.

　각 라틴어의 뜻을 합치면 '어떤 일을 한 다음에 온 결과'라는 뜻이 나오는데, 언어를 연구하는 사람들은 암묵적으로 '노력'을 한 다음에 오는 것으로 성공의 어원을 생각하고 있습니다.

　그런데 이 단어의 각 글자들을 가지고 외국의 한 그리스도인이 '그리스도인의 성공의 7가지' 요소로 다음과 같이 나타냈습니다.

「Salvation - 구원 / Understanding - 이해 / Commitment - 헌신 / Character - 성품 / Enthusiasm - 열정 / Sacrifice - 희생 / Service - 봉사」

　하나님을 믿음으로 구원을 받고, 성도의 의무를 이해하며, 자신을 희생하면서 예수님의 성품을 닮아가고, 열정으로 희생을 마다하지 않으며 봉사하는 것이 그리스도인의 성공한 삶입니다.

　그리스도인이 추구하는 성공은 세상을 따라하는 성공이 아니라 세상과 구별된 성공이어야 합니다.

　노력을 한 뒤에 오는 것이 성공이 아니라, 하나님을 만난 뒤에 구원을 받는 것이 참된 성공입니다. 세상의 가치 기준에 의한 성공이 아니라 성경적 관점에서의 성공으로 삶을 점검해 보십시오. 주님을 만난 순간 이미 인생은 성공한 것이라 믿고, 말씀에 따라 하나님의 자녀의 품격에 맞는 인생을 사십시오. 반드시 하는 모든 일이 다 형통합니다.

💚 주님! 진정한 성공이 무엇인지 바르게 깨닫게 하소서.
🧩 위의 단어에 맞춰 나의 성공을 다시 정의해보십시오.

나의 영적 일지

자녀교육의 10가지 비결

읽을 말씀 : 골로새서 3:18-25

● 골 3:21 아비들아 너희 자녀를 노엽게 하지 말지니 낙심할까 함이라

일본에서 '비행청소년의 어머니'로 불리는 오히라 미스요가 수많은 청소년들을 만나고 가정을 분석하며 깨달은 지혜를 담은 '올바른 자녀 교육의 10가지 비결'입니다.

01. 자녀의 입장에서 생각해주세요.

02. 착한 사람, 착한 일에 대한 강요는 하지 말아주세요.

03. 가정이 자녀의 휴식처가 될 수 있게 도와주세요.

04. 자녀의 말을 일단 믿어주세요.

05. 부모가 자녀의 편이라는 걸 알려주세요.

06. 어떤 상황에서도 희망이 있음을 보여주세요.

07. 자녀 앞에서는 초조한 모습을 보여주지 마세요.

08. 잘못을 저질렀을 땐 근본적인 원인이 무엇인지 생각하세요.

09. 자녀가 혼자 고민하지 않게 많은 대화를 나누세요.

10. 행동이나 표정으로 구조신호를 보낼 때 민감하게 반응하세요.

자녀는 하나님이 우리에게 맡기신 기업입니다. 하나님이 맡겨주신 자녀를 소중히 잘 키우고 보살피는 것은 중요한 의무이며 사역입니다.

위의 비결 중 내 자녀를 위해 실천하고 있는 것은 몇가지인지 점검해보십시오. 부족해서 자녀에게 상처준 일이 있다면 어느 것을 변화시켜야 할지 돌아보십시오. 자녀가 하나님의 영광을 위해 살아가도록 기도하며 양육하십시오. 반드시 하는 모든 일이 다 형통합니다.

♥ 주님! 우리 아이들이 하나님과 사람들에게 총애를 받으며 살게 하소서.

▨ 자녀와의 문제를 해결할 수 있도록 내 감정과 생각을 조절하십시오.

나의 영적 일지

내면의 기쁨

읽을 말씀 : 디모데전서 6:3-10

● 딤전 6:6 그러나 자족하는 마음이 있으면 경건은 큰 이익이 되느니라

　'마음이 따뜻해지는 101가지 이야기'의 저자 마크 빅터 한센의 아버지는 제빵사로 평생을 살았습니다.

　마크의 아버지는 빵 만드는 일을 정말로 좋아했는데 그래서 교회를 가는 주일날을 빼고는 하루도 쉬지 않고 매일 빵을 만들었습니다. 나이가 들어 정년퇴직을 한 뒤에도 빵을 만드는 일을 쉬지 않았는데, 이제는 빵을 만든다고 돈을 벌지도 못했지만 그래도 빵을 만들었습니다.

　그렇게 만든 빵들은 차를 타고 다니면서 불우한 이웃에게 무료로 나눠주었는데, 이 일을 십년이 넘게 했습니다.

　나이가 더 들어 이제는 노안으로 운전도 할 수 없는 상황이었지만 그래도 마크의 아버지는 빵을 만드는 일을 멈추지 않았습니다. 그리고 차 대신 자전거를 타고 다니면서 마을에서 빵이 필요한 사람들에게 나눠주었습니다.

　마크의 아버지는 빵으로 인해 얻는 이득이 아무것도 없음에도 빵을 만들고 나눠주었습니다. 빵을 만드는 일을 정말로 사랑했기 때문입니다.

　정말로 하고 싶어 일을 하는 사람은 아무런 보상이 없어도 그 일 자체로 기쁨을 누립니다.

　오늘 내가 하는 일들이, 그리고 주님을 예배하는 모습이 바로 이런 모습이어야 합니다. 예배는 힘들고 어려운 것이 아니라 그 자체가 기쁨이 될 수 있습니다. 하나님을 예배하는 그 자체로 충만한 기쁨을 누리는 신앙생활이 되십시오. 반드시 하는 모든 일이 다 형통합니다.

🧡 주님! 주님이 맡기신 모든 일을 의무감이 아니라 기쁨으로 하게 하소서.
🖼 주님을 예배하는 기쁨이 점점 커져가고 있는지 돌아보십시오.

`나의 영적 일지`

실력보다 성품

읽을 말씀 : 베드로후서 1:1-11

● 벧후 1:4 이로써 그 보배롭고 지극히 큰 약속을 우리에게 주사 이 약속으로 말미암아 너희가 정욕 때문에 세상에서 썩어질 것을 피하여 신성한 성품에 참여하는 자가 되게 하려 하셨느니라

인도의 독립운동을 하고 있는 간디에게 서양의 한 방송사가 찾아가 물었습니다.

"인도는 독립 외에도 가난과 사회복지, 카스트제도 같은 극복해야할 많은 어려움이 있습니다. 독립이 된다면 지금 인도 국민들에게 가장 필요한 것은 무엇이라고 생각하십니까?"

간디가 대답했습니다.

"나라가 잘사는 것도 중요하고, 복지 제도가 갖춰지는 것도 중요하지만 그보다는 국민들의 인격이 우선이라고 생각합니다. 올바른 인격이 세워져야 다른 것들이 의미가 있습니다."

두 아들을 모두 한예종, 예일대와 같이 한국과 미국의 최고의 대학교를 보냈고, 또 4년 내내 전액 장학금을 받아 돈 한 푼 안들이고 졸업시킨 정삼숙 사모님은 자녀의 교육의 비결을 묻는 사람들에게 항상 두 가지를 이야기합니다.

"철저한 신앙으로 하나님을 만나게 돕고, 실력보다도 성품을 무조건 우선시하는 것이 자녀를 명품으로 만드는 비결입니다."

사람은 하나님을 만나야 기적이 일어납니다. 신앙을 바로 세우고 성품을 먼저 다져야 하늘을 향해 곧게 뻗은 진짜 실력을 갖춘 선한 영향력의 인재가 탄생합니다. 하나님을 먼저 만나고 주님의 성품을 내 마음에 온전히 뿌리내리십시오. 반드시 하는 모든 일이 다 형통합니다.

♡ 주님! 성령의 열매가 있는 아름다운 삶을 살게 하소서.
❀ 신앙 우선, 성품 우선의 믿음을 정말로 실천하십시오.

나의 영적 일지

성경적 가정의 정의

읽을 말씀 : 디모데전서 5:1-14

● 딤전 5:8 누구든지 자기 친족 특히 자기 가족을 돌보지 아니
하면 믿음을 배반한 자요 불신자보다 더 악한 자니라

　가정상담학자 프란시스 쉐이퍼 박사는 올바른 가정은 다음의 7가지
조건을 갖춘 곳으로 정의했습니다.
　1. 가정은 인간이 태어나서 성장하는 곳이다.
　2. 가정은 구성원들의 피난처이자 보금자리 역할을 해야 한다.
　3. 가정은 생활에 필요한 돈을 벌고 쓰는 곳이다.
　4. 가정은 구성원 모두가 참여할 수 있는 문화가 있는 곳이다.
　5. 가정은 인생의 가장 소중한 추억을 만들어내는 곳이다.
　6. 가정은 인간관계의 기본을 형성해주는 곳이다.
　7. 가정은 신앙의 출발지면서 완성지이다.

　가정은 좋은 인생을 위한 베이스캠프가 되어야 합니다. 또한 하나님
의 말씀의 약속이 이루어지고 실천하는 곳이어야 합니다.
　그러나 이런 가정이 오히려 정반대의 기능을 하는 지금 시대에는 더더
욱 가정의 상황을 신앙과 떨어트려 생각해서는 안됩니다. 나에게 가정
이란 어떤 의미를 갖는지 생각해보고, 가정을 더욱 아끼고 돌보십시오.
하나님의 큰복이 넘치는 화목한 가정을 위해 마땅히 할 일이 무엇인지
분별하고 매일 기도하며 실천하십시오. 반드시 하는 모든 일이 다 형통
합니다.

💛 주님! 주님이 허락하신 가정을 아름답게 향기롭게 가꾸게 하소서.
🖼 천국의 기쁨과 소망이 있는 가정을 위해 기도하고 노력하십시오.

나의 영적 일지

16년 만의 질문

읽을 말씀 : 사도행전 8:26-40

●행 8:34 그 내시가 빌립에게 말하되 청컨대 내가 묻노니 선지자가 이 말한 것이 누구를 가리킴이냐 자기를 가리킴이냐 타인을 가리킴이냐 빌립이 입을 열어 이 글에서 시작하여 예수를 가르쳐 복음을 전하니

대학을 졸업해 사회생활을 하던 미치는 우연히 TV를 통해 대학 시절 은사님인 모리 교수가 루 게릭병에 걸렸다는 사실을 알게 됩니다.

졸업 뒤 연락을 드리지는 못했지만 그래도 찾아 봬야겠다는 생각이 들어 미치는 수소문을 해 16년 만에 모리 교수가 있는 병원을 찾아갔습니다.

교수는 기억이 나는 지 미치를 반갑게 맞아 주고는 몇 가지 질문을 던졌습니다.

"마음을 나눌 사람을 찾았는가?", "지역사회를 위해서 하고 있는 일은 있는가?", "내면의 평안은 얻었는가?", "인간답게 산다는 게 뭔지 아는가? 그렇게 살려고 애쓰고 있는가?"

교수님 질문은 보통 사람들의 일반적인 질문과는 확연히 달랐습니다.

뭔가 다른 것을 느낀 미치는 이후에도 매주 화요일마다 모리 교수님을 찾아갔습니다. 그리고 루 게릭병에 걸려 서서히 죽어가는 교수님을 통해 인생을 가치 있게 사는 법과 실제로 그렇게 살고 있는 사람의 모습을 보고 배웠고 나중에는 이 소중한 경험을 책으로도 내 많은 사람들에게 깨달음을 주었습니다.

부활하신 예수님이 베드로에게 가장 먼저 하신 말씀은 "네가 나를 사랑하느냐?"였습니다. 매일 묵상을 통해 이 질문에 대답을 한 뒤에 하루를 시작하십시오. 반드시 하는 모든 일이 다 형통합니다.

♡ 주님! 제가 하는 모든 일이 주님을 향한 사랑의 표현이 되게 하소서.
🖼 본문의 질문을 예수님이 나에게 하신다면 어떻게 대답할지 생각해보십시오.

나의 영적 일지

외제차와 장기기증

읽을 말씀 : 잠언 28:1-10

● 잠 28:5 악인은 정의를 깨닫지 못하나 여호와를 찾는 자는 모든 것을 깨닫느니라

브라질의 한 억만장자가 갑자기 인터넷 SNS에 글을 올렸습니다.

"내 3억짜리 명품 외제차를 3주 뒤에 땅에 묻을 겁니다."

그 글은 본 국민들은 분노했습니다.

그러자 부자는 이렇게 대응했습니다.

"옛날 이집트 사람들도 보물을 땅에 묻었어요. 내가 하고 싶어서 한다는데 도대체 뭐가 문제입니까?"

국민들의 분노는 극에 달했고, 심지어 방송사에서도 차를 묻는 장면을 생중계하러 왔습니다.

당일날 국민들에게 하고 싶은 말이 없냐는 기자의 질문에 그 부자가 말했습니다.

"여러분은 제가 3억 짜리 차를 땅에 묻는다니까 이렇게 화를 내시는군요? 그런데 왜 더 많은 사람을 살릴 수 있는 소중한 장기는 아무렇지도 않게 땅에 묻으십니까?"

장기기증의 효용성을 알리기 위한 노이즈 마케팅이었지만 그래도 이 사건 이후에 몇 달간은 장기기증 신청자가 40%나 증가했습니다.

다른 사람의 생명을 살리는 것은 가장 선한 일입니다. 먼저 복음을 통해 영혼을 살리고 복음의 능력으로 건강을 살리되, 내가 그들을 위해 할 수 있는 일이 무엇인지 생각해 보십시오. 반드시 하는 모든 일이 다 형통합니다.

🧡 주님! 어려움 중에 있는 사람들의 필요에 민감하게 하소서.
📷 다른 사람의 잘못을 판단하기 전에 내 삶을 먼저 돌아보십시오.

나의 영적 일지

8월 31일

인생의 빛

읽을 말씀 : 요한복음 8:12-20

●요 8:12 예수께서 또 말씀하여 이르시되 나는 세상의 빛이니 나를 따르는 자는 어둠에 다니지 아니하고 생명의 빛을 얻으리라

　오에 겐자부로는 평단의 인정과 대중의 사랑을 받았던 일본 문학계의 신성입니다.

　작가가 되자마자 크게 성공을 했던 겐자부로는 큰 어려움 없이 작가이자 문학평론가로 이름을 알려갔고 사랑하는 아내까지 만나 가정을 꾸리고 살아갔습니다. 그런데 그렇게 사랑하는 아내와의 결실인 자녀가 정신지체아로 태어났습니다.

　한 번도 어려움을 겪어본 적이 없던 겐자부로는 큰 절망에 빠졌습니다. 그는 왜 자신에게 이런 시련이 일어났는지 이해할 수가 없었습니다. 한동안 글도 쓰지 않고 자기에게 일어난 불행을 성찰했는데, 그 과정을 통해 하나님을 알게 되었고 더 깊은 생각을 갖게 되었습니다.

　자신에게 일어난 일을 받아들이고 아들도 진심으로 사랑하게 된 겐자부로는 더 뛰어난 작품들을 써내기 시작했습니다. 그리고 '개인적인 체험'이라는 작품을 통해 노벨문학상까지 받았습니다. 겐자부로는 노벨상을 받는 시상식에서 이런 소감을 남겼습니다.

　"내가 절망으로 생각했던 히로키는 내 문학의 빛이자 인생의 빛입니다. 그 아이로 인해 나는 하나님을 알게 되었고 새로운 문학을 시작할 수 있게 되었습니다."

　고난을 통해 하나님을 알게 된다면 그것은 진정한 하나님이 주신 큰 복이며 행복입니다. 하나님을 아는 것이 가장 큰 큰 복이자 행복임을 알고 늘 감사하십시오. 반드시 하는 모든 일이 다 형통합니다.

💛 주님! 저에게 오는 고난이 오히려 큰 유익임을 알고 감사하게 하소서.
🧩 하나님을 믿고 만나게 된 순간을 떠올려보십시오.

나의 영적 일지

9
September
월

"너는 행악자들로 말미암아 분을 품지 말며
악인의 형통함을 부러워하지 말라"
(잠언 24장 19절)

무엇을 위해 사는가?

읽을 말씀 : 마태복음 6:19-34

●마 6:33 그런즉 너희는 먼저 그의 나라와 그의 의를 구하라 그리하면 이 모든 것을 너희에게 더하시리라

　어려서부터 장교의 꿈을 품고 열심히 공부를 해 육군사관학교를 간 남자가 있었습니다.

　육사에서의 성적도 우수했고 대인관계도 좋아 졸업만 하면 성공이 보장되어 있었습니다. 그런데 이 남자의 인생에 두 가지 변화가 찾아왔습니다.

　1. 육사생활 중 만난 하나님이었습니다.

　　하나님을 만난 뒤로부터는 육사생활로는 만족이 되지 않았고 결국 잘 다니던 학교를 그만두고 신학교에 입학을 했습니다.

　2. 신학교를 다니다 우연히 본 "당신은 무엇을 위해 살고 있는가?"라는 글입니다. 그 글을 보자 지금까지의 삶은 자신만을 위한 삶이었다는 생각이 갑자기 들어 신학을 하며 선교사의 꿈을 품게 되었습니다.

　그렇게 '하나님을 위해, 예수님을 모르는 사람들에게 전하러 가는 것'을 인생의 목표로 삼은 조영생 선교사님은 미얀마로 파송되어 15개의 교회를 세우고 3곳의 고아원을 운영하며 미얀마의 복음화를 위해 헌신하고 계십니다.

　하나님을 만나고 구원 받았다면 이제 인생의 목표가 달라져야 합니다. 하나님께서 우리를 통해 이루고자하는 일이 있어 우리를 부르셨습니다. "나는 무엇을 위해 살고 있는가?"라는 질문에 솔직하게 답변을 해 보십시오. 반드시 하는 모든 일이 다 형통합니다.

💙 주님! 저를 향한 하나님의 뜻을 발견하고 그 뜻을 위해 살게 하소서.
🖼 하나님을 만난 뒤 인생의 목표가 어떻게 바뀌었는지 생각해보십시오.

나의 영적 일지

뇌를 위한 습관

9월 2일

읽을 말씀 : 신명기 26:1-19

●신 26:16 오늘 네 하나님 여호와께서 이 규례와 법도를 행하라고 네게 명령하시나니 그런즉 너는 마음을 다하고 뜻을 다하여 지켜 행하라

사람들은 체력은 운동을 통해 늘릴 수 있다고 생각하지만 정신력은 타고난다고 생각합니다.

그러나 뇌 역시, 근육과 같이 피로할 땐 쉬게 해줘야 하고, 훈련을 통해 발달시킬 수 있습니다.

다음은 '뇌력 충전'이라는 책에서 소개하는 '뇌를 발전시키는 7가지 좋은 습관'입니다.

01 햇볕을 30분 이상 쐬라.

02. 편식을 하지 말고 음식을 최대한 꼭꼭 씹어 먹어라.

03. 충분한 수면을 취하고, 밀린 잠을 몰아자지 말라.

04. 긍정적인 생각과 말을 많이 하라.

05. 주로 사용하지 않는 손을 쓰려고 노력하라.

06. 책을 읽거나 사색을 통해 뇌의 근육을 단련하라.

07. 산이나 휴양림 같은 자연을 종종 찾아라.

마음도 정신도 단련할수록 강해지고 피로가 쌓이면 휴식을 취해야 합니다. 하나님이 주신 사명을 잘 감당하기 위해선 육체뿐 아니라 정신도 건강해야 합니다. 평소 생활 습관에 미를 발전시키는 7가지 습관을 갖추도록 하십시오.

특별히 좋은 기억력을 위해 주님께 기도하며 뇌를 위한 좋은 습관을 기억하고 자주 실천하십시오. 반드시 하는 모든 일이 다 형통합니다.

♥ 주님! 말씀을 품고 사는 거룩한 생각을 지켜 주소서!

몸의 건강만큼 뇌의 건강도 중요하게 여기고 관리하십시오.

나의 영적 일지

폭풍 너머로 보이는 희망

읽을 말씀 : 시편 23:1-6

● 시 23:4 내가 사망의 음침한 골짜기로 다닐지라도 해를 두려워하지 않을 것은 주께서 나와 함께 하심이라 주의 지팡이와 막대기가 나를 안위하시나이다

  아프리카 최남단에 있는 케이프타운에는 원주민들이 폭풍의 기슭이라고 부르는 봉우리가 있습니다.

  물살이 세고 암석이 많아서 날이 좋을 때에도 배를 타고 그곳을 건넌다는 것은 불가능해 보였습니다. 그래서 폭풍의 기슭은 원주민들에게 또한 죽음의 바다였습니다.

  그런데 폭풍의 기슭을 지나려고 시도하는 탐험선이 있었습니다. 지도상으로 이곳을 건너면 무역에서 중요한 인도에 훨씬 빨리 갈 수 있다고 탐험대의 선장은 확신했는데, 근처에 와서 해류를 확인하고 원주민들의 이야기를 듣고는 약간의 의구심이 생겼습니다.

  마침 폭풍의 기슭을 지나던 때는 폭풍우까지 쳤지만 선장은 동요하지 않고 다시 마음을 다잡아 최선을 다해 암초를 피하며 나아갔습니다. 그리고 폭풍의 기슭을 지나자마자 거짓말처럼 고요하고 평온한 인도양이 나왔습니다.

  이 탐험대를 이끌던 바스코 다마는 인도에 이르는 신항로를 개척해 큰 명성을 얻었고 폭풍의 기슭으로 불리는 곳은 '희망봉'이라는 이름으로 다시 불리게 되었습니다.

  나의 인생의 선장되시는 주님을 믿고 언제나 고난이라는 폭풍과 함께 하시는 주님을 생각하고 그 너머에 희망이 있음을 기억하십시오. 반드시 하는 모든 일이 다 형통합니다.

💟 주님! 어떤 고난 중에도 주님이 함께 하심을 믿고 두려워하지 않게 하소서.
🔲 내 인생의 키를 성령님께 맡기십시오.

나의 영적 일지

무속인의 유언

읽을 말씀 : 시편 119:24-37

● 시 119:37 내 눈을 돌이켜 허탄한 것을 보지 말게 하시고 주의 길에서 나를 살아나게 하소서

    부유한 집안에서 태어나 명문대를 졸업하고, 대기업까지 바로 입사하며 엘리트 코스를 밟고 있던 남자가 있었습니다.

    그러다 돌아가신 어머니가 너무 보고 싶어 깊은 슬픔에 빠져 있었는데 이 과정에서 무당을 알게 되고 나중에는 내림굿까지 받게 되었습니다. 뭔가 알 수 없는 이상한 힘에 이끌려 인생을 살아가며 주위에도 점점 무당들이 많아지기 시작했는데, 평소에 친형처럼 친하게 지내던 무속인이 갑자기 병에 걸려 죽었다는 소식을 들었습니다.

    더 놀라운 것은 죽기 전에 기독교로 개종을 했고, 자기에게 "동생도 예수 믿게!"라는 유언을 남겼다는 소식이었습니다. 이 사건을 통해 남자는 점점 무속을 멀리하고 교회를 가까이 하기 시작했습니다.

    유명한 목사님들을 찾아다니며 상담과 기도를 받고, 나중에는 신학교에 진학했습니다. 그리고 잘못된 삶을 뉘우치겠다는 결심으로 성악과 축구 등을 활용한 선교팀을 꾸려 다양한 전도를 시도했는데, 국가대표 축구선수로 유명한 꾀돌이 이영표 선수까지 전도하며 많은 사람들을 주님 품으로 인도하는 목회자 박에녹으로 지금은 살아가고 있습니다.

    참된 진리는 오직 예수 그리스도 한 분뿐입니다. 잘못된 진리와 유혹에 관심을 두지 말고 오로지 진리의 말씀으로 믿음을 더욱 굳건히 하십시오. 반드시 하는 모든 일이 다 형통합니다.

💙 주님! 헛된 것에 위로를 받으려 하지 말고, 오직 주님만 바라보게 하소서.
🖼 장난으로라도 점이나 미신을 믿지 마십시오.

나의 영적 일지

행복의 법칙

읽을 말씀 : 시편 4:1-8

●시 4:7 주께서 내 마음에 두신 기쁨은 그들의 곡식과 새 포
도주가 풍성할 때보다 더하니이다

　세계최고의 명문인 하버드대학교에서 가장 인기 있는 강좌는 '긍정
심리학'이라고 합니다.

　누구나 들어가고 싶어 하는 학교에서 공부하고 졸업하면 최고의 대우
를 보장받는 하버드생들이지만 치열한 경쟁과 과한 업무로 오히려 행복
도는 일반 대학생들보다 훨씬 낮다고 합니다.

　이 강좌를 10년이 넘게 맡고 있는 샤하르 교수는 수업을 듣는 학생들
에게 '행복해지는 6가지 법칙'을 언제나 말해줍니다.

　1. 부정적인 감정도 자연스러운 감정이라는 걸 인정하라.

　2. 행복이 찾아오게 하려면 즐거움에 의미를 더하라.

　3. 행복은 돈과 권력 같은 환경보다 마음의 자세에 달려있음을 알라.

　4. 최소한 살아온 삶을 돌아볼 정도의 여유는 가지라.

　5. 육체가 건강해야 마음도, 정신도 행복할 수 있음을 알라..

　6. 삶에서 당연하게 여기는 부분도 감사의 조건임을 늘 기억하라.

　진정한 감사를 주님께 드릴 줄 아는 사람만이 하나님이 주시는 참된
행복을 누릴 수 있습니다. 하나님이 창조하신 원리를 깨닫고 인정하는
것이 행복을 누리는 비결입니다. 위의 법칙도 이미 성경에서 가르쳐준
생활법칙인데, 오늘 하루를 살며 적용하고 주님으로 인해 하루가 행복
함을 고백하십시오. 반드시 하는 모든 일이 다 형통합니다.

💟 주님! 일어나는 모든 일이 주님께서 나를 위해 주신 선물임을 깨닫게 하소서.

🎴 오늘 하루를 허락하신 것만으로도 주님께 넘치는 감사를 하십시오.

나의 영적 일지

활기찬 세상을 만드는 방법

읽을 말씀 : 데살로니가전서 5:12-28

● 살전 5:14 또 형제들아 너희를 권면하노니 게으른 자들을 권계하며 마음이 약한 자들을 격려하고 힘이 없는 자들을 붙들어 주며 모든 사람에게 오래 참으라

부부관계, 자녀와 부모 관계, 친구 관계와 같은 인간관계가 건강하게 유지되려면 긍정적인 말과 부정적인 말의 비율이 5:1정도 되어야 합니다.

그런데 미국 아이오와대학교의 연구팀에 따르면 일반적으로 부모가 자녀들에게 하는 말의 비율은 100:1로 부정적인 말이 압도적으로 많다고 합니다. 어렸을 땐 활발하고 질문도 잘하는 아이들이 자라면서 점점 내성적이 되고 부정적이 되는 것은 이런 영향 때문인데 그래서인지 미국 청소년들의 무려 70%가 자존감이 낮고 스스로 동기를 부여하는 능력이 떨어진다고 합니다.

'아이를 위한 내면 치유'의 저자 제임스 휘필드 박사는 "그렇게 하면 널 사랑하지 않을 거야, 바보 같은 짓 좀 그만해, 넌 착한 아이가 되어야 해."를 자녀의 부정적인 자아상을 만드는 가장 안 좋은 세 가지 문장으로 꼽았고, "시키는 대로 할 것, 공부에만 신경 쓸 것, 자기 의견을 나타내지 말 것"을 가장 나쁜 세 가지 규칙으로 꼽았습니다.

주님은 우리에게 평화를 주기 위해 이 세상에 오셨고, 우리는 평화로운 사회를 위해 힘써야 합니다. 좋은 말을 나쁜 말보다 많이 해주는 것이 세상을 활기차게 만드는 가장 좋은 비결이니 다른 사람을 나의 잣대로 판단하지 말고, 상대방에게 힘이 나는 말과 행동을 해주십시오. 반드시 하는 모든 일이 다 형통합니다.

🖤 주님! 제가 하는 말이 상대방에게 마음을 시원하게 하는 생수가 되게 하소서.
🎴 다른 사람들에게 부정적인 말보다는 긍정적인 말을 하십시오.

나의 영적 일지

경건을 위한 7가지 질문

읽을 말씀 : 디모데전서 4:6-16

●딤전 4:8 육체의 연단은 약간의 유익이 있으나 경건은 범사에 유익하니 금생과 내생에 약속이 있느니라

감리교의 창시자 요한 웨슬레가 살았던 당시의 영국 사회는 '아동학대, 남녀차별, 노예제도, 빈부격차'등으로 얼룩져 있었습니다.

그런데 교회들이 이런 문제에 관심이 없었습니다.

웨슬레는 말로만 이웃사랑을 외치지 말고 행동을 하자며 '성서에 나온 대로 행동하는 사람들'이라는 뜻의 '메쏘디스트(methodist)'운동을 펼쳤고 이런 삶의 실천을 위해 매일 다음의 7가지 질문을 자신에게 던졌습니다.

1. 기도를 충분히 하고 있는가?
2. 하나님 앞에서 즐거워하는 모습이 있는가?
3. 모든 경우에 감사하는가?
4. 지나친 욕심을 내진 않는가?
5. 옳은 일을 하지 못할 만큼 두려워하는 것이 있는가?
6. 내 중심에 임재하는 하나님의 사랑을 느끼는가?
7. 말과 행동으로 하나님을 기쁘시게 하고 있는가?

매일 삶을 통해 주님께 더 가까이 나아가고 있는지 우리는 늘 주의를 기울여야 합니다. 예수님의 사랑이 우리의 행동으로 나타나야 합니다. 그럴 때 우리는 세상의 소금과 빛이 됩니다. 매일 요한 웨슬레가 자신에게 던진 같은 질문을 나에게도 던져보십시오. 반드시 하는 모든 일이 다 형통합니다.

💜 주님! 순간순간 주님 앞에 있다는 사실을 기억하게 해 주옵소서.
🔏 위의 질문을 통해 나의 신앙을 점검하십시오.

나의 영적 일지

날개를 띄워줄 바람

읽을 말씀 : 히브리서 10:19-39

●히 10:36 너희에게 인내가 필요함은 너희가 하나님의 뜻을 행한 후에 약속하신 것을 받기 위함이라

일본의 토리 섬에는 날지 못하는 새가 있습니다.

갈매기와 비슷하게 생겼지만 날개가 엄청 큰 이 새는 정작 날지는 않고 언제나 해변을 걸어 다닙니다. 섬의 아이들이 날지 못하는 새라고 놀리며 돌을 던져도 뛰어서 피할 뿐 조금도 날지를 못합니다.

그래서 토리 섬의 사람들은 이 새를 큰 날개를 가지고 있으면서도 날지도 못하는 바보 새라고 불렀습니다.

그런데 폭풍이 몰아치던 어느 날, 횅한 모래사장에 이 바보 새가 홀로 나와 있었습니다.

잠시 뒤 강한 바람에 맞서 뒤뚱거리더니 이내 몇 번의 날갯짓으로 세상의 그 어떤 새보다도 아름답게 날아올랐습니다.

이 모습을 본 몇몇 마을 사람들은 도저히 믿을 수가 없었습니다. 사실 마을 사람들이 날지 못하는 새로 알던 이 새는 '창공의 왕자'로 불리는 알바트로스로 한 번의 비행으로 가장 먼 거리를 가는 새였습니다.

다만 그 날개를 띄우기 위해 폭풍과 같은 충분한 바람이 필요할 뿐이었습니다.

누가 뭐라고 해도 포기하지만 않으면 반드시 때는 찾아옵니다. 하나님이 주신 나의 가능성을 믿고 하나님의 때에 필요한 사람이 될 수 있도록 쓰임 받기에 충분한 경건한 심령을 가꾸십시오. 반드시 하는 모든 일이 다 형통합니다.

♡ 주님! 살다보면 기다려야할 일이 많음을 알고 인내하게 하소서.
🖼 주님의 약속이 이루어질 때까지 기도로 인내하십시오.

나의 영적 일지

새롭게 서약하라

읽을 말씀 : 고린도전서 11:17-34

●고전 11:25 식후에 또한 그와 같이 잔을 가지시고 이르시되 이 잔은 내 피로 세운 새 언약이니 이것을 행하여 마실 때마다 나를 기념하라 하셨으니

사랑하는 연인이나 부부가 싸울 때에 가장 많이 하는 말은 "당신 변했어!"입니다.

초기에 했던 행동과 말, 결혼할 때 했던 사랑의 언약들이 지켜지지 않고 있다고 느끼기 때문에 이런 말이 나오는 것인데 실제 가정문제 전문가들에 따르면 원만한 가정생활을 유지하는 일에 가장 중요한 것은 가능한 자주 새로운 약속을 하는 것이라고 합니다.

다음은 이런 방식을 통해 부부생활의 문제를 극복한 한 부부가 올해에 나눈 서약서의 내용입니다.

"하나님과 가족, 그리고 친구들 앞에서 나는 올해도 당신을 사랑한다고 고백합니다.

당신과 함께 나는 내 능력이 닿는 데까지 하나님이 주신 가정을 꾸리고 사랑할 것입니다.

하나님의 약속이 당신임을 나는 확신합니다.

당신을 있는 그대로 받아들이고, 사랑하며, 후원하고, 함께 하나님께서 주신 모든 것에 감사하며 더욱 사랑하기를 원합니다."

사랑의 모습은 사라지는 것이 아니라 변할 뿐입니다. 변한 말과 행동 역시 사랑의 표현임을 배우자에게 알게 하고, 또 가정을 주님이 세워주지 않으면 우리의 수고는 허사입니다. 더욱 새로운 마음으로 주님을 의지하며 새로운 사랑을 고백하십시오. 반드시 하는 모든 일이 다 형통합니다.

🩶 주님! 아름답고 행복한 가정을 이룰수 있는 지혜를 주소서.

🎴 매년 새로운 마음으로 하나님께, 배우자에게 사랑을 서약하십시오.

나의 영적 일지

고난을 당하더라도

읽을 말씀 : 골로새서 3:1-17

● 골 3:15 그리스도의 평강이 너희 마음을 주장하게 하라 너희는 평강을 위하여 한 몸으로 부르심을 받았나니 너희는 또한 감사하는 자가 되라

서아프리카의 라이베리아는 아프리카에서도 낙후된 지역입니다.

이곳의 실상을 듣게 된 의사 켄트 브랜틀리는 2년간 라이베리아에서 사람들을 치료하는 의료 봉사를 하겠다고 하나님께 서원했습니다.

에볼라가 퍼지고 있을 때라 많은 사람들이 만류했지만 "하나님이 우리에게 주시는 마음은 두려움이 아닙니다"라고 대답했습니다.

그리고 라이베리아로 파송되기 전 교회에서의 마지막 간증 시간에 "시련의 순간을 맞더라도 하나님만 믿고 의지하겠습니다. 수십 년간 고통받은 사람들을 위해 2년간 최선을 다해 섬기겠습니다"라고 고백했습니다.

그런데 에볼라 바이러스를 걸린 사람들도 피하지 않고 치료하던 켄트는 3개월 만에 에볼라에 걸려 미국으로 긴급 이송되었습니다.

그러나 켄트와 같은 마음을 품었던 그의 아내는 오히려 지금까지 하나님께서 지켜주신 것만 해도 감사하다며 하나님을 높였고, 죽음도 두려워 하지 않는 신앙을 가진 이들 가족을 위해 미국의 많은 그리스도인들은 합심해 중보기도를 했습니다.

죽임을 당할 것을 알면서도 예수님을 세상에 보내셨던 하나님의 마음이 우리가 세상을 향해 품어야할 마음입니다. 고난을 당할 줄 안다 해도 하나님이 주신 평안이 마음에 있다면 담대히 순종하십시오. 반드시 하는 모든 일이 다 형통합니다.

💙 주님! 세상을 향해 나갈 때 담대한 마음을 주시어 두려워하지 않게 하소서.

🎴 주님이 주신 말씀에 확신이 있다면 두려움 없이 실행하십시오.

나의 영적 일지

작은 아이디어가 바꾸는 세상

읽을 말씀 : 디모데후서 2:1-13

●딤후 2:7,8 내가 말하는 것을 생각해 보라 주께서 범사에 네게 총명을 주시리라 내가 전한 복음대로 다윗의 씨로 죽은 자 가운데서 다시 살아나신 예수 그리스도를 기억하라

서울 도심에는 보도블록이 보수 공사로 덕지덕지 아스팔트가 채워져 마치 기운 옷과 같은 모습으로 있는 곳이 있습니다.

이 모습을 본 어떤 청년이 이런 생각을 했습니다.

'기워진 것처럼 보이는 아스팔트에 알록달록 색을 입히면 어떨까?'

하루는 서울 삼청동의 한 계단 길을 힘겹게 오르고 있는 할머니가 보였습니다. 지팡이를 깜박 잊고 안 가져오신 것 같았습니다. 그 모습을 보고도 생각했습니다.

'계단 밑에 지팡이를 넣어놓은 통을 달아놓으면 어떨까?'

밑동이 잘린 가로수를 보고는 푹 꺼진 틈을 보고도 생각합니다.

'저 틈에 흙을 담고 꽃을 심으면 멋진 정원이 되지 않을까?'

그렇게 거리에서 아이디어를 떠올리던 3명의 청년은 목격한 장면을 사진으로 찍고 컴퓨터로 합성을 해 100가지 아이디어를 완성했는데, 사람들로부터 반응이 너무 좋았습니다.

사람들은 특히 작은 변화로 도시가 멋진 공간으로 변한다는 사실에 많이들 놀랐습니다.

때로는 작은 아이디어가 놀랄만한 성과를 가져다줍니다. 다른이들을 배려하고, 기쁨을 줄 수 있는 아이디어가 내 안에도 분명히 있습니다. 가정과 교회, 인생을 변화시킬 수 있는 주님이 주시는 작고 멋진 아이디어들을 무시하지 말고 소중히 여기십시오. 반드시 하는 모든 일이 다 형통합니다.

♥ 주님! 조그마한 생각도 귀중하게 여기는 지혜를 주소서.
🎴 교회와 가정을 더 멋지게 변화시킬 작은 생각들을 해보십시오.

나의 영적 일지

소통의 고립

9월 12일

읽을 말씀 : 요한일서 4:1-6

● 요일 4:6 우리는 하나님께 속하였으니 하나님을 아는 자는 우리의 말을 듣고 하나님께 속하지 아니한 자는 우리의 말을 듣지 아니하나니 진리의 영과 미혹의 영을 이로써 아느니라

두 연인이 카페에서 서로 마주보고 앉아 있습니다.

잠깐 대화를 나누는가 싶더니 이내 핸드폰을 만지작거립니다. 쉴 새 없이 연락 오는 메신저로 답장을 하고, 각종 SNS에 지금 어디 카페에 왔는지, 누구와 있는지, 어떤 기분인지를 쉴 새 없이 업로드 합니다.

잠시 뒤에 올린 글들에 대한 답변이 왔다고 알림이 울리기 시작했고, 그렇게 마주 앉은 남녀는 서로의 핸드폰에 더욱 열중합니다.

언제인가부터 우리 주변에서 쉽게 목격할 수 있는 모습입니다.

또 요즘 사람들은 전화보다는 문자나 메신저를 사용한 연락을 많이 합니다. 전화를 할 때에 비해서 하던 일을 멈추지 않아도 되고, 훨씬 가벼운 마음으로 연락을 할 수 있기 때문입니다.

그러나 이렇게 더 많은 사람과 언제나 소통을 해도 외로움을 느끼는 사람들은 점점 많아지고 있습니다.

불편함과 수고가 없는 소통은 그만큼 공감과 정서적인 안정을 주지 못하기 때문입니다.

미국 MIT대학의 사회심리학자 셰리 터클은 이런 모습을 '함께 있지만 따로 있는 새로운 형태의 고독'이라고 정의했습니다.

관계를 위해서는 노력과 자제가 필요합니다. 하나님을 섬기는 일도 마찬가지입니다. 예배와 교제에 드는 노력을 가볍게 여기지마십시오. 반드시 하는 모든 일이 다 형통합니다.

💙 주님! 함께 있지만 따로 있는 듯한 생활을 하지 않게 하소서.
🖼 예배와 모임 중에는 스마트폰을 내려놓고 온전히 집중하십시오.

나의 영적 일지

하나님이 사용하시는 사람

읽을 말씀 : 출애굽기 4:1-17

● 출 4:11 여호와께서 그에게 이르시되 누가 사람의 입을 지었느냐 누가 말 못 하는 자나 못 듣는 자나 눈 밝은 자나 맹인이 되게 하였느냐 나 여호와가 아니냐

영국인 알렌은 태어나면서부터 팔 다리가 없었고, 심지어 눈까지 보이지 않았습니다.

인자한 부모님의 사랑을 받으며 자랐고 어려서부터 예수님을 믿었지만 자신의 모습을 생각하면 죽고 싶은 생각밖에 들지 않았습니다. 하나님이 자신을 이렇게 창조하셨다는 사실을 믿을 수가 없었고, 도대체 이런 몸으로 무엇을 할 수 있을지도 알 수 없었습니다.

그래서 자살을 수차례 시도했지만 성치 않은 몸이라 모두 실패했습니다.

자살을 또 실패한 어느 날 엄청난 무력감에 사로잡혀 있는데 갑자기 마음에 주님의 음성이 들렸습니다.

"듣는 귀와, 숨 쉬는 코, 말하는 입이 있지 않느냐? 네 말대로 내가 너를 그렇게 만들었다. 내가 널 사용할 것이다."

그날 이후로 알렌의 인생의 180도 바뀌었습니다. 그는 휠체어를 타고 나가 사람들에게 자신의 삶을 간증하며 복음을 전하기 시작했습니다. 그의 진실된 간증으로 엄청난 사람들이 하나님께 돌아왔고, 알렌은 '복음의 폭탄', '현대판 요한 웨슬레'로 사람들에게 불렸습니다.

정말로 위대한 사람은 뛰어난 능력을 가진 사람이 아니라 하나님께 모든 것을 맡기고 그 뜻을 따라 헌신하는 사람입니다. 모든 것을 내려놓고 인생을 온전히 주님께 맡기십시오. 반드시 하는 모든 일이 다 형통합니다.

🖤 주님! 저를 창조하신 목적을 이루며 살게 하소서.
🦋 나를 이끄는 하나님의 음성을 따라 매일 순종하십시오.

나의 영적 일지

영국 최고 명문고의 비결

읽을 말씀 : 잠언 22:22-29

●잠 22:22 약한 자를 그가 약하다고 탈취하지 말며 곤고한 자를 성문에서 압제하지 말라

영국의 이튼컬리지는 600년 전통의 최고 명문 고등학교입니다.

영국에서 가장 많은 총리를 배출한 학교이며 졸업생의 30%가 명문인 옥스퍼드와 케임브리지로 진학을 하는 곳이지만 이 학교가 강조하는 것은 공부가 아닌 협동, 체육, 희생입니다.

이튼컬리지에서 절대로 빠져서 안 되는 과목은 체육이며, 특히 팀 활동을 중요시 여깁니다. 나라에서 전쟁이 났을 때 가장 많이 죽는 군인들 역시 이튼컬리지 출신입니다.

이 학교의 교훈은 다음과 같습니다.

1. 남의 약점을 이용하는 비겁한 사람이 되지 말아라.
2. 비굴한 사람이 되지 말아라.
3. 약자를 무시하지 말고 상대방을 배려하라.
4. 잘난 척하지 말아라.
5. 공익과 정의를 위한 일에는 누구보다 앞서라.

진정한 명문 학교는 공부로만 평가받지 않습니다.

공부와 당장의 성공을 이룰만한 요소들 이외의 것에서 진정한 평가를 받게 마련입니다.

자기 안위만 챙기는 사람은 성공한 인생을 살 수도, 행복한 인생을 살 수도 없습니다. 성경적인 전인교육으로 참된 그리스도인의 삶을 사십시오. 반드시 하는 모든 일이 다 형통합니다.

💜 주님! 성령님의 도우심을 통해 바른 인격으로 살아가게 하소서.
🎋 성적보다도 신앙과 성품을 중요하게 여기는 부모가 되십시오.

나의 영적 일지

하나님의 도구

읽을 말씀 : 이사야 64:1-12

●사 64:8 그러나 여호와여, 이제 주는 우리 아버지시니이다 우리는 진흙이요 주는 토기장이시니 우리는 다 주의 손으로 지으신 것이니이다

영국 런던에서 한 상점의 점원으로 일하는 청년이 있었습니다.

가진 것도, 배운 것도 없던 청년은 그저 주어진 삶을 살다가 세상을 떠나는 것이 자기 인생의 전부라고 생각했습니다. 그러던 청년에게 어느 날 고린도전서 15장 2절 말씀이 영혼에 들어왔습니다.

'복음을 굳게 지키고 헛되이 믿지 않는다면 구원을 얻을 수 있다고? 지금 나는 나의 인생이 헛된 시간이라고 생각하고 있었는데... 그렇다면 당장 내일부터라도 뭔가 의미 있는 일을 시작해야겠다.'

그리고 아무리 생각해봐도 청년에게 복음을 전하는 것 이상의 의미 있는 일은 없었습니다. 그래서 먼저 성경을 열심히 공부한 뒤에 먼저 상점의 점원들을 대상으로 모임을 가졌습니다.

그리고 조금씩 아는 사람들을 이 모임에 참석시키며 주말에 함께 교제도 나누고 성경도 공부했는데 조지 윌리엄이라는 청년이 만든 모임이 지금의 YMCA가 되었습니다.

오병이어의 기적은 나의 삶의 작은 결심을 통해서도 나타날 수 있습니다. 배운 것이 없어도, 가진 것이 없어도, 하나님을 위해 일하고자 하는 사람을 주님은 사용하십니다. 주님 안에서 세운 나의 작은 목표가 세상을 변화시킬 수 있는 놀라운 영향력으로 바뀔 수 있습니다. 소중한 시간을 헛되이 보내지 말고 짬짬이라도 복음을 위한 일에 사용하십시오. 반드시 하는 모든 일이 다 형통합니다.

🧡 주님! 어느 모습으로든 주님의 복음과 말씀을 전하게 하소서.
🖼 하루에 10분이라도 복음을 위한 일에 헌신하십시오.

나의 영적 일지

헌신으로 증명하라

읽을 말씀 : 마태복음 12:22-37

● 마 12:33 나무도 좋고 열매도 좋다 하든지 나무도 좋지 않고 열매도 좋지 않다 하든지 하라 그 열매로 나무를 아느니라

한 남자가 자전거 타이어에 바람을 넣으려고 친구에게 펌프를 빌렸습니다. 그런데 펌프가 낡았는지 바람을 채우고 나서 고장이 나고 말았습니다.

당연히 새것으로 사주고 사과를 해야 했지만 어쩐지 아까웠습니다. 그래서 남자는 자신도 모르게 친구에게 가서 오히려 화를 냈습니다.

"아니, 망가진 걸 확인도 안하고 주면 어떡해? 자전거 바람도 못 넣고 시간만 날렸잖아?"

내심 미안한 마음도 들었지만 남자는 집에 와서도 자기 합리화로 잘못을 인정하지 않았습니다. '펌프가 이미 낡았다, 어차피 곧 망가질 거였다, 그거 얼마나 한다고 그래?'와 같은 생각들이 머리를 가득 채우고 있을 때 펌프를 빌려준 친구가 찾아왔습니다.

그리고 낡은 펌프를 빌려줘서 미안하다고 사과를 하더니 새로 산 펌프를 내밀었습니다. 그 모습을 보는 순간 남자는 자신의 모습이 한심해 참을 수가 없었고, 무릎을 꿇고 친구에게 사실을 이야기하며 용서를 구했습니다.

어떤 사람에게는 우정이 낡은 펌프만도 못한 것이지만, 또 어떤 사람에게는 자존심을 내려놓고도 지켜야 할 만큼 소중한 것이었습니다.

하나님은 나를 향한 사랑을 예수님의 생명으로 확증하셨습니다. 그 사랑을 진정 깨닫고 느낀다면 하나님을 향한 사랑을 온전한 믿음과 예배로 확증하십시오. 반드시 하는 모든 일이 다 형통합니다.

🖤 주님! 성령님을 거스르는 삶을 살지 않게 하소서.
🖼 말이 아닌 마음과 행동으로 하나님을 향한 사랑을 나타내십시오.

나의 영적 일지

반석위의 믿음

읽을 말씀 : 골로새서 2:6-19

● 골 2:7 그 안에 뿌리를 박으며 세움을 받아 교훈을 받은 대로 믿음에 굳게 서서 감사함을 넘치게 하라

인도의 마하발리푸람에는 '버터볼'이라는 바위가 있습니다.

울퉁불퉁한 분지 위에 커다랗고 동그란 바위가 우뚝 서 있는데, 누가 봐도 곧 쓰러질 것 같은 풍경이지만 오랜 세월을 그 자리에서 지키고 서 있습니다. 한 때 이벤트의 일환으로 코끼리 7마리로 이 바위를 끌어보았지만 그래도 흔들리지 않았습니다.

아프리카에는 '코피'라고 불리는 언덕이 있습니다.

이 언덕에는 사람 몸통만한 바위들이 서로 탑을 쌓은 모양을 하고 있는데, 10개도 넘게 쌓여 있지만 아무리 강한 바람이 불어와도 넘어지지 않습니다.

영국의 노스요크셔에는 '중심을 잡고 있는 바위'라는 이름을 가진 바위가 있습니다. 위에 있는 집채만한 바위를 땅과 연결하고 있는 것은 송곳같이 작고 날카로운 부분입니다.

처음에는 밑에도 집채만 한 바위였지만 바람과 물에 침식이 돼서 중심부의 아주 약한 부분만 남았고, 아주 작은 부위지만 뿌리째 바위와 연결되어 있기 때문에 몇 백 년이 지나도 쓰러지지 않고 있습니다.

튼튼한 반석은 아주 작은 부분만 연결되어 있어도 바위를 떨어트리지 않습니다. 반석위에 서 있는 신앙도 마찬가지입니다. 성경이라는 진리의 반석에 나의 믿음을 아주 적은 부분이라도 제대로 세우십시오. 반드시 하는 모든 일이 다 형통합니다.

♥ 주님! 반석위에 지은 집 같은 든든한 믿음을 주소서.
🌀 매일의 경건생활을 통해, 예배를 통해 반석위의 믿음을 쌓으십시오.

나의 영적 일지

프레임의 재구성

읽을 말씀 : 잠언 28:1-9

●잠 28:5 악인은 정의를 깨닫지 못하나 여호와를 찾는 자는 모든 것을 깨닫느니라

물이 반 담긴 컵이 한 잔 있었습니다.

어떤 사람은 그 컵을 보고 '와, 물이 반이나 남아있군!'이라고 생각했고 어떤 사람은 '이런, 물이 반밖에 남아있지 않잖아?'라고 생각했습니다. 같은 장면을 보고 이렇게 다른 생각을 하는 것은 상황을 해석하는 '프레임'이 다르기 때문입니다.

프레임이 무조건 긍정적이라고 좋은 것은 아닙니다.

그러나 좋은 방향의 프레임은 분명히 있습니다.

서울대학교 심리학과의 최인철 교수는 '좋은 프레임을 구성하는 4가지 방법'에 대해서 다음과 같이 말했습니다.

1. 결과보다 의미에 중심을 둔다.
2. 과거가 아니라 현재에 집중해야 한다.
3. 부정적인 상황에서도 긍정적인 언어를 사용해야 한다.
4. 과거에 위기를 극복했던 생각이나 상황을 자꾸 떠올린다.

예수님을 만나고, 체험하고, 믿는 사람들은 그 전의 인생과 180도 다른 프레임을 갖게 됩니다. 어부였던 베드로와 그리스도인을 핍박했던 바울은 예수님을 만나고 인생의 프레임이 바뀐 사람들입니다. 내가 바라보고자 했던 프레임이 아니라 하나님이 주신 가치관과 관점으로 세상을 바라보십시오. 성경에 나오는 믿음의 인물들처럼 마음의 프레임을 말씀의 틀로 가꾸십시오. 반드시 하는 모든 일이 다 형통합니다.

🖤 주님! 믿음의 눈으로 상황을 바라보고 희망을 찾게 하소서.
🎦 더 나은 상황을 만드는 방향으로 생각의 프레임을 바꾸십시오.

나의 영적 일지

상대방을 인정하라

읽을 말씀 : 잠언 3:1-12

●잠 3:6 너는 범사에 그를 인정하라 그리하면 네 길을 지도하시리라

　　매일 노인대학의 휴게실에서 체스를 두며 시간을 때우던 한 노인이 있었습니다.

　　하루는 지나가던 학교 직원이 "시간이 아까운데 그림이라도 그려보시지 그러세요?"라며 말을 던졌습니다. 이 말은 할아버지의 마음에 들어왔고 다음 날부터 미술학원에 가서 생전 처음 그림을 그리기 시작했습니다.

　　그런데 이상하게도 미술 선생님은 할아버지에게 그림을 가르쳐주지 않았습니다. 할아버지가 하루는 큰맘을 먹고 그림을 가르쳐달라고 부탁했는데, 선생님은 이런 대답을 했습니다.

　　"할아버지는 그림에 소질이 있으세요. 굳이 저한테 배우실 필요가 없으니 지금 그리시는 방향을 계속 유지하세요."

　　해리 리버맨이라는 이름의 화가 할아버지가 그림을 그리게 된 동기인데... 훗날 유명한 화가가 되어 미국의 샤갈이라고까지 불렸고 100세 때까지 뉴욕에서 개인전을 열었습니다.

　　그러나 그 재능을 알아보고 인정해주던 초창기 그림 선생님의 지도가 없었다면 화가 해리 리버맨은 존재하지 않았을 것입니다.

　　나이가 어찌됐든 주님 안에서 비전을 가지고 기도하며 노력한다면 우리도 할 수 있습니다. 사람을 성장시키는 가장 좋은 방법은 상대방의 장점을 인정해주는 것입니다. 진심어린 칭찬과 인정으로 나와 주변 사람들에게 동기를 주십시오. 반드시 하는 모든 일이 다 형통합니다.

💗 주님! 주변의 사람들에게 향상된 삶을 제시하게 하소서.
📖 하나님이 나를 인정하셨다는 걸 믿고 다른 사람도 인정하십시오.

　나의 영적 일지

비난에 대응하는 법

읽을 말씀 : 요한삼서 1:5-12

● 요삼 1:11 사랑하는 자여 악한 것을 본받지 말고 선한 것을 본받으라 선을 행하는 자는 하나님께 속하고 악을 행하는 자는 하나님을 뵈옵지 못하였느니라

링컨이 대통령후보에 출마했을 때 라이벌과 함께 기자회견을 한 적이 있습니다.

라이벌인 더글러스 상원의원은 링컨의 좋은 이미지에 타격을 주기 위해서 많은 기자들과 사람들 앞에서 비난을 하기 시작했습니다.

"링컨은 말만 그럴듯하게 합니다. 사람들 앞에 보여주는 얼굴과 뒤에서의 얼굴이 서로 다르죠. 그는 두 얼굴을 가진 이중인격자라는 사실을 여러분은 아셔야 합니다."

더글라스의 비난이 끝나고 링컨이 말할 차례가 되었습니다.

링컨이 어떻게 대응할지 모두의 이목이 쏠려 있었는데 링컨은 오히려 미소를 지으며 이런 말을 했습니다.

"제가 두 얼굴을 가지고 있을 수도 있습니다. 그러나 여러분 정말로 제가 두 얼굴을 가지고 있다면 오늘 같이 중요한 날은 조금 더 잘생긴 얼굴을 가지고 나오지 이렇게 못생긴 얼굴을 가지고 나왔겠습니까?"

현장은 웃음바다가 되었고 팽팽한 긴장감이 단번에 풀어졌습니다.

링컨은 평생을 긴장된 상황 속에서 살았는데 그럴 때마다 적절한 유머와 센스로 상황을 반전시켰습니다.

상대방의 비난에 가장 효과적인 방법은 유머와 칭찬입니다. 부정적인 대응으로 똑같은 사람이 되지 말고 주님의 사랑으로 오히려 감싸주십시오. 반드시 하는 모든 일이 다 형통합니다.

🖤 주님! 말씀을 따라 원수도 사랑하고 축복하게 하소서!
🖼 사람들의 비난에 대응하기보다는 옳은 말과 행동으로 보여주십시오.

나의 영적 일지

끝까지 포기하지 말라

읽을 말씀 : 로마서 5:1-11

● 롬 5:3,4 다만 이뿐 아니라 우리가 환난 중에도 즐거워하나니 이는 환난은 인내를, 인내는 연단을, 연단은 소망을 이루는 줄 앎이로다

프랑스의 소설가 발자크는 부유한 집안에서 태어났습니다.

그러나 법조인인 아버지는 아들인 발자크가 글을 쓰는 것을 못마땅해 했기에 몇 년 안에 작가로 성공하지 못하면 법대를 가는 조건으로 지원을 해줬습니다.

발자크는 자는 시간을 제외하고는 하루 종일 글을 썼으나 사람들은 그의 책을 찾지 않았습니다.

아버지와 약속한 시간이 모두 지났지만 발자크는 글을 포기할 수 없었고, 아버지의 지원이 끊겨 빚을 지며 살면서도 글을 계속 썼습니다. 발자크는 잠 잘 시간도 아껴 글을 쓰기 위해 커피를 많이 마셨는데 시간이 없을 때는 볶은 원두를 씹어 먹으며 잠을 이겨냈습니다.

빚쟁이가 집을 찾아올 때면 창고에 숨어서 시간을 보냈고, 빚쟁이가 돌아가면 다시 책상에 앉아 글을 썼습니다.

그렇게 10년이 지나 더 이상 빚을 질 곳도 없고, 글을 쓸 방법도 없을 때 발자크가 쓴 '인간 희곡'이 드디어 베스트셀러가 되었습니다. 십 수 년을 기다리며 오로지 글만 쓴 대가로 발자크는 그동안의 빚을 모두 갚고 남은 인생도 작가로써 살 수 있는 기반까지 얻었습니다.

글을 향한 발자크의 집중력과 열정이 다른 영혼을 향한 우리의 모습 안에 있어야 합니다. 자신의 꿈을 위해 도전하는 것만큼 다른 영혼을 구원하는 일도 중요함을 늘 기억하십시오. 반드시 하는 모든 일이 다 형통합니다.

♡ 주님! 저에게 맡기신 일을 이룰 수 있는 집중력과 인내력을 주소서.
🖾 선한 일에는 끈기와 집중력을 갖고 끝까지 포기하지 마십시오.

나의 영적 일지

남겨진 가방

읽을 말씀 : 고린도후서 9:1-15

9월 22일

● 고후 9:11 너희가 모든 일에 넉넉하여 너그럽게 연보를 함은 그들이 우리로 말미암아 하나님께 감사하게 하는 것이라

국제선교연합회인 WEC의 지하에는 선교사님들의 가방을 보관하는 곳이 있습니다.

처음 10년, 20년 선교를 서원하신 선교사님들이 파송되기 전에 사역을 마치고 와서 다시 찾아 가겠다는 의미로 보관해두는 곳입니다. 그런데 이곳에는 수십 년 째 그 자리에 놓여있는 가방들이 매우 많습니다.

안타깝게도 사역지에서 순교해 돌아오지 못한 분들이 있기 때문인데 WEC에서는 이분들의 정신을 기리기 위해서 가방을 치우지 않고 그대로 보관하고 있습니다.

WEC를 세운 스터드 선교사님 역시 명문 케임브리지를 졸업한 뒤에 호주와 영국에서 스타 대접을 받는 크리켓 선수로 활동을 하다가 하나님의 부르심을 받고 선교사님이 되었는데, 아프리카로 건너간 이후 20년 동안 가족들조차 한 번도 못 만나고 사역에 열중을 하다가 순교하셨기 때문입니다.

이 내용을 기반으로 국내에서는 '나의 가방'이라는 기독교 영화가 제작되어 상영되기도 했습니다.

돈과 명예, 심지어 가족보다도 복음을 위해 헌신하는 선교사님들이 있었기에 지금의 우리도 주님을 알고 복음을 들을 수 있었습니다. 각지 힘든 환경에서 선교하시는 선교사님들을 위해 기도하며 적어도 한분 이상은 후원하십시오. 반드시 하는 모든 일이 다 형통합니다.

♡ 주님! 복음을 위해 세계 곳곳에서 일하는 선교사님들을 강건케 하소서.
🔲 선교지 한 곳을 정해 지속적인 후원과 기도를 하십시오.

나의 영적 일지

영광 받으셔야 할 분

읽을 말씀 : 데살로니가후서 1:3-12

● 살후 1:12 우리 하나님과 주 예수 그리스도의 은혜대로 우리 주 예수의 이름이 너희 가운데서 영광을 받으시고 너희도 그 안에서 영광을 받게 하려 함이라

드보르작은 특히나 자기 고향인 체코슬로바키아에서 큰 사랑을 받던 작곡가였습니다.

한 번은 그의 연주회장에 시민들이 큰 꽃다발을 보냈는데 그 꽃다발에는 "세상에서 가장 위대한 음악가에게 드립니다"라고 쓰여 있었습니다.

드보르작은 이 꽃다발을 받고 너무 감동을 받아 집에다 두었습니다. 그런데 꽃다발에 쓰인 글귀를 볼 때마다 어쩐지 자기에게는 너무 과분하다는 생각이 들었습니다.

그러나 연주회는 이미 끝난 지 오래되어 되돌려줄 수도 없었고, 그렇다고 버릴 수는 더더욱 없었습니다.

결국 다음 날 그는 꽃다발을 가지고 자신의 작업실에 가서 구석에 세워진 베토벤의 초상화 밑에 두었습니다.

베토벤은 그가 가장 존경하는 음악가였습니다.

체코 사람들에게 드보르작이 이런 대접을 받은 것은 그의 음악뿐만 아니라 그의 인품 때문이기도 했습니다.

나에게 재능을 주신 분도 하나님이시고, 나의 꿈을 이루신 분도 하나님이십니다. 내가 누리는 모든 것이 하나님이 주신 것임을 알고 진심으로 감사하며 하나님께만 영광 돌리는 삶을 사십시오. 반드시 하는 모든 일이 다 형통합니다.

💙 주님! 나의 모든 좋은 것은 주님께서 주신 것임을 깨닫게 하소서.
🖼 겸손함으로 모든 일에 하나님께 영광을 먼저 돌리십시오.

나의 영적 일지

사탄에게 배울점

읽을 말씀 : 베드로전서 5:1-11

● 벧전 5:8 근신하라 깨어라 너희 대적 마귀가 우는 사자 같이 두루 다니며 삼킬 자를 찾나니

신학자 도슨 트로트맨에게 한 학생이 찾아와 물었습니다.
"예수님의 열 두 제자 중에 가장 닮아야 할 사람이 누구입니까?"
도슨은 잠시 고민을 하다 대답했습니다.
"글쎄요, 모두 장점이 있고, 단점이 있지요. 심지어 사탄에게서도 배울 것이 있습니다. 누구에게 무엇을 배워야 한다는 생각보다 중요한 것은 겸손한 자세입니다."
질문을 한 신학생은 깜짝 놀라 되물었습니다.
"아니, 사탄에게도 배울 것이 있다니요? 그게 대체 무슨 말씀이십니까?"
"한 번 생각을 해보십시오. 사탄은 정말로 부지런합니다. 한 영혼을 낙망하고 넘어트리기 위해서 사탄은 쉬지 않고 일을 하고 또 세세하게 계획을 세웁니다. 우리가 그 열심을 제대로 배워 잘 적용하기만 한다면 사탄을 이기고 정말로 많은 사람들을 구원으로 인도할 수 있을 것입니다."
예수님의 제자가 된다는 것은 나의 약점을 인정하는 겸손한 사람이 된다는 것입니다. 이런 낮은 마음을 가지고 있을 때 예수님의 말씀대로 남을 나보다 낫게 여길 수 있고 누구에게서든 배울 수 있습니다. 넘어지지 않게 조심하는 겸손한 마음을 가지십시오. 반드시 하는 모든 일이 다 형통합니다.

💜 주님! 겸손은 주님을 경외하는 삶임을 알게 하소서.
🗽 게으름에 빠지지 말고 부지런히 주님을 섬기십시오.

나의 영적 일지

하나님의 크기

읽을 말씀 : 요한복음 15:12-27

● 요 15:15 이제부터는 너희를 종이라 하지 아니하리니 종은 주인이 하는 것을 알지 못함이라 너희를 친구라 하였노니 내가 내 아버지께 들은 것을 다 너희에게 알게 하였음이라

18세기의 유명한 사상가이자 무신론자인 안토니 콜린스가 한 시골길을 걷고 있었습니다.

교회의 종이 울리자 한 농부가 밭에서 무릎을 꿇고 기도를 했는데 이 모습을 보고 골려주려고 안토니가 질문을 던졌습니다.

"안녕하십니까? 지나가다 잠깐 보니 신앙심이 참 독실하신 것 같습니다. 그래서 말인데 도대체 저 교회에 계시는 하나님은 덩치가 어떤 분이십니까? 다들 있다고는 하는데 저는 도대체 한 번도 본 적이 없어서요."

농부가 대답했습니다.

"하나님은 이 세상을 덮을 만큼 커다란 분이십니다. 또한 제 가슴 속에 들어오실 만큼 아주 작은 분이시기도 합니다. 그래서 우리는 느낄 수 없다고 생각하기도 하고 또 어느 날 느끼게 되기도 합니다."

안토니 콜린스는 비록 무신론자였지만 이 농부의 대답에 크게 감명을 받아 이후의 자기의 강연과 책에 종종 이 예화를 인용했습니다.

하나님은 전지전능하신 창조주이기도 하고, 지금도 나와 함께 계시는 친한 친구이시기도 합니다.

내가 생각하는 하나님의 크기는 어떤가요?

크고 크신 하나님을 내 생각으로 작게만 여기지 않았는지... 너무 크게만 느껴져 내곁에 없다고만 여기지 않았는지… 돌아보십시오. 크게, 또 작게 임하시는 하나님을 제한하지 말고 기억하십시오. 반드시 하는 모든 일이 다 형통합니다.

♥ 주님! 언제, 어디서나 함께 하시는 주님과 동행하게 하소서.
▨ 하늘에 계신 하나님을 바라보며 내 안에 계신 주님을 느끼십시오.

나의 영적 일지

세 개의 등대

읽을 말씀 : 마태복음 16:1-4

● 마 16:3 아침에 하늘이 붉고 흐리면 오늘은 날이 궂겠다 하나니 너희가 날씨는 분별할 줄 알면서 시대의 표적은 분별할 여호수아 없느냐

　영국의 아일랜드 해협은 지형이 특이하고 암초가 많아서 등대가 있어도 항구에 배를 정박하기가 쉽지 않습니다.

　그런데 밤에 이곳 홀리헤드 항구에 들어오는 여객선이 있었습니다. 어두워 하늘과 바다도 구분이 쉽지 않았는데 이에 두려웠던 한 승객이 선장을 찾아가 물었습니다.

　"하늘도 이렇게 어두운데 제대로 정박할 수 있겠습니까? 닻을 내리고 정박해 있다가 날이 밝으면 가는 것이 좋지 않겠습니까?"

　"그럴 필요 없습니다. 저기 깜박이는 세 개의 불빛이 보이시죠? 등대가 하나만 있으면 정박이 쉽지 않지만 저렇게 세 개의 불빛이 비춰주면 기준을 삼아 항구로 직진할 수 있습니다."

　그 승객은 유명한 성경학자 F.B.마이어 목사님이었습니다.

　목사님은 훗날 이때의 경험을 빗대어 그리스도인에게도 '내적인 마음, 환경의 변화, 하나님의 말씀'이라는 세 개의 등대가 필요하며 이것이 일치해야 온전히 하나님의 뜻을 이룰 수 있다고 말했습니다.

　하나님이 원하시는 삶을 살기 위해서는 말씀의 기준에 나의 삶을 맞춰야 합니다. 하나님의 부르심을 잘 분별하기 위해서 위 3가지를 삶에 적용해 보십시오. 의심이나 망설임이 생길 수 없습니다. 무슨 일이든 기도하며 확실한 응답을 달라고 주님께 간구하십시오. 반드시 하는 모든 일이 다 형통합니다.

♡ 주님! 기분대로 쉽게 결정하지 않고 주님의 뜻을 분별하게 하소서.
▨ 하나님의 말씀에 내 마음과 생각을 일치하는 하루를 사십시오.

나의 영적 일지

사역의 비전

읽을 말씀 : 빌립보서 1:12-30

● 빌 1:15 어떤 이들은 투기와 분쟁으로, 어떤 이들은 착한 뜻으로 그리스도를 전파하나니

미국 캘리포니아에 있는 그레이스커뮤티니티처치의 존 맥아더 목사님이 말한 '목회자가 사역을 통해 장기적인 비전을 갖는 10가지 비결'입니다.

01. 오래 머물 계획을 가지고 섬길 교회를 정하라.

02. 말씀을 통해 인내를 배워라.

03. 생각과 다르게 일어나는 변화를 두려워하지 마라.

04. 공부를 계속하며 하나님을 알아가라.

05. 감사한 마음으로 겸손한 사람이 되라.

06. 분명한 우선순위를 정하고 초심을 잃지 마라.

07. 훈련과 희생과 같이 어려운 일들을 감내하라.

08. 말씀이 가장 중요하다는 것을 잊지 마라.

09. 주님을 항상 의지하라.

10. 단지 더 나은 조건 때문에 떠나지 말라.

좋은 교회가 되려면 좋은 목회자를 위해 기도하는 좋은 성도들이 있어야 합니다.

교회는 목회자와 성도가 함께 이루어가는 하나님의 공동체입니다.

목회자와 성도가 같은 마음과 자세로 비전을 품고 주님의 영광을 위해 함께 사역해 부흥하는 우리 교회가 되도록 기도하십시오. 반드시 하는 모든 일이 다 형통합니다.

💙 주님! 제가 교회에서 할 역할과 사역을 겸손하게 하게 하소서.

🎴 교회의 목사님과 교역자들을 위해 기도하고 또 힘을 실어주십시오.

나의 영적 일지

소처럼 묵상하라

읽을 말씀 : 디모데전서 4:6-16

●딤전 4:8 육체의 연단은 약간의 유익이 있으나 경건은 범사에 유익하니 금생과 내생에 약속이 있느니라

　인도에서 선교를 하고 있는 휴버트 미첼 목사님은 매일 아침 마을 근처 농장을 산책하면서 하루를 시작합니다.

　그런데 매일 산책을 할 때마다 소들이 자리에 서서 무언가를 계속 먹고 있었습니다. 근처의 농부에게 물어보니 되새김질을 하는 것이라고 알려주었습니다.

　그 다음날, 그 다음날도 소는 정확히 미첼 목사님이 산책을 하는 시간에 되새김질을 하고 있었습니다. 혹시나 하는 마음에 시계를 가져와서 시간을 재봤는데 소는 매일 같은 시간에 되새김질을 시작해 정확히 55초씩 씹고 음식물을 다시 삼켰습니다. 1초의 오차도 없을 만큼 정확하게 이루어지는 되새김질이었습니다. 이 모습을 본 목사님은 큰 깨달음을 얻었습니다.

　'아, 나의 묵상도 이런 모습이어야 한다. 하루의 상황과 컨디션에 상관없이 언제나 정확하게 주님의 말씀을 읽고 또 묵상하는 것이 삶의 습관으로 이루어져야 한다.'

　소는 필요한 영양을 흡수할 만큼 정확한 시간을 되새김질을 통해 얻습니다. 우리도 매일 하루를 살아갈 영혼의 양식을 위해 최소한의 시간을 투자해야 합니다. 소와 같이 매일 충분한 경건의 시간을 통해 말씀을 묵상하고 기도로 말씀을 드리십시오. 반드시 하는 모든 일이 다 형통합니다.

🖤 주님! 매일 정해진 시간에 정해진 시간만큼 경건의 시간을 갖게 하소서.
🖼 매일 일정량의 말씀을 정해 묵상하는 것을 삶의 습관으로 정하십시오.

나의 영적 일지

완벽한 비밀은 없다

읽을 말씀 : 잠언 16:1-11

● 잠 16:2 사람의 행위가 자기 보기에는 모두 깨끗하여도 여호와는 심령을 감찰하시느니라

아이티 해협을 지나가 자마이카의 킹스턴으로 향하는 영국의 군함이 있었습니다.

갑판에서 낚시를 즐기던 정부의 관리는 바다에 떠 있는 죽은 상어를 발견하고는 부하들을 시켜 건져 올렸습니다. 상어를 건져 올리자마자 배를 갈랐는데 뱃속에서 웬 종이 뭉치가 발견되었습니다. 꺼내어 자세히 살펴보니 '낸시'라는 상선의 밀매에 관련된 문서였습니다.

관리는 문서를 잘 보관했다가 킹스턴에 도착한 뒤에 낸시라는 배와 관련된 사건이 있는지 알아보았습니다. 낸시는 불법으로 무기와 마약을 밀수하다가 군함의 추격을 받았는데 도망을 치면서 관련된 서류와 물건을 모두 바다에 빠트려 나중에 잡혔음에도 증거가 없어서 무죄로 석방될 상황에 놓여있었습니다.

그러나 관리가 상어 뱃속에서 발견한 문서로 증거를 찾게 되었고 결국 군법으로 처벌을 받게 되었습니다.

이 문서는 지금도 자마이카 킹스턴 박물관에 전시가 되어 있는데, 당시 재판을 받던 선원들은 바다 속에 가라 앉아 있어야 할 문서가 나타났다는 사실만으로도 겁을 먹고 두려워했다고 합니다.

세상에서는 완벽한 비밀이 없습니다. 하물며 하나님 앞에서 우리의 마음과 행위는 조금도 숨기거나 감출 수가 없습니다. 하나님 앞에 정직한 사람이 되도록 양심을 깨끗이 지키십시오. 반드시 하는 모든 일이 다 형통합니다.

♡ 주님! 깨끗한 마음으로 주님을 기쁘게 섬기게 하소서.
🖼 정직을 실천할 용기와 지혜를 달라고 간구하십시오.

나의 영적 일지

미래를 만드는 사람들

9월 30일

읽을 말씀 : 히브리서 10:19-39

● 히 10:23,24 또 약속하신 이는 미쁘시니 우리가 믿는 도리의 소망을 움직이지 말며 굳게 잡고 서로 돌아보아 사랑과 선행을 격려하며

　　조제프 몽골피에가 세계최초로 열기구를 띄우는 일에 성공을 했을 때의 일입니다. 몽골피에는 자신의 성과가 많은 사람들에게 인정을 받을 줄 알았으나 사람들은 커다란 풍선을 하늘에 날리는 게 뭐 대단한 일이냐며 무시했고, 심지어 친구들까지도 열기구를 아무런 쓸모없는 발명품으로 치부했습니다.

　　당시 지성인들 사이에서는 몽골피에의 열기구를 비웃는 일이 일상적인 농담이 되었습니다.

　　그러나 벤자민 프랭클린은 달랐습니다.

　　그는 열기구가 어떻게든 장래에 유용하게 쓰일 것이라고 생각했습니다.

　　그래서 어떤 사람이 프랭클린에게 몽골피에 이야기를 하며 "도대체 기구를 하늘로 띄워서 뭐에 쓴단 말입니까?"라고 말하며 비웃을 때 이렇게 대답했습니다.

　　"그건 모르지만 분명 쓸모가 있을 것입니다. 막 태어난 갓난아기가 어떻게 될지 아는 사람이 혹시 있습니까?"

　　내가 이해하지 못한다고 남을 비난하지 말고, 남의 쓸데없는 비난에 너무 신경 쓰지도 마십시오.

　　작은 아이디어를 포기하지 않는 사람, 그런 아이디어를 격려해주는 사람들이 더 나은 미래를 만들어가는 사람들입니다. 하나님의 자녀답게 주변 사람들도 새로운 미래를 만들 수 있도록 격려와 칭찬을 하십시오. 반드시 하는 모든 일이 다 형통합니다.

🧡 주님! 누군가의 작품을 과소평가하거나 질투하지 않고 격려케 하소서.
🎌 가까운 사람의 성공일수록 질투 대신 축하와 격려를 해주십시오.

```
나의 영적 일지
```

10

October

월

"형통한 날에는 기뻐하고 곤고한 날에는 되돌아 보아라
이 두 가지를 하나님이 병행하게 하사
사람이 그의 장래 일을 능히 헤아려 알지 못하게 하셨느니라"
(전도서 7장 14절)

비판을 극복하는 비법

읽을 말씀 : 누가복음 6:27-38

● 눅 6:37 비판하지 말라 그리하면 너희가 비판을 받지 않을 것이요 정죄하지 말라 그리하면 너희가 정죄를 받지 않을 것이요 용서하라 그리하면 너희가 용서를 받을 것이요

'십대들의 쪽지' 발행인이었던 김형모 전도사는 10대들이 다른 무엇보다도 비판에 민감하게 반응한다는 것을 알게 된 뒤에 이를 지혜롭게 극복할 수 있는 10가지 수칙을 만들었습니다.

01. 소리를 지르거나 자리를 박차고 일어나지 말라.
02. 일단 상대방의 이야기를 끝까지 들어라.
03. 상대방의 약점을 같이 공격하지 말라.
04. 비판을 받았다고 처지를 비관하지 말라.
05. 상대방의 말이 끝날 때까진 화제를 바꾸지 말라.
06. 내 잘못이 분명하다면 일단 사과하라.
07. 상대방의 주장을 듣고 있다는 경청의 자세를 보여라.
08. 비판으로부터 받아들일 점이 있는지 생각해보라.
09. 진중한 조언이나 충언을 말장난으로 받지 말라.
10. 어떤 비판도 확대해석해서 받아들이지 말라.

비판에 무작정 상처 받기보단 나를 돌아보는 수단이라 여기고 객관적으로 내 자신을 돌아보십시오.

남을 향한 비판을 멈추더라도 나를 향한 비판은 어쩔 수가 없습니다. 그러므로 그런 쓸데없는 비판에 상처받지 않고 유연히 흘려 보내는 지혜가 필요합니다. 지혜롭게 비판을 극복하며 취할 것은 취하고 버릴 것은 버리십시오. 반드시 하는 모든 일이 다 형통합니다.

♥ 주님! 남을 비판하지 말고 인터넷에 악플을 다는 일이 없도록 도와주소서.
🎴 익명이 보장되는 곳에서도 비난과 비판을 삼가십시오.

나의 영적 일지

신앙의 근육

읽을 말씀 : 시편 19:1-14

● 시 19:14 나의 반석이시요 나의 구속자이신 여호와여 내 입의 말과 마음의 묵상이 주님 앞에 열납되기를 원하나이다

    학교의 수학 선생님에게 한 학생이 질문을 했습니다.

    "도대체 이런 어려운 내용을 배워서 어디다 쓰죠? 어차피 졸업하면 돈 계산만 할 줄 알면 되잖아요?"

    "물론 그 말이 맞단다. 그러나 운동으로 근육을 키우는 게 꼭 무거운 짐을 들기 위해서는 아니잖니? 수학을 배우고 문제를 푸는 과정을 통해서 논리력과 수리력을 기르게 된다면 분명 다른 학문 못지않게 사회생활에 큰 도움이 될 것 같은데 어떻게 생각하니?"

    윌리엄 제임스도 이와 비슷한 취지의 말을 했습니다. 그는 모든 사람들은 하루에 최소 한 가지 이상의 선행을 해야 한다고 주장했는데 그래야 '도덕의 근육'이 발달되고 유지된다고 생각했기 때문입니다.

    "매일 조금씩 강한 운동을 하다 보면 자기도 모르는 사이 건강해집니다. 마찬가지로 최소 한 가지 이상 선행을 하다보면 우리도 모르는 사이에 정신이 건강해집니다."

    수학으로 뇌가 발달하고 선행으로 정신이 건강해지는 것처럼 경건생활로 영성 또한 관리해야 합니다.

    신앙생활을 오래하고 있어도 발전이 없는 것 같다면 이러한 노력이 부족한 것입니다.

    영성의 근육을 기르기 위해 어떠한 노력을 하고 있는지 돌아보십시오. 큐티와 기도 시간을 하나님과의 약속으로 정해놓고 무슨 일이 있어도 지키십시오. 반드시 하는 모든 일이 다 형통합니다.

♡ 주님! 큰 것과 전체를 볼 줄도 아는 안목을 주소서.
📖 신앙의 근육을 위한 경건생활을 다시 계획하십시오.

`나의 영적 일지`

성경의 가치

읽을 말씀 : 디모데후서 3:10-17

●딤후 3:15 또 어려서부터 성경을 알았나니 성경은 능히 너로 하여금 그리스도 예수 안에 있는 믿음으로 말미암아 구원에 이르는 지혜가 있게 하느니라

이스라엘 사해 북서쪽에는 철을 따라 이동하는 유목민들이 있습니다.

가을이 되면 이들은 사막의 동굴이 있는 곳을 찾아 머물렀는데 무리 중 한 사람이 심심풀이로 동굴에 돌멩이를 던졌습니다.

그런데 항아리가 깨지는 소리가 들렸습니다. 이상하게 여긴 사람들이 동굴로 들어가자 열 개의 항아리가 있었고 그 안에는 가죽으로 된 두루마리가 있었습니다. 그러나 두루마기에 적힌 글씨를 유목민들은 알 수가 없었습니다.

하지만 중요한 물건이라는 생각에 유목민들은 일단 그 항아리를 가지고 집으로 갔습니다. 그러나 어떤 물건인지를 알 수 없었기에 한 번은 신발을 만들어 신을 뻔한 적도 있었습니다.

그러나 2년 뒤 어떤 학자에 의해서 그 두루마기가 무엇인지 밝혀졌는데, 그것은 성경이 정통성을 가지고 그대로 전해 내려오고 있음을 알려주는 중요한 성경인 이른바 '사해 사본'이었습니다.

아무리 좋은 물건이라도 그 가치를 알아보지 못하고 또 사용하지 않는다면 무용지물입니다. 성경 역시 마찬가지입니다.

귀한 성경 말씀이 어떤 사람에게는 생명이지만 어떤 사람에게는 신발을 만들 재료밖에 되지 않습니다. 나에게는 성경 말씀이 어떤 가치가 있고 어떤 변화를 일으켰는지 생각해보고 무엇보다 하나님의 말씀인 성경을 귀하게 여기십시오. 반드시 하는 모든 일이 다 형통합니다.

💙 주님! 성경이 여러 위험 중에서도 저에게까지 전해짐을 감사하게 하소서.
🎴 성경이 하나님의 말씀이라는 것을 인정하고 신뢰하십시오.

나의 영적 일지

인생의 출발점

읽을 말씀 : 시편 111:1-10

●시 111:10 여호와를 경외함이 지혜의 근본이라 그의 계명을 지키는 자는 다 훌륭한 지각을 가진 자이니 여호와를 찬양함이 영원히 계속되리로다

이제 막 스물이 넘은 한 독일인 청년이 추방을 당해 미국으로 넘어갔습니다.

170cm도 안 되는 작은 키에 왜소한 체구, 게다가 낡은 옷을 걸치고 입국심사장에 들어간 그는 물리를 공부하러 왔다고 어눌한 영어로 설명했습니다. 심사원은 입국을 거부하려고 여러 꼬투리를 잡았지만 딱히 부적격사유는 없었기에 결국 승인을 해주었습니다.

독일 최고의 명문인 베를린대학교를 우수한 성적으로 졸업한 청년은 미국에서는 당시 시간당 2천 원 정도의 돈을 받으며 일을 했습니다.

그러나 물리에 대한 열정과 하나님에 대한 믿음이 분명했던 그는 10년 뒤 세계에서 가장 주목받는 전기 물리학자가 되었고 하버드대학교에서 강의를 하며 200개 이상의 특허를 취득했습니다.

세계 최고의 전기공학자로 이름을 날린 스타인메츠의 이야기인데 그는 또한 신앙과 과학에 대해서 "하나님에 관한 연구로부터 모든 과학의 성과가 나옵니다"라는 말도 남겼습니다.

세상의 참된 학문은 모두 하나님을 드러내는 증거가 됩니다. 하나님이 정말로 우주 만물을 창조하셨기 때문입니다.

과학뿐 아니라 우리가 하고 있는 모든 일들은 신앙으로부터 출발해야 합니다. 하나님을 알고 인정하는 것이 인생을 제대로 살며 참된 성과를 내는 일의 시작입니다. 제대로 된 출발을 위해 하나님을 먼저 알아 가십시오. 반드시 하는 모든 일이 다 형통합니다.

💛 주님! 역경을 이겨서 성취한 일들이 주님께 영광이 되게 하소서.
🖼 하나님을 향한 믿음으로 새로운 마음으로 인생의 목표를 정하십시오.

나의 영적 일지

마음을 사로잡는 경청

읽을 말씀 : 잠언 13:1-12

●잠 13:10 교만에서는 다툼만 일어날 뿐이라 권면을 듣는 자는 지혜가 있느니라

　영국의 존경받는 정치가이자 소설가인 벤자민 디즈레일리는 13살이나 많은 미혼모와 결혼을 했습니다.

　나이도 연상인데다 외모도 뛰어나지 않았기 때문에 사람들은 디즈레일리가 돈을 보고 결혼을 했다고 수군댔습니다. 심지어 그녀는 제대로 아는 것도 거의 없었습니다.

　한 번은 디즈레일리가 당시 인기 있던 걸리버 여행기의 이야기를 해주었는데 이 말을 듣고는 "저도 그분을 만나보고 싶어요, 혹시 주소는 모르세요?"라고 말해 남편을 당황시켰습니다. 영국의 대표 지성인 디즈레일리는 더 어이가 없었을 것입니다.

　그러나 이런 아내를 디즈레일리는 정말로 사랑했습니다.

　심지어 다시 태어나도 지금의 아내와 결혼을 할 거라고 언제나 말을 하고 다녔습니다.

　그 비결이 무엇일까요?

　바로 경청이었습니다.

　디즈레일리의 아내는 온갖 업무로 바쁘고 지쳤던 디즈레일리의 말을 정말로 경청해주었고, 그것으로 디즈레일리는 충분했습니다.

　다른 사람의 말을 들어주는 것은 관심의 표현이자 마음을 얻는 방법입니다. 나와 가장 가까운 사람들의 말부터 먼저 들어주는 훈련을 하십시오. 그리고 하나님의 말씀을 경청 하십시오. 반드시 하는 모든 일이 다 형통합니다.

♥ 주님! 입이 하나고, 귀가 두개인 창조의 원리대로 더 많이 듣게 하소서.
▨ 바른 자세로 상대방의 말을 들어주는 경청의 훈련을 하십시오.

나의 영적 일지

성실성이 만든 재능

읽을 말씀 : 디모데전서 1:12-20

● 딤전 1:12 나를 능하게 하신 그리스도 예수 우리 주께 내가 감사함은 나를 충성되이 여겨 내게 직분을 맡기심이니

한 초등학교 축구부에서 있던 일입니다.

중요한 시합의 결과가 좋지 않아 감독님이 화가 나 선수들에게 기합을 주었습니다.

"다들 벌 똑바로 서고 있어! 내가 올 때까지 꼼짝 말고 있어야 된다!"

그러고는 볼 일을 보러 나갔는데 아이들을 벌세운 것을 잊고 바로 퇴근을 해버렸습니다.

무서운 감독님이었지만 너무 오랜 시간 오지 않자 분명 잊고 갔을 것이라고 생각한 아이들은 하나 둘씩 자리를 떠나 집으로 돌아갔습니다.

그러나 한 아이만은 끝까지 자리에 남아있었습니다. 저녁이 되도 집으로 돌아오지 않는 자녀가 걱정된 부모님이 감독님께 연락을 했는데 그제야 생각난 감독님이 부실로 들어와 아이를 집으로 보냈습니다.

평발이라는 최악의 조건까진 가진 이 아이는 이렇듯 모든 훈련을 성실하게 참여했고 나중에 '두 개의 심장'이라는 별명으로 불리며 세계 최고의 명문인 맨체스터 유나이티드에 입단하게 되었습니다.

대한민국 축구의 최전성기를 이끌었던 박지성 선수의 이야기입니다.

성실은 미련한 게 아니라 구하는 것을 얻게 도와주는 지혜입니다.

성실은 재능이 있는 사람과 없는 사람 모두에게 가장 필요한 것입니다. 맡은 사람이 구할 것은 충성입니다. 주어진 하루에 하나님께 최선을 다하는 삶을 사십시오. 반드시 하는 모든 일이 다 형통합니다.

♥ 주님! 누가 보든지 말든지 상관없이 주님 앞에서 성실하게 살게 하소서.
🧱 사역을 감당하는 일에는 사람이 있든 없든 최선을 다하십시오.

나의 영적 일지

세상을 변화시키는 결심

읽을 말씀 : 스가랴 7:1-10

●스 7:10 에스라가 여호와의 율법을 연구하여 준행하며 율례
와 규례를 이스라엘에게 가르치기로 결심하였었더라

조나단 에드워드는 영국의 영적 대각성 운동의 초석이 된 분입니다.
또한 그는 가장 축복받은 가문을 일군 것으로도 유명합니다.
사라 피어폰트와 결혼해 약 880명의 후손을 두었는데 모두 아름다운
신앙생활을 했고 그들 중 635명은 사회적으로 성공한 사람의 위치에
올라 있었습니다.
이 이야기는 조나단 에드워드의 친구였지만 무신론자에 쾌락주의자였
던 맥스 주크의 후손과의 비교로 지금도 널리 알려져 있습니다.
그런데 이처럼 부흥의 불씨가 되고 신앙의 가문을 일군 조나단 에드
워드를 변화시킨 것은 그가 매일 같이 다짐하던 5가지 결심 때문이었습
니다. 그 결심은 다음과 같습니다.
1. 오늘 하루를 정말 최선을 다해 살아간다.
2. 시간을 소중히 여기며 하나님이 주신 기회를 놓치지 않는다.
3. 내가 하기 싫은 일은 남에게도 시키지 않는다.
4. 원한을 갚는 일을 어떤 것도 하지 않는다.
5. 양심에 꺼리는 일은 절대로 하지 않는다.

매일 반복되는 하루가 인생입니다.
오늘의 작은 결심에서 성공하는 사람은 내일의 큰 미래를 성공하는
사람입니다. 오늘을 성공하기 위한 신앙과 인생의 수칙들을 세워보십시
오. 그리고 그 일을 잘 이룰 수 있게 주님께 간구하십시오. 반드시 하는
모든 일이 다 형통합니다.

🤍 주님! 매일 매일 자신을 돌이켜 볼 수 있는 수칙과 시간을 갖게 하소서.
🎌 더 나은 믿음을 위한 새로운 결심을 오늘 시작하십시오.

나의 영적 일지

귀한 것을 놓치지 말라

읽을 말씀 : 이사야 33:1-6

● 사 33:6 네 시대에 평안함이 있으며 구원과 지혜와 지식이 풍성할 것이니 여호와를 경외함이 네 보배니라

　남아프리카의 어떤 마을에 사는 남자에게 영국에서 보낸 택배가 도착했습니다.

　보내는 사람이 누군지 모르는데 게다가 착불로 도착해 남자는 수령을 거부했습니다.

　택배회사는 일단 규정대로 보관소에 물건을 넣어놓고 계속해서 남자에게 연락을 해 물건을 찾아가라고 했지만 남자는 절대로 찾아가지 않겠다고 대답했습니다.

　택배회사는 그 상자를 발판으로 사용하고 있었고 그렇게 14년의 시간이 흘렀습니다.

　택배회사는 그동안 규정에 따라 일정 기간마다 그 상자의 주인에게 물건을 찾아가라고 연락을 하고 있었는데 어느 날 수령인이 죽었다는 것을 알게 되었습니다.

　택배회사는 다시 규정대로 그 물건을 경매에 올렸고, 어떤 남자가 호기심에 몇 만원의 돈으로 그 물건을 구입했습니다. 그리고 상자를 열자 그 안에는 수천만 원의 현금이 들어있었습니다. 몇 만원이 아까워 수천만 원을 날리게 된 이 이야기는 영국 뉴스에까지 등장했습니다.

　위 이야기의 주인공보다 더 큰 손해를 보는 것은 복된 복음을 믿지 않고 예수님을 영접하지 않는 것입니다. 거저 믿기만 하면 천국을 받는 복음이야말로 세상에서 가장 귀한 큰 복이며 참된 좋은 소식입니다. 예수님을 마음으로 맞이하십시오. 반드시 하는 모든 일이 다 형통합니다.

♡ 주님! 귀한 것을 놓치며 사는 어리석음이 없게 하소서.

🖼 이 세상에서도 하나님의 말씀이 가장 귀한 보배임을 잊지마십시오.

나의 영적 일지

성경을 들라

읽을 말씀 : 시편 34:1-10

●시 34:4 내가 여호와께 구하며 내게 응답하시고 내 모든 두
려움에서 나를 건지셨도다

미국 워싱턴에는 링컨 기념관이 있습니다.

여기에는 링컨 일대기를 비롯해 그가 사용하던 거의 모든 물품들이
전시되어 있는데 그 중에도 유난히 낡디 낡은 성경책이 한 권 전시되어
있습니다.

한 나라의 대통령이 되어서도 링컨은 예전부터 사용하던 성경을 계속
해서 읽었는데, 그래서 성경의 여기저기에는 세월의 흔적이 남아있고
손때가 묻어 있습니다.

링컨을 연구하는 학자들에 따르면 이 성경 중에서도 유독 시편이 낡
았고, 그 시편 중에서도 34편이 더러웠습니다. 링컨이 가장 많이 묵상
했던 것으로 추정되는 말씀은 시편 34편 4절입니다.

빅토르 위고는 항상 성경과 셰익스피어의 작품을 손에 들고 다니면서
읽었습니다.

그러나 요즘에는 스마트폰 앱으로 성경을 들고 다니고 예배 시간에도
대형 스크린에 말씀을 띄워줍니다. 하지만 얼마만큼 자주 스마트폰으
로 말씀을 읽을까요? 또 주일에는 성경 본문 말씀만 묵상하면 충분할까
요?

할 수 있으면 성경 앱이 있어도 교회당에 갈 때는 성경책을 들고 다니
십시오. 그 자체가 전도가 됩니다. 장식이 아닌 필수품으로 성경을 대하
십시오. 반드시 하는 모든 일이 다 형통합니다.

💗 주님! 제 삶에 중심을 잡아주는 주님의 말씀을 마음에 간직하게 하소서.
🎯 교회에 갈 때는 항상 성경을 손에 들고 다니십시오.

나의 영적 일지

말씀의 충전

읽을 말씀 : 요한복음 4:31-42

●요 4:34 예수께서 이르시되 나의 양식은 나를 보내신 이의 뜻을 행하며 그의 일을 온전히 이루는 이것이니라

스리랑카에는 '아나바스 스칸덴스'라는 학명으로만 불리는 물고기가 있습니다.

이 물고기는 가끔씩 물에서 나와 육지를 돌아다닙니다.

보통 물고기들은 물 밖을 나오면 30분도 버틸 수가 없지만 이 물고기는 때때로 1주일 정도를 육지에서 지냅니다.

어떤 물고기는 1킬로도 넘는 거리를 육지에서 돌아다니기도 하고, 또 1주일이 넘어도 생명에는 지장이 없을 정도로 물과 떨어져서도 잘 살 수 있는 희귀한 종입니다.

이런 독특한 특성 때문에 과학자들이 이 물고기를 해부해봤더니 다른 신체적인 특징은 일반 물고기와 다 똑같았습니다. 다만 뇌가 조금 달랐는데, 뇌에 달팽이관처럼 생긴 뼈가 있고 그 안에 물을 담아두었습니다. 이 기관에서 조금씩 물을 공급해 습기를 유지해주는 것이 육지에서도 죽지 않고 살 수 있는 비결이었습니다.

험한 세상에서 주님의 자녀로 살아가기 위해서는 말씀의 양식을 지속적으로 공급 받아야 합니다.

6일간 세상에서 빛의 자녀로 살기 위해서는 최소 주일 하루의 예배를 성공해야 합니다. 그리고 예배를 이 땅에서 영적으로 죽지 않고 살아갈 수 있는 생명의 비결로 여기고 귀중히 지키십시오. 주일을 경건하게 지키며 영혼의 양식을 충전하는 시간으로 보내십시오. 반드시 하는 모든 일이 다 형통합니다.

♡ 주님! 매일 매일 어느 곳에서든 영적으로 충만한 삶을 살게 하소서.
🎴 주일날 드렸던 예배의 깨달음을 평일 동안 적용하십시오.

나의 영적 일지

하나님이 계시기에

읽을 말씀 : 고린도전서 15:12-34

●고전 15:19 만일 그리스도 안에서 우리가 바라는 것이 다만 이 세상의 삶뿐이면 모든 사람 가운데 우리가 더욱 불쌍한 자이리라

교회를 열심히 다니던 한 부부가 있었습니다.

가난 했지만 열심히 신앙생활을 했는데 결혼생활 중에 태어난 아이에게는 두개골 기형이라는 장애가 있었습니다. 첫 자녀 모세를 위해 특히 기도를 많이 했는데도데 뇌의 80%를 절제하는 큰 수술을 받아야 했고, 몸을 쓰는 일에도 큰 제약이 따랐습니다. 의사는 아이가 보지도, 듣지도, 말하지도 못하고, 아마 걷지도 못할 것이라고 말했습니다. 부부는 슬픈 가슴을 안고 하나님이 계시는데 왜 이런 일이 일어나냐고 기도로 물었습니다.

그런데 기적이 일어나기 시작했습니다. '엄마, 아빠'도 못하던 아이가 다섯 살 때 갑자기 주기도문을 외우며 말문이 트였습니다. 2년이 지나자 노래를 부르기 시작했습니다. 노래에 소질이 있어서 성악을 시키고 싶었으나 사정의 여의치 않았는데 여기저기서 후원의 손길이 찾아왔습니다. 하나님이 계시기에 일어날 수 있는 기적입니다. 그리고 '기적의 청년'이라는 이름으로 사람들에게 찬양을 들려주는 가수가 되었고, 최근 평창스페셜올림픽의 개막식에서도 애국가를 부르며 큰 감동을 주었습니다.

주님은 할 수 없는 일이 없으십니다. 하나님을 향한 믿음의 시선을 돌리지 않으면 내 삶에 일어난 모든 일들이 주님의 계획하심 안에 있음을 깨닫게 됩니다. 오늘도 하나님께 믿음의 시선을 고정 하십시오. 반드시 하는 모든 일이 다 형통합니다.

♥ 주님! 다른 잡다한 것에 소망을 두지 말고 주님만 바라보게 하소서.
🧎 기쁨 가운데도, 고난 가운데도 오직 주님만을 따르십시오.

나의 영적 일지

신앙의 역설

읽을 말씀 : 고린도전서 9:16-27

● 고전 9:16 내가 복음을 전할지라도 자랑할 것이 없음은 내가 부득불 할 일임이라 만일 복음을 전하지 아니하면 내게 화가 있을 것이로다

'사람의 끝은 하나님의 시작입니다'라는 책에 나오는 내용입니다.

"하나님은 끝을 끝내시고, 실패를 실패하게 하시고, 절망을 절망하게 하시고, 사망을 사망케 하십니다. 모든 끝 너머에는 시작이 있다는 걸 알아야 합니다. 죽음 너머에는 생명이 있으며, 절망 너머에는 소망이 있으며, 고통 너머에는 충만한 기쁨이 있음을 믿고 또 바라볼 수 있어야 합니다. 사람이 끝이라고 생각하는 곳이 하나님이 시작하시는 곳입니다."

영국과 네덜란드는 세계를 지배했던 대항해시대를 그리워합니다. 그리고 몽골은 칭기즈칸을 추억합니다. 로마는 중세시대를, 오스만은 제국을 세웠던 때를 기억하며 모두들 화려했던 과거를 생각하지만 그리스도인은 다릅니다.

사도 바울은 누구보다도 존경받고 명예로운 자리에 있었던 자신의 과거를 부끄러운 것으로 생각하고 예수님을 위해 고난 받는 변화된 모습을 자랑으로 여기고 기뻐했습니다. 오늘 날 예수님을 믿는 우리들의 모습은 어떤가요?

세상에서 내가 이룬 모든 것들은 자랑할 것이 없습니다. 약하고 죄 많은 나를 인정하고 그 죄를 용서해 주시고 생명을 주신 분이 주님이심을 알리는 것이 우리의 유일한 자랑거리입니다. 주님을 위해 받는 일은 고난도 축복임을 기억하십시오. 반드시 하는 모든 일이 다 형통합니다.

💙 주님! 고난이 저에게 유익임을 고백하는 성숙한 삶이 되게 하소서.
🎴 오직 주님만을 나의 자랑이자 소망으로 여기십시오.

나의 영적 일지

배려의 교제

읽을 말씀 : 로마서 14:1-12

●롬 14:1 믿음이 연약한 자를 너희가 받되 그의 의견을 비판 하지 말라

　토요일 오전, 서울의 한 카페에서 약속을 한 듯한 사람들이 모여들기 시작했습니다.

　예약을 했는지 카페 구석에는 열 몇 석의 자리가 준비되어 있었고, 도착하는 사람들은 저마다 책을 한 권씩 들고 있었습니다. 출석을 확인하자 이들은 조용히 자리에 앉아서 책을 읽기 시작했습니다. 같은 동호회에서 온 사람들 같았지만 별 다른 대화나 소개는 없었습니다.

　같은 시간 한강 둔치에도 비슷한 모임이 열렸습니다. 이들은 조용히 참가인원만 확인한 뒤 별 다른 대화 없이 그저 줄을 맞춰 같이 한강을 달렸습니다.

　최근 들어 점점 늘고 있는 '교류 없는 동호회'의 모습입니다. 같은 취미를 가지고 모이지만 학력, 직장, 연봉과 같이 다른 요소로 비교되는 일반 동호회와는 달리 일체 취미활동만을 같은 장소에서 하고 일체의 친목은 금지되는 규칙을 가진 동호회입니다.

　상대방에 대한 깊은 관심이 때로는 무례함이 될 수 있음을 알아야 합니다. 특히나 요즘 세대는 지나친 경쟁과 줄 세우기에 피로감을 느끼고 있습니다.

　교회는 예수 그리스도를 중심으로 예수 그리스도의 마음으로 교제하는 사람들입니다. 상대방을 배려하는 참된 관심으로 교회 안에서 진정한 교제를 나누십시오. 반드시 하는 모든 일이 다 형통합니다.

💗 주님! 교회에서 폭 넓은 교제를 하게 하소서.
🕮 교회에서 참견과 간섭이 아닌 중심으로 통하는 진정한 교제를 나누십시오.

나의 영적 일지

추상적인 미의 개념

읽을 말씀 : 시편 100:1-5

● 시 100:3 여호와가 우리 하나님이신 줄 너희는 알지어다 그는 우리를 지으신 이요 우리는 그의 것이니 그의 백성이요 그의 기르시는 양이로다

조선시대의 정치인 조광조는 올곧은 심성에 재능까지 출중한 사람이었습니다.

지금의 역사가들은 조광조가 10년만 더 살아있었다면 임진왜란이 일어나지 않았을 것이라고 평가하기도 합니다.

그러나 이런 조광조에게는 심한 외모 콤플렉스가 있었습니다. 지금으로 치면 피부가 하얗고 여리여리한 꽃미남과 같은 외모였는데 스스로는 대장부의 외모가 이래서는 못 쓴다며 매우 싫어했고 심지어는 거울을 보다가 부순 적도 있었습니다.

러시아의 대문호 톨스토이는 못생긴 외모로 인해 심한 콤플렉스가 있었습니다. 그는 거울을 볼 때마다 '나 같은 사람은 결코 행복하지 못할 거야'라고 생각을 했다고 합니다. 실제로 톨스토이는 못 생기지도 않았을 뿐더러 많은 사람의 존경을 받고 있었지만 그는 평생 외모에 대한 콤플렉스로 괴로워했다고 합니다.

최근 조사에 따르면 한국 사람들은 칼을 대는 큰 수술은 생각보다는 많이 하지 않지만 주사를 비롯한 시술을 포함한 성형수술은 세계에서 1위라고 합니다. 그러나 미의 개념은 시대에 따라 나라에 따라 현격한 차이가 있으며 절대적인 것이 아닙니다.

하나님은 외모를 보지 않고 마음의 중심을 보십니다. 하나님의 기준으로 나의 정체성을 발견하고 주님의 뜻을 이루는 멋진 삶을 사십시오. 반드시 하는 모든 일이 다 형통합니다.

♡ 주님! 세상의 평가에 연연하지 않고 주님의 기준에 맞춰 살게 하소서.
🖼 하나님이 허락하신 지금 외모에 만족하며 감사하십시오.

나의 영적 일지

믿음의 고난

읽을 말씀 : 야고보서 5:7-20

● 약 5:10 형제들아 주의 이름으로 말한 선지자들을 고난과 오래 참음의 본으로 삼으라

어떤 교회에서 전도에 대한 설교를 들은 한 성도가 찾아와 어려움을 토로했습니다.

"목사님, 요즘 세상에는 재밌는 것이 너무도 많습니다. 기독교에 대한 이미지도 좋지 않아 전도가 너무 힘든데 요즘 세태를 목사님들은 잘 모르시는 것 같습니다."

"물론 그럴 수도 있습니다. 하지만 제 생각엔 지금 시대가 전도하기 가장 좋은 시대 같군요. 과거처럼 교회에 나가거나 복음을 전한다고 해서 죽이는 시대는 아니니까요."

역사학자 타키투스에 따르면 초대교회 시절에 일반적인 그리스도인들이 당할 수 있는 고난은 다음과 같습니다.

"사자에게 던져짐, 올리브유를 사용해 화형, 콜로세움에서 검투사 경기에 출전, 정치적인 이유로 감옥에 갇힘, 박해를 피해 땅속에 땅굴을 파고 생활, 예수님의 제자들은 대부분 순교를 당했음, 기독교인이라는 것을 숨기고 비밀 표시를 만들어 서로 소통."

어떻습니까? 지금 우리가 살고 있는 시대는 전도하기 어려운 환경인가요? 아니면 과거에 비해 더 나은 환경일까요?

물론 지금의 시대를 사는 우리들에게도 여러 가지의 고난이 있습니다. 그러나 역경은 극복할 때 의미가 있습니다. 복음의 열정만 있으면 세상의 그 무엇도 어려울 것이 없습니다. 전심으로 복음을 전파하십시오. 반드시 하는 모든 일이 다 형통합니다.

♥ 주님! 때를 얻든지 못 얻든지 복음을 전파하는 삶을 살게 하소서.
🎗 복음을 전함으로 인해 받는 고난을 두려워하지 하십시오.

나의 영적 일지

시선은 선택이다

읽을 말씀 : 베드로전서 4:12-19

●벧전 4:13 오히려 너희가 그리스도의 고난에 참여하는 것으로 즐거워하라 이는 그의 영광을 나타내실 때에 너희로 즐거워하고 기뻐하게 하려 함이라

세계적인 사진작가들만 가입할 수 있는 '매그넘'에 소속되어 있는 국내의 한 사진작가가 아프리카에 다녀온 후 이런 말을 했습니다.

"사람들은 보통 아프리카를 어둠의 땅이라고 부릅니다. 못살고 가난하기 때문이죠. 그러나 제가 가본 아프리카는 매우 화려했고 검은색 외에도 다양한 색을 가지고 있었습니다. 밖에서 보는 것과 안에서 실제 체험하는 아프리카는 매우 달랐습니다."

실제로 그가 기부 프로젝트의 일환으로 일회용 카메라를 아프리카 아이들에게 주고 사진을 찍어오란 적이 있었는데 아이들은 우울하고 슬픈 주제가 아니라 '아름다운 노을, 엄마의 미소, 친구들과의 장난'과 같이 사랑과 희망의 상징들이 담겨 있었습니다.

그는 이 사진들을 인화해 국내에서 장당 3만원에 판매해 아이들에게 보내주었는데, 3만원은 아프리카에서 한 달을 생활할 수 있는 금액입니다.

어려운 상황 속에서도 하나님을 바라볼 수 있다면 희망과 용기를 얻을 수 있습니다.

최악의 상황에서도 최선을 바라보는 사람들이 있습니다. 하나님은 이미 우리에게 절망중에 희망을 볼 수 있는 눈을 주셨습니다. 하나님이 주신 것에 감사하는 그리스도인들은 같은 희망을 볼 수 있게 다른 사람들을 도와야 합니다. 지금 주신 것에 감사하며 다른 사람들을 위해 사용하십시오. 반드시 하는 모든 일이 다 형통합니다.

🖤 주님! 어려운 이웃을 도우며 보람차게 살게 하소서.
🀄 절망 중에도 희망을, 고난 중에도 하나님의 영광을 바라보십시오.

나의 영적 일지

10월 17일

당연한 고통

읽을 말씀 : 디모데후서 1:3-18

●딤후 1:8 그러므로 너는 내가 우리 주를 증언함과 또는 주를 위하여 갇힌 자 된 나를 부끄러워하지 말고 오직 하나님의 능력을 따라 복음과 함께 고난을 받으라

'끝나지 않은 길'이라는 책은 미국에서 가장 오랜 기간 동안 베스트셀러에 오르고 있는 스테디셀러입니다.

이 책은 더 풍요로운 삶을 사는 오늘날의 현대인들이 오히려 정신적으로는 각박한 삶을 사는 이유에 대해서 다음과 같이 지적하고 있습니다.

"현실의 문제를 직시하지 않기 때문에 오늘날의 사람들은 필요 이상으로 삶을 어렵고 힘들게 살아가고 있습니다. 문제를 극복하기 위해서는 그만큼 고통이라는 대가를 지불해야 하는데, 요즘의 사람들은 그 고통을 두려워해서 그냥 도망가 버리고 맙니다. 문제를 문제로 인식하는 것, 그리고 그 문제를 해결하기 위해선 대가가 필요하다는 것, 이 두 가지만 알면 인생은 훨씬 더 행복하고 풍요로워집니다."

심리학의 대가인 칼 융도 "모든 신경적, 정신적 질환의 대부분은 정당한 고통을 회피하기 때문에 나타난 대가이다"라고 말했습니다.

기독교는 무조건적인 축복을 기대하며 바라는 종교가 아닙니다. 오히려 하나님 위해서라면 고난도 기뻐하며 감사합니다.

하나님은 우리가 감당할 수 있는 고난과 시험만을 주십니다. 그리고 그 고난 뒤에는 영광과 평안과 보상이 우리를 기다리고 있습니다. 그것을 위해 예수님께서 십자가에 달려 고통을 당하셨습니다. 주님이 주신 약속의 말씀을 깊이 의지하며 지금 내가 직면한 문제들을 당당히 맞서십시오. 반드시 하는 모든 일이 다 형통합니다.

🖤 주님! 고통은 주님이 우리에게 주시는 위장된 큰 복임을 깨닫게 하소서.
🎴 지금 당장 직면한 두려움 중 회피하는 것이 있다면 당당히 맞서십시오.

나의 영적 일지

돕는 자를 돕기

읽을 말씀 : 잠언 11:24-31

● 잠 11:25 구제를 좋아하는 자는 풍족하여질 것이요 남을 윤택하게 하는 자는 자기도 윤택하여지리라

방글라데시 그라민은행은 가난한 사람들에게 무담보, 무이자로 대출을 해주는 곳입니다.

99%달하는 자금 회수율과 최빈국인 방글라데시의 빈곤층 해소에 끼친 공을 인정받아 노벨평화상도 수상을 했는데 이곳에서 가장 중요하게 여기는 것은 대출자의 학력이나 사업 아이템이 아니라 자활을 하고자 하는 의지라고 합니다. 그래서 찾아오면 무턱대고 대출을 해주는 것이 아니라 목적과 상환능력 등을 면밀히 검토하고 대출을 해줍니다.

국내에도 단순한 이런 자활 단체를 도울 수 있는 방법이 있습니다.

빅 이슈와 같은 잡지를 구매하는 것은 노숙자의 자활을 직접적으로 돕는 방법이며 또한 미소금융재단과 같은 한국판 그라민 은행에 관심을 가지는 것도 좋은 방법입니다.

믿어주는 사람이 있을 때 힘이 나듯이 우리의 믿음과 작은 도움이 다른 사람을 살릴 수 있습니다. 열심히 노력하지만 어려워하는 사람들이 주위에 있다면 작은 도움과 함께 격려의 메시지를 보내십시오.

아무리 노력을 해도 사회적 제도만으로 구제 받지 못하는 사람들에게 나와 우리 교회가 찾아가야 합니다.

주님은 소외 계층이라도 우리가 예수님의 이름으로 그 분들을 돕는다면 상을 주겠다고 말씀 하셨습니다. 주님은 그만큼 어려운 사람들에게 관심이 많으십니다. 우리도 주님의 심정으로 할 수 있는 만큼 그분들을 도웁시다. 반드시 하는 모든 일이 다 형통합니다.

🖤 주님! 우리 사회에 어려운 가운데 살고 있는 이들을 돕게 하소서!
🎴 내가 할 수 있는 만큼은 최선을 다해 어려운 사람들을 도우십시오.

나의 영적 일지

영혼의 까막눈

읽을 말씀 : 마태복음 21:23-32

● 마 21:32 요한이 의의 도로 너희에게 왔거늘 너희는 그를 믿지 아니하였으되 세리와 창녀는 믿었으며 너희는 이것을 보고도 끝내 뉘우쳐 믿지 아니하였도다

일제강점기라는 어려운 시대에 태어났지만 공부가 너무 하고 싶었던 소녀가 있었습니다.

어려운 형편에 겨우 초등학교 들어갔지만 부모님의 병환으로 6개월 만에 그만두게 되었고, 한글도 마저 떼지 못했습니다. 그렇게 시대에 흐름을 따라 시장에서 장사를 하는 상인이 되어 결혼을 했고, 세 자녀의 어머니가 되었습니다.

마흔이 되자 남편이 세상을 떠났고 자식들을 부양하기 위해서 숙박업을 시작했습니다. 그렇게 가족과 자녀들을 위해 희생을 하다 보니 공부가 하고 싶었던 소녀는 어느새 90세의 할머니가 되었는데도 여전히 글을 읽고 쓸 줄 몰랐습니다.

더 이상 미루겠다가는 정말 글을 모르고 죽겠다 싶은 할머니는 90세의 나이에 안양시민대학의 문을 두드려 어른들을 대상으로 하는 한글 교육을 받기 시작했습니다. 지금껏 한글도 모르는 자신이 너무 부끄러우며 또 이제야 글을 읽고 배우는 일이 너무 신기하다는 할머니는 수업 도중에도 몇 번씩이나 눈물을 흘리며 감격에 겨워하셨습니다.

늦은 나이에 글을 배우는 것이 부끄러운 일이 아니듯 나이에 상관없이 언제든 하나님을 의지하는 것은 중요한 일입니다. 주님은 우리의 소원을 이루어 주십니다. 아직 꿈을 이루지 못해 속이 상하다면 주님의 영광을 위해 주님을 의지하고 용기를 내어 시작하십시오. 반드시 하는 모든 일이 다 형통합니다.

♥ 주님! 하루가 지날수록 주님을 더욱 알아가는 축복을 허락하소서!
📓 매일 새롭게 주님의 성품과 역사하심을 깨달으십시오.

나의 영적 일지

기도의 힘을 믿으십니까?

읽을 말씀 : 야고보서 5:7-20

● 약 5:16 그러므로 너희 죄를 서로 고백하며 병이 낫기를 위하여 서로 기도하라 의인의 간구는 역사하는 힘이 큼이니라

　　미국의 콜롬비아대학교의 산부인과 과장 로자리아 로보와 교수인 차광렬 병원장은 공동으로 불임치료를 받고 있는 환자들을 대상으로 기도가 미치는 영향력을 조사했습니다.

　　환자를 위해 기도하는 사람이 있는 그룹과 없는 그룹은 그 결과가 무려 2배나 높았는데, 몇 퍼센트 차이로 임신이 결정되는 불임치료에서는 믿기 힘들 정도의 차이였습니다.

　　단지 기도가 이러한 영향을 미친다는 것은 실제 연구를 한 연구진도 쉽사리 믿을 수가 없었습니다. 그러나 두 그룹의 차이의 임신률이 너무 컸기에 학계에 도움이 될 것 같다는 생각에 오랜 망설임 끝에 결과를 발표했고, 이 연구 결과는 학계에서도 나름 인정을 받아 생식의학 전문지인 리프로덕티브 헬스에도 실렸습니다.

　　그리고 타임지는 이 연구 결과를 심장질환 환자의 치료에도 기도가 도움이 된다는 다른 논문과 함께 소개했습니다.

　　기도는 분명히 나타나는 하나님의 역사하심입니다.

　　때때로 우리는 기도를 하면서도 의심하는 마음을 품지만 기도의 힘은 실제적이고 초월적입니다. 응답이 되지 않아 멈추고 있던 기도가 있다면 오늘부터 다시 시작하십시오. 마음속의 모든 의심을 버리고 간절히 주님을 의지함으로 놀라운 응답을 받으십시오. 반드시 하는 모든 일이 다 형통합니다.

💛 주님! 어떤 어려움도 기도하면 주님이 응답하심을 믿고 기도하게 하소서.
🧎 기도에 능력이 있음을 믿고 더욱 뜨겁게 기도하십시오.

나의 영적 일지

보혈의 메시지

읽을 말씀 : 요한복음 3:1-21

●요 3:16 하나님이 세상을 이처럼 사랑하사 독생자를 주셨으니 이는 그를 믿는 자마다 멸망하지 않고 영생을 얻게 하려 하심이라

중국 쓰촨성의 한 아파트에서 엄마가 아기를 안고 식사를 하고 있었습니다. 그런데 갑자기 땅이 흔들리더니 건물이 심하게 흔들렸고 곧 무너져 내리기 시작했습니다. 5분도 안 되는 짧은 시간에 일어난 일이었지만 엄마는 본능적으로 아기를 안고 웅크려 최대한 공간을 확보했습니다.

아기를 감싸 안은 엄마의 등 위로 건물이 계속 무너져 내렸지만 엄마는 몸을 움직이지 않았습니다. 그리고 그 상태로 아이에게 젖까지 물렸습니다. 아이는 이런 상황을 전혀 눈치 채지 못한 채 평안히 잠까지 들었습니다.

몇 시간 뒤 구조대가 건물의 잔해를 치워내고 이 모녀를 발견했을 때 엄마는 이미 숨을 거둔 상태였지만 아이를 보호하는 자세는 그대로였습니다.

다행히 품안에 잠든 아기는 무사했고 엄마의 휴대폰에는 숨을 거두기 전 남긴 아이를 향한 마지막 메시지가 남아있었습니다.

"너무나 사랑하는 내 아이... 만약 네가 다행히 살게 된다면 이것만은 꼭 기억해주길 바랄게. 엄마는 너를 정말로 사랑한단다."

우리를 구원하기 위해서 주님이 십자가의 고통 중에 남기신 마지막 말씀은 "다 이루었다"입니다. 독생자 예수님께서 생명을 주시면서 까지 우리를 구원하고자 하신 주님의 간절한 마음과 은혜와 사랑에 감사하는 하루가 되십시오. 반드시 하는 모든 일이 다 형통합니다.

♡ 주님! 생명까지 아끼지 않고 우리를 사랑하신 주님의 사랑을 늘 기억하게 하소서.
🖼 나에게 베푸신 하나님의 사랑에 감격하는 기쁨의 하루를 보내십시오.

나의 영적 일지

동성애를 변화시킨 공동체

읽을 말씀 : 고린도후서 7:1-16

● 고후 7:1 그런즉 사랑하는 자들아 이 약속을 가진 우리는 하나님을 두려워하는 가운데서 거룩함을 온전히 이루어 육과 영의 온갖 더러운 것에서 자신을 깨끗하게 하자

동성애에 빠져 헤어 나오지 못하는 한 남자가 있었습니다.

어려서부터 교회도 다니며 동성애가 죄라는 걸 알았지만 노력해도 빠져나올 수가 없었습니다. 자신이 동성애자라는 걸 알리면 그 순간부터 죄인 취급을 받고 왕따 될 것 같은 마음에 도움을 구할 수도 없었습니다.

결국 남자는 견디다 못해 자신이 다니던 선교단체 모임에서 동성애자란 사실을 고백했습니다. 그런데 생각과는 다르게 모든 사람들이 용기를 부어주고 격려해주었습니다.

그 이후에도 몇 번이고 넘어져 자신이 극복하지 못하고 있음을 알리고 기도를 부탁했지만 공동체의 구성원들은 몇 번이고 기도로 중보해주고 사랑으로 보듬어주었습니다. 결국 몇 년의 시간이 흘러 이 남자는 드디어 동성애를 극복하게 되었고, 지금은 하나님이 허락하신 정상적인 가정이란 축복을 누리고 있습니다.

한 유명한 목사님의 SNS를 통해 소개된 실제 간증입니다.

기독교인이라면 동성애를 죄로 대하는 것은 분명합니다. 그러나 그 문제에 빠진 사람은 사랑과 격려로 공동체의 일원으로 받아주고 다시 일어설 수 있게 기도로 힘을 보태야 합니다. 정죄의 시선이 아닌 사랑의 손길로 모든 사람들을 대할 수 있도록 주님께 기도하십시오. 반드시 하는 모든 일이 다 형통합니다.

💜 주님! 죄는 미워하되 죄인은 사랑하는 사람이 되게 하소서.

🧎 정죄보다는 사랑과 기도로 먼저 다가가십시오.

나의 영적 일지

선행의 실천

읽을 말씀 : 누가복음 12:22-34

● 눅 12:33 너희 소유를 팔아 구제하여 낡아지지 아니하는 배낭을 만들라 곧 하늘에 둔 바 다함이 없는 보물이니 거기는 도둑도 가까이 하는 일이 없고 좀도 먹는 일이 없느니라

애플의 스티브 잡스는 빌 게이츠와는 다르게 기부에 인색한 인물로 알려져 있습니다.

그러나 그가 죽고 난 뒤 가족과 여러 동료의 말에 따르면 그는 500억이 넘는 금액을 여러 곳에 기부를 했는데 다만 기부를 한 일로 자신의 이름이 알려지는 것이 싫어서 철저히 무기명으로 했다고 합니다.

스티브 잡스의 뒤를 이어 애플의 최고경영자가 된 팀 쿡은 최근 한 잡지와의 인터뷰에서 현재 양육 중인 조카가 학업을 모두 마치고 나면 약 8천억에 해당하는 전 재산을 에이즈 예방, 기후변화, 인권 등의 문제해결을 위한 단체에 기부하겠다고 약속했습니다.

대림그룹의 이준용 명예회장 역시 최근에 전 재산인 2천억을 사회에 기부하겠다고 밝혔습니다. 심지어는 다른 거액의 기부자들처럼 자신의 재단을 만들지 않고 이미 좋은 일을 제대로 하고 있는 곳에 전달하겠다고 했는데 먼저 떠난 아내를 생각하며 후손들에게 더 좋은 세상을 남겨주기 위해서 결심했다고 말했습니다.

억만장자가 전 재산을 기부하는 것만큼 오늘 우리가 소외된 이웃들을 향해 가지는 관심과 작은 베풂 역시 소중합니다. 결국 그 분들을 돕는 것도 주님이 우리에게 주신 것으로 돕는 것입니다. 작은 일에도 베풀줄 아는 삶이 큰 일에도 베풀줄 아는 삶이 됩니다. 내가 가진 작은 것부터 나누어 보십시오. 아까워하는 마음이 없이 진심으로 베푸는 삶을 사십시오. 반드시 하는 모든 일이 다 형통합니다.

♥ 주님! 저를 오늘이 있기까지 물심양면으로 도운 분들을 기억하게 하소서.
▨ 받은 사랑만큼 남들을 위한 사랑으로 베푸십시오.

나의 영적 일지

오해로 빚어진 오해들

읽을 말씀 : 야고보서 3:14-18

●약 3:17 오직 위로부터 난 지혜는 첫째 성결하고 다음에 화평하고 관용하고 양순하며 긍휼과 선한 열매가 가득하고 편견과 거짓이 없나니

　대학시절 아인슈타인이 받은 수학 성적은 평점 5점 만점 4점, 즉 'A'였습니다. 그런데 이 성적표를 본 누군가가 '4'를 'D'로 생각했습니다. 여기에 그를 가르쳤던 취리히대학교의 담당교수가 아인슈타인이 수학을 잘 하지 못했다고 언급하면서 "아인슈타인은 수학을 잘 못했다", "아인슈타인은 수학에서 낙제를 받았다"는 오해가 일반화된 상식이 되었습니다. 그러나 수학에도 재능이 있었습니다. 다만 수학에 엄청난 재능을 가진 다른 세계적인 물리학자들에 비해서 상대적으로 부족했을 뿐입니다.

　나폴레옹의 키 역시 마찬가지입니다. 157cm라는 키는 위인전에도 나오는 수치이지만 이 역시 5피트 7인치를 5피트 2인치로 잘못 읽어서 생긴 오해입니다. 바뀐 수치로 따지면 나폴레옹의 키는 170cm로 당시 평균키보다 오히려 조금 큰 편이었습니다.

　에디슨의 백열전구도 마찬가지인데 조지프 와슨이 이미 만든 것을 에디슨이 개량했으나 유명세에 밀려 에디슨의 연구로 사람들에게 알려졌고 또 정설이 되었습니다.

　우리가 알고 있는 상식이 오해로부터 나온 것처럼 우리가 다른 사람에 대해 알고 있는 것 역시 오해일 수 있습니다. 다른 사람을 향한 편견의 시선을 거두고 있는 사실을 알려고 하십시오. 주님께서도 이 땅에 계실 때 오해를 받으셨습니다. 잘못된 소문에 의한 편견을 버리고 바르게 알 수 있는 지혜를 달라고 주님께 간구 하십시오. 반드시 하는 모든 일이 다 형통합니다.

🖤 주님! 제가 알고 있는 것 중에 잘못된 것을 바르게 잡아 주소서.
🐾 다른 사람에 대한 소문에 관심을 가지지 마십시오.

나의 영적 일지

마음의 향기

읽을 말씀 : 예레미야 4:1-18

● 렘 4:14 예루살렘아 네 마음의 악을 씻어 버리라 그리하면 구원을 얻으리라 네 악한 생각이 네 속에 얼마나 오래 머물 겠느냐

몇 십 년 전 미국 필라델피아에서 공무원들이 파업을 한 적이 있습니다. 시의 모든 업무가 마비되어 시민들은 큰 불편을 겪었는데 그 중에 가장 힘든 것이 쌓여만 가는 쓰레기였습니다. 쓰레기차가 돌지 않으니 거리와 가정에 쓰레기가 점점 쌓여만 갔는데 펠리카노라는 배의 선장이 이 쓰레기들을 보고 문득 이런 생각을 했습니다.

'이 쓰레기들을 해외로 옮겨서 처리해주면 큰돈을 벌 수 있지 않을까?'

그는 시와 계약을 맺고 소각한 쓰레기 1만 5천 톤을 배에다 실었습니다. 그리고 다른 나라를 돌며 쓰레기를 처리하려고 했지만 쓰레기 처리는커녕 정박조차 할 수가 없었습니다. 1만 5천 톤의 쓰레기를 떠맡고자 하는 나라는 없었기 때문입니다.

자유무역이 가능한 네덜란드에서도, 저 멀리 인도네시아에서도, 제 3세계로 최빈국인 스리랑카에서도 이 배의 정박을 허락하지 않았습니다. 결국 처음 선장이 생각한 것과는 다르게 오히려 큰 손해를 보고서야 이 쓰레기들을 처리할 수 있었습니다.

깊은 생각 없이 계획을 세우고 행동하면 그것을 치워야하는 불편함과 손해가 많습니다. 그것이 감정의 쓰레기가 되어 우리 마음을 힘들게도 합니다. 내 마음에 좋지 못한 감정과 생각들이 있다면 먼저 내 마음의 쓰레기들을 치우고 정결한 마음으로 주님과 동행하십시오. 반드시 하는 모든 일이 다 형통합니다.

♥ 주님! 세상이 악하다는 사실을 기억하고 지혜롭게 살게 하소서.
🎴 나의 마음을 향기로운 주님의 말씀으로 채우십시오.

나의 영적 일지

행복을 위한 나눔

읽을 말씀 : 누가복음 12:1-21

10월 26일

● 눅 12:15 그들에게 이르시되 삼가 모든 탐심을 물리치라 사람의 생명이 그 소유의 넉넉한 데 있지 아니하니라 하시고

미국 프로농구 NBA의 명문 올란도 매직의 부사장인 펫 윌리암스는 여러 공로를 인정받아 명예의 전당에도 올랐으며 또한 30여권의 책을 낸 베스트셀러 작가입니다.

20대 때부터 자신이 하고 싶어 하는 일에 뛰어들어 큰 성공까지 거둔 그는 또한 18명의 자녀를 둔 것으로도 유명합니다. 그러나 그중 혈연관계인 자녀는 4명뿐이고 나머지는 모두 입양을 했습니다. 그리고 입양을 한 아이들 중 상당수는 몸에 장애를 갖고 있습니다.

펫은 20명이 넘는 가족들과 함께 여행을 다니기 위해서 대형 버스를 구입했고, 함께 식사를 하기 위해서 모두가 함께 앉을 수 있는 대형 식탁을 구매했습니다. 아무리 사회적으로 성공한 사람이고 또 아이들을 좋아한다 하더라도 쉽사리 할 수 없는 희생과 투자입니다. 그러나 그는 자신이 이렇게 많은 아이들을 입양하고 돌보는 이유를 다음과 같이 설명했습니다.

"제가 자녀들을 이렇게 많이 두고 보살피는 것은 저의 행복을 위해서입니다. 나 혼자만 잘 살아서는 결코 행복할 수 없고, 나눌 줄 알아야 진정으로 행복해 질 수 있습니다. 아이들을 입양하는 것은 행복을 위한 저의 투자이기도 합니다."

진정한 행복은 나눔에서 옵니다. 이 행복은 실천하기 전에는 결코 알수 없는 기쁨입니다. 주님도 우리를 구원하신 은혜의 목적은 우리가 선한 일을 하게 하기 위해서라고 하셨습니다. 행복한 삶을 위해 주님의 뜻을 이루며 사십시오. 반드시 하는 모든 일이 다 형통합니다.

💙 주님! 저도 함께 잘 사는 일이 주는 기쁨과 행복을 누리게 하소서.
🖼 나눔이 곧 행복임을 실천을 통해 경험하십시오.

나의 영적 일지

성공의 역설

읽을 말씀 : 베드로전서 5:1-11

●벧전 5:10 모든 은혜의 하나님 곧 그리스도 안에서 너희를 부르사 자기의 영원한 영광에 들어가게 하신 이가 잠깐 고난을 당한 너희를 친히 온전하게 하시며 굳건하게 하시며 강하게 하시며 터를 견고하게 하시리라

앨리스 슈뢰더는 세계에서 가장 많은 돈을 버는 사람 중의 하나인 워렌 버핏의 전기를 쓰는 작가입니다.

그는 워렌 버핏보다 버핏을 더 잘 알 정도로 많은 연구와 인터뷰를 했는데, 그런 가운데 알아낸 몇 가지 역설적인 버핏의 투자 원칙을 영국의 한 방송에서 언급했습니다.

1. 주식으로 가장 많은 돈을 번 사람이지만 언제나 과욕은 경계한다.
2. 개인 재산이 가장 많지만 개인적인 용도로는 거의 사용을 않는다.
3. 세계에서 가장 유명한 사람이지만 유명세를 사업에 이용하지는 않는다.
4. 전 세계금융가를 돌아다니며 투자를 하지만 여전히 고향 시골집에서 거주한다.
5. 보수적인 투자 원칙을 가지고 있지만 좋은 기회다 싶을 때는 큰돈을 투자한다.
6. 시장 분석능력보다도 평판과 신뢰, 침착한 성격이 버핏의 더 중요한 자산이다.

남을 위해 헌신하고 나누는 삶 가운데 하나님이 주신 큰 복으로 이뤄진 성공이 그리스도인이 자랑하고 나타내야할 진정한 성공입니다. 나만 아는 삶을 살아가고 또 자랑하는 교만을 버리고, 하나님의 말씀대로 복을 주실 주님을 믿고 말씀대로 행하십시오. 반드시 하는 모든 일이 다 형통합니다.

♥ 주님! 저도 주님이 주신 복들을 이웃과 나누는 멋진 사람이 되게 하소서.
▨ 세상과는 다른 하나님의 방법을 더욱 신뢰하십시오.

나의 영적 일지

강아지의 전도

읽을 말씀 : 사도행전 5:17-42

● 행 5:42 그들이 날마다 성전에 있든지 집에 있든지 예수는 그리스도라고 가르치기와 전도하기를 그치지 아니하니라

중국이 지금처럼 개방되기 전의 일입니다.

상하이에 훈련차 머물고 있는 중국 군인들의 숙소에 강아지 한 마리가 돌아다녔습니다. 몇몇 장병들이 내쫓으려고 강아지를 잡았는데 입에 뭐라고 글이 적힌 종이를 물고 있었습니다.

그런데 적혀있는 것이 무슨 내용인지를 몰라 호기심이 생긴 몇몇 병사들이 강아지를 풀어주고 따라가 봤는데 근처의 한 기독교 병원이었습니다.

병사들은 병원에 들어가 사정을 설명하니 원장인 고포드 박사와 중국 현지인 선교사 한 명이 나왔습니다. 고포드 박사가 병사들이 가져온 종이를 보니 그것은 성경이었습니다. 이것이 하나님의 섭리일지도 모른다는 생각에 박사와 선교사님은 성경에 대해서 설명을 해주고 곧 복음을 전했습니다.

병사들은 그 자리에서 예수님을 구세주와 주님으로 영접하고 성경을 더 달라고 요구했는데 이들의 변화로 그 부대에서만 2천명이 넘는 사람들이 예수님을 영접했습니다.

떨어진 성경을 가지고 장난치던 강아지의 입을 통해 2천명의 영혼이 구원을 받았습니다. 오늘 전도를 향한 뜨거운 열망을 가진 나의 행동을 보여주기 위해 전도지나 신앙 간증서적을 지인과 나누십시오. 반드시 하는 모든 일이 다 형통합니다.

♥ 주님! 사람을 변화시키는 말씀의 능력을 믿게 하소서!
🧩 일주일에 한 번이라도 문자나 메일로 성경말씀을 지인들에게 보내십시오.

나의 영적 일지

하나님의 수확

읽을 말씀 : 요한복음 4:1-42

●요 4:36 거두는 자가 이미 삯도 받고 영생에 이르는 열매를 모으나니 이는 뿌리는 자와 거두는 자가 함께 즐거워하게 하려 함이라

영국에서 파송되어 20년 넘게 네팔에서 선교를 하던 목사님이 계셨습니다. 그러나 20년 동안 단 한 명의 회심자도 얻지 못했습니다.

네팔이 믿는 힌두교는 다른 종교의 신이나 위인들도 자기네 신으로 정하고 섬기는 문화가 있는데, 심지어 부처와 마더 테레사도 힌두교의 신으로 모십니다.

네팔인들은 예수님도 하나의 신으로만 섬기려고 했지 진정으로 마음을 돌리지 않았습니다. 결국 이 목사님은 파송한 단체의 질책을 받으며 선교지에서 돌아올 수밖에 없었고 다른 적임자가 후임으로 파송되었습니다.

그런데 후임자가 간지 두 달도 안 되어 회심자들이 생기고 있다는 기쁜 소식이 들렸습니다. 선교단체에서는 너무나 기쁜 마음에 "도대체 어떻게 된 일인가? 어떤 역사가 있었는지 말해줄 수 있겠나?"라는 내용의 편지를 보냈습니다. 몇 주가 지나 새로 부임한 선교사님으로부터 답장이 왔습니다.

"전에 선교하시던 목사님이 뿌린 씨가 결실을 맺었음. 나는 아무것도 한 것이 없음."

성과가 없다고 해서 복음을 전하는 일이 헛된 것은 아닙니다. 때로는 뿌리는 자로, 때로는 거두는 자로 하나님은 모든 성도들을 모든 때에 맞추어 사용하십니다. 오늘 나를 사용하실 하나님을 기대하며 담대히 복음을 들고 세상으로 나아가십시오. 반드시 하는 모든 일이 다 형통합니다.

💙 주님! 복음의 씨를 뿌렸으나 열매가 없다고 낙심하지 않게 하소서.
🎴 하나님의 때를 믿고 오로지 헌신에 집중하십시오.

나의 영적 일지

사랑하는 예수쟁이

읽을 말씀 : 갈라디아서 5:1-15

● 갈 5:13 형제들아 너희가 자유를 위하여 부르심을 입었으나 그러나 그 자유로 육체의 기회를 삼지 말고 오직 사랑으로 서로 종 노릇 하라

조선 시대에 장티푸스가 퍼져 많은 사람들이 고생하던 때가 있었습니다.

언더우드 선교사님은 사람들의 상태가 걱정되어 선교도 제쳐두고 병원을 돌아다니며 간호를 하고 사람들을 챙겼습니다. 하루는 시장에 장사를 하러가던 한 여인이 허겁지겁 병원으로 들어가는 커다란 서양인을 보고 다른 사람에게 물었습니다.

"도대체 저 이상하게 생긴 양반은 누구요?"

"나도 잘 모르오. 그런데 사람들 말이 조선 사람을 사랑하는 예수쟁이라고 하더이다."

이 여인은 '조선 사람을 사랑하는 예수쟁이'의 모습을 보고는 감명을 받아 다른 선교사에게 복음을 듣고 믿은 뒤 경기도 행주에서 만나는 사람들마다 복음을 전했습니다.

어느 새 이 마을에는 그리스도인이 100명이나 되었고 예배를 드릴 수 있는 교회가 생겼습니다. 행주에 최초로 기독교 복음을 전하신 신화순 권사님은 나중에 언더우드 선교사님을 이곳에 초청했는데, 선교사님은 자신이 전혀 모르는 지역에 이토록 많은 그리스도인이 있다는 사실을 알고는 매우 놀라워했습니다.

하나님의 사랑을 가슴에 품고 있는 사람은 다른 사람을 변화시킵니다. 다른 무엇보다도 하나님의 사랑을 가슴에 품고 살아가는 오늘이 되도록 기도하십시오. 반드시 하는 모든 일이 다 형통합니다.

🤍 주님! 제가 가지고 있는 그리스도의 복음으로 세상을 변화 시켜 주소서.
🎴 다른 사람을 아끼고 사랑할 줄 아는 귀한 성도가 되십시오.

나의 영적 일지

하나님을 믿어야 할 이유

읽을 말씀 : 이사야 43:1-7

● 사 43:1 야곱아 너를 창조하신 여호와께서 지금 말씀하시느니라 이스라엘아 너를 지으신 이가 말씀하시느니라 너는 두려워하지 말라 내가 너를 구속하였고 내가 너를 지명하여 불렀나니 너는 내 것이라

노먼 루이스 목사님이 중국에서 믿지 않는 대학생들을 상대로 말씀을 전했습니다.

설교가 끝나고 간단한 질의시간을 가졌는데 한 학생이 물었습니다.

"이미 중국에는 유교사상이 퍼져 있고 불교를 믿는 사람들도 많습니다. 그런데 굳이 서양 종교인 기독교를 사회적 불이익까지 당하면서 우리가 믿어야 할 이유가 있습니까?"

"맞습니다. 세계 어떤 곳에 가든 이미 그곳 사람들이 믿고 있는 종교가 있고 세계관이 있습니다. 그러나 그럼에도 복음은 전해져야 합니다. 첫째, 그리스도는 단순히 현명한 사람이나 위인이 아니라 하나님의 아들인 구세주이기 때문입니다.

둘째로는 죽음의 문제를 해결할 수 있는 유일한 방법이기 때문입니다. 예수님은 죽음을 이기고 부활하신 유일한 분이십니다.

마지막으로 죽음 뒤에 있을 심판자가 바로 예수님이기 때문입니다. 예수님을 심판자가 아니라 구원자로 만나게 하기 위해서 우리는 여기에 왔고 또 모든 곳으로 갈 것입니다."

복음이 필요하지 않은 곳은 없고, 복음이 필요하지 않은 사람은 없습니다. 한 생명을 천하보다 귀하다고 주님은 말씀 하셨습니다. 귀한 생명을 구하는 일에 전심하십시오. 반드시 하는 모든 일이 다 형통합니다.

♡ 주님! 주님의 복음을 전파하는데 온 마음과 정성을 쏟게 하소서.
🦹 사람을 골라가며 복음을 전하지 마십시오.

나의 영적 일지

11

November

월

"나 곧 내가 말하였고 또 내가 그를 부르며
그를 인도하였나니 그 길이 형통하리라"
(이사야서 48장 15절)

씨를 뿌리는 삶

읽을 말씀 : 고린도전서 3:1-8

●고전 3:6 나는 심었고 아볼로는 물을 주었으되 오직 하나님
께서 자라나게 하셨나니

　　미국 샌프란시스코의 로스알데 언덕에는 작은 마을이 있습니다.

　　이곳을 담당하는 우편집배원 요한은 젊었을 때부터 10년이 넘게 같은 길을 다니며 편지를 날랐습니다. 그런데 어느 날 마을 사이사이 비어 있는 황량한 들판을 보고는 문득 '10년째 황량한 들은 조금도 변하지 않는구나…'라는 생각이 들었습니다.

　　매일 같은 길을 걸으며 같은 일을 하는 자신의 인생 같아 슬픈 생각이 들었는데 문득 '이 들판을 바꾼다며 내 인생도 바뀌지 않을까?'라는 생각으로 이어지면서 다음날부터 주머니에 꽃씨를 가지고 다니면서 뿌리기 시작했습니다.

　　시간이 흐를수록 요한이 다니는 길에는 작은 변화가 일어났습니다. 봄, 여름, 가을, 겨울을 따라 꽃이 피고 지면서 황량한 들판을 아름답게 수놓았고, 이 꽃을 보며 요한은 희망을 가졌습니다.

　　또 '꽃씨를 뿌리는 요한'의 이야기가 사람들에게 전해지면서 이 마을의 많은 사람들이 꽃씨를 가지고 다니며 뿌리기 시작했고, 마을은 몇 년 사이 온 천지에 꽃들이 만발한 아름다운 명소로 거듭났습니다.

　　내가 예수님을 만나 변화되었다면 남들도 변할 수 있습니다. 나에게 예수님이 꼭 필요한 분이라면 남에게도 마찬가지입니다. 나를 변화시킨 그리스도 예수님을 복음의 씨앗을 뿌리듯 삶을 통해 이웃과 나누십시오. 반드시 하는 모든 일이 다 형통합니다.

💙 주님! 매일 매일 사람들의 황량한 마음 밭에 복음의 씨앗을 뿌리게 하소서.
🧩 복음의 씨앗이 결실을 맺기 까지 간절한 마음으로 기도하십시오.

나의 영적 일지

얼굴로 전하는 은혜

읽을 말씀 : 베드로전서 2:18-25

●벧전 2:20 죄가 있어 매를 맞고 참으면 무슨 칭찬이 있으리요 그러나 선을 행함으로 고난을 받고 참으면 이는 하나님 앞에 아름다우니라

러시아 모스크바에서 열린 국제유학생선교집회에서 있었던 일입니다. 집회가 끝나고 두 명의 청년이 강사 목사님을 찾아왔습니다. 친구의 전도로 처음 교회를 찾아왔다는 한 청년은 많은 은혜를 받았다고 목사님께 감사를 전했습니다.

"너무 감사한 소식입니다. 그런데 어떤 부분에서 은혜를 받으셨습니까?"

"글쎄요. 사실 목사님이 말씀하신 설교 내용은 잘 이해가 가지 않았습니다. 저는 이런 곳에 온 적이 아예 처음이라 사용하시는 단어도 생소하고 성경도 전혀 모르거든요."

청년의 대답을 들은 목사님은 순간 얼굴이 굳어졌습니다.

'그럼 도대체 은혜를 어떻게 받았다는 말인가?'는 생각이 들면서 청년이 혹시 자신을 놀리러 온 것이 아닌가까지 생각되었는데 청년이 말을 이었습니다.

"다만 목사님이 예수님에 대해서 말씀을 전하실 때 얼굴 표정이 너무 행복해보였습니다. 설교는 어려워 잘 모르겠지만 믿음 때문에 저렇게 행복한 표정을 지을 수만 있다면 나도 믿어보자는 생각이 들어서 오늘부터 예수님을 믿기로 결심했습니다."

예수님으로 행복한 사람은 표정과 행동만으로도 전도가 됩니다. 마음의 행복이 표정으로 나타나기 때문입니다. 예수님의 향기를 나타내는 삶으로 오늘 하루를 사십시오. 반드시 하는 모든 일이 다 형통합니다.

♥ 주님! 저를 통해 사람들이 그리스도의 향기를 느끼게 하소서.
🖼 예수님으로 인한 행복을 표정과 행동으로 나타내십시오.

나의 영적 일지

작은 소녀의 큰 믿음

읽을 말씀 : 마태복음 8:15-13

●마 8:10 예수께서 들으시고 놀랍게 여겨 따르는 자들에게 이르시되 내가 진실로 너희에게 이르노니 이스라엘 중 아무에게서도 이만한 믿음을 보지 못하였노라

서울의 한 초등학교에 다니는 윤정이는 크리스마스를 맞아 친한 친구들과 가족들에게 카드를 쓰고 있었습니다.

그리고 그 중에는 전에 다녔던 학교의 담임선생님에게 보내는 카드도 있었습니다.

"선생님, 안녕하세요. 저는 지금 학교에서 열심히 공부도 하고 친구도 사귀면서 잘 다니고 있어요. 그런데 선생님 지금 혹시 교회는 다니고 계세요? 많이 바쁘신 건 알지만 그래도 다니셨으면 좋겠어요. 그리고 크리스마스 때이니 잠깐이라도 예수님을 마음에 떠올리셨으면 좋겠어요. 여기 선생님을 위해 말씀 한 구절 적어드릴게요."

그렇게 정성들여 쓴 카드를 보내고서 윤정이는 같은 반 친구들을 만나러 나왔습니다. 크리스마스를 맞아 새로 교회로 전도한 친구들이었습니다. 그러나 안타깝게도 교회를 가던 중 교통사고로 윤정이는 하늘나라로 떠나고 말았습니다. 그러나 이 카드를 받은 선생님은 예수님을 믿게 되었고, 어린 나이에도 큰 믿음을 가졌던 윤정이를 자랑스러워했던 부모님은 선교회를 세워 개척교회와 사정이 어려운 신학생들을 돕고 있습니다.

우리는 하나님이 왜 그렇게 하셨는지... 하시는 일을 이해 할 수 없지만, 그래도 하나님을 신뢰하고 살아야 합니다. 하나님을 향한 큰 믿음을 가진 사람은 생의 마지막까지 아름답게 사용됨을 믿으십시오. 반드시 하는 모든 일이 다 형통합니다.

♥ 주님! 세상의 일들이 잘 이해되지 않지만 주님을 신뢰하고 겸손하게 살게 하소서.
▨ 하나님께 칭찬받는 믿음의 소유자가 되게 해달라고 기도하십시오.

나의 영적 일지

사람을 살리는 전문가

읽을 말씀 : 요나 2:1-10

11월 4일

● 욘 2:6 내가 산의 뿌리까지 내려갔사오며 땅이 그 빗장으로 나를 오래도록 막았사오나 나의 하나님 여호와여 주께서 내 생명을 구덩이에서 건지셨나이다

1945년도 영국에서 기독교를 믿는 사람들의 비율은 82%였습니다.

그러나 최근에는 15% 수준으로 심각하게 떨어졌고, 사회적으로도 기독교에 대한 안 좋은 인식이 가득합니다. 한 번은 영국 국영방송의 한 기자가 제 2의 빌리 그레이엄이라고 불리는 루이스 팔라우 목사님을 찾아가 물었습니다.

"왜 이미 끝난 기독교를 다시 부흥시키려고 노력하십니까? 꺼진 불을 다시 피우려고 시간을 낭비하고 계시는 것 같은데요? 영국은 이미 기독교로부터 벗어났습니다."

목사님은 이 무례한 질문에 다음과 같이 멋진 답변을 하셨습니다.

"예수님으로부터 벗어나는 것이 바람직한 사회는 없습니다. 한 세대가 복음을 배척한다 해도 미래 세대를 위해서는 반드시 복음이 증거 되어야 합니다. 영국과 유럽에서 기독교가 이미 죽어있다고요? 괜찮습니다. 죽은 사람을 다시 살리는 데는 예수님이 전문가이시거든요. 그러고 보니 더더욱 영국과 유럽에 예수님이 필요할 것 같지 않으십니까?"

기독교가 아무리 이미지가 안 좋아 욕을 먹어도, 사회 환경이 그것을 허락지 않아도 우리는 여전히 복음을 전하고 알려야 합니다. 참된 복음은 생명을 살리기 때문입니다. 그것만이 유일하게 영혼을 구원하고, 사람을 살리고, 사회를 변화시킬 수 있는 방법입니다. 누가 뭐라고해도 복음을 전하는 열정을 놓지 마십시오. 반드시 하는 모든 일이 다 형통합니다.

♥ 주님! 세상 사람들이 교회를 비난한다 해도 상관없이 복음을 전하게 하소서.
🎴 사회적 편견에 상관없이 복음을 자랑스러워 하십시오.

나의 영적 일지

하나님의 원리

읽을 말씀 : 마태복음 6:19-34

●마 6:33 그런즉 너희는 먼저 그의 나라와 그의 의를 구하라
그리하면 이 모든 것을 너희에게 더하시리라

미국의 브라운이라는 사업가는 오로지 구두 하나만 팔아서 백만장자
가 되었습니다.

그러나 사업을 하면서도 가정을 잘 꾸렸고, 또 주일성수를 비롯해 신
앙의 기본도 확실하게 지켜 많은 사람들의 귀감이 되었습니다. 보통 사
업에 성공한 사람들은 가정이나 신앙까지 챙기기가 쉽지 않은데 너무도
성실하게 각 영역을 잘 지키는 것이 신기해 많은 사람들이 "도대체 그
비결이 무엇이냐?"고 물었는데 그는 항상 이렇게 대답했습니다.

"비결은 바로 우선순위입니다. 모든 일에 첫째는 하나님, 둘째는 가
족, 셋째는 구두로 놓고 순위에 따라 일을 처리했더니 하나님이 모든 것
을 형통하게 해주셨습니다."

실제로 브라운은 자신의 일정을 가장 먼저 하나님을 위해 짜고, 그 다
음은 가족에 맞추어 짜고 마지막으로 사업을 위해 짰습니다. 그러나 이
비결을 듣고도 실제로 적용하는 사람은 많지 않았는데 그것은 돈에 대
한 사람들의 불안과 욕심 때문이었습니다.

불안함에 세상의 방식을 따라 살면 세상의 원리에 따른 결실만 맺힙
니다. 그러나 먼저 하나님의 나라와 의를 구하면 다른 것은 하나님께서
더하여 주십니다. 이것이 하나님의 말씀이고 약속입니다. 나의 유익을
위해 가장 중요한 하나님의 나라와 의를 위한 일과 복음전파를 포기하
지 마십시오. 반드시 하는 모든 일이 다 형통합니다.

♥ 주님! 먼저 하나님의 나라와 그 의를 구하는 일을 하게 하소서.
🌾 올바른 가치를 바탕으로 삶의 우선순위를 세우십시오.

나의 영적 일지

농부의 거위 전도

읽을 말씀 : 야고보서 1:12-27

● 약 1:18 그가 그 피조물 중에 우리로 한 첫 열매가 되게 하시려고 자기의 뜻을 따라 진리의 말씀으로 우리를 낳으셨느니라

미국에 잭 밀러라는 농부는 하나님을 아주 열심히 믿고 섬겼습니다.

그러나 전도 때문에 매주 교회에 갔다 올 때마다 마음에 큰 부담을 느꼈습니다. 전도의 중요성도 알고, 하고도 싶지만 타고난 성격이 워낙 내성적이어서 사람들 앞에서 말도 제대로 못했기 때문입니다. 그렇게 비록 전도를 한 번도 하지 못했지만 잭의 머릿속은 언제나 '전도를 어떻게 하면 할 수 있을까?'라는 생각으로 가득 차 있었습니다.

그러다 하루는 기상천외한 생각을 하게 되었는데, 그것은 농장 근처에 큰 호수에 날아오는 거위를 이용하는 전도였습니다. 그는 철 따라 날아오는 거위를 그물로 잡아 다리에 성경구절과 간단한 메시지를 적은 종이를 묶어서 풀어주었습니다.

거위는 철을 따라 남아메리카로 건너갔고, 또 에스키모가 사는 북극까지 날아갔습니다.

잭은 매년 200마리 정도의 거위를 잡아 말씀을 묶는 방법으로 전도를 했는데 놀랍게도 그가 적은 메시지를 통해 예수님을 믿은 사람들이 생겼고, 그 중 한 명은 300킬로미터 떨어진 곳에서 그 메시지를 통해 하나님을 믿게 됐다고 연락이 왔습니다.

내가 할 수 있는 최선을 다하면 나머지는 하나님이 하십니다. 나의 삶도, 전도도 마찬가지입니다. 과도한 부담을 갖지 말고 내가 할 수 있는 최선을 다해 열심히 전도하십시오. 반드시 하는 모든 일이 다 형통합니다.

♡ 주님! 여러 가지 방법으로 복음을 전파 할 때 성령님이 역사해 주소서.
☒ 전도에 대한 거룩한 부담감을 감당하며 사십시오.

나의 영적 일지

명화 같은 인생의 비결

읽을 말씀 : 갈라디아서 6:1-10

● 갈 6:9 우리가 선을 행하되 낙심하지 말지니 포기하지 아니
하면 때가 이르매 거두리라

레오나르도 다빈치가 '최후의 만찬'을 완성시켰을 때, 그 작품을 본 한 친구가 말했습니다.

"너무 멋진 그림이네! 그런데 삼각구도의 중앙에 성배가 배치되어 있어서 너무 눈이 가구만... 예수님의 얼굴보다도 성배에 먼저 눈이 간단 말이야..."

친구의 말을 듣고 보니 정말 그랬습니다. 다빈치는 결국 예수님의 손에 있는 성배를 없애는 작업을 했는데 이 과정만 7년이 걸렸습니다.

모나리자 역시 과학적으로 분석을 해보면 초기의 완성시킨 이후에 여러 차례 수정과정을 거쳤다고 합니다. 그뿐 아니라 루브르 박물관에 있는 명화의 대부분은 초기의 완성본에서 수차례씩 수정과정을 거친 뒤에 진짜 명화의 반열에 올라섰다고 합니다.

우리가 생각하기에 명화들은 천재적인 영감으로 단번에 완성되는 것 같지만 사실은 면밀한 관찰과 노력으로 계속해서 덧입힌 수정으로 완성되는 것이었습니다.

C. S. 루이스는 우리의 인생을 하나님께서 캔버스에 덧칠을 하는 과정으로 표현했습니다. 캔버스에 덧칠을 하다 보니 때로는 슬프고 괴로운 일들도 생기지만 결국 그림의 흠이 없어지고 점점 작품이 되어간다는 것입니다. 정말로 하나님은 결코 내 삶을 포기하지 않으십니다. 인생의 고난이 찾아와도 굳건히 하나님을 의지하여 헤쳐 나가십시오. 반드시 하는 모든 일이 다 형통합니다.

♥ 주님! 제 삶의 아픔까지도 주님이 주관하심을 알게 하소서!
✘ 고난도 슬픔도 하나님의 손길임을 고백하십시오.

나의 영적 일지

결과보다 중요한 노력

읽을 말씀 : 누가복음 6:27-39

● 눅 6:28 주라 그리하면 너희에게 줄 것이니 곧 후히 되어 누르고 흔들어 넘치도록 하여 너희에게 안겨 주리라 너희가 헤아리는 그 헤아림으로 너희도 헤아림을 도로 받을 것이니라

미국 스탠포드대학교에서 성적과 노력에 대한 한 가지 실험을 했습니다.

먼저 아주 쉬운 문제를 초등학생들에게 풀게 하고 절반은 좋은 성적에 대해서 칭찬했고 나머지는 성적을 받기 위해 했던 노력을 칭찬을 했습니다. 그리고 아이들에게 어려운 시험과 쉬운 시험을 선택하도록 했는데 성적에 대한 칭찬을 받은 그룹은 쉬운 시험, 노력에 대한 칭찬을 받은 그룹은 어려운 시험을 선택했습니다. 성적을 칭찬받은 그룹은 점수가 칭찬의 요인이라고 생각해 부담감이 매우 컸습니다.

그리고 셋째 날은 모두 어려운 시험을 보게 했습니다. 그런데 노력에 대한 칭찬을 받은 학생들은 어려운 문제에 더 집중하고 오랜 시간을 보냈습니다. 반면 성적에 대한 칭찬을 받은 학생들은 확실한 정답에만 시간을 들였습니다.

그리고 마지막 날 다시 쉬운 문제를 아이들에게 주었습니다. 그런데 노력을 칭찬 받은 그룹은 성적이 평균 30%나 올랐는데 성적을 칭찬 받은 그룹은 비슷하거나 오히려 떨어졌습니다.

하나님을 위한 모든 노력, 그리고 전도를 위한 노력 중에는 의미 없는 것이 없습니다. 주님의 제자들도 전도를 했지만 모두 믿은 것은 아닙니다. 노력은 우리가 해도 믿게 하는 분은 주님이십니다. 결과에 연연하지 말고 오늘도 해야 할 성도의 의무를 다하십시오. 반드시 하는 모든 일이 다 형통합니다.

💙 주님! 열매 때문에 낙심하지 않고 계속 성실히 복음을 전하게 하소서.
🖼 전도의 열매가 없다고 낙심하지 말고 더 노력십시오.

나의 영적 일지

11월 9일

공감대가 만드는 멘토

읽을 말씀 : 빌레몬서 1:1-7

● 몬 1:6 이로써 네 믿음의 교제가 우리 가운데 있는 선을 알게 하고 그리스도께 이르도록 역사하느니라

　미국 뉴욕의 한 젊은 목사님이 어느 날 미국프로농구 선수들 중 교회를 다니는 사람이 거의 없다는 것을 알게 되었습니다.

　대부분은 신인이나 무명시절에 교회를 다녔지만 돈을 벌고 유명해지면서 가치관과 생각이 바뀌며 교회를 떠났기 때문입니다. 한 때 농구선수였던 목사님은 그들의 생각과 문제가 무엇인지 알 것 같았습니다. 그래서 그들을 한 명 한 명 찾아가 친구가 되어주고 상담을 해주었습니다. 30대 중반의 젊은 목사와의 대화를 처음에는 많은 선수들이 꺼려했지만 이내 그들은 목사님이 자신들을 이해하고 있다는 것을 알게 되었습니다.

　이제 30대 중반인 뉴욕힐송교회의 칼 렌츠 목사님은 그렇게 많은 스타 농구 선수들의 신앙 멘토가 되어 그들의 믿음이 회복되고 다시 교회로 돌아오는 일에 최선을 다하고 있고, 케빈 듀란트, 타이슨 챈들러, 제레미 린과 같은 NBA 대표 스타들은 칼 목사님을 신뢰하는 이유에 대해서 "우리와 같은 언어를 사용하고, 부와 명예를 가진 자신들에게 아무 것도 원하지 않고 오히려 정말로 필요한 복음을 전해주기 때문"이라고 대답했습니다.

　공감을 해주는 것만으로도 훌륭한 멘토가 될 수 있고 전도가 될 수 있습니다. 누군가를 만날 때는 먼저 상대방의 입장에서 생각하고 이해해주는 배려의 모습을 보이십시오. 반드시 하는 모든 일이 다 형통합니다.

♡ 주님! 주님의 겸손을 배워 주님의 마음으로 전도하게 하소서.

🔲 상대방을 위하는 진실한 교제로 연약한 믿음을 세워주십시오.

　나의 영적 일지

남편 전도 7계명

11월 10일

읽을 말씀 : 베드로전서 3:1-7

● 벧전 3:1 아내들아 이와 같이 자기 남편에게 순종하라 이는 혹 말씀을 순종하지 않는 자라도 말로 말미암지 않고 그 아내의 행실로 말미암아 구원을 받게 하려 함이니

　온누리교회에는 남편들을 전도하기 위해 노력하는 아내들을 위한 '아내의 프로포즈'라는 집회가 있습니다.

　한국 교회 성도들 중의 70%정도가 여성인데 그들 중 30%정도는 남편이 교회를 다니지 않거나 교회에 부정적입니다. 그런데 남편을 이 집회에 참석시키기 위해서는 먼저 아내가 다음과 같은 '7가지 약속을 남편에게' 해야 합니다.

　1. 나는 남편을 진심으로 섬기겠습니다.
　2. 나의 자아와 고정관념도 버리겠습니다.
　3. 신앙문제로 남편과 다투지 않겠습니다.
　4. 어떤 순간에도 남편을 남편으로 인정하겠습니다.
　5. 출퇴근 하는 남편에게 사랑으로 힘을 불어넣어 주겠습니다.
　6. 하루에 2번씩 남편을 위해 기도하겠습니다.
　7. 하나님의 때와 방법을 기다리겠습니다.

　나와 가장 가까운 배우자의 전도는 더더욱 깊은 사랑과 섬김으로 해야 합니다. 그만큼 가족을 전도하는 일은 쉽지 않기 때문입니다. 하지만, 사랑과 섬김으로 이루어진 전도는 내 가족을 나보다 더 훌륭한 그리스도의 일꾼으로 세울 수 있는 통로가 됩니다. 제자들의 발을 씻기셨던 예수님의 심정으로 배우자를 더욱 사랑하고 귀하게 여기십시오. 반드시 하는 모든 일이 다 형통합니다.

🖤 주님! 가까이 있는 이들에게 더 친절하고 정중하게 하소서.
🔲 이와 같은 문제로 고민하는 아내들을 위해 중보기도 하십시오.

나의 영적 일지

나침반의 신앙원리

읽을 말씀 : 시편 51:1-13

● 시 51:6 보소서 주께서는 중심이 진실함을 원하시오니 내게 지혜를 은밀히 가르치시리이다

나침반은 지구 어디서나 북쪽을 가리키는 도구입니다.

같은 극은 밀어내고 다른 극끼리는 달라붙는 성질을 이용한 것인데 지구 자체가 커다란 자석이기 때문에 나침반으로 바다에서도, 하늘에서도, 숲속에서도 방향을 알 수가 있습니다. 그런데 우리는 이 나침반을 통해 중요한 세 가지 신앙원리를 배울 수 있습니다.

1. 아래에 있는 S극인 사람은 위에 있는 N극인 하나님을 만나야 합니다.

   N과 S가 만나는 것이 자연의 법칙이듯이 하나님을 만나고 예수님을 믿어야 만이 사람의 근본적인 죄의 문제를 해결할 수 있고 존재의 의미를 찾을 수 있습니다.

2. 인생의 방향이 언제나 N극인 하나님을 향해 있어야 합니다.

   작은 이득 때문에 양심을 버리거나, 이기심으로 죄를 짓지 말고 오히려 이런 상황에서도 요셉처럼 마음을 하나님께 정해야 합니다.

3. 나의 N극은 S극의 사람들을 향해야 합니다.

   나의 약점인 S극은 하나님인 N극을 향해 있어야 해결됩니다. 그리고 하나님이 주신 강점인 N극은 세상에서 섬김이 필요한 S극을 가진 사람들을 찾아가야 합니다.

하나님을 만나야 참된 인생이 시작됩니다. 하나님을 만나고, 모든 것이 하나님을 향하고, 다른 사람들이 하나님을 만나게 하는 올바른 방향의 인생을 사십시오. 반드시 하는 모든 일이 다 형통합니다.

🖤 주님! 제가 있어야할 곳에, 제가 해야 할 일에 서있게 하소서.

🎐 흔들림 없는 믿음을 중심으로 인생을 살아가십시오.

나의 영적 일지

세상에 감춰진 보화

읽을 말씀 : 마태복음 13:44-52

11월 12일

●마 13:44 천국은 마치 밭에 감추인 보화와 같으니 사람이
이를 발견한 후 숨겨 두고 기뻐하며 돌아가서 자기의 소유를
다 팔아 그 밭을 사느니라

  취리히 은행의 경비원 크리스토프 마일리는 당직을 서다 커다란 상자
를 발견했습니다.
  아마도 개인보관함에 넣으러가다가 실수로 떨어뜨린 것 같았는데 낡
은 서류 2권이 쏟아져 나와 있었습니다. 표지의 제목이 이상해 서류를
살펴보던 크리스토프는 그 서류가 유태인들의 재산을 몰수한 나치의 장
부라는 것을 알게 되었습니다.
  크리스토프는 상자 안에 서류를 담아 원래 자리에 둔 뒤에 하나는 몰
래 자신의 집에 숨겨놓았습니다.
  직업을 잃지 않기 위해서, 또 비밀은행의 원칙을 위해서는 모른 척 해
야 했으나 재산을 몰수당한 유태인들을 생각하니 양심상 그럴 수가 없
었습니다.
  결국 크리스토프는 이 서류를 가지고 언론사를 찾아다니기 시작했으
나 파장을 우려한 신문사들은 하나 같이 거절 했습니다. 다행히 시골의
한 작은 언론사가 이 일을 맡아 보도했는데, 이 사건을 통해 서류에 나
온 유태인들은 잃어버린 재산에 대한 보상을 받을 수 있었고 총 액수는
무려 1조 4천억 원이었습니다.
  어둠 속에서 살고 있는 사람들에게 가장 필요한 건 빛이고, 목마른 사
람들에게 가장 필요한 것은 생수입니다. 그러므로 하나님을 잃어버린
사람들에게 하나님의 말씀으로 빛 되신 주님을 전하십시오. 반드시 하
는 모든 일이 다 형통합니다.

💚 주님! 진정한 보물인 복음을 더 많은 사람에게 전하게 하소서!
🎨 감춰진 보화를 드러내기 위해 용기 내고 희생할 줄 아는 인생이 되십시오.

나의 영적 일지

말씀이 일하신다

읽을 말씀 : 히브리서 4:1-13

●히 4:12 하나님의 말씀은 살아 있고 활력이 있어 좌우에 날선 어떤 검보다도 예리하여 혼과 영과 및 관절과 골수를 찔러 쪼개기까지 하며 또 마음의 생각과 뜻을 판단하나니

　태평양의 작은 섬인 핏케언섬은 세계에서 가장 적은 사람이 사는 섬입니다.

　원래 노예상선인 바운티호에서 폭동을 일으킨 선원들이 정착하면서 생긴 이 섬은 본래 몇몇의 백인과 원주민들로만 이루어진 구성으로 매일 술과 향락을 즐기는 아주 난잡한 문화를 가진 섬이었습니다. 그러나 배에서 떠나며 챙겨 온 짐에 끼어있던 성경이 발견되면서 새로운 변화가 일어났습니다.

　성경을 읽고 또 서로 가르치면서 마을 사람들은 새로운 삶을 살게 되었는데 이후 1800년대 초에 이 섬에 다녀온 토파스호의 선원들은 이 섬에는 술과 범죄, 게으름과 같은 좋지 않은 습관들이 없다고 언급했을 정도로 모든 섬의 주민들은 경건한 삶을 살았습니다.

　그러나 그 이후 이 섬의 사람들은 다시 말씀을 떠났고, 섬이 속해 있는 폴리네시아의 전통 풍습을 따라 살고 있었습니다. 그리고 10대 초반의 아이를 결혼대상으로 삼는 전통을 빙자해 어린 여자아이들을 섬의 남자들이 단체로 유린하는 끔찍한 사건으로 최근 전 세계인에게 알려지는 안타까운 죄악의 섬이 되었습니다.

　말씀을 붙잡는 사람은 은혜를 입지만 말씀을 떠나는 사람은 다시 죄의 습성으로 돌아가게 됩니다. 하나님을 체험하고 또 새롭게 변화되는 일은 오직 하나님의 말씀으로 이루어져야 하고 말씀으로만 가능한 일임을 기억하십시오. 반드시 하는 모든 일이 다 형통합니다.

♡ 주님! 저를 통해 주님을 믿은 사람들이 주님 안에서 견고히 살게 하소서.
▨ 죄의 습성에 물들지 않도록 말씀으로 마음을 정결히 하십시오.

나의 영적 일지

전하는 즐거움

읽을 말씀 : 시편 44:1-8

●시 44:8 우리가 종일 하나님을 자랑하였나이다 우리는 하나님의 이름에 영원히 감사하리이다

중국 선교에 열망을 품고 있던 앤 월터는 대학교를 졸업하자마자 선교를 준비했습니다.

당시 중국은 개방이 되지 않아 서양 사람들은 죽을 수도 있는 선교지로 생각하고 있었는데, 앤의 어머니는 의대를 나와 굳이 위험한 선교지로 가겠다는 딸을 이해할 수 없었지만 굳은 의지를 꺾을 수 없어 다만 중국에 도착하면 현지 상황이 안전한지 어떤지만 전해달라고 부탁했습니다.

그리고 앤이 중국으로 떠난 지 몇 달이 지나 편지가 도착했습니다.

편지에는 단 한 단어가 적혀 있었는데 안전이라는 'Safe' 대신 기쁨이라는 'Delight'이 적혀 있었습니다.

미국 소매상협회의 조사에 따르면 판매원의 48%가 한 번 전화하고 포기하고, 25%는 두 번 전화해보고 포기하고, 15%는 세 번 전화해보고 포기한다고 합니다.

그런데 나머지 12%의 사람들은 거절을 당해도 다시 거절을 당하러 즐겁게 사람을 찾아다니는 사람들인데 이들이 판매하는 양이 총 판매의 80%를 차지한다고 합니다.

그리스도인들은 평안이나 쾌락을 추구하는 사람들이 아니라 하나님을 위한 거절이라면 기쁘게 감당하는 사람들입니다. 세상에서의 거절과 반대를 두려워하지 말고 담대히 기쁨으로 복음을 전하십시오. 반드시 하는 모든 일이 다 형통합니다.

💗 주님! 사람에게 당하는 거절을 두려워하지 않고 복음을 전하게 하소서.
📖 세상에서 살아가는 그리스도인의 모습을 기쁘게 감당하십시오.

나의 영적 일지

예수님이 하시는 전도

읽을 말씀 : 사도행전 8:4-25

●행 8:12 빌립이 하나님 나라와 및 예수 그리스도의 이름에 관하여 전도함을 그들이 믿고 남녀가 다 세례를 받으니

　　메이저리그 선수인 토니 그래파니노는 은퇴한 뒤 세계를 돌아다니며 야구캠프를 통해 복음을 전하고 있습니다.

　　오전과 오후에는 야구를 가르치고, 저녁에는 성경을 공부하고 예배를 드리는 프로그램이 진행됐는데, 토니는 몇 년 동안은 예수님을 믿어야 하는 이유를 논리적이고 실증적으로 전하는 일에 심혈을 기울였습니다.

　　그러나 13년이 지났음에도 회심한 사람들은 단 3명이었고 나머지는 단지 야구를 배우기 위해서만 이 캠프를 찾았습니다.

　　뭔가 잘못되고 있다는 걸 느낀 토니는 전도 방식을 '논리적이고 실증적인 이유' 제시에서 '예수님의 삶과 가르침을 전하는 것'으로 바꾸었습니다.

　　그런데 더 비논리적이고 믿지 않는 사람들에게 호응이 없을 것 같은 이 방법을 통해 훨씬 많은 사람들이 캠프에 찾아왔고 또 주님을 영접했습니다. 토니는 이 변화를 경험한 뒤에 다음과 같은 고백을 했습니다.

　　"예수님을 믿어야 할 증거를 제시하며 논쟁에서 이기는 것보다 단지 예수님에 대해 알려주고 그분의 가르침을 전해주는 것이 훨씬 효과적인 전도 방법이었습니다."

　　전도는 성공이나 자랑, 복이 아니라 오직 예수 그리스도를 전하는 것이어야 합니다. 말씀 자체만으로 살아 움직이는 힘이 있기 때문에 포장이 아닌 복음에 집중하여 말씀을 담대히 전하십시오. 중심에 예수님이 머물러 계시는 바른 방법으로 전도하십시오. 반드시 하는 모든 일이 다 형통합니다.

　💛 주님! 복음을 전할 때 지혜보다 성령님의 인도로 하게 하소서.
　🎨 예수님이 중심이 되는 진짜 복음으로 진짜 전도를 하십시오.

나의 영적 일지

지금 할 수 있는 일

읽을 말씀 : 빌립보서 4:10-20

11월 16일

●빌 4:19 나의 하나님이 그리스도 예수 안에서 영광 가운데
그 풍성한 대로 너희 모든 쓸 것을 채우시리라

　자신의 가스펠 앨범을 통해 일본에 복음을 전하고자 하는 재즈 피아
니스트가 있었습니다.

　열심히 준비한 앨범의 일본 발매를 기다리며 음악을 통해 복음이 전
해지길 기도하고 있었는데, 발매일 즈음에 일본에 진도 9의 강진이 일
어나 많은 사람들이 죽었습니다. 그리고 이 경험을 통해 가만히 기다리
기보다는 할 수 있는 무언가를 통해 복음을 전해야겠다고 피아니스트는
생각했습니다.

　그렇다고 무작정 일본으로 떠날 수는 없어 일본인이 많이 찾는 명동거
리를 찾아갔습니다. 그리고 일본어로 쓴 편지와 자신의 가스펠 앨범을
나눠주며 무작정 전도를 시작했습니다.

　세계적으로 인정받는 재즈 피아니스트인 그의 앨범임에도 복음을 전
한다는 이유로 대다수의 일본인들은 말 한 마디 들어보지 않고 그를 거
부했습니다.

　세계적인 권위의 재즈 레이블 블루노트 아티스트에 한국인 최초로 선
정된 세계 최고의 재즈 피아니스트 중 한 명인 곽윤찬 씨는 그럼에도 일
본인들을 찾아가 전도를 했고, 더 간절한 마음을 담아 새로운 가스펠
앨범까지 발매했습니다.

　하나님은 각자의 영역에서 최선을 다하는 우리의 모습을 기쁘게 받으
십니다. 나의 영역에서 내가 할 수 있는 최선을 다해 하나님을 전하며
사십시오. 반드시 하는 모든 일이 다 형통합니다.

💜 주님! 제가 잘 할 수 있는 것으로 최선을 다해 복음을 전하게 하소서.
🖼 내가 하는 일을 통해 전도할 수 있는 방법을 생각해보십시오.

나의 영적 일지

유태인들의 비밀

읽을 말씀 : 고린도후서 1:1-11

● 고후 1:7 너희를 위한 우리의 소망이 견고함은 너희가 고난에 참여하는 자가 된 것 같이 위로에도 그러할 줄을 앎이라

유태인들은 나라도 없이 오랜 세월을 전 세계에서 뿔뿔이 흩어져서 살던 소수민족입니다. 그러나 세계경제의 중심축이 되었고, 가장 많은 노벨상 수상자를 배출한 민족이기도 합니다. 학자들의 분석에 따르면 이런 성과에는 3가지 이유가 있다고 합니다.

1. 몸보다는 머리를 사용하는 직업을 선택하는 습관.
   배척을 당해왔던 역사로 인해 자연스럽게 어디서나 할 수 있는 머리를 사용하는 직업을 선택하게 되었습니다.
2. 세계에 흩어져 있어도 서로 정보를 교환할 만큼 강한 공동체 의식.
   유대인들은 같은 민족끼리는 엄청난 유대감과 공동체 의식을 갖고 있습니다.
3. 토론과 대화.
   이론보다는 체험을 중시하는 유태인들만의 전통 교육법. 인내와 헌신을 기반으로 부모들은 자녀들의 의견을 존중하며 대안을 제시하는 방식으로 교육을 통해 자녀들을 이끌어 주는 것이 유태인 교육의 공통된 노하우입니다.

하나님 앞에 감사한 마음으로 고난을 이겨 나가면 그 고난을 통해 하나님은 귀하게 역사하십니다.

유태인들이 겪은 고난이 결국 그들에게는 가장 귀한 재산이 된 것처럼 주님 안에서는 지금 겪는 어려움들이 훗날의 진주가 된다는 것을 믿고 감사함으로 견디십시오. 반드시 하는 모든 일이 다 형통합니다.

♥ 주님! 모든 것이 합력하여 선을 이룸을 믿게 하소서.
🐘 어려움을 통해 성장시키실 주님을 신뢰하십시오.

나의 영적 일지

억만장자의 성공법칙들

읽을 말씀 : 열왕기상 8:54-61

11월 18일

●왕상 8:61 그런즉 너희의 마음을 우리 하나님 여호와께 온
전히 바쳐 완전하게 하여 오늘과 같이 그의 법도를 행하며
그의 계명을 지킬지어다

세계에서 가장 돈을 많이 버는 7명의 사람들이 말한 성공 명언을 통해 비결을 정리해보면 다음과 같습니다.
  1. 실패에서 배우십시오. - 빌 게이츠
  2. 지름길은 없습니다. - 폴 게티
  3. 누구도 완벽할 수는 없습니다. - 에이케 바티스타
  4. 좋아하는 일을 선택하고 즐기십시오. - 워렌 버핏
  5. 도전을 두려워 마십시오. - 존 록펠러
  6. 불가능하다고 생각하지 마십시오. - 마크 주커버그
  7. 일과 삶의 균형을 유지하십시오. - 척 피니

안 될 수도 있는 상황에서 가능성을 믿고 즐기면서 좋아하는 일을 최선을 다하는 것, 이것이 억만장자들의 성공의 비결이자 성경의 위인들에게서도 찾을 수 있는 하나님께 쓰임 받는 원리입니다.
성경을 통해 이 원리를 발견해야 하고, 또 내 삶에 적용해야 합니다. 단 한 구절의 말씀이라도 내 삶에 적용해 나갈 때 삶은 분명히 변화됩니다.
성공의 비결이 거창하거나 화려하진 않지만, 단순한 원리를 끝까지 붙들 때 비로소 빛을 발한다는 것을 알 수 있습니다. 매일 성경 말씀을 통해 신앙의 성공법칙을 찾아가며 한 가지씩 적용하십시오. 반드시 하는 모든 일이 다 형통합니다.

💜 주님! 주님이 주신 지혜를 행동으로 나타나게 하소서.
🎴 말씀을 근거로, 약속을 믿음으로, 최선을 다할 힘을 얻으십시오.

나의 영적 일지

시련과 역경이 만드는 것

읽을 말씀 : 히브리서 12:1-13

●히 12:1 이러므로 우리에게 구름 같이 둘러싼 허다한 증인들
이 있으니 모든 무거운 것과 얽매이기 쉬운 죄를 벗어 버리
고 인내로써 우리 앞에 당한 경주를 하며

인도양의 작은 섬 모리셔스는 물과 자원이 풍부한 곳입니다.

아주 오래 전 먹이를 찾아 날아다니던 한 무리의 새들도 이 섬에 먹이
가 많다는 것을 알고는 정착을 했는데, 워낙에 먹을 것이 많아 조금만
걸어 다녀도 배를 불릴 수 있었습니다. 심지어 천적도 없었습니다.

그렇게 몇 백 년을 이 섬에서 살던 새들은 날개가 조금씩 퇴화되어 날
수가 없게 되었고 애초에 날렵한 몸집에서 둥그스름한 비만형 몸매가
되었습니다.

그런데 우연히 인도양을 표류하던 포르투갈의 선원들이 모리셔스 섬
에 정박을 하게 되었습니다. 굶주린 선원들은 기름져 보이는 새를 발견
하고는 잡으러 쫓아다녔는데 뒤뚱거리며 다닐 뿐 날개가 있음에도 날지
를 못했습니다.

선원들은 그 새에게 바보라는 이름을 붙여 '도도새'로 불렀습니다. 그
리고 배가 고플 때마다 그 새를 잡아먹었습니다. 이 후에 이 섬에 들르
는 사람들도 도도새를 가장 먼저 잡아먹었습니다. 그리고 결국 도도새
는 섬이 발견된 지 약 100년 뒤에 멸종되고 말았습니다.

신앙의 진짜 위기는 고통과 시련이 없는 평탄함에 있습니다. 평탄함은
편안함을 주지만, 위기 가운데에 평안함을 줄 수 없습니다. 아무런 굴곡
이 없는 평탄함이 아니라 고난과 고통 속에서도 형통할 수 있는 믿음을
구하십시오. 반드시 하는 모든 일이 다 형통합니다.

♥ 주님! 고통에는 뜻이 있음을 알고 인내하게 하소서.
▨ 인내의 본으로 사람들에게 주님을 나타내는 복음의 증인이 되십시오.

나의 영적 일지

감사하는 마음을 구하라

읽을 말씀 : 고린도후서 4:1-15

11월 20일

●고후 4:15 이는 모든 것이 너희를 위함이니 많은 사람의 감사로 말미암아 은혜가 더하여 넘쳐서 하나님께 영광을 돌리게 하려 함이라

　17세기의 시인인 조지 허버트는 이런 기도를 드렸습니다.
　"하나님, 제게 너무나 많은 것을 주심에 감사드립니다.
　그러나 정말로 간절히 바라는 것이 한 가지 더 있습니다.
　그것은 바로 감사하는 마음입니다.
　정말로 많은 것을 저에게 베푸셨지만 딱 한 가지 더, 감사하는 마음을 허락하여 주소서."
　허버트는 하나님이 주신 것에 대한 감사도, 하나님이 주셔야 가능하다는 겸손한 믿음이 있었습니다.
　미국에는 또 감사에 대한 이런 속담이 있습니다.
　"세상에서 가장 어려운 수학 문제를 아는가? 그것은 그동안 받은 감사의 개수를 세는 일이다."
　하나님께서 주신 것이 정말로 너무나 많지만 정작 그것을 받은 사람들은 잊고 산다는 마냥 웃을 수만은 없는 속담입니다.
　받은 축복을 세다 보면 하나님의 은혜가 얼마나 넘치도록 풍성한지 알게 됩니다.
　하나님이 주신 은혜는 이미 셀 수 없을 정도로 풍성하고 족합니다. 그 은혜를 잊고 불평하는 목이 곧은 백성이 되지 말고 충만한 기쁨으로 넘치는 감사를 주님께 올려드리십시오. 반드시 하는 모든 일이 다 형통합니다.

♡ 주님! 주님께 받은 큰 복을 잊지 않는 충만한 감사가 삶 속에 넘치게 하소서!
▨ 그동안 베풀어주신 은혜를 생각하며 주님께 감사를 표현하십시오.

나의 영적 일지

실제로 나타나는 실재

읽을 말씀 : 요한복음 11:17-44

●요 11:26 무릇 살아서 나를 믿는 자는 영원히 죽지 아니하리니 이것을 네가 믿느냐

숫자 1부터 10까지 10장의 카드가 있습니다.

이 카드를 무작위로 섞어서 한 장을 뽑을 때 각 숫자가 나올 확률은 1/10, 즉 10%가 되어야 합니다. 이는 아주 간단한 확률이자 매우 당연한 논리입니다.

벤포드라는 심리학자가 정말 그런지 실험을 해봤는데 너무 이상한 결과가 나왔습니다. 벤포드의 실험에 따르면 숫자의 크기에 상관없이 맨 앞자리에는 1이 나올 확률이 가장 높았고 다음이 2, 3, 이런 식으로 줄어들다가 8, 9가 나올 확률이 가장 적었습니다.

1이 나올 확률은 무려 30%정도였고, 2가 나올 확률은 17%정도, 9가 나올 확률은 4%로 엄청난 차이가 났습니다. 기존의 확률 이론으로는 전혀 설명할 수가 없는 결과입니다.

이 법칙이 정말로 맞는지 지금도 조사가 되고 있지만 사고로 인한 희생자 수, 사람들이 사용하는 비밀번호, 국가별 인구, 각종 경제 관련 지표에까지 모두 들어맞고 있습니다. 어떤 학자는 이런 '벤포드의 법칙'을 이용해서 그리스 정부가 데이터를 조작하고 있다는 것을 예측했고, 각종 기업들의 분식회계를 밝혀내기도 했습니다.

설명할 수도 없고 이해할 수도 없지만 실제로 일어나는 일들은 인정할 수밖에 없습니다. 그리스도인의 삶은 세상 사람들에게 이런 모습으로 비쳐줘야 합니다. 보이지 않는 하나님을 세상 사람들에게 실재의 모습으로 보여주는 삶을 사십시오. 반드시 하는 모든 일이 다 형통합니다.

🖤 주님! 고정관념을 떠나 사고를 자유롭게 하게 하소서.
🎴 하나님의 살아계심을 한 명에게라도 보여주는 삶을 위해 노력하십시오.

나의 영적 일지

작은 집단의 힘

읽을 말씀 : 잠언 27:1-14

11월 22일

●잠 27:9 기름과 향이 사람의 마음을 즐겁게 하나니 친구의 충성된 권고가 이와 같이 아름다우니라

심리학자 링겔만은 '1+1=2'라는 법칙이 사람 사이에서도 적용되는지를 실험했습니다.

링겔만은 먼저 한 사람씩 줄다리기를 시켜서 내는 힘을 각각 100으로 측정했습니다. 그렇다면 이론에 따르면 두 사람이 줄다리기를 할 때는 200의 힘이 나와야 되고, 4명이 할 때는 400의 힘이 나와야 합니다. 그런데 실험을 거듭할수록 이상한 결과가 나왔습니다. 사람이 늘수록 총 힘의 합이 급격히 떨어졌기 때문입니다.

2명에서 할 때는 원래 예상치의 93%정도의 힘이 측정됐고, 3명일 때는 85%, 8명일 때는 고작 49%의 힘밖에 나오지 않았습니다.

'굳이 내가 아니어도'라는 생각이 들 환경이 조성될수록 내는 힘은 점점 줄어들었습니다. 이 연구는 '링겔만 효과'로 "집단을 구성하는 사람이 많아질수록 성과에 대한 개인의 공헌도는 떨어진다"고 정의되어 있습니다.

내가 하지 않으면 남도 하지 않습니다. 많은 사람이 모이는 교회에서도 나의 역할이 중요하고 적은 사람이 모이는 교회에서도 나의 역할이 중요합니다.

'내가 먼저'라는 마음으로 하나둘씩 마음을 합하여 함께 섬길 때에 그 공동체는 건강하게 세워집니다. 상황에 관계없이 언제나 최선을 다해 주님을 섬기는 충성된 일꾼이 되십시오. 반드시 하는 모든 일이 다 형통합니다.

♡ 주님! 속해있는 공동체에서 제 역할을 충분히 하게 하소서.
🖼 교회의 크기에 연연하지 말고 예배와 모임에서 최선을 다해 참여하십시오.

나의 영적 일지

11월 23일

복음의 전달자

읽을 말씀 : 디모데후서 2:14-26

● 딤후 2:20 큰 집에는 금 그릇과 은 그릇뿐 아니라 나무 그릇과 질그릇도 있어 귀하게 쓰는 것도 있고 천하게 쓰는 것도 있나니

일본 도큐시마현에 있는 가미카쓰라는 산골마을에 요코이시 도모지라는 사람이 영농지도원으로 부임했습니다.

요코이시는 마을을 한 바퀴 둘러보고는 문득 나뭇잎이 마을의 특산물이 될 수 있겠다는 생각이 들었습니다. 곧 사람들을 불러 모아 자신의 생각을 전했는데 반발이 아주 심했습니다.

"거지처럼 땅에 떨어진 걸 주우란 말이냐?", "이게 무슨 돈이 된다는 거냐!"라는 말이 나오기 시작했고 땅에 떨어진 아무 쓸모없는 나뭇잎을 줍는다는 것이 주민들의 자존심을 건드렸습니다.

그러나 요코이시는 포기하지 않고 주민들을 설득했습니다.

그리고 다른 지역보다 훨씬 멋스러운 이 지역의 나뭇잎은 고급 식당이나 호텔에서 사용하는 장식용 나뭇잎 시장의 70% 이상을 점유하게 되었습니다. 아무 쓸모없는 낙엽이었지만 그것을 활용하는 지식과 꾸미는 방식을 통해 최고로 인정받는 마을의 특산품으로 다시 태어나게 되었습니다.

쓸모없는 나뭇잎도 거치는 손길을 따라 최고의 장식품으로 변화됩니다. 가치없어 보이는 것도 필요한 곳에 알맞게 두면 가치있고 유용하게 쓰입니다.

주님께 의뢰하십시오. 전지전능하신 주님이 우리를 예상치 못하게 변화시켜 주십니다. 주님에게 인생을 맡기십시오. 반드시 하는 모든 일이 다 형통합니다.

♥ 주님! 저의 인생의 모든 설계를 주님께 맡기게 하옵소서.

🖼 나를 온전히 사용해 달라고 모든 걸 주님께 맡기며 기도하십시오.

나의 영적 일지

새로운 1만 시간의 법칙

읽을 말씀 : 갈라디아서 6:1-10

● 갈 6:8 자기의 육체를 위하여 심는 자는 육체로부터 썩어질 것을 거두고 성령을 위하여 심는 자는 성령으로부터 영생을 거두리라

최소 1만 시간을 투자해야 그 분야의 대가가 될 수 있다는 것이 '1만 시간의 법칙'입니다.

이 이론이 전 세계를 휩쓸고 있을 때 '탤런트 코드'의 저자 다니엘 코일은 자신의 블로그에 '1만 시간을 쏟는 것보다 중요한 것'이 있다며 재능을 만들고 개발하는데 도움을 주는 7가지 지침을 소개했습니다.

1. 뇌가 불편한 느낌이 드는 상태가 가장 빨리 성장할 때다.
2. 독서를 하는 시간보다 2배 이상 행동을 하는데에 투자하라.
3. 능력보다 아주 살짝 높은 목표를 설정하라.
4. 꾸준히 할 수 있는 시간을 정해서 매일 실천하라.
5. 동기부여를 할 수 있는 롤 모델을 찾아라.
6. 낮잠과 같이 뇌를 쉴 수 있는 습관을 가져라.
7. 공책을 들고 다니면서 떠오르는 생각과 아이디어, 오늘 한 공부와 노력에 대한 피드백을 적어라.

교회에 많은 시간을 투자해도 신앙이 제자리 걸음인 것은 제대로 투자하고 있지 않기 때문입니다.

시간을 투자하는 것보다도 중요한 것은 제대로 투자하는 것입니다. 핵심을 짚어 주어진 시간을 유용하게 쓰도록 하십시오. 하나님과 교제하고 경건시간이 알차게 되도록 지혜롭게 시간을 사용하십시오. 반드시 하는 모든 일이 다 형통합니다.

🖤 주님! 시간을 아껴 쓰는 생산적인 지혜를 주소서.
🖼 위의 수칙을 적용해 하나님이 주신 재능을 귀하게 가꾸십시오.

나의 영적 일지

관심의 중요성

읽을 말씀 : 히브리서 10:1-18

● 히 10:24 서로 돌아보아 사랑과 선행을 격려하며

우리나라의 커피숍에서는 흔히 주문을 하면 진동벨을 주고 받아가게 하거나 주문한 메뉴를 외칩니다.

그런데 외국의 스타벅스 매장은 좀 다릅니다.

스타벅스 직원들은 고객의 이름을 부릅니다. 그리고 테이크아웃의 경우에는 컵에다가 고객의 이름을 써서 줍니다. 그런데 워낙 바쁜 나머지 대부분 이름을 잘못 적는 경우가 대부분입니다.

예를 들어 '김철수'라고 이름을 말하면 '김찰스'라고 컵에 적혀 나옵니다. 하지만 대부분의 고객들은 기분 나빠하지 않습니다.

심지어 컵에 적힌 이름을 사진으로 찍어서 바로 SNS에 "스타벅스 왔는데 매장 직원이 철수를 찰스로 적었어"와 같은 식으로 올립니다.

이 과정에서 스타벅스는 앉아서 수십, 수백 명의 사람들에게 입소문을 내는 효과를 누립니다. 또 만약 다음에 스타벅스를 갈 때 직원이 '김철수'라고 정확한 이름을 적어준다면 각인효과로 인해 감동을 받게 됩니다.

'작은 관심'이 실수도 입소문이 좋게 나게 하고, 너무도 당연한 이름 석자로 감동을 받게 합니다. 또한 다른 사람의 마음을 열고 전도하는 일에 도움이 되기도 합니다. 실수라할지라도 손님을 그냥 한 명의 손님이 아닌, 하나의 존재로 이름을 불러주었기 때문입니다. 조금 실수하더라도 과감한 방식으로 관심을 표현하십시오. 반드시 하는 모든 일이 다 형통합니다.

💙 주님! 모든 일이 주님의 뜻을 이루기 위한 과정임을 믿게 하소서.

🖼 교회에 처음 온 사람들에게 먼저 다가가 지속적으로 관심을 표현하십시오.

나의 영적 일지

빛이 없는 세상

읽을 말씀 : 고린도후서 4:1-15

● 고후 4:6 어두운 데에 빛이 비치라 말씀하셨던 그 하나님께
서 예수 그리스도의 얼굴에 있는 하나님의 영광을 아는 빛을
우리 마음에 비추셨느니라

　세계 2차 대전이 끝나고 독일의 점령에서 벗어난 폴란드는 독일군이
지은 벙커를 철거하는 작업을 전역에 걸쳐 진행하고 있었습니다.

　워낙 큰 전쟁이었기에 벙커 해체 작업은 6년이나 진행되었는데 마지
막으로 그딘스크 지역에 있는 벙커를 철거하던 때에 안에 갇혀있던 독
일군 두 명이 발견됐습니다.

　6년이나 갇혀 있던 차에 발견되자마자 바로 병원으로 실려 갔는데 이
들은 벙커에 숨어 있다가 입구가 무너지는 바람에 갇히게 된 병사들이
었습니다.

　환기구는 망가지지 않아 공기 문제는 없었고, 식량도 몇 년은 버틸 만
큼 있었습니다. 그러나 단 한 가지, 빛이 없었습니다.

　몇 달이 지나자 어둠 속에서 지친 2명의 병사는 스스로 목숨을 끊었
습니다. 그리고 나머지 2명의 병사는 이유 없이 죽었습니다. 그나마 남
은 2명의 병사들은 4년 동안 살아는 있었지만 정신적으로 아주 피폐한
상태였고, 한 명의 병사는 구출되는 날 갑자기 빛을 본 탓에 심장마비를
일으켜 죽고 말았습니다.

　사람은 빛이 없으면 육신도 영혼도 죽게 됩니다. 세상에 빛으로 오신
주님을 만나 함께 동행하며 알리십시오. 그리고 빛 되신 주님임을 믿고
어둠속에서도 절망하지 말고 때를 기다리십시오. 반드시 하는 모든 일
이 다 형통합니다.

💗 주님! 빛의 귀중함을 알고 그 빛을 이웃과 나누게 하소서.
🖼 빛 되신 복음을 나의 삶으로 말씀을 통해 전하기를 힘쓰십시오.

나의 영적 일지

마음의 온도

11월 27일

읽을 말씀 : 시편 90:1-17

● 시 90:14 아침에 주의 인자하심이 우리를 만족하게 하사 우리를 일생 동안 즐겁고 기쁘게 하소서

국내의 한 아웃도어브랜드에서 엠브레인이라는 조사기관을 통해 사람들의 마음의 온도를 측정하는 조사를 했습니다.

각 세대별로 200명을 선정해 여러 가지 질문을 통해 평균을 내는 방식의 조사였습니다. 조서결과 우리나라 사람들의 평균 마음의 온도는 -14도였습니다.

그리고 가장 마음의 추위를 느끼는 사람들은 다음과 같았습니다.

1위: 취업준비생, -17도

2위: 고3 수험생, -16.6도

3위: 직장인, -13.8도

고3 수험생이 대학을 가서 취업준비생이 되어도, 취업준비생이 직장인이 되어도 마음의 온도는 여전히 영하의 추운 온도였습니다. 그리고 이것보다 더 슬펐던 것은 모든 계층이 "앞으로 온도가 더 따스해질 것 같지는 않다"고 응답했다는 사실입니다.

사회는 더 풍요로워도 사람들의 마음은 더 궁핍해지고 있습니다. 내면의 부족한 사랑을 채워줄 주님을 잊어가고 있기 때문입니다.

더 나은 조건과 환경이 마음의 만족을 가져다주지는 않습니다. 주님의 사랑만이 나의 마음을 만족시키고 따스하게 해주실 수 있음을 믿으십시오. 주님께 더욱 의지해 마음의 온도를 높이고, 그 따뜻함을 주변 사람들에게 전달하십시오. 반드시 하는 모든 일이 다 형통합니다.

💜 주님! 주님 안에서 보호를 받고 있음을 알게 하소서.

🎴 마음의 추위를 느낀다면 더욱 더 주님을 의지하십시오.

나의 영적 일지

신앙의 전략

읽을 말씀 : 갈라디아서 5:16-26

● 갈 5:24 그리스도 예수의 사람들은 육체와 함께 그 정욕과 탐심을 십자가에 못 박았느니라

하버드대학교 경영학과의 마이클 포터 교수가 '하버드 비즈니스 리뷰' 잡지에 실은 '전략이란 무엇인가?'라는 논문은 발표되자마자 '경영의 필독서'로 자리 잡았습니다.

심지어 이 논문을 본 한 출판사의 대표는 직접 찾아가 책으로 내자고 제안까지 했을 정도입니다. 이 논문이 말하는 전략의 3가지 요소는 다음과 같습니다.

1. 차별화
2. 트레이드오프
3. 적합성의 창출

수많은 이론의 홍수 속에서 전략을 간략하게 3가지로 정리한 포터 교수는 특히 2번째 트레이드오프를 설명하며 '전략은 하지 않을 일을 설정하는 것'이라는 말을 썼는데 이는 현대 경영학의 가장 중요한 명언이 되었고, 이 논문이 나온 이후에 사업의 확장에만 신경을 썼던 많은 기업들이 철수와 매각을 더 중요하게 생각하게 되었습니다.

마귀의 유혹을 이겨내기 위해서는 신앙도 전략이 중요합니다.

신앙생활은 경건생활과 같이 중요한 일들을 더 해야 하는 일이지만 반대로 잘못된 일들에서 떠나는 일이기도 합니다. 더 나은 신앙생활을 위해서 하지 말아야 할 일이 무엇인지 생각해보고 실천하십시오. 반드시 하는 모든 일이 다 형통합니다.

♥ 주님! 해야 할 일과 하지 말아야할 일을 분별하게 하소서.
🧩 신앙을 위해 포기해야 할 일은 포기하십시오.

나의 영적 일지

체험하는 신앙

읽을 말씀 : 요한복음 20:19-31

● 요 20:27,28 도마에게 이르시되 네 손가락을 이리 내밀어 내 손을 보고 네 손을 내밀어 내 옆구리에 넣어 보라 그리하여 믿음 없는 자가 되지 말고 믿는 자가 되라 도마가 대답하여 이르되 나의 주님이시요 나의 하나님이시니이다

경영 컨설턴트인 조셉 파인과 제임스 길모어는 경제에 대한 사람들의 패러다임을 '생일케이크의 변화'로 설명했습니다.

1단계는 농업경제입니다.

엄마는 시장에 가서 밀가루, 설탕, 버터를 사서 생일케이크를 직접 만들었습니다.

2단계는 공업경제입니다.

이제 만들어진 케이크 재료들을 몇 천원에 집에서 케이크를 만듭니다.

3단계는 서비스경제입니다.

요리사가 멋지게 만든 케이크가 빵집에 얼마든지 있기 때문에 좀 비싸도 몇 만원씩 주고 재료와 노동력을 아끼고 케이크를 더 쉽고 맛있게 사먹을 수 있습니다.

4단계는 체험경제입니다.

이벤트 업체에 연락을 하기도 하고, 때로는 멋진 장소를 빌리기도 합니다. 생일 축하의 기준이 케이크가 아니라 체험으로 이동했기 때문에 몇 십만 원의 돈도 아낌없이 투자합니다.

사람들이 복음을 통해 기대하는 것은 복만이 아니라 진리이며, 세상적인 보상만이 아니라 영혼의 평안입니다. 심령이 새롭게 되는 참된 복음을 사람들에게 알리고 또 체험하게 하십시오. 반드시 하는 모든 일이 다 형통합니다.

💜 주님! 어느 계층의 사람에게든지 복음을 전하게 하소서.

🖼 전도대상자들을 교회로 초청해 하나님을 체험할 기회를 주십시오.

나의 영적 일지

경쟁에서 사랑으로

읽을 말씀 : 신명기 16:13-22

● 신 16:14 너와 네 자녀와 노비와 네 성중에 거주하는 레위인과 객과 고아와 과부가 함께 즐거워하되 네 하나님 여호와께서 택하신 곳에서 너는 이레 동안 네 하나님 여호와 앞에서 절기를 지키고…

경영학의 대가인 피터 드러커는 "결국 최소의 투자로 최대의 성과를 내고자 하는 것이 경영입니다"라고 말했습니다.

피터 드러커의 이 말은 경영 제 1법칙으로 경영에 대한 거의 모든 책에 실려 있습니다. 그리고 이 말을 따라 경쟁에서 이기기 위한 전략을 연구한 많은 기업들이 경쟁에 승리자가 되었습니다.

그러나 또한 많은 사람들이 착취를 당했고, 또 전략이 아닌 반칙을 하는 사람들도 늘었습니다. 그로 인해 세계적인 경제 위기도 몇 번이나 일어났습니다.

그러자 많은 세계적인 석학들이 그동안의 경영학이 잘못되었다고 인정했습니다. 경영 전략의 일인자였던 마이클 포터 교수는 이제 공유 가치 창출이라는 사회 서비스를 연구하고 있고, 마케팅의 아버지인 필립 코틀러 교수는 시장점유율의 선점을 중요시하게 여겼던 자신의 연구를 모든 책에서 삭제했습니다. 그리고 효율의 경제를 떠나 동양사상의 '인' 개념을 도입하기 시작했고, 또 인간을 영혼을 가진 전인적인 존재로 바라보기 시작했습니다. 효율을 비용이 아니라 옳은 일에 대한 것으로 패러다임이 변화하고 있습니다.

기업의 이런 변화들은 본래 교회의 모습이기도 하며 지금 감당하고 있어야 할 모습이기도 합니다.

그리스도인들은 효율과 인보다도 더 높은 개념인 하나님이 주신 사랑의 마음으로 세상을 바라봐야 합니다. 경쟁이 아닌 사랑의 마음으로 모든 사람들을 대하십시오. 반드시 하는 모든 일이 다 형통합니다.

🖤 주님! 함께 사랑하고 동역하는 말씀의 원리를 깨닫게 하소서.
🎴 사랑을 바탕으로 직장에서도 합력하여 선을 이루십시오.

나의 영적 일지

12

December

월

풍요의 저주

읽을 말씀 : 전도서 5:10-20

●전 5:10 은을 사랑하는 자는 은으로 만족하지 못하고 풍요를 사랑하는 자는 소득으로 만족하지 아니하나니 이것도 헛되도다

남미에 있는 베네수엘라는 자국의 바다에 유전이 있을 수도 있다는 조사에 막대한 금액을 투자해 개발에 나섰습니다.

그리고 실제로 유전이 계속해서 발견되었고 베네수엘라는 세계 4위의 산유국이 되었습니다. 엄청난 경제 성장을 꿈꾸던 베네수엘라는 산유국들의 모임인 석유수출국기구까지 조직하며 산유국의 체면을 내세웠습니다. 그러나 모든 나라가 탐내던 귀한 자원인 석유를 갖게 된 베네수엘라의 경제는 점점 내리막을 걸어 지금은 파탄 수준에 이르렀습니다.

석유로 인한 막대한 부는 몇몇 특권층에게만 부를 가져다주었고, 석유 외의 부문의 발전을 가로 막았습니다. 이로 인해 베네수엘라의 화폐 가치는 사람들이 냅킨 대신 지폐를 사용할 정도로 낮아졌습니다.

반면에 석유 한 방울 나지 않는 우리나라의 현재 수출 1위 품목은 석유가공제품이며 세계 11위의 경제대국이 되었습니다. 빈약한 자원이 오히려 기회가 된 것입니다. 이런 이유로 베네수엘라의 유전을 개발에 공을 들이던 페리스 알폰소 석유장관은 석유를 '악마의 배설물'이라는 말로 표현하기까지 했습니다.

자원보다 중요한 것은 의지와 노력입니다. 어려움 속에서도 포기하지 않는 끈기와 새로운 가능성을 발견할 지혜를 달라고 주님께 기도하십시오. 반드시 하는 모든 일이 다 형통합니다.

♥ 주님! 보이는 것으로 빈곤감을 느끼지 않게 하소서.
🎴 지금 누리는 것으로 하나님께 감사하는 마음을 품으십시오.

나의 영적 일지

황토와 도라지

읽을 말씀 : 잠언 14:1-13

● 잠 14:9 미련한 자는 죄를 심상히 여겨도 정직한 자 중에는 은혜가 있느니라

도라지는 보통 3년이 지나면 뿌리가 썩어버립니다.

그래서 아무리 좋은 땅에서 도라지를 심어도 4년산, 5년산 도라지는 볼 수가 없습니다. 그러나 우리나라의 한 농부가 3년 이상 도라지를 키워보기로 작정을 하고 옥토에 도라지를 심고 좋다는 비료는 모두 사다가 실험을 했습니다. 물도 바꾸고 한약재도 써보고 별의 별 방법을 다 써봤지만 3년만 지나면 도라지는 썩었습니다.

거의 포기 직전에 있던 농부는 우연히 혹시나 싶어 마르고 갈라진 황토에 심어둔 도라지가 3년이 지나도 멀쩡한 것을 발견했습니다.

농부는 마지막 방법으로 갈라진 황토에 도라지를 심었습니다. 그러자 3년이 지나면서 썩은 뿌리에 새살이 돋아나면서 4년 이상 자라기 시작했습니다. 농부는 3년 마다 도라지를 마른 황토에 옮겨 심는 방법으로 무려 20년산 이상의 도라지를 재배하기도 했습니다. 풍부한 옥토에서 자란 도라지는 3년마다 뿌리가 썩었지만 마른 황토의 도라지는 오히려 생명력을 회복했습니다.

모세는 척박한 황야에서, 요나는 캄캄한 물고기 뱃속에서 하나님께 연단 받고 쓰임을 받았습니다. 내 삶 역시 마른 황토에서 더욱 튼튼하고, 가치있게 성장할 수 있기에 마른 황토 같은 곳에 심겨 놓은 것입니다. 가장 최적의 환경에 두신 것임을 믿으십시오. 어려운 환경 가운데서 은혜를 부어주시는 주님을 믿고 신앙의 끈을 놓지 마십시오. 반드시 하는 모든 일이 다 형통합니다.

♡ 주님! 고인 물에 있지 않고 생수를 사모하게 하소서.
▨ 최악의 상황에서도 믿음의 끈은 놓지 마십시오.

나의 영적 일지

변화의 기회

읽을 말씀 : 시편 32:1-11

● 시 32:6 이로 말미암아 모든 경건한 자는 주를 만날 기회를 얻어서 주께 기도할지라 진실로 홍수가 범람할지라도 그에게 미치지 못하리이다

노키아는 몇 년 전만 해도 세계 휴대폰 시장의 최강자였습니다.

그런데 애플 '아이폰'이 출시된 이후로 전 세계의 휴대폰 시장이 스마트폰을 중심으로 바뀌었습니다.

그러나 노키아는 아이폰의 등장을 대수롭지 않게 여겨 기존의 사업방침을 밀어붙였습니다. 그러나 거듭된 실적 부진으로 몇 년 만에 회사가 팔리고 결국 최근에 노키아라는 브랜드까지 폐기되면서 몇 십 년의 역사가 몇 년 만에 사라지고 말았습니다.

아이폰이 출시된 당시 국내 경제상황도 매우 어두웠습니다. 노키아도 못 이기는데 아이폰까지 등장해 양쪽 모두에게 위협을 당한다는 것이 당시 전문가들의 의견이었습니다.

그러나 삼성을 비롯한 국내의 전자회사들은 아이폰과 함께 새로운 스마트폰 시장을 개척했고 지금은 전 세계에서 점유율 탑 5위 안에 애플과 함께 순위권을 다투는 세계적인 기업으로 오히려 발돋움했습니다.

변화를 두려워하면 위기가 되지만 지혜를 더하면 기회가 됩니다.

처음 주 5일제가 국내에 정착했을 때도 교회에 많은 위기론이 돌았습니다. 놀러가는 사람들 때문에 온라인 예배가 활성화 될 것이라는 말도 나왔습니다. 그러나 여전히 주님을 위해 모이기를 힘쓰고 주일을 거룩히 지키는 성도들이 많이 있습니다. 변화를 두려워말고 새로운 기회로 삼으십시오. 반드시 하는 모든 일이 다 형통합니다.

💜 주님! 이 세계를 움직이는 주님을 믿고 변화하게 하소서.
🎴 위기 속에 안주하지 않는 성도가 되어 교회에 활력을 주십시오.

나의 영적 일지

전도의 사후관리

읽을 말씀 : 히브리서 13:1-19

●히 13:17 너희를 인도하는 자들에게 순종하고 복종하라 그
들은 너희 영혼을 위하여 경성하기를 자신들이 청산할 자인
것 같이 하느니라 그들로 하여금 즐거움으로 이것을 하게 하
고 근심으로 하게 하지 말라…

타이어 회사인 미쉐린은 펑크가 나도 수백 킬로미터를 달릴 수 있는
획기적인 타이어를 개발했습니다.

경쟁사는 따라올 수 없는 독자적인 기술이었기 때문에 미쉐린은 성공
을 확신했습니다. 길을 가다 타이어가 펑크가 나도 더 이상 길에 멈춰
도움을 구하지 않아도 됐고, 스페어타이어도 필요 없었기에 넓은 미국
땅에서 특히나 좋은 기술이었고 연비에도 도움이 되었습니다.

그러나 미쉐린의 장담과는 달리 시장의 반응은 처참했습니다.

기존과는 다른 타이어의 구조로 카센터에 새로운 장비와 교육이 필요
했는데 미쉐린은 이 일에 신경을 쓰지 않았습니다. 그래서 기존의 카센
터는 미쉐린의 새로운 타이어를 취급하지 않았고, 수리도 해주지 않았
습니다. 게다가 펑크가 나도 멀쩡히 달리기 때문에 이를 측정해서 알려
주는 시스템도 장착해야 했는데 자동차회사와 서비스센터 양쪽 모두 이
를 달가워하지 않았습니다.

결국 미쉐린의 훌륭한 기술은 회사에 큰 적자만을 안겨준 채 사장되
고 말았습니다.

당장 한 영혼을 주님께로 인도해 교회로 데려오는 것도 중요하지만 믿
고 난 뒤의 일이 더 중요합니다. 인내심을 가지고 한 영혼이 주님께 접
붙임 되어 아름다운 가지가 되기까지 사랑으로 함께해주십시오. 반드시
하는 모든 일이 다 형통합니다.

💜 주님! 귀한 영혼이 성장하도록 잘 양육하게 하소서.
🧩 인내심을 가지고 영혼을 구원하는 일에 동참하십시오.

나의 영적 일지

최부잣집의 경제학

읽을 말씀 : 잠언 21:25-31

● 잠 21:26 어떤 자는 종일토록 탐하기만 하나 의인은 아끼지
아니하고 베푸느니라

경주의 최부잣집은 한국에서 가장 유서 깊은 부자 가문입니다.

군부시절 재산을 몰수당하기 전까지 300년이나 부를 이어왔고, 또 독립운동에 많은 돈을 대고 직접 뛰어들기도 했습니다.

최근 이 최부잣집과 관련된 3,000여건의 고문서가 발견됐는데, 그 내용을 살펴보면 다음과 같은 내용들이 나와 있습니다.

- 신식 농법인 모내기와 소를 사용한 우경법을 최초 도입
- 당시 20%만 가져가던 소작농들에게 50%를 가져가게 함
- 집을 방문한 사람은 누구라도 후히 대접함
- 딱한 사정을 가진 사람에게는 빚을 탕감해줌
- 흉년엔 창고를 열어 마을 사람들에게 쌀을 나눠줌

그러나 최부잣집의 이런 행동은 결코 손해가 아니었습니다.

위험을 감수한 신기술의 접목은 더 나은 수확을 올렸고, 소작농들에게 베푼 만큼 그들은 더 열심히 일을 했습니다. 누구에게나 식사를 대접하고 잠을 재워주니 사람들이 모여들어 다양한 정보를 제공했습니다.

사람을 살리고, 영혼을 살리는 일에 쓰이는 돈이 정말로 가치 있는 돈입니다. 당장의 이익을 위해 더 큰 가치를 놓치지 마십시오. 보이지 않는 가치를 위해 투자할 줄 아는 사람이 되십시오. 반드시 하는 모든 일이 다 형통합니다.

♥ 주님! 주님이 주신 재물을 복음을 위해 잘 쓰게 하소서.
🎴 물건이 아닌 무형의 가치를 위에서도 돈을 사용하십시오.

나의 영적 일지

단순함의 원칙

읽을 말씀 : 마가복음 12:28-34

12월 6일

●막 12:29,30 …이스라엘아 들으라 주 곧 우리 하나님은 유일한 주시라 네 마음을 다하고 목숨을 다하고 뜻을 다하고 힘을 다하여 주 너의 하나님을 사랑하라 하신 것이요

시스코는 세계 네트워크 장비의 3분의 2를 점유하고 있는 서비스 회사입니다.

시스코는 가능성 있는 기술력을 가진 중소기업을 제대로 발굴해 인수하는 것으로 유명한데 그런 회사들을 골라내는 데에는 한 가지 원칙이 있습니다.

'75명 이하의 직원, 연구개발 인력이 75%에 해당하는 기업'

너무도 단순한 원칙이지만 이 원칙으로 시스코는 알짜배기 회사들을 찾아냈고 전 세계의 네트워크 시장을 장악할 수 있었습니다.

부실경영으로 파산 위기에 빠진 브라질의 한 철도회사도 회생전략으로 딱 3가지 원칙을 세웠습니다.

'매출 성장의 방해 요소 제거 / 재활용으로 원가 절감 / 즉시 이익을 낼 수 있는 사업 집중'

너무도 당연한 내용이었지만 이 원칙을 세운 이후로 회사의 이익은 급격히 늘어났고 위기에서 벗어날 수 있게 되었습니다. 당연한 원칙이라도 창의성을 발휘할 수 있게 도와주며 또한 직원들에게 긴장감을 주고 중요한 사실을 일깨워 주는 효과가 있기 때문입니다.

당연한 신앙의 원칙이라도 세우면 분명한 효과가 있습니다. 나를 위한, 우리 교회와 모임을 위한 신앙의 원칙을 세우고 공유하십시오. 반드시 하는 모든 일이 다 형통합니다.

♡ 주님! 저의 삶에 정리할 것이 무엇인지 가르쳐 주소서.
✍ 신앙을 위한 당연한 원칙을 세워보십시오.

나의 영적 일지

8만원의 행복

12월 7일

읽을 말씀 : 마태복음 25:31-46

● 마 25:45 이에 임금이 대답하여 이르시되 내가 진실로 너희에게 이르노니 이 지극히 작은 자 하나에게 하지 아니한 것이 곧 내게 하지 아니한 것이니라 하시리니

회사업무로 아랍에미리트로 출장을 온 리암은 일정을 모두 마치고 아부다비의 명소인 페라리월드를 찾았습니다.

보통 이곳을 이용하는 관광객들은 택시를 타고 가는데, 손님을 위해 기사들은 관람이 모두 끝날 때까지 4,5시간을 밖에서 기다렸다가 다시 손님을 싣고 갑니다.

리암도 택시를 대절해 페라리월드로 향했습니다.

그런데 기사인 샤키하가 14년 동안 사람들을 페라리월드로 데려다 주면서도 아직 한 번도 안에는 들어가 본 적이 없다는 것을 알게 되었습니다. 가족들을 위해 인도에서 일을 하러 온 샤키하에게 입장료인 8만 원은 너무 비쌌습니다.

이 사정을 알게 된 리암은 샤키하를 위한 표를 구입해주었습니다. 그리고 두 사람은 함께 관광을 하며 사진도 찍고 뜻 깊은 추억을 만들었습니다.

전혀 모르는 사이였던 두 사람이 보낸 특별한 시간은 사진을 통해 인터넷에 퍼졌고, 기사로도 알려져 많은 사람들에게 큰 감동을 주었습니다.

나의 작은 호의가 누군가에겐 평생 잊지 못할 선물이 될 수도 있습니다. 주님은 주님의 이름으로 지극히 작은 사람에게 행한 베풂을 칭찬하십니다. 작은 것도 아낌없이 베푸는 삶으로 세상이 주님의 사랑을 느끼게 하십시오. 반드시 하는 모든 일이 다 형통합니다.

💟 주님! 오늘도 누군가에게 주님의 이름으로 친절을 베풀게 하소서.
🎴 작은 선행을 귀한 마음을 담아 당당히 실천하십시오.

나의 영적 일지

언제나 옆에 계시는 분

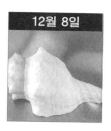

읽을 말씀 : 민수기 14:1-10

●민 14:9 다만 여호와를 거역하지는 말라 또 그 땅 백성을 두려워하지 말라 그들은 우리의 먹이라 그들의 보호자는 그들에게서 떠났고 여호와는 우리와 함께 하시느니라 그들을 두려워하지 말라 하나

미국의 수잔 앤더슨 부인은 안질환으로 수술을 받다가 의료 사고로 실명했습니다.

중년의 나이에 실명을 하게 돼서 시각장애인으로 살아가는 일은 적응이 어려웠습니다. 그러나 남편의 헌신적인 도움으로 간단한 일상생활과 회사생활을 다시 시작할 수 있게 되었습니다. 남편은 매일 아침 아내를 회사까지 데려다주고, 또 배웅을 나왔습니다.

그런 남편이 하루는 아내를 불러 이렇게 말했습니다.

"앞으로는 내가 도와줄 수 없을 것 같은데, 당분간 혼자서 출퇴근을 하도록 하세요."

아내는 남편이 자기가 귀찮아졌다고 생각했습니다. 그래서 퉁명스럽게 대꾸를 하고 혼자서 출퇴근을 했습니다. 처음엔 아주 힘들었지만 며칠이 지나자 점점 적응하게 되었습니다. 그런데 어느 날 아침 버스에 타는 순간 기사가 이런 말을 건넸습니다.

"부인은 좋은 남편을 두셨군요. 저렇게 매일 곁에서 보살펴주고 계시니 말이에요."

남편은 혹시 자기가 없을 때 아내가 곤란할까봐 그런 말을 해놓고 사실은 별 일이 없나 몰래 따라다니고 있었습니다.

하나님은 언제나 우리와 함께 계십니다. 나의 모든 것을 알고 계시며 모든 것을 채워주시는 주님께서 나도 모르게 도우심을 믿고 신뢰하며 담대하십시오. 반드시 하는 모든 일이 다 형통합니다.

♡ 주님! 저도 남에게 티내지 않고 그의 필요를 정성껏 돕게 하소서.
🖼 내가 힘들 때도 주님을 여전히 곁에 계심을 믿으십시오.

`나의 영적 일지`

헌신이 아닌 특권

읽을 말씀 : 고린도전서 9:1-14

●고전 9:12 다른 이들도 너희에게 이런 권리를 가졌거든 하물며 우리일까보냐 그러나 우리가 이 권리를 쓰지 아니하고 범사에 참는 것은 그리스도의 복음에 아무 장애가 없게 하려 함이로다

데이비드 리빙스턴은 아프리카에서 평생 복음을 위해 헌신한 분입니다.

그러나 정작 그는 다른 사람들이 자신에게 "헌신하고 있다"는 칭찬의 말을 매우 싫어했습니다. 그 이유에 대해서는 다음과 같이 말했습니다.

"사람들은 내가 아프리카에서 생의 대부분을 보냈다는 사실을 헌신이라고 말합니다. 그러나 하나님께서 주신 은혜의 빚을 생각하면 그것은 보잘 것 없는 것입니다. 우리가 선을 베풀며 마음의 평화를 얻고 영광스러운 내일을 위해 노력하는 것이 헌신이 될 수 있나요? 결코 그럴 수 없습니다. 그것은 절대로 헌신이 아닙니다. 차라리 그것은 특권이라고 말해야 합니다. 나는 결코 헌신을 한 적이 없습니다. 우리를 위해 십자가에 달려 돌아가신 그리스도의 은혜를 생각할 때 우리는 헌신이라는 말을 감히 할 수 없을 것입니다."

리빙스턴의 묘비명에는 "당신이 오시기 전에는 어둠 가운데 살았는데, 당신이 떠난 후 우리는 빛 가운데 삽니다"라는 말이 적혀있습니다.

주님이 나의 삶에 정말 빛으로 오셨다면, 우리는 그 빚을 갚는 마음으로 우리 역시 다른 사람을 위한 빛이 되어야 합니다. 그것이 그리스도인의 의무이자 특권입니다. 희생과 수고라 여기기보단 아무나 누리지 못할 천국 백성의 특권이라는 자부심으로 여기십시오. 다른 사람의 마음을 비춰줄 수 있는 작은 빛이라도 비추는 삶을 사십시오. 반드시 하는 모든 일이 다 형통합니다.

♥ 주님! 제가 주님을 위해 무엇을 했다 해도 그것은 특권임을 알게 하소서.
🔲 하나님을 위한 헌신에는 불평을 삼가십시오.

나의 영적 일지

교회를 옮기기 전 5가지 질문

12월 10일

읽을 말씀 : 사도행전 9:26-35

●행 9:31 온 유대와 갈릴리와 사마리아 교회가 평안하여 든 든히 서 가고 주를 경외함과 성령의 위로로 진행하여 수가 더 많아지니라

캘리포니아에 있는 크리스찬펠로우십교회의 세인 아이들만 목사님은 교회를 어떤 이유로 옮기려는 생각을 가진 사람들에게 다음의 5가지 질문이 필요하다고 말했습니다.

1. 교회의 목회자와 지도자들이 성경의 권위를 인정하는가?

   성경을 제대로 가르치지 않는 곳이라면 충분히 옮길만한 신앙적인 이유가 있기 때문입니다.

2. 성령님이 주시는 마음이 있는가?

   생각과 의지를 넘어서 성령님의 인도가 있는지 확인해야 합니다.

3. 내가 떠나면 교회엔 어떤 영향이 있을 것인가?

   어떤 목적이라도 교회를 떠나는 것은 목회자와 성도들에게 안 좋은 소문이 나게 할 수 있습니다. 사랑과 위로를 나누며 좋게 떠나야 합니다.

4. 교회를 떠나는 것이 가족에게는 어떤 영향을 미칠 것인가?

   교회에 터전을 잡고 생활해 왔다면 가족에게 미치는 영향도 생각해봐야 합니다.

5. 소비자로써 교회를 대하고 있지는 않은가?

내가 교회를 섬기는 것이지 교회가 나를 위한 곳이 돼서는 안 됩니다.

교회를 선택하는 것만큼 옮기는 일도 신중해야 합니다. 내 뜻을 따라 하지 말고 주님의 뜻을 따라 주님의 사역을 위해 신중히 결정하십시오. 반드시 하는 모든 일이 다 형통합니다.

🤍 주님! 저의 기분에 따른 결정을 주님의 뜻으로 오해하지 않게 하소서.
🖼 사랑의 공동체인 교회를 위해 더욱 노력하십시오.

나의 영적 일지

고통의 감사함

12월 11일

읽을 말씀 : 고린도전서 15:35-58

● 고전 15:57 우리 주 예수 그리스도로 말미암아 우리에게 승리를 주시는 하나님께 감사하노니

미국 루이지애나의 나병전문병원의 책임자 폴 브랜드 박사가 인도에서 많은 환자들을 돌본 뒤에 휴식 차 영국을 들렀습니다.

기차를 타고 여러 곳을 들른 박사는 피곤한 몸을 이끌고 호텔로 돌아왔습니다. 그런데 뭔가 좀 이상했습니다. 다리 아래로 아무런 감각이 느껴지지 않았습니다.

'혹시 내가...?'라는 생각이 들어 작은 바늘을 가지고 뒤꿈치를 찔렀는데도 아픔이 느껴지지 않았습니다. 박사는 본능적으로 자신이 나병에 걸렸다는 걸 알았습니다.

조용히 침대에 누워 지나온 인생과 자신이 영국에 오기 전 인도에서 치료했던 많은 환자들, 그리고 남은 가족들을 생각하니 잠이 오지 않았습니다.

그런데 갑자기 다리에 감각이 돌아오는 것 같았습니다.

박사는 깜짝 놀라 다시 바늘로 다리를 찔렀는데, 피가 나면서 따끔하게 아팠습니다. 좁은 기차의 좌석 때문에 다리에 피가 통하지 않아 아픔을 못 느꼈던 것입니다. 바늘로 계속 찌른 발에서는 피가 나기 시작했지만 그래도 박사는 감사한 마음에 무릎을 꿇고 기도했고, 아픔마저도 하나님께 감사할 제목이라는 것을 깨닫게 되었습니다.

모든 상황에는 감사할 이유가 있고, 기뻐할 근거가 있습니다. 어떤 상황이든지 간에 주님을 신뢰하고 감사하며 주님을 높이십시오. 반드시 하는 모든 일이 다 형통합니다.

💗 주님! 저에게 이루어지는 모든 일에 감사하는 사람이 되게 하소서.
🔲 오늘 일어나는 모든 일들로 주님께 감사하십시오.

나의 영적 일지

내가 있어야할 자리

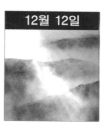

읽을 말씀 : 베드로전서 4:1-11

● 벧전 4:10 각각 은사를 받은 대로 하나님의 여러 가지 은혜를 맡은 선한 청지기 같이 서로 봉사하라

    뉴질랜드의 긴급구호전문의인 레이첼 튤렛은 네팔의 에베레스트산 베이스캠프에서 응급처치 자원봉사를 하러 갔습니다.

    그런데 그녀가 봉사하는 기간에 진도 8에 가까운 강진이 일어나 엄청난 눈사태가 일어났습니다. 눈사태에 휩쓸려 정신을 잃었던 레이첼이 눈을 떴을 때는 주변이 온통 눈이었고 무릎에서는 많은 피가 나고 있었습니다.

    그러나 그녀는 지체 없이 눈 속을 파고 들어가 다친 사람들을 찾기 시작했습니다. 그리고 혼자서 24시간 동안 쉬지 않고 사람들은 눈 속에서 찾았고 부상을 치료해줬습니다.

    무려 23명이 되는 사람들이 그녀로 인해 목숨을 건졌고, 구조대가 오고 나서야 그녀는 자신의 무릎의 상처를 치료할 수 있었습니다. 정밀검사 결과 무릎의 인대는 거의 찢어진 상태였지만 그런 상태에서도 그녀는 사람들을 찾고 치료하는 중노동을 했습니다.

    뉴질랜드에서 일어났던 크라이스트처치 지진 사건을 겪은 뒤 그녀는 의료봉사를 시작했는데, 그녀의 결심으로 인해 수많은 사람들이 생명을 구할 수 있었습니다.

    내가 피하고 싶은 그 자리가 바로 내가 있어야할 자리, 가장 필요한 자리일 수도 있습니다. 나의 바람보다 하나님의 뜻을 따랐던 예수님의 기도와 삶을 본받으십시오. 반드시 하는 모든 일이 다 형통합니다.

💙 주님! 제가 희생하더라도 주님을 생각하며 어려운 이들을 돕게 하소서.
🎴 하나님이 원하시는 자리가 어디인지 기도로 물으십시오.

나의 영적 일지

평판의 중요성

읽을 말씀 : 디도서 2:1-15

●딛 2:15 너는 이것을 말하고 권면하며 모든 권위로 책망하여 누구에게서든지 업신여김을 받지 말라

노나라에서 대부였던 유하혜는 모든 백성으로부터 큰 신임을 받았던 사람입니다.

한 번은 겨울에 길에 쓰러진 여인을 발견했는데, 집으로 데려가 밤새 안아 몸을 녹여주었습니다. 덕분에 여인은 목숨을 구할 수 있었고 무례한 짓도 하지 않았습니다.

그러나 혼자 사는 유하혜가 늦은 밤 여인을 안고 집으로 들어갔고, 또 다음 날 그 여인이 집에서 오는 모습을 본 사람들이 단 한 명도 의심하지 않았습니다.

훗날 공자가 이 이야기를 제자들에게 가르치며 그 누구도 유하혜를 따를 수 없다고 말했는데 제자들이 "선생님은 여색에 약하시다는 말씀입니까?"라고 묻자 이렇게 대답했습니다.

"음란해지지 않을 자신이 있더라도, 그처럼 모든 사람들의 의심을 사지 않을 자신은 없기 때문이다."

다른 사람들에게 신임을 잃기는 쉬워도 쌓기는 어렵습니다. 세상 사람들이 우리 믿는 사람들에 대해 부정적인 느낌이 크므로 전도에 방해가 되고 있습니다. 그리스도인들의 잃은 신뢰를 복음을 위해 회복시키는 일에 우리부터 노력하고 기도합시다. 반드시 하는 모든 일이 다 형통합니다.

💟 주님! 주님이 기뻐하시며 사람들이 칭찬하는 삶을 살게 하소서.
🖼 최소한 성도로써의 누가 되지 않는 정결한 삶을 살아가십시오.

나의 영적 일지

불편함에서 나온 아이디어

읽을 말씀 : 잠언 30:1-10

● 잠 30:9 혹 내가 배불러서 하나님을 모른다 여호와가 누구냐 할까 하오며 혹 내가 가난하여 도둑질하고 내 하나님의 이름을 욕되게 할까 두려워함이니이다

보스턴의 사업가인 휴스턴은 출장 차 뉴욕으로 가고 있었습니다.

비행기를 타도 4시간이나 걸리는 먼 거리였기 때문에 업무를 보기 위해서 자료를 USB에 옮겨놨는데 공항에서 그만 집에 놓고 나왔다는 사실을 알게 되었습니다.

보통 사람이라면 '이런 그렇게 중요한 걸 왜 깜박했지?'라고 자책하거나, '그냥 다녀와서 하지 뭐'라고 대수롭지 않게 여겼을 것입니다.

그러나 휴스톤은 '어디서나 인터넷이 되는데 왜 굳이 불편한 USB에 자료를 넣고 다녀야 하지?'라는 생각을 했고, 이 생각으로 인터넷만 되면 어디서나 파일을 올리고 받을 수 있는 '드롭 박스'라는 사업을 시작했습니다.

'ODEO'라는 네트워크 서비스를 운영하는 팀이 있었습니다. 그런데 사업 실적이 좋지 않아 잠시 재충전을 위해 휴가를 떠났고, 기존의 SNS 서비스와는 달리 휴가지에서 서로에게 가볍게 연락할 수 있는 사이트를 만들었습니다. 사진 한 장과 짧은 글만 올릴 수 있는 이 서비스가 성공할 것이라고 생각한 멤버는 아무도 없었으나 이때 개발된 '트위터'는 지금 전 세계인이 사용하고 있는 SNS의 대명사가 되었습니다.

불편함이 때로는 새로운 아이디어가 되기도 합니다. 불평과 불만을 단순히 감정의 단계에서 소비하지 말고 더 나은 상황과 방법을 창출할 수 있는 선순환의 토대로 삼으십시오. 반드시 하는 모든 일이 다 형통합니다.

🖤 주님! 어려울 때 불평만하지 말고 주님이 어떤 아이디어를 주기를 기대하게 하소서.
🎦 작은 아이디어라도 무시하지 말고 실행할 방법을 알아보십시오.

나의 영적 일지

12월 15일

산 너머로 보이는 것

읽을 말씀 : 야고보서 5:7-20

●약 5:13 너희 중에 고난 당하는 자가 있느냐 그는 기도할 것
이요 즐거워하는 자가 있느냐 그는 찬송할지니라

존 헨리는 미국의 기념우표에 등장하는 노동자입니다.

그는 타고난 체력과 강인한 열정으로 보통 사람의 몇 배나 되는 일을
해냈다고 하는데, 심지어는 증기기관 드릴보다도 터널을 뚫는 공사를
더 빨리 했다고 합니다.

그가 실존인물인지에 대해서는 의견이 분분하지만 그보다도 중요한
것은 그는 미국의 성실한 노동자를 대표하는 인물이고, 그런 상징성을
인정받아 기념우표에도 실리게 되었습니다.

그에 대한 또 하나의 일화가 있습니다.

미국에 처음 철도가 생기기 시작했을 때 산을 뚫고 철로를 놔야하는
일이 많았습니다. 이때 보통의 인부들은 짜증나는 표정으로 불평을 했
는데 유독 헨리만은 미소를 지으며 더욱 열심히 일을 했습니다. 인부들
이 그 모습을 보고 "도대체 뭐 때문에 웃고 있습니까? 저 앞에 있는 돌
더미가 안 보이십니까?"라고 묻자 그가 대답했습니다.

"돌더미요? 글쎄요, 내 눈에는 저 돌 너머에 펼쳐져 있는 푸른 하늘과
넓은 들판이 보입니다. 그리고 우리의 땀으로 깔린 레일 위로 기차가 신
나게 달리고 있습니다."

눈앞의 돌덩이를 치우고 나면 주님이 예비하신 푸른 하늘이 보입니다.
눈에 보이지 않지만 하나님이 주신 비전을 볼 줄 아는 것이 바로 믿습니
다. 주님이 하신 영원한 약속을 믿고 더 나은 미래를 위해 투자하고 노
력하십시오. 반드시 하는 모든 일이 다 형통합니다.

🤍 주님! 앞에 있는 장애물을 보고 불평하지 말고 그 뒤 축복을 보게 하소서.
🎋 하늘의 하나님을 바라보며 고난과 역경을 극복하십시오.

나의 영적 일지

일단 실천하라

읽을 말씀 : 신명기 23:15-25

12월 16일

● 신 23:23 네 입으로 말한 것은 그대로 실행하도록 유의하라 무릇 자원한 예물은 네 하나님 여호와께 네가 서원하여 입으로 언약한 대로 행할지니라

　'화이트 크리스마스'의 작곡가 어빙은 이외에도 800여곡을 쓴 미국의 가장 유명한 작곡가 중 한 사람입니다.

　4살 때부터 떠돌이 생활을 했던 탓에 제대로 된 교육을 받지 못했던 그는 악보도 읽을 줄 몰랐고, 아주 간단한 코드도 몰랐습니다. 다만 머릿속에 떠오르는 멜로디를 다른 음악가들을 찾아가 들려주고 악보로 만들었습니다.

　악보를 모른다고, 코드를 모른다고 떠오르는 영감을 포기했거나 먼저 공부부터 하려고 했다면 지금의 화이트 크리스마스라는 곡은 존재하지 않았을 수도 있습니다.

　미국의 플랜 맥개리는 16살에 뉴욕에 자신의 이름을 건 레스토랑을 내고 모든 음식을 직접 만들고 있습니다. 요리 학원도 다닌 적 없고, 누구로부터 배운 적도 없지만 방송을 본 뒤 나도 할 수 있겠다 싶어 시작한 요리가 점점 늘어 사람들의 인정을 받기 시작했고, 지금은 천재 요리사로 인정받으며 매일 14가지 코스의 요리를 사람들에게 대접하는 고급 레스토랑의 오너 셰프가 되었습니다.

　뜬 구름 잡는 소리라도, 아직 준비가 되지 않았다 하더라도, 공부가 더 필요한 것 같더라도 일단 실천하면 길이 보이고, 길이 열립니다. 신앙과 전도에 관한 일들도 그가 누구든 두려워하거나 망설이지 말고 일단 실천하십시오. 반드시 하는 모든 일이 다 형통합니다.

♡ 주님! 주님이 주신 비전은 주님이 책임지심을 믿고 용감하게 행동하게 하소서.
📷 최선의 준비와 용기있는 실천으로 주님의 비전을 시작하십시오.

나의 영적 일지

포기할 용기

읽을 말씀 : 히브리서 13:1-19

●히 13:5 돈을 사랑하지 말고 있는 바를 족한 줄로 알라 그가 친히 말씀하시기를 내가 결코 너희를 버리지 아니하고 너희를 떠나지 아니하리라 하셨느니라

세계적인 아이스크림 브랜드의 상속자인 한 남자가 있었습니다.

남자는 공동창업자인 아빠와 삼촌이 아이스크림으로 큰돈을 버는 것을 보며 자랐습니다. 그러나 그와 더불어 비만과 성인병으로 고생하는 모습도 함께 봤습니다.

결국 삼촌은 고도비만이 원인인 심장질환으로 세상을 떠났고, 남자는 아버지에게 아이스크림을 끊고 식생활을 개선하라고 권했습니다. 아들의 말을 들은 아버지는 다행히 건강을 회복했고 장수했습니다.

그리고 아버지가 돌아가신 이후에 이 남자에게는 엄청난 상속권이 주어졌습니다. 가만히 앉아만 있으면 1년에 12조원의 돈을 벌어들이는 회사가 자기의 것이 될 기회였습니다.

하지만 그는 이 상속권을 포기했습니다. 그리고 몸에 좋은 음식과 재료를 위한 환경운동가가 되었고, 실제로도 교외의 시골에서 텃밭을 일구며 살고 있고, 사람들의 건강할 권리를 위해 많은 대기업들과 소송을 진행했습니다.

세계적인 환경운동가에게 수여되는 레이첼 카슨상을 받은 어브 라빈스의 이야기입니다.

진리를 아는 것은 쉽지만 그것을 실천하는 것은 어렵습니다. 그러나 진리를 아는 사람들이 실천할 때에 세상은 변화되고 천국 복음이 전파됩니다. 진리를 알 뿐 아니라 실천하며, 실천할 뿐 아니라 전하는 그리스도인이 되십시오. 반드시 하는 모든 일이 다 형통합니다.

♡ 주님! 제 인생도 사람들에게 유익한 삶을 살게 도와주소서.

▩ 알고는 있지만 그동안 미뤄왔던 좋은 습관 한 가지를 결심하십시오.

나의 영적 일지

정결한 삶의 중요성

읽을 말씀 : 디모데전서 5:16-25

● 딤전 5:22 아무에게나 경솔히 안수하지 말고 다른 사람의 죄에 간섭하지 말며 네 자신을 지켜 정결하게 하라

탈무드에는 술에 취한 사람을 3단계로 표현한 글이 있습니다.
1단계는 여우의 단계입니다.
술에 취하면 여우처럼 눈꼬리가 올라가고 말이 많아지며 또 간사해지기 때문입니다.
2단계는 늑대의 단계입니다.
술에 많이 취한 사람은 사나워지고 폭력을 휘두릅니다. 이성을 잃었기 때문에 자신을 주체하지 못하고 감정에 따라 행동합니다.
3단계는 돼지의 단계입니다.
심하게 취해 아무데서나 눕고, 심한 경우 대소변까지 보기도 합니다.

한 남자가 목사님에게 담배를 피우면 지옥에 가냐고 물었습니다.
목사님은 이렇게 대답했습니다.
"담배를 피운다고 지옥에 가지는 않습니다. 그러나 천국에 더 빨리 갑니다."
성찬식에 사용할 포도주를 만들다가 창업을 한 웰치스는 인생을 술과 쾌락으로 채우지 말고 성령으로 채우라고 말했습니다.
술과 담배는 직접적인 구원과 관련이 없을 지라도 경건한 삶에 방해가 되며 우리 삶에서 죄를 더 가까이에 놓는 좋지 않은 습관입니다. 음주와 흡연을 피하고 되도록 정결한 마음으로 주님을 섬기십시오. 반드시 하는 모든 일이 다 형통합니다.

🖤 주님! 제 몸이 그리스도의 성전임을 매순간 기억나게 하소서.
🎴 하나님의 성전처럼 몸과 마음을 관리하십시오.

나의 영적 일지

하나님이 쓰실 때

읽을 말씀 : 이사야 29:15-24

●사 29:16 너희의 패역함이 심하도다 토기장이를 어찌 진흙 같이 여기겠느냐 지음을 받은 물건이 어찌 자기를 지은 이에게 대하여 이르기를 그가 나를 짓지 아니하였다 하겠으며 빚음을 받은 물건이 자기를 빚은 이에게 대하여 이르기를…

　벨기에의 '아포포(Apopo)'라는 단체는 모잠비크 쥐를 훈련시키는 일을 하고 있습니다.

　이 쥐는 2kg정도의 크기로 보통 사람들은 보기만 해도 기겁을 할 정도로 거대하지만 후각이 좋고 머리가 영리해 지뢰를 탐지하는 일에는 아주 최적인 생물입니다.

　지뢰는 한 번의 사고로 많은 사람이 죽기 때문에 아프리카의 내전 지역 같은 경우에는 아무리 전문요원이 첨단 장비를 가지고 탐지를 해도 폭발사고가 종종 일어납니다. 일반적인 지뢰는 5kg이 넘는 무게부터 반응하기 때문에 개를 사용할 수도 없습니다.

　그러나 사람과의 교감이 가능하고 화약 냄새를 기가 막히게 탐지하는 모잠비크 쥐는 아무리 커도 5kg이 넘지 않기에 이 임무를 수행할 수 있습니다. 아주 작은 바나나만 보상으로 주면 사람은 하루 종일 걸릴 수도 있는 지뢰를 20분 만에 찾아냅니다. 모잠비크 쥐는 사람이 보기에는 끔찍하고 식량을 축내는 큰 쥐일 뿐이지만 지뢰가 묻힌 곳에서는 많은 생명을 구하는 일에 공헌을 하는 소중한 동물입니다.

　훈련을 받은 쥐가 사람들을 위해 귀하게 쓰임 받는 것처럼 하나님은 나의 약함도, 강함도 적재적소에 사용하십니다. 지혜의 원천인 하나님께 나의 모든 재능과 은사와 시간과 물질을 맡기십시오. 반드시 하는 모든 일이 다 형통합니다.

💙 주님! 저도 주님의 나라를 세우는데 한 역할을 하게 하소서.
🖼 나의 약함에 생각을 집중하지 말고 오로지 말씀의 힘을 믿으십시오.

　　나의 영적 일지

명령과 순종

읽을 말씀 : 디모데후서 2:1-13

● 딤후 2:2 또 네가 많은 증인 앞에서 내게 들은 바를 충성된 사람들에게 부탁하라 그들이 또 다른 사람들을 가르칠 수 있으리라

이탈리아의 유명한 귀족인 레오날드 우드가 프랑스에 방문을 한 적이 있습니다.

그는 이탈리아의 대사 자격으로 왕을 방문했는데 잠깐 동안의 만남을 통해 프랑스 왕은 레오날드를 매우 마음에 들어 했습니다.

그래서 그는 저녁에 사람을 보내어 다음 날 있을 파티에 초대를 했는데 레오날드는 아무런 대답을 하지 않았습니다. 이 말을 듣고 왕은 매우 기분이 언짢았습니다.

그렇게 다음 날 파티가 시작됐고 왕은 참석한 사람들과 인사를 하고 있었는데, 그중에는 레오날드 우드가 있었습니다. 왕은 살짝 비꼬는 투로 인사를 건넸습니다.

"아니, 도대체 어쩐 일이오?"

"폐하께서 저를 초대하시지 않으셨습니까?"

"맞소, 하지만 사환은 아무런 대답을 못 받았다고 하던데?"

"왕의 초대에 제가 어찌 승낙이나 거절을 하겠습니까? 신하에게는 순종만 있을 뿐입니다."

하나님은 성경을 통해 우리에게 명령을 내리셨고, 우리는 믿음을 통해 그 명령을 따를 뿐입니다. 모든 말씀에 순종하며 주님이 나의 참된 주인이심을 고백하십시오. 반드시 하는 모든 일이 다 형통합니다.

🩷 주님! 부르심에 기꺼이 순종하는 주님이 기뻐하는 사람이 되게 하소서.
🎴 주님의 음성에는 언제나 아멘으로 순종하십시오.

나의 영적 일지

하나님의 자리

읽을 말씀 : 말라기 3:13-18

● 말 3:18 그 때에 너희가 돌아와서 의인과 악인을 분별하고
하나님을 섬기는 자와 섬기지 아니하는 자를 분별하리라

나폴레옹이 폴란드를 점령했을 당시 한 농촌마을에서 머무른 적이 있습니다.

마을의 영주는 나폴레옹을 저녁 식사에 초대했는데, 자리의 3번째 상석으로 안내했습니다. 자리를 안내받은 나폴레옹은 불 같이 화를 냈습니다.

"나는 이 나라를 점령한 왕이고 프랑스의 황제다. 그런데 나를 고작 이런 자리에 앉히려고 식사자리에 초대했단 말인가?"

영주는 급히 달려와 나폴레옹 앞에서 몸을 숙이며 이렇게 대답했습니다.

"참으로 죄송합니다. 그러나 무례라고 생각하셔도 이 자리를 드릴 수는 없습니다. 이 두 자리는 저의 부모님을 모실 자리입니다. 황제께서 나라의 가장 높은 분이시듯이 저의 집에서는 부모님이 가장 높으신 분들입니다."

영주의 말을 들은 나폴레옹은 큰 감동을 받았습니다. 나폴레옹은 영주의 부모님을 모셔 함께 식사를 했고, 떠나면서 부하를 시켜 큰 상을 주었습니다.

우리 영혼의 아버지이신 하나님은 존귀와 영광을 받으시기에 합당한 분이십니다. 그러므로 그 분은 우리 삶에 최우선이어야 합니다. 주님이 아닌 사람을 높이는 교회와 나의 인생이 되지 않도록 늘 조심하고 점검하십시오. 반드시 하는 모든 일이 다 형통합니다.

♡ 주님! 하나님의 말씀에 따라 부모님을 공경하게 하소서.
🎨 하나님께 드리는 예배, 주님께 드리는 인생을 살아가십시오.

나의 영적 일지

주님을 따르는 복

읽을 말씀 : 로마서 6:1-14

12월 22일

● 롬 6:6 우리가 알거니와 우리의 옛 사람이 예수와 함께 십자가에 못 박힌 것은 죄의 몸이 죽어 다시는 우리가 죄에게 종노릇 하지 아니하려 함이니

조정민 목사님의 '사람이 선물이다'라는 글 중의 일부입니다.

잘 먹고 잘 사는 것이 복이면
예수님은 참 복이 없습니다.
오래 사는 것이 복이면
예수님은 참 복이 없습니다.

잘 죽는 것이 복이면
예수님은 참 복이 없습니다.
예수님은 세상의 복이 아니라
길이고 진리이며 생명입니다.

예수님을 믿는 것이 세상의 부귀와 명예라면 이미 그것을 가진 사람에게는 복음이 필요 없을 것입니다. 그러나 마귀는 세상의 복으로 예수님을 시험했지만 예수님은 말씀으로 물리치셨고 묵묵히 하나님이 바라시는 고난의 길을 선택하셨습니다.
복음은 축복이 아니라 예수님의 삶이자 말씀입니다. 세상에서 고난의 걸을 길으신 예수님의 발자취를 묵묵히 따르십시오. 반드시 하는 모든 일이 다 형통합니다.

🤍 주님! 주님이 가르쳐주신 삶을 기준으로 살게 하소서.
🎴 말씀을 기준으로 삶의 균형을 바로 잡으십시오.

나의 영적 일지

세 가지 회개

읽을 말씀 : 마가복음 1:1-15

● 막 1:15 이르시되 때가 찼고 하나님의 나라가 가까이 왔으니 회개하고 복음을 믿으라 하시더라

　잘나가던 회사였다가 갑자기 부도의 위기에 처한 기독교인 사장님이 있었습니다.

　도저히 자신의 힘으로는 회사를 살릴 방도가 생각나지 않아 결국 최후의 방법으로 기도원에 들어가 하나님께 매달렸습니다. 그렇게 며칠 밤낮을 기도하고 있는데, 문득 그동안 짓고 살았던 3가지 죄가 떠올랐습니다.

　첫 번째 죄는 사업이 바쁘다는 핑계로 주일 성수를 자주 어긴 것이었습니다. 사장님은 바로 앞으로는 주일을 거룩하게 지키겠다고 서원했습니다.

　두 번째 죄는 십일조를 비롯한 헌금을 하지 않은 것이었습니다. 앞으로는 하나님의 것을 도둑질하지 않겠다고도 사장님은 서원했습니다.

　세 번째 죄는 그동안 기도를 쉬었던 죄였습니다. 그래서 앞으로는 새벽을 깨워 주님과의 만남으로 하루를 시작하겠다고 서원했습니다.

　세 가지 회개를 드리고 말씀을 묵상하는데 베드로가 말씀을 따라 153마리의 고기를 잡았던 부분이 나왔습니다. 이 말씀에 영감을 받아 '153 볼펜'을 만들었는데, 이 볼펜은 국민볼펜으로 불릴 뿐 아니라 전 세계적으로도 50억 자루가 넘게 팔릴 정도로 히트상품이 되었습니다.

　하나님께 말로만 약속하고 실천하지 않은 것들이 있다면 곧 주님께 자백하고 실행하십시오. 그리고 고난이 올 때 주님께 기도하고, 맡기고, 순종하십시오. 반드시 하는 모든 일이 다 형통합니다.

💙 주님! 제가 주님께 잘 못하고 있는 것을 깨닫고 자백하게 하소서.
🈂 매일 하루, 매주 예배를 통해 회개하고 다시 돌아오십시오.

나의 영적 일지

평범한 일을 비범하게

읽을 말씀 : 누가복음 19:11-27

● 눅 19:17 주인이 이르되 잘하였다 착한 종이여 네가 지극히 작은 것에 충성하였으니 열 고을 권세를 차지하라 하고

대만의 최고 부자인 왕융칭 회장은 16살 때 쌀집을 하며 사업을 시작했습니다.

그러나 당시에는 너도나도 쌀집을 할 때라 경쟁이 극심했습니다. 그런 와중에 아직 10대인 소년이 어른들을 상대로 장사를 해 성공하기는 더더욱 힘든 상황이었습니다.

그러나 왕회장은 당시 판매되는 쌀들에는 돌이 많이 섞여 있다는 것을 알고 이 돌들을 모두 골라 '돌 없는 쌀'이라고 이름 붙여 팔았습니다. 또한 힘이 없는 노인들을 위해 당시로는 파격인 배달 서비스를 시작했습니다. 이렇게 쌀집으로 큰 성공을 거두었지만 세계 2차 대전이 일어났고 왕회장은 모든 걸 잃고 시골로 내려갔습니다.

시골로 내려간 왕회장은 거위를 팔기 시작했습니다.

당시에는 사람도 먹을 것이 없는 시절이었지만 버려진 채소들을 모아 영양식을 만들어 거위들에게 먹였고, 왕회장의 거위는 다른 거위보다 2배 이상 살쪘다는 소문이 퍼지면서 다시 시골사람이라면 누구나 하던 거위 장사로 큰 성공을 하게 됩니다. 그리고 이 밑천을 바탕으로 타이어 사업을 시작했고, 이후에는 30개의 계열사를 가진 대만 최고의 화학회사를 세웠습니다.

평범한 일을 비범하게 하는 것이 성실한 사람입니다. 작은 것에 충성할 때 큰일을 맡기시는 주님의 말씀을 믿고 주어진 모든 일을 성실하게 하십시오. 반드시 하는 모든 일이 다 형통합니다.

🖤 주님! 성실하고 지혜롭게 살고 남을 유익하게 하는 인생이 되게 하소서.
🎨 내가 지금 하고 있는 일을 최선을 다해 섬기십시오.

나의 영적 일지

크리스마스의 본질

읽을 말씀 : 마태복음 1:18-25

●마 1:23 보라 처녀가 잉태하여 아들을 낳을 것이요 그의 이름은 임마누엘이라 하리라 하셨으니 이를 번역한즉 하나님이 우리와 함께 계시다 함이라

기독교인이 많은 미국이나 한국과 같은 나라에서는 성탄절의 의미를 기념하는 의미로 서로 선물을 교환하곤 합니다.

또 교회를 다니지 않는 사람들도 쇼핑을 하며 '성탄의 분위기'를 즐깁니다. 이렇게 성탄시즌에 사람들이 쇼핑에 사용하는 금액은 무려 500조원인데 이 돈이면 전 세계의 모든 개발도상국의 어린이들에게 깨끗한 물을 공급해줄 수 있는 공사를 진행할 수 있는 금액입니다.

그래서 최근에는 미국에서 '강림절의 공모'라는 캠페인이 열리고 있는데, 성탄절을 한 달 앞둔 시점부터 나를 위해 즐기고, 우리끼리 뜻을 나누는 것이 아니라 온 세상에 예수님이 오신 참 뜻을 알리기 위해 모금을 하는 운동입니다.

성탄절의 의미를 지키기 위해 세상과 싸우기보다는 예수님의 사랑을 세상에 실천하자는 이 운동은 미국의 릭 매킨리 목사님으로부터 시작해 지금은 17개국의 1,000여 교회가 동참하고 있고, 40억 원 정도의 성금이 매년 모여 정말로 필요한 곳에 전달되고 있습니다.

예수님은 우리를 구원하기 위해 하늘의 영광을 버리고 이 땅에 오셨습니다. 먼저 이 사실을 깨닫고 변화된 우리는 또한 아직 이 사실을 알지 못하는 사람들에게 바른 생각과 바른 생활로 알려야 합니다. 성탄의 참 뜻을 세상에 알리기 위해 이제는 실천을 하십시오. 반드시 하는 모든 일이 다 형통합니다.

♥ 주님! 성탄의 넘치는 기쁨을 다른 사람들이 알 수 있게 저를 사용하여 주소서!
🖼 전도지를 나누어 주면서라도 성탄의 기쁜 소식을 전하십시오.

나의 영적 일지

죽음 앞의 품위

읽을 말씀 : 마태복음 16:13-28

●마 16:25 누구든지 제 목숨을 구원하고자 하면 잃을 것이요 누구든지 나를 위하여 제 목숨을 잃으면 찾으리라

지미 카터 전 미국 대통령은 최근에 시한부 인생을 선고받았습니다.

투병 중이던 암 세포가 뇌에까지 전이됐기 때문에 더 이상은 손 쓸 방법이 없습니다.

퇴임 이후 요란한 기념행사나 기념건물을 세우지 않고 조용히 봉사활동을 하며 세계평화를 위해 애쓰며 오히려 재임 시절보다 더 존경을 받던 카터 대통령이었기에 미국의 모든 언론이 이 사실을 알렸습니다.

그러나 카터 대통령은 조금의 동요도 하지 않고 매주 자신이 다니는 교회에서 진행하던 성경공부를 평소와 같이 진행했습니다.

많은 기자들이 몰려 걱정스럽게 소감을 묻자 오히려 "살날이 몇 주밖에 남지 않았다고 개인적으로 생각하고 있습니다. 그러나 놀랍게도 너무나 몸과 마음이 편안합니다. 건강과 상황이 허락한다면 평소처럼 성경공부를 진행하며 남은 삶을 보내고 싶습니다"라고 담담하게 대답했습니다.

빌리 그레이엄 목사님은 93세 때 '새로운 도전'이라는 책을 통해 그리스도인은 평생 동안 예수님의 제자로 살아가기 위해 노력해야 한다고 했습니다.

죽음이 앞에 와도 평안한 마음으로 담대히 제자의 사명을 감당할 믿음을 위해 주님께 기도하십시오. 반드시 하는 모든 일이 다 형통합니다.

💙 주님! 천국에 갈 때 까지 주님을 위해 성실히 살게 하소서.
🧎 생의 마지막까지 변함없이 충성된 주님의 일꾼이 되십시오.

나의 영적 일지

변하지 않는 약속

읽을 말씀 : 갈라디아서 3:10-17

● 갈 3:17 내가 이것을 말하노니 하나님께서 미리 정하신 언약을 사백삼십 년 후에 생긴 율법이 폐기하지 못하고 그 약속을 헛되게 하지 못하리라

중국 광시좡족구 허츠 시에는 서로 대나무막대기를 붙잡고 다니는 부부가 있습니다.

항상 아내가 앞에서 막대기를 끌고, 뒤에서 남편이 막대기를 잡고 다니는데, 이러기를 벌써 30년 동안이나 하고 있습니다.

눈에 병이 생겨서 실명을 하게 된 남편을 대신해 발의 역할을 아내가 해주고 있는 것인데, 하루도 빠짐없이 지극 정성으로 남편을 데리고 다닙니다.

눈이 보이지 않는 남편이 바람을 쐬고 싶다면 곧 채비를 하고 넓은 들판으로 데리고 나갑니다. 바로 앞 가게를 들를 때도 늘 함께 합니다. 사람들이 가끔은 남에게 맡기거나 집에 두고 쉬는 것이 좋지 않겠냐고 묻곤 하는데 그럴 때마다 아내는 이렇게 대답합니다.

"저희 부부는 서로를 평생 챙겨주겠다고 약속을 했거든요. 전혀 아무렇지도 않습니다."

21살 때 남편의 "평생 지켜주겠다"는 말을 믿고 결혼을 한 아내는 그동안 확인한 남편의 사랑을 통해 이제 남편의 약속을 자기의 약속으로 여기고 남편과 함께 살아가고 있습니다.

진정한 사랑으로 맺어진 부부의 약속도 이 땅에서는 평생을 이어갑니다. 하물며 하나님이 나에게 하신 약속이라면 영원한 효력이 있습니다. 하나님이 나에게 주신 약속의 말씀을 의지하며 오늘도 두려워하지 말고 당당히 그 약속의 말씀을 이루며 살아가십시오. 반드시 하는 모든 일이 다 형통합니다.

🖤 주님! 하나님의 영원한 언약을 의심하지 않게 하소서!
🎴 성경에 나오는 하나님의 약속이 날 향한 것임을 믿으십시오.

나의 영적 일지

능력을 만드는 생각

읽을 말씀 : 역대상 16:1-11

● 대상 16:11 여호와와 그의 능력을 구할지어다 항상 그의 얼굴을 찾을지어다

  일본의 미라이 공업은 모든 직급을 '찍기'로 정합니다.

  해마다 모든 직원의 이름을 종이에 적어놓고 선풍기에 날려 가장 멀리 날아간 종이부터 뽑아, 부장, 과장, 대리 등등의 직급을 줍니다. 직원을 믿고 맡기면 성과는 난다는 야마다 아키오 회장의 생각 때문입니다. 회사가 잘 굴러가지 않을 것 같지만 매년 흑자를 내고 있습니다. 게다가 '평균 연봉 6천만 원, 해고 없음, 정년 70세 보장, 1년에 100일 넘게 휴가, 5년 마다 전 직원 해외여행'을 실천하고 있을 정도로 복지마저 최고 수준입니다.

  이스라엘 국방부에서는 장교 훈련을 받는 군인들에 대해서 실제 성적과 다르게 임의로 성적을 정해 교관에게 나눠주었습니다. 그런데 훈련이 끝났을 때의 성적은 실제 성적이 아닌 임의로 나눠준 성적대로 나왔습니다.

  미국 교육청에서도 비슷한 실험 결과가 나왔습니다. 결국 절대적은 아니지만 훈련을 시키는 사람이 어떤 생각을 가지고 있느냐가 따르는 사람의 능력을 계발시키는데 큰 영향을 미치는 것이었습니다.

  생각에 따라 능력이 변하고, 태도가 달라집니다. 그리스도인들은 이 땅의 청지기입니다. 하나님이 나에게 맡겨주신 일과 나를 귀하게 여겨준다는 사실을 오늘도 잊지 마십시오. 반드시 하는 모든 일이 다 형통합니다.

💙 주님! 나의 부족함을 채우실 주님의 능력을 구하게 하소서!
🎴 하나님을 의지함으로 모든 일이 가능하다는 사실을 믿으십시오.

나의 영적 일지

12월 29일

말씀의 힘으로

읽을 말씀 : 마태복음 4:1-11

●마 4:4 예수께서 대답하여 이르시되 기록되었으되 사람이 떡으로만 살 것이 아니요 하나님의 입으로부터 나오는 모든 말씀으로 살 것이라 하였느니라 하시니

　독일의 시인 마리아 릴케는 로뎅의 비서를 하며 파리에서 머문 적이 있었습니다.

　릴케는 점심을 먹은 뒤에는 친구와 함께 늘 근처 공원을 산책했는데, 산책 코스 중간에는 매일 구걸을 하는 노파가 있었습니다. 릴케의 친구는 매일 그 노파에게 얼마씩을 주었는데 릴케는 단 한 번도 돈을 주지 않았습니다. 친구가 한 번쯤은 도와줘도 좋지 않겠냐고 묻자 릴케는 이렇게 대답했습니다.

　"나는 저분에게 마음을 위한 선물을 드리고 싶네."

　그리고 다음 날 릴케는 장미 한 송이를 준비해왔고, 산책을 하다가 노파에게 주었습니다. 노파는 조금 놀라더니 이내 장미의 향을 맡고는 눈을 감고 상념에 빠졌습니다. 그리고 1주일이 지나고서야 다시 구걸을 나왔습니다. 돈도 없이 1주일간 어떻게 살았을까 궁금해 하는 친구에게 릴케가 말했습니다.

　"몸을 위한 돈 몇 푼은 하루를 살게 하지만, 마음을 담은 장미는 1주일을 살게 할 수도 있지. 저분을 그동안 살게 한 것은 장미의 힘이라고 생각하네."

　몸을 위한 선물은 하루를 살게 하고, 마음을 위한 선물은 한 주를 살게 합니다. 그리고 영혼을 위한 선물은 평생을 살게 합니다. 말씀으로 매일 내 영혼을 만족하게 하십시오. 반드시 하는 모든 일이 다 형통합니다.

♡ 주님! 마음을 위한 말씀의 양식을 매일 공급받게 하소서!
🏮 영혼을 살리는 말씀의 선물을 다른 사람들에게 전하십시오.

나의 영적 일지

새로운 미래를 준비하라

읽을 말씀 : 시편 37:23-40

12월 30일

● 시 37:37 온전한 사람을 살피고 정직한 자를 볼지어다 모든 화평한 자의 미래는 평안이로다

미국의 미시시피 지역에 수력발전소가 생길 계획이 생겼습니다.

댐이 생기는 지역 근처에는 작은 마을이 있었는데, 정부에는 지원을 통해 주민들을 다른 지역으로 이주하는 정책을 2년 전부터 펼쳤습니다.

1년이 지나자 대부분의 주민들이 마을을 떠났음에도 여전히 마을에 남아있는 주민들이 꽤 있었습니다. 이들은 댐이 생기면 그때서야 마을을 옮길 생각으로 늑장을 부렸는데 정부의 계획이 차질이 생겨 3,4년이 지나도 여전이 공사는 시작되지 않았습니다.

이 모습을 취재하려고 한 기자가 마을을 들렀는데, 적지만 사람이 사는 곳임에도 마을은 완전히 폐허처럼 보였습니다. 거리에는 쓰레기가 굴러다녔고, 대부분의 주택은 담장이 무너지고 페인트가 벗겨진 채 방치되었습니다. 작지만 아름답고 포근했던 마을이 변한 것을 보고 충격을 받은 기자는 주민을 잡고 왜 이렇게 됐느냐고 묻자 주민이 대답했습니다.

"어차피 떠날 곳인데 시간낭비를 왜 합니까?"

마을을 탐방하고 돌아온 기자는 "미래가 없는 곳은 현재를 살아갈 힘도 없다"라는 제목으로 기사를 썼습니다.

미래에 대한 희망이 있을 때 현재의 소중함을 깨닫게 됩니다. 주님이 책임져주실 나의 미래에 대한 희망을 품고 푯대를 향하여 오늘 최선을 다하십시오. 반드시 하는 모든 일이 다 형통합니다.

🤍 주님! 과거를 벗어나 새로운 마음으로 새로운 한해를 준비하게 하소서!
🖼 한해를 지켜주신 주님께 감사하며 허락하실 새해를 기도로 준비하십시오.

나의 영적 일지

새로운 방향

12월 31일

읽을 말씀 : 이사야 49:8-26

●사 49:8 내가 장차 너를 보호하여 너를 백성의 언약으로 삼
으며 나라를 일으켜 그들에게 그 황무하였던 땅을 기업으로
상속하게 하리라

　　스칸디나비아 반도의 어부 페드로는 파도가 잔잔한 날 저녁에 고기를 잡으러 아들과 함께 배를 타고 떠났습니다.

　　그런데 바다에 나가자마자 갑자기 폭풍우가 휘몰아치기 시작했습니다. 몇 시간 동안 바다와 사투를 벌이며 간신히 난파는 면했지만 고기는 커녕 소중한 나침반과 그물까지 모두 잃어버린 상태였습니다.

　　밤은 더욱 깊어 칠흑 같았고 달빛조차 없어 지금이 바다 어디쯤인지, 육지는 어디로 가야하는지 모르는 상황이었습니다. 기력을 잃은 페드로는 아들과 함께 배에 쓰러져 모든 것을 포기한 심정이었는데 갑자기 저 멀리서 작은 불길과 함께 연기가 솟아올랐습니다.

　　'육지가 저쪽이구나!'라는 생각에 페드로는 아들과 힘을 내어 노를 저었습니다.

　　겨우 육지에 도착해 집에 가자 아내가 울고 있었습니다. 페드로가 본 불길은 아내의 실수로 자기 집이 타면서 낸 것이었습니다. 고기도 못 잡고 집도 잃었지만 그래도 페드로는 아내를 꼭 안으며 위로했습니다.

　　"여보, 당신의 실수가 낸 불길은 우리에겐 생명의 빛이었소."

　　경건하게 주님을 따르며 사는 사람들은 세상에서의 실패를 괘념치 말아야 합니다. 그 실패는 패배를 의미하지 않고 또 다른 성취의 지름길입니다. 금년에 힘들고 이루지 못한 일은 잊어버리고 광야에서 인도하시는 하나님의 빛을 따라 새로운 한해에 새로운 소망을 품으십시오. 반드시 하는 모든 일이 다 형통합니다.

💜 주님! 어떤 상황에서도 선을 행하시는 주님의 뜻을 따라가게 하소서!
🔲 올 한해 있었던 모든 일을 통해 주님께 감사하고 또 감사하십시오.

나의 영적 일지

맞춤형 무릎 기도문 시리즈

30일 작정 기도서

기도가 답입니다! - 가정에 비상약이 있듯이 /비상 기도서도 함께!

가정❶ 30일용
자녀를 위한
무릎 기도문

가정❷ 30일용
가족을 위한
무릎 기도문

가정❸ 30일용
남편을 위한
무릎 기도문

가정❹ 30일용
아내를 위한
무릎 기도문

가정❺ 30일용
태아를 위한
무릎 기도문

가정❻ 30일용
아가를 위한
무릎 기도문

교회❶ 30일용
태신자를 위한
무릎 기도문

교회❷ 30일용
새신자
무릎 기도문

교회❸ 30일용
교회학교 교사
무릎 기도문

기도❷ 수시로
선포(명령)
기도문

가정❺ 30일용
십대를 위한
무릎 기도문

신간

가정❺ 30일용
십대 자녀를 위한
무릎 기도문

신간

망망한 바다 한가운데서 배 한 척이 침몰하게 되었습니다.
모두들 구명보트에 옮겨 탔지만 한 사람이 보이지 않았습니다.
절박한 표정으로 안절부절 못하던 성난 무리 앞에 급히 달려 나온 그 선원이
꼭 쥐고 있던 손바닥을 펴 보이며 말했습니다.
"모두들 나침반을 잊고 나왔기에 … "
분명, 나침반이 없었다면 그들은 끝없이 바다 위를 표류할 수밖에 없을 것입니다.

삶의 바다를 항해하는 모든 이들을 위하여 우리는 그 나침반의 역할을 하고 싶습니다.
우리를 구원하신 위대한 주 예수 그리스도를 널리 전하고 싶습니다.

"하나님은 모든 사람이 구원을 받으며 진리를 아는 데에 이르기를 원하시느니라"
(디모데전서 2장 4절)

반드시 승리하리라

편저인 | 김장환 목사
발행인 | 김용호
발행처 | 나침반출판사

발행일 | 2016년

등   록 | 1980년 3월 18일 / 제 2-32호
주   소 | 157-861 서울 강서구 염창동 240-21
          블루나인 비즈니스센터 B동 1607호
전   화 | 본 사(02)2279-6321
          영업부(031)932-3205
팩   스 | 본 사(02)2275-6003
          영업부(031)932-3207

홈페이지 | www.nabook.net
이 메 일 | nabook@korea.com
          nabook@nabook.net

ISBN   978-89-318-1505-4
책번호 마-1049

값은 뒷표지에 있습니다.